BACH-JAHRBUCH

Im Auftrag der Neuen Bachgesellschaft
herausgegeben von
Peter Wollny

93. Jahrgang 2007

EVANGELISCHE VERLAGSANSTALT
LEIPZIG

VERÖFFENTLICHUNG DER NEUEN BACHGESELLSCHAFT
Internationale Vereinigung, Sitz Leipzig
VEREINSJAHR 2007

Wissenschaftliches Gremium
Pieter Dirksen (Wadenoijen), Stephen Roe (London),
Christoph Wolff (Cambridge, Mass./Leipzig), Jean-Claude Zehnder (Basel)

Die redaktionelle Arbeit wurde unterstützt
durch das Bach-Archiv Leipzig – Stiftung bürgerlichen Rechts.
Der Druck wurde gefördert durch die Stadt Leipzig.

Das Bach-Jahrbuch ist urheberrechtlich geschützt.
Jede Verwertung außerhalb der engen Grenzen des Urheberrechtsgesetzes
ist ohne Zustimmung unzulässig und strafbar. Dies gilt
insbesondere für Vervielfältigungen, Übersetzungen, Mikroverfilmungen
und die Einspeicherung und Verarbeitung in elektronischen Systemen.

Geschäftsstelle der Neuen Bachgesellschaft: Thomaskirchhof 16, 04109 Leipzig
Anschrift für Briefsendungen: PF 1007 27, 04007 Leipzig

Anschrift des Herausgebers:
Dr. Peter Wollny, Bach-Archiv Leipzig, Thomaskirchhof 16, 04109 Leipzig
Anschrift für Briefsendungen: PF 10 13 49, 04013 Leipzig
Redaktionsschluß: 1. August 2007

Evangelische Verlagsanstalt GmbH, Leipzig, 2007
Printed in Germany. H 7193
Notensatz: Frank Litterscheid, Hehlen
Satz und Lithographie: DZA Satz und Bild GmbH, Altenburg
Druck und Buchbinderei: DZA Druckerei zu Altenburg GmbH, Altenburg
ISSN 0084-7682
ISBN 978-3-374-02579-4

INHALT

Steffen Langusch (Salzwedel), „... auf des Herrn Capellmeisters Bach recommendation ..." – Bachs Mitwirken an der Besetzung des Kantorats der Altstadt Salzwedel 1743/44 9

Christian Ahrens (Bochum), Neue Quellen zu J. S. Bachs Beziehungen nach Gotha 45

Michael Maul (Leipzig), Neues zu Georg Balthasar Schott, seinem Collegium musicum und Bachs Zerbster Geburtstagskantate 61

Robin A. Leaver (Princeton, NJ), Überlegungen zur „Bildniß-Sammlung" im Nachlaß von C. P. E. Bach 105

Wolfram Enßlin und *Uwe Wolf* (Leipzig), Die Prediger-Einführungsmusiken von C. P. E. Bach – Materialien und Überlegungen zu Werkbestand, Entstehungsgeschichte und Aufführungspraxis 139

Kleine Beiträge

Tatjana Schabalina (St. Petersburg), Zur Echtheit von zwei Briefen aus dem Glinka-Museum in Moskau 179

Kerstin Delang (Dresden), Couperin – Pisendel – Bach. Überlegungen zur Echtheit und Datierung des Trios BWV 587 anhand eines Quellenfundes in der Sächsischen Landesbibliothek – Staats- und Universitätsbibliothek Dresden . 197

Andreas Glöckner (Leipzig) und *Mikhail Saponov* (Moskau), Ein wiederaufgefundener Textdruck zu Bachs Huldigungskantate „Blast Lärmen, ihr Feinde! Verstärket die Macht" (BWV 205a) 205

Bernhard Billeter (Zürich), Wann sind Johann Sebastian Bachs Choralfughetten (BWV 696–699 und 701–704) und die sogenannten „Arnstädter Gemeinde-Choräle" (BWV 726, 715, 722, 732, 729 und 738) entstanden? 213

Jean-Claude Zehnder (Basel), Weitere Überlegungen zur Datierung der Choralfughetten 223

Martin Petzoldt (Leipzig), Zum Verhältnis Friedrich Nietzsches zu Johann Sebastian Bach – Nietzsches Urgroßvater: Alumnus der Thomasschule und Präfekt unter Bach 229

Maria Hübner (Leipzig), Ein Brief von Carl Philipp Emanuel Bach an Adam Friedrich Oeser 243

John Arthur (London), „Oh portento! Oh stupor!" – Ein unbekanntes Autograph von Johann Christian Bach in der British Library 255

Besprechungen

Bach-Interpretationen. Eine Zürcher Ringvorlesung zum Bach-Jahr 2000, hrsg. von Hans-Joachim Hinrichsen und Dominik Sackmann, Bern und Berlin: Peter Lang, 2003 (Zürcher Musikstudien, Forschung und Entwicklung an der HMT Zürich. 3.) 221 S. (*Anselm Hartinger*, Basel) 267

Irmgard Scheitler, *Deutschsprachige Oratorienlibretti. Von den Anfängen bis 1730*. Paderborn · München · Wien · Zürich: Ferdinand Schöningh, 2005 (Beiträge zur Geschichte der Kirchenmusik. 12.) 429 S. (*Hans-Joachim Schulze*, Leipzig) 273

Wilhelm Friedemann Bach. Der streitbare Sohn, hrsg. von Michael Heinemann und Jörg Strodthoff, Dresden 2005 (Schriftenreihe der Hochschule für Musik „Carl Maria von Weber" Dresden) 120 S. (*Peter Wollny*, Leipzig) 279

Neue Bach-Gesellschaft e. V. Leipzig
Mitglieder der leitenden Gremien 283

ABKÜRZUNGEN

1. Allgemein

A	= Alt
AfMw	= *Archiv für Musikwissenschaft*
B	= Baß
BC	= *Bach Compendium. Analytisch-bibliographisches Repertorium der Werke Johann Sebastian Bachs von Hans-Joachim Schulze und Christoph Wolff*, Leipzig 1986 ff.
Bd., Bde.	= Band, Bände
BG	= *J. S. Bachs Werke. Gesamtausgabe der Bachgesellschaft*, Leipzig 1851–1899
BJ	= *Bach-Jahrbuch*
BWV	= Wolfgang Schmieder, *Thematisch-systematisches Verzeichnis der musikalischen Werke von Johann Sebastian Bach. Bach-Werke-Verzeichnis*, Leipzig 1950
BWV[2]	= *Bach-Werke-Verzeichnis* (wie oben); 2. *überarbeitete und erweiterte Ausgabe*, Wiesbaden 1990
BWV[2a]	= *Bach-Werke-Verzeichnis. Kleine Ausgabe nach der von Wolfgang Schmieder vorgelegten 2. Ausgabe, hrsg. von Alfred Dürr und Yoshitake Kobayashi, unter Mitarbeit von Kirsten Beißwenger*, Wiesbaden, Leipzig, Paris 1998
BzBF	= *Beiträge zur Bach-Forschung*, Leipzig 1982–1991
CBH	= *Cöthener Bach-Hefte. Veröffentlichungen der Bach-Gedenkstätte Schloß Köthen*
CPEB:CW	= *Carl Philipp Emanuel Bach: The Complete Works*, Los Altos 2005 ff.
CPEB-Dok	= *Carl Philipp Emauel Bach. Briefe und Dokumente. Kritische Gesamtausgabe*, hrsg. von E. Suchalla, Göttingen 1994 (Veröffentlichungen der Joachim Jungius-Gesellschaft der Wissenschaften. 80.)
Dok I, II, III, IV	= *Bach-Dokumente, herausgegeben vom Bach-Archiv Leipzig. Supplement zu Johann Sebastian Bach. Neue Ausgabe sämtlicher Werke.* Band I: *Schriftstücke von der Hand Johann Sebastian Bachs. Vorgelegt und erläutert von Werner Neumann und Hans-Joachim Schulze*, Leipzig, Kassel 1963 Band II: *Fremdschriftliche und gedruckte Dokumente zur Lebensgeschichte Johann Sebastian Bachs 1685–1750. Vorgelegt und erläutert von Werner Neumann und Hans-Joachim Schulze*, Leipzig, Kassel 1969

	Band III: *Dokumente zum Nachwirken Johann Sebastian Bachs 1750–1800. Vorgelegt und erläutert von Hans-Joachim Schulze, Leipzig*, Kassel 1972 Band IV: Werner Neumann, *Bilddokumente zur Lebensgeschichte Johann Sebastian Bachs*, Kassel und Leipzig 1979
H	= E. Eugene Helm, *Thematic Catalogue of the Works of Carl Philipp Emanuel Bach*, New Haven und London 1989
Jahrbuch MBM	= *Jahrbuch der Ständigen Konferenz Mitteldeutsche Barockmusik*
Jahrbuch SIM	= *Jahrbuch des Staatlichen Instituts für Musikforschung Preußischer Kulturbesitz Berlin*
LBzBF	= *Leipziger Beiträge zur Bach-Forschung*, Hildesheim 1995 ff.
Mf	= *Die Musikforschung*
MGG	= *Die Musik in Geschichte und Gegenwart. Allgemeine Enzyklopädie der Musik*, hrsg. von Friedrich Blume, Kassel 1949–1979
MGG²	= *Die Musik in Geschichte und Gegenwart. Allgemeine Enzyklopädie der Musik. Begründet von Friedrich Blume. Zweite neubearbeitete Ausgabe*, hrsg. von Ludwig Finscher, Kassel und Stuttgart 1994–2007
NBA	= *Neue Bach-Ausgabe. Johann Sebastian Bach. Neue Ausgabe sämtlicher Werke. Herausgegeben vom Johann-Sebastian-Bach-Institut Göttingen und vom Bach-Archiv Leipzig*, Leipzig, Kassel 1954–2007
New Grove 2001	= *The New Grove Dictionary of Music and Musicians, Second Edition, Edited by Stanley Sadie*, London 2001
NV	= *Verzeichniß des musikalischen Nachlasses des verstorbenen Capellmeisters Carl Philipp Emanuel Bach*, Hamburg 1790. – Faksimileausgaben: 1. *The Catalogue of Carl Philipp Emanuel Bach's Estate*, hrsg. von R. Wade, New York und London 1981; 2. *C. P. E. Bach. Autobiography. Verzeichniß des musikalischen Nachlasses*, Buren 1991 (Facsimiles of Early Biographies. 4.)
S	= Sopran
Schulze Bach-Überlieferung	= Hans-Joachim Schulze, *Studien zur Bach-Überlieferung im 18. Jahrhundert*, Leipzig und Dresden 1984.
Spitta I, II	= Philipp Spitta, *Johann Sebastian Bach*, Bd. I, Leipzig 1873; Bd. II, Leipzig 1880
T	= Tenor

T.	= Takt, Takte
TBSt 1, 2/3	= *Tübinger Bach-Studien*, herausgegeben von Walter Gerstenberg. Heft 1: Georg von Dadelsen, *Bemerkungen zur Handschrift Johann Sebastian Bachs, seiner Familie und seines Kreises*, Trossingen 1957 Heft 2/3: Paul Kast, *Die Bach-Handschriften der Berliner Staatsbibliothek*, Trossingen 1958
TVWV	= Werner Menke, *Thematisches Verzeichnis der Vokalwerke von Georg Philipp Telemann*, Bd. 1, 2, Frankfurt am Main 1981, 1983
Wiermann	= Barbara Wiermann, *Carl Philipp Emanuel Bach. Dokumente zu Leben und Wirken aus der zeitgenössischen Hamburgischen Presse (1767–1790)*, Hildesheim 2000 (LBzBF 4)
Wq	= Alfred Wotquenne, *Thematisches Verzeichnis der Werke von Carl Philipp Emanuel Bach*, Leipzig 1905, Reprint Wiesbaden 1968
Zedler	= Johann Heinrich Zedler, *Grosses vollständiges Universal Lexikon aller Wissenschaften und Künste […]*, Halle und Leipzig 1732–1754 (Reprint Graz 1999)

2. Bibliotheken

B-Br	= Bruxelles, Bibliothèque Royale Albert Ier
D-B	= Staatsbibliothek zu Berlin – Preußischer Kulturbesitz, Musikabteilung mit Mendelssohn-Archiv (ehemals Königliche Bibliothek und Preußische Staatsbibliothek Berlin). Als Abkürzung für die Signaturen der Bach-Handschriften (*Mus. ms. Bach P* bzw. *St*) dienen *P* und *St*.
D-Ha	= Hamburg, Staatsarchiv
D-Hnekb	= Hamburg, Nordelbische Kirchenbibliothek
D-Hs	= Hamburg, Staats- und Universitätsbibliothek Carl von Ossietzky
D-SAAmi	= Saarbrücken, Musikwissenschaftliches Institut der Universität des Saarlandes
F-Pn	= Paris, Bibliothèque Nationale de France, Département de la musique
F-LYm	= Lyon, Bibliothèque municipale
GB-Lbl	= London, The British Library
RUS-SPsc	= St. Petersburg, Rossiyskaya Natsional'naya Biblioteka

„... auf des Herrn Capellmeisters Bach recommendation ..." – Bachs Mitwirken an der Besetzung des Kantorats der Altstadt Salzwedel 1743/44*

Von Steffen Langusch (Salzwedel)

Bei biographischen Recherchen fand ich im Juli 2006 in einer älteren Schulakte[1] zwei bislang unbekannte Briefe von Johann Sebastian Bach. Nachdem diese Dokumente erstmals im Rahmen des 8. Salzwedeler Archivabends am 20. Februar 2007 und in der Folge in verschiedenen journalistischen und lokalgeschichtlichen Veröffentlichungen vorgestellt wurden,[2] folge ich gern der Einladung von Herrn Dr. Peter Wollny,[3] an dieser Stelle die aktenmäßigen Zusammenhänge ausführlich darzustellen.

Salzwedel war 1740 eine grenznahe preußische Garnisonsstadt mit etwa 3600 Einwohnern.[4] Seit der Gründung von Altstadt und Neustadt im 13. Jahrhundert hatten beide Städte mit eigenen Räten und eigenen Privilegien mehr oder weniger einträchtig nebeneinander bestanden; mindestens zwei mittelalterliche Vereinigungsversuche waren nach relativ kurzer Zeit ohne wesentliche Folgen gescheitert. Erst 1713 wurde im dritten Anlauf die dauerhafte Zusammenführung von Alt- und Neustadt durchgesetzt,[5] und diese Maßnahme, an sich schon Ergebnis umfangreicher Verwaltungsreformen, wurde in Salzwedel zum Auslöser weiterer Reformen und Einigungsprozesse im

---

* Meinem verehrten Lehrer Herrn Prof. Dr. Friedrich Beck, Potsdam, zum 80. Geburtstag am 20. Juni 2007.
[1] *Besetzung der Kantorstelle der Altstadt* (1743–1780) im Bestand „Schulen", Teilbestand „Jahn-Gymnasium", Karton 10.
[2] So zum Beispiel in der *Festschrift zur Orgeleinweihung der Furtwängler & Hammer-Orgel am 9. April 2007*, hrsg. von der Evangelischen Kirchengemeinde St. Marien zu Salzwedel, Salzwedel 2007 (dort im Abschnitt „Von der Einstellung eines Bach-Schülers und nötigen Orgelreparaturen") und im *Bach-Magazin*, hrsg. vom Bach-Archiv Leipzig, Heft 9, Frühjahr/Sommer 2007, S. 32.
[3] Herrn Dr. Wollny danke ich auch für die umfangreiche Unterstützung bei der Recherche zu diesem Aufsatz.
[4] Nach handschriftlichen Notizen zum „Fragebogen für die Bearbeitung des Deutschen Städtebuchs" (*Deutsches Städtebuch*, hrsg. von E. Keyser, Bd. 2, S. 656–658) im Stadtarchiv Salzwedel.
[5] K. Gädcke, *Die Selbstverwaltung der Altstadt Salzwedel bis zum Durchgreifen der Hohenzollern*, in: 43. Jahresbericht des Altmärkischen Vereins für vaterländische Geschichte zu Salzwedel, 1925, S. 11–34; dort werden einige Beispiele für die Mißwirtschaft der Altstädter Ratsherren im 16. und 17. Jahrhundert diskutiert.

18. Jahrhundert.[6] Darüber hinaus zeigt sich im 18. Jahrhundert in Salzwedel ein deutlicher Aufschwung von Kultur und Gelehrsamkeit – noch nicht institutionalisiert, sondern an Persönlichkeiten gebunden wie beispielsweise den Arzt Theodor Valentin Kramer (1668–1732; erste naturkundliche Beobachtungen im Salzwedeler Raum),[7] seinen Kollegen Dr. Elias Hoppe d. J. (1691–1761; Stadtchronist, Verfasser der „Soltquellensien"), dessen älteren Halbbruder, den Bürgermeister Christian Nikolaus Hoppe (1683–1743; Verfasser einer Materialsammlung zu älteren Salzwedeler Rechtsverhältnissen)[8] oder den Privatgelehrten Philipp Wilhelm Gercken[9] (1722–1791; bekannt vor allem durch seine Urkundeneditionen zur brandenburgischen Geschichte). So vielschichtig nun das 18. Jahrhundert in Salzwedel auch ist, so dürftig sind doch unsere bisherigen Kenntnisse. Für die ältere Forschung (August Wilhelm Pohlmann, Johann Friedrich Danneil) war das 18. Jahrhundert zeitlich wohl noch zu nah und daher von deutlich geringerem Interesse als das Mittelalter oder die dramatische Zeit des Dreißigjährigen Krieges. Da aber in der neueren Forschung Gesamtdarstellungen zur Salzwedeler Geschichte fehlen und auch gehaltvollere Einzelbeiträge zur Geschichte des 18. Jahrhunderts nicht besonders zahlreich sind (hingewiesen sei hier auf Karl Gädckes leider Fragment gebliebene Darstellung der Leiden Salzwedels im Siebenjährigen Krieg[10] und auf die Arbeit von Ingelore Fischer über „Die gewerbliche Entwicklung von Salzwedel in der zweiten Hälfte des 18. Jahrhunderts"[11]), erscheint es angebracht, die im folgenden zu schildernden Vorgänge ausführlich darzustellen und gelegentlich vielleicht über das Notwendige hinausgehend zu kommentieren.

*

---

[6] S. Langusch, *Sie waren zwei und wurden eins – Das 18. Jahrhundert als Salzwedels Jahrhundert der Einheit*, in: Beiträge zur Regional- und Landeskultur Sachsen-Anhalts, Heft 25, Halle 2003, S. 176–190.

[7] G. Schmid, *Floristische Forschung in der Altmark im 16., 17. und 18. Jahrhundert*, in: Sachsen und Anhalt. Jahrbuch der Landesgeschichtlichen Forschungsstelle für die Provinz Sachsen und für Anhalt, Bd. 17, 1941–1943, S. 504–527; zu Kramers Aufzeichnungen, abschriftlich überliefert in den „Soltquellensien", siehe vor allem S. 513–525.

[8] J. F. Danneil, *Die Familie Hoppe in Salzwedel und die Soltquellensien*, in: 14. Jahresbericht des Altmärkischen Vereins für vaterländische Geschichte zu Salzwedel, Salzwedel 1864, S. 125–133.

[9] Vgl. G. Wentz, *Philipp Wilhelm Gercken*, in: Mitteldeutsche Lebensbilder, Bd. 3: Lebensbilder des 18. und 19. Jahrhunderts, Magdeburg 1928, S. 24–45.

[10] K. Gädcke, *Die französische Einlagerung in Salzwedel 1757*, in: 23. Jahresbericht des Altmärkischen Vereins für vaterländische Geschichte und Industrie zu Salzwedel, 2. Heft, Magdeburg und Salzwedel 1893, S. 125–152. Ein zweiter Teil ist angekündigt („Schluß folgt"), aber nicht veröffentlicht worden.

[11] Die vollständige Arbeit ist maschinenschriftlich unter anderem im Stadtarchiv

„... auf des Herrn Capellmeisters Bach recommendation ..." 11

Die Stadt Salzwedel verfügte im 18. Jahrhundert über zwei Kantorate. Die Inhaber dieser Ämter waren einerseits für die Figuralmusik in der betreffenden Pfarrkirche (also in St. Marien für die Altstadt oder in St. Katharinen für die Neustadt) verantwortlich und bekleideten andererseits die Position eines Tertius an der Altstädter beziehungsweise Neustädter Lateinschule. Der Magistrat als Patron beider Pfarrkirchen und Lateinschulen mußte bei der Neubesetzung der Lehrerstellen daher eng mit dem jeweils zuständigen höchsten Geistlichen (in der Altstadt Superintendent Johann David Solbrig, in der Neustadt Pastor und Inspektor Johann Simon Purgold) zusammenarbeiten und den gewünschten Kandidaten dem Generalsuperintendenten der Altmark in Stendal präsentieren. Hatte dieser den Kandidaten geprüft und für geeignet befunden, konnte der Magistrat zur Berufung schreiten. Die Hürden für die Neubesetzung von Lehrerstellen[12] konnten daher recht hoch sein, zumal nicht immer ein friedliches Einvernehmen zwischen dem Magistrat, der städtischen Geistlichkeit und den kirchlichen Oberbehörden herrschte. Nach einer Notiz aus dem Jahr 1686[13] war auch der Rektor der Altstädter Lateinschule an der Vokation eines Kantors der Altstadt beteiligt, allerdings ist aus der hier ausgewerteten Akte für 1743/44 kein Mitwirken des Rektors an der Besetzung des Kantorats ersichtlich. Gelegentlich verfügten einzelne Bewerber in Salzwedel auch noch über eine unterschiedlich starke „Hausmacht", was ein Eingreifen der Viertelsmänner (Vertreter der Bürger, etwa den späteren Stadtverordneten entsprechend) auslösen und im Magistrat zu Loyalitätskonflikten führen konnte – die Ratsherren waren zwar in einem Rat

---

Salzwedel zugänglich; überarbeitete und aktualisierte Kurzfassungen erschienen 1991 in der Jahresschrift *Magdeburger Blätter* (S. 4–21), 1997 in der Festschrift *750 Jahre Neue Stadt Salzwedel* (S. 56–64) und 2003 in Heft 25 der *Beiträge zur Regional- und Landeskultur Sachsen-Anhalts* (S. 167–175).

[12] Über die allgemeinen Verhältnisse der Salzwedeler Lateinschulen, der dortigen Lehrer und der Salzwedeler Geistlichkeit unterrichtet nach wie vor am besten J. F. Danneil, *Geschichte des Gymnasiums zu Salzwedel* (zuerst veröffentlicht in sechs Gymnasialjahresberichten zwischen 1822 und 1844; die angegebenen Seitenzahlen beziehen sich auf den Nachdruck aller sechs Teile in einem Band, Aschersleben 2006), ferner die *Kirchengeschichte der Stadt Salzwedel*, Halle 1842, desselben Autors sowie U. Czubatynski, *Evangelisches Pfarrerbuch für die Altmark*, Halle 2000 (Beiträge zur Regional- und Landeskultur Sachsen-Anhalts, hrsg. vom Landesheimatbund Sachsen-Anhalt e. V., Heft 18.).

[13] Von Gädcke in seiner „Regestensammlung zur Salzwedeler Geschichte" (Manuskript im Stadtarchiv Salzwedel) als Nr. 111 für die Dekade 1681–1690 nach der Oktavreihe der Soltquellensien (Bd. II, S. 228; im Besitz des Danneil-Museums) zitiert: „Bei der Vokation eines Cantoris auf der alten Stadt konkurrieren mit dem Rat der Superintendent und der Rektor daselbst. Hinweis auf Protok. 1698 u. 1702."

vereinigt, handelten aber gemäß Herkunft, Wohnsitz und Nachbarschaft immer noch als „Neustädter" oder „Altstädter".
Im Falle der Neubesetzung des Altstädter Kantorats nach dem Tod Dietrich Lemmes im Mai 1743[14] waren die Ausgangsverhältnisse vergleichsweise günstig. Gut einen Monat nach dem Tod Lemmes, am 17. Juni 1743, lagen drei Bewerbungen vor und zwar von Josias Sebastian Christian Danz,[15] damals Kantor der Neustadt Salzwedel, von Kantor Lucius aus Gardelegen und von einem „Candidatus Sedelmeyer". Der Neustädter Bewerber Danz hatte kurz vor dem 17. Juni, als der „Director" des Magistrats – nach heutigem Sprachgebrauch der Bürgermeister – Joachim Valentin Ludolph Niedt[16] die Bewerbungsschreiben in Umlauf gab, sein „Memorial" zurückgefordert – doch anscheinend nur, um es zu überarbeiten, da in der Akte ein auf den 17. Juni 1743 datiertes lateinisches Schreiben von Danz mit Eingangsvermerk vom 19. Juni 1743 lose eingelegt ist. Da über die drei Bewerber schon am 17. Juni verhandelt worden war, erhielt der Brief neben den Eingangsvermerk nur noch den Vermerk „Ponatur ad Acta". Bei den Beratungen am 17. Juni gab es also keinen Bewerber mit „Heimvorteil".
Niedt formulierte folgende Ansprüche an den Bewerber für das Kantorat der Altstadt:

1. Studium der Theologie
2. gutes Zeugnis seines christlichen Lebens und Wandels
3. pädagogische Fähigkeiten (er müsse „… zur Information der Schul-Jugend geschickt …" sein)

---

[14] Das genaue Todesdatum ist noch zu prüfen. Danneil gibt in seiner Gymnasialgeschichte (wie Fußnote 12) nur das Jahr an. Nach einem abschriftlich erhaltenen Brief der Witwe (Akte *Unterstützung der Wittwen der beim Gymnasio angestellt gewesenen Lehrer* (1702–1829), Bestand „Schulen", Teilbestand „Jahn-Gymnasium", Karton 5) starb Dietrich Lemme am 19. Mai. Hoppe nennt im Jahresbericht für 1743 (Folioreihe der „Soltquellensien", Bd. 2, S. 621) den 11. Mai, was ich aber für weniger glaubwürdig halte.

[15] Laut Czubatynski (wie Fußnote 12), S. 143, war Danz 1744 bis 1762 Pfarrer in Schernikau bei Stendal. Ein Sohn (?, Joachim Ernst Danz) war rund 20 Jahre später, von 1783 bis 1785, ebenfalls Pfarrer in Schernikau.

[16] J. V. L. Niedt (1701–1768) stammte aus Salzwedel. Er besuchte die Schule in seiner Heimatstadt und das Gymnasium Gotha, studierte an den Universitäten Halle und Leipzig (Immatrikulation am 18. Juli 1722), vermutlich vor allem Jura. Nach längeren Aufenthalten in Berlin und Danzig wurde er 1726 Amtmann in Beetzendorf. In der Folge wurde er zum Königlich-Preußischen Kriegs-Kommissar ernannt, war seit 1735 Mitglied des Salzwedeler Magistrats und seit 1740 (nach dem Tod seines Vorgängers Johann Ludwig Mechow am 20. Juni 1740) Direktor des Magistrats. Niedt war einer der verdienstvollsten Salzwedeler Bürgermeister im 18. Jahrhundert.

4. musikalische Kenntnisse
5. sollte eine angenehme und „penetrante" Stimme zum Singen haben.

Er wolle es aber gern dem Urteil seiner Kollegen überlassen, ob alle diese Punkte erforderlich seien und ob die beiden Bewerber diese Bedingungen erfüllten. Niedt erwähnt, daß er vor kurzem nach Halle geschrieben habe, um sich nach einem geeigneten Bewerber zu erkundigen. Ihm sei von dort versprochen worden, man werde sich bemühen, „ein feines subjectum zu recommendiren". Aber auch damit wolle er seinen Kollegen niemanden aufzwingen, sondern werde sich gern anderen und besseren Vorschlägen zum gemeinschaftlichen Besten der Schule und Kirche anschließen.

Der Altstädter Superintendent Johann David Solbrig[17] hieß Niedts Ansprüche gut, gab aber zu bedenken, es wäre „auch nicht uneben", wenn die Herren Schulkollegen im Stande wären, gelegentlich eine erbauliche Predigt zu halten, um dadurch dem „Ministerium", der Geistlichkeit an den beiden Pfarrkirchen, eine „sublevation" zu verschaffen. Solbrig hatte also höhere Erwartungen an die theologische Ausbildung der Lehrer. Seinen Vorschlag sollte man indes nicht schlicht als Ausdruck einer gewissen Bequemlichkeit interpretieren – im Normalfall war bis ins 19. Jahrhundert hinein der Beruf des Lehrers an einer Lateinschule ein mehr oder weniger langer Übergang zwischen dem Studium der Theologie und der endgültigen Anstellung als Pfarrer. Indem der Superintendent hier ein höheres Niveau verlangte, erleichterte er den Lehrern letztlich den Eintritt ins Pfarramt. Allerdings war in diesem besonderen Fall sein Vorschlag nur eine grundsätzliche Erwägung bezüglich der Anforderungen an die Schullehrer, denn gleich in den nächsten Sätzen erklärte er:

„Jedoch muß bei einem Cantore wohl am meisten auf die Music u. Tüchtigkeit zum informiren gesehen werden. Und zwar solte ein Cantor in einer solchen feinen Stadt billig die Music nicht nur etwas, sondern ziemlich gründlich verstehen."

Zu den beiden Bewerbern merkt er an, daß er Herrn Lucius nicht kenne, daß ihm Herr Sedelmeyer aber „seiner treuen Information, guten Gemüths u. sittlichen Wandels wegen von Arendsee aus" empfohlen worden sei.[18] Die Tüchtigkeit in der Musik könne er nicht beurteilen. Sie einzuschätzen, müsse er denjenigen Mitgliedern des Magistratskollegiums überlassen, die solches verstehen. Auch dies könnte, falls es sich nicht um eine Bescheidenheitsfloskel

---

[17] 1688–1765; studierte in Leipzig und Rostock, war dann Konrektor in Seehausen, Pfarrer in Hindenburg und Gethlingen und von 1736 bis zu seinem Tod Superintendent an St. Marien in Salzwedel.
[18] Von dem sonst unbekannten Sedelmeyer darf man also vermuten, daß er bald nach Beendigung seines Theologiestudiums eine Stelle als Schul- oder Hauslehrer in Arendsee innehatte.

handelt, ein bemerkenswerter Hinweis sein – möglicherweise gab es im Magistratskollegium also einzelne, die über ausreichende musikalische Kenntnisse verfügten, um die musikalischen Fähigkeiten der Kandidaten beurteilen zu können. Der Bewerber, der die meisten Stimmen auf sich vereinige, müsse – so Solbrig – sich einer Prüfung seiner Kenntnisse und seiner „Tüchtigkeit zur Information" unterziehen. Hinsichtlich der fachlichen Qualifikation der beiden Bewerber schien Solbrig etwas skeptisch zu sein, denn er schrieb: „Wie weit sich die studia dieser beyden Herrn Candidaten erstrecken, zeigen die in die Supplicata eingeschlichene Fehler, darunter Nominorum wohl der größeste ist." Und schließlich zeigte er sich auch mit der Einladung eines Kandidaten aus Halle einverstanden, sofern daraus keine Kosten für die Kirchenkasse erwachsen würden.

Aus den Reihen der Ratsherren äußerte Nicolaus Johannes Waßerschlebe,[19] daß er selbst keinen tüchtigen Kandidaten vorzuschlagen wisse und daß ihm die beiden Bewerber auch nicht bekannt seien, weswegen er seine Entscheidung „göttlicher Fügung anheim stelle" und letztlich vom vorzunehmenden „probe lesen und examine" abhängig machen werde. Jacob Friedrich Annisius[20] wollte sich ebenfalls noch nicht festlegen und formulierte deshalb:

„Gute Attestata und proben sonder Kosten der Kirche und Bürgerschafft werden mir künfftig an die Hand geben, was ich weiter davon votiren soll."

Dieser Meinung schlossen sich seine Kollegen Wilhelm Erdmann[21] und Andreas Mathias Kogel[22] durch Hinzusetzen ihrer Unterschrift an.

Wesentlich ausführlicher und gehaltvoller ist die Stellungnahme von Christian Friedrich Steltzer.[23] Er weist gleich am Anfang auf die beabsichtigte

---

[19] 1680–1750 (Schreibweise des Familiennamens nach der Akte, sonst findet sich auch die Form „Wasserschleben" oder ähnlich); studierte in Halle, kam 1707 in den Altstädter Rat und wurde 1708 Bürgermeister. Daneben war er auch Meister der Gewandschneider-Gilde der Altstadt.

[20] 1689–1752; war nach dem Studium in Jena zunächst Advokat in Salzwedel, von 1716 bis 1722 Steuer- und Akziseeinnehmer der Altstadt Salzwedel, ab 1722 Bürgermeister in Salzwedel. 1727 wurde er Altmärkisch-Prignitzscher Städtekassen-Verordneter, von 1727 bis 1736 war er gleichzeitig Salzwedeler Fabrikeninspektor, 1740 wurde er Landschafts-Verordneter.

[21] Sohn eines Garnisonspredigers in Harburg. Nachdem er sich „eine Zeit lang in Mitbesorgung derer Ambtsaffairen zu Schnackenburg" aufgehalten hatte (so Hoppe in den „Soltquellensien"), war er seit 1717 Ratsherr und Kämmerer.

[22] Aus Halberstadt gebürtig; studierte in Halle erst Theologie, dann Jura, erhielt das Prädikat eines Königlichen Kommissions-Sekretärs und wurde 1735 in das Salzwedeler Magistratskollegium eingeführt.

[23] Seit 1742 im Magistrat, 1757 Bürgermeister, Syndikus und Stellvertreter des Direktors.

„... auf des Herrn Capellmeisters Bach recommendation ..."

Vereinigung der beiden Lateinschulen hin und gibt zu bedenken, daß durch die jetzige Vakanz erneut die Gelegenheit bestehe, „einen Stein dazu zu legen", die Angelegenheit zu befördern. Da das hiesige Kantorat aber schlecht besoldet sei, solle man nicht allzu viel Wert auf große Gelehrsamkeit legen:

„.... wenn nur das Subjectum zur nöthigen Information geschickt ist und die Music verstehet, daß er die Schüler anlehren und mit denenselben die Music bestellen kan, damit der Cantor selbst nicht beständig seine eigene Stimme forciren und sich vor der Zeit wieder zu Tode schreien darf."

Der Passus deutet auf schlechte Erfahrungen mit früheren Kantoren. Allerdings läßt sich diese Stelle nach bisherigem Kenntnisstand nicht auf einen bestimmten Kantor beziehen. Auch Steltzer kritisiert in den Schreiben beider Bewerber „merckliche Schnitzer". Zur Prüfung der musikalischen Fähigkeiten schlägt er vor, „die Probe mit einem selbst componirten, oder fremden vorgelegten Stücke erst zu machen". Diese Forderung läßt es denkbar erscheinen, daß Steltzer zu jenen Herren des Magistratskollegiums zählte, denen der Superintendent das ihm abgehende musikalische Verständnis zubilligte.
Johann Georg Piest[24] empfahl, vor Beschlußfassung noch einige Wochen abzuwarten, ob nicht inzwischen „ein tüchtiges Subjectum recommendirt werde oder sich melde", und diesem Vorschlag schließt sich auch sein Kollege Nicolaus Rademin[25] an, indem er konstatiert:

„Eß haben die beyde Candidati sich schlecht mit ihren memorialien recommendiret, dahero man billig auf ein beßeres Subjectum zu sehen hatt."

Die allseits kritisierten Schreiben von Lucius und Sedelmeyer sind leider nicht erhalten geblieben, was möglicherweise daran liegt, daß das Deckblatt und vielleicht die ersten Vorgänge der Akte (nach den Einstichen im Heftrand der Akte aber wohl nicht mehr als eine Lage) fehlen. Denkbar wäre aber auch, daß die Schreiben der nicht erfolgreichen Bewerber nur ausnahmsweise (wie zum Beispiel bei Danz, dessen Bewerbung zu spät eintraf) Eingang in die Akten fanden.

*

---

[24] 1689–1746; ein Sohn des Neustädter Brauers Jacob Piest. Nach dem Studium an der Universität Halle war er zunächst Actuarius beim Amt Dambeck, von 1722 bis 1726 Alvenslebenscher Justitiar zu Kalbe an der Milde und Zichtau. Seit 1726 war er Mitglied des Salzwedeler Magistrats, zwei Jahre später wurde er Sekretär.
[25] 1686–1765; besuchte die Schulen in Salzwedel und Braunschweig, ab 1704 Studium in Jena. 1721 wurde er „Receptor piorum corporum" in der Neustadt Salzwedel, 1730 kam er in den Magistrat.

Den nächsten Umlauf, mithin die nächste Runde der Verhandlungen im Magistrat, eröffnete Direktor Niedt am 22. Juni 1743 mit Bemerkungen zu Superintendent Solbrigs Forderung, daß der neue Kantor „die Music nicht etwas, ... sondern vollenkommen verstehen müste".[26] Grundsätzlich schließe er sich der Forderung des Superintendenten an, weil die Musik das Hauptgebiet eines Kantors sei und er den Schulunterricht leicht verrichten könne, „wenn er nur in denen humanioribus fundiret ist". Er hätte aber befürchtet, daß wegen der geringen Besoldung des hiesigen Kantorats „und da die Music seith einigen Jahren gestiegen, und geschickte Musici in großer Herren Capellen gezogen und starck salariret werden", ein überdurchschnittlich guter Musiker für diese Stelle nicht in Frage käme. Nun sehe es aber so aus, als könne man das Glück haben, „ein dergleichen geschicktes Subjectum in der Music wieder zu bekommen, wie wir an des seel. H. Lemmens Antecessore, dem seel. H. Cantore Lippen, gehabt". Dieser Vergleich verblüfft – denn von dem hier so hoch gelobten Kantor Lippe sind lediglich die knappen Angaben in Danneils Gymnasialgeschichte bekannt.[27] Es wirkt etwas pietätlos, kurz nach der Beerdigung des Kantors dessen Vorgänger zu rühmen; andererseits ist dieser Mangel an Takt, der doch wohl auch schon damals empfunden wurde, zweifellos auch ein besonderes Lob.

Die folgende, etwas weitläufige Passage Niedts sei im originalen Wortlaut zitiert:

„Meinen allerseits Hochgeehrtesten Herren habe solchemnach beygehendes Schreiben von dem H. Cantore Bachen in Leipzig an der Thomas Kirchen zu communiciren mir die Ehre geben wollen, woraus dieselben mit mehrerm zu ersehen belieben werden, was Er von einem gewißen Subjecto schreibet, und wie deßen qvalitaeten beschaffen. Es ist dieser H. Bach gantz ohnstreitig der allergeschickste Organist in gantz Europa, und sein H. Sohn in Sr. Königl. Majest. Capelle zu Berl., und dabey ein uberaus auffrichtiger ehrlicher Mann, deßen Worten man vollenkommen Glauben beymeßen kan."

---

[26] Die Lesung der Einerstelle des Datums ist nicht ganz sicher, theoretisch wäre auch der 27. Juni möglich. Allerdings ist hier die Einerstelle über eine tildenartige Bodenlinie mit dem nachfolgenden „ten" verbunden, während beim ersten Umlauf vom 17. Juni die 7 nicht mit „ten" verbunden ist.

[27] S. 80 des Nachdrucks (siehe Fußnote 12); in der Aufzählung der Kantoren oder Tertii der Altstädter Lateinschule von der Reformation 1541 bis zur Vereinigung mit der Neustädter Schule im Jahr 1744 heißt es: „17. Johann Caspar Lippe, ein Thüringer. War erst Cantor in Diesdorf, hatte nicht studiert und war von 1720–1729 Cantor und Organist auf der Altstadt." – Zu Lemme finden sich folgende Angaben: „18. Dietrich Lemme aus Salzwedel. Hatte in Jena die Rechte studiert, war 1728 Cantor auf der Neustadt und von 1731 bis zu seinem Tode 1743 Cantor auf der Altstadt."

Diese Stelle ist die erste Erwähnung Bachs in der Akte, und Direktor Niedts an seine Ratskollegen gerichtete Erklärung, wer dieser Kantor Bach überhaupt sei, stellt aus meiner Sicht den frühesten bislang bekannten Beleg für die Wahrnehmung Bachs in Salzwedel dar. Niedts Äußerungen klingen nicht nach Hörensagen. Sein Studium in Leipzig läßt eine persönliche Bekanntschaft mit Johann Sebastian Bach möglich erscheinen, obwohl dafür zuverlässige und direkte Beweise fehlen. Für einen Schüler Bachs oder Mitwirkenden an den Aufführungen der Kantaten aus Bachs erstem Leipziger Jahrgang[28] halte ich Niedt allerdings nicht – einerseits studierte er Jura, andererseits sind aus seiner Salzwedeler Zeit bisher keine Details bekanntgeworden, die auf eine besonders enge Beziehung zur Musik, auf eigene Musikausübung oder ähnliches hinweisen.

Eine weitere Vermutung, auf welchem Wege eine Bekanntschaft zwischen Bach und Niedt hätte entstehen können, beruht auf (allerdings noch völlig ungeprüften) genealogischen Überlegungen. Die Niedts waren keine alteingesessene Salzwedeler Familie, sondern wohl erst mit Niedts Vater Johann Ludwig Niedt, Bürger und Gärtner im Bockhorn (einer Salzwedeler Vorstadt), um 1700 in Salzwedel ansässig geworden. Daß ein Student der Rechtswissenschaften von Halle nach Leipzig wechselt, mag mit der akademischen „Anziehungskraft" einzelner Vorlesungen oder Professoren zu erklären sein – aber warum sollte ein gebürtiger Salzwedeler, der hier die Schule besucht, seinen Schulbesuch auf dem Gymnasium Gotha fortsetzen? Verwandte in der näheren Umgebung könnten ein Grund sein.

Der Name Niedt scheint nicht zu den besonders häufigen Familiennamen zu gehören; um so auffälliger ist, daß es Ende des 17. und Anfang 18. Jahrhunderts zwei Musiker dieses Namens gab, die Bach durch ihre Veröffentlichungen bekannt gewesen sein müssen: Nikolaus Niedt, Hoforganist und Kanzleibeamter in Schwarzburg Sondershausen, der 1698 unter dem Titel *Musicalische Sonn- und Fest-Tags-Lust* eine Sammlung von 73 kleinen Kantaten für jeden Sonn- und Feiertag des Kirchenjahrs veröffentlichte,[29] und Friedrich Erhard Niedt, von dem zwischen 1700 und 1717 in Hamburg die drei Teile einer *Musicalischen Handleitung* herauskamen. Selbst wenn Joachim Valentin Ludolf Niedt nur zufällig den gleichen Familiennamen trägt, könnte Bach dieser Name irgendwann, als Niedt in Leipzig studierte, aufgefallen sein. Aber das ist reine Spekulation, daher zurück zu den Akten.

---

[28] Vorschlag von P. Wollny in einem Schreiben vom 24. November 2006.
[29] C. Wolff, *Johann Sebastian Bach*, aktualisierte Neuausgabe, Frankfurt/Main 2005, S. 92, 330 und 542 (dort Anm. 13 zu Kapitel 9).

Niedt bat seine Magistratskollegen um Zustimmung dafür, den von Bach empfohlenen Bewerber zur Probe nach Salzwedel einzuladen und zur Deckung der Reisekosten etwa 10 bis 12 Taler (halb aus der Kämmerei, halb aus den Geistlichen Registern) zu bewilligen. Dann wolle er Bach die verlangte Nachricht von den näheren Umständen des hiesigen Kantorats zusenden und alles weitere veranlassen. Die Zustimmung des Superintendenten und der Magistratskollegen paßte bei diesem Umlauf in zwei Zeilen:

„J. D. Solbrig consentit. et Waßerschlebe. hierumb einig Annisius Steltzer
W. Erdmann. Piest. Rademin. Kogel."

Zu den Rätseln dieser Akte gehört, daß weder der im Umlauf vom 22. Juni erwähnte Brief Bachs noch ein Entwurf der Antwort Niedts darin enthalten sind. Ich glaube nicht, daß der Brief auf dem Umlaufwege in Verlust geriet. Auch die näheren Umstände, die Bach zu seinem Empfehlungsschreiben veranlaßt haben, sind nicht ersichtlich. Zwar wird im Umlauf vom 17. Juni erwähnt, daß Direktor Niedt mit der Universität in Halle Verbindung aufnehmen wollte – aber auf welchem Weg gelangte die Nachricht zu Bach nach Leipzig? Eine Vakanzenzeitung hat es damals noch nicht gegeben; falls Niedt Bach um eine Empfehlung gebeten haben sollte – warum teilte er ihm nicht gleich „die Umstände beym hiesigen Cantorat" mit?
Eine denkbare Erklärung wäre, daß Bach, nachdem er auf unbekanntem Wege Nachricht von der Vakanz in Salzwedel erhalten hatte, aus eigenem Antrieb direkt an Niedt schrieb, eben weil er ihn noch aus dessen Studienzeit in Leipzig (obgleich diese bereits 20 Jahre zurücklag) kannte. Vielleicht war der Brief nicht einfach ein Empfehlungsschreiben für die „Initiativbewerbung" eines Bach-Schülers, sondern erhielt darüber hinaus persönliche Nachrichten an Niedt, die diesen zwar nicht zögern ließen, den Brief in Umlauf zu geben, aber doch dazu führten, daß er ihn nicht den Akten zur Besetzung des Kantorats der Altstadt zuordnen ließ und ihn auch privat beantwortete.
In der Akte folgen drei Briefe von Superintendent Solbrig in seiner etwas schwer lesbaren, sehr „ausgeschriebenen" Handschrift, alle drei an Niedt gerichtet und sämtlich auf den 15. Juli 1743 datiert. Sowohl die unmittelbaren Vorgänge als auch zwischenzeitliche Reaktionen Niedts oder seiner Magistratskollegen sind nicht ersichtlich. Es erscheint gut möglich, daß der Umlauf vom 22. Juni 1743, der ja in für Salzwedeler Verhältnisse äußerst seltener Eintracht verabschiedet wurde, dem Direktor des Magistrats gewissermaßen alle Vollmachten für weitere Verhandlungen sowohl mit Bach und dem von ihm protegierten Bewerber als auch mit dem Superintendenten der Altstadt als Repräsentanten der vor Ort zuständigen geistlichen Behörde gab, daß also rechtlich keine weiteren Umläufe im Magistratskollegium notwendig waren. Aber auch Notizen für die Antwortbriefe Niedts an Solbrig finden sich nicht –

lediglich im 1. und 3. Brief sind einzelne Zeilen mit rotem Stift unterstrichen, eine Hervorhebung, die ich Niedt zuordnen möchte.
In diesem Zusammenhang ist bedauerlich, daß sich die ursprünglich gewiß vorhandene Gegenüberlieferung des Superintendenten in den Akten des Kirchlichen Verwaltungsamts nicht mehr nachweisen ließ.[30] (Auch bei ihm müssen Akten zur Besetzung des Kantorats der Altstadt entstanden sein, da er die Aufsicht über die Schulen in seiner Diözese hatte und zudem direkter Amtsvorgesetzter des Kantors hinsichtlich dessen Pflichten in der musikalischen Ausgestaltung der Gottesdienste und weiterer kirchlicher Anlässe war.) Es ist zwar eher unwahrscheinlich, daß sich in diesen Akten weitere Bach-Briefe befunden haben könnten, da die direkten Verhandlungen mit Bach über Niedt liefen. Aber zumindest die Antworten Niedts auf die drei Briefe Solbrigs vom 15. Juli 1743, vielleicht auch Schriftwechsel mit anderen Personen oder Behörden anläßlich der Besetzung des Kantorats der Altstadt (Kirchenkassenrendant, Gemeindekirchenrat, Witwe oder Nachkommen des bisherigen Kantors, geistliche Oberbehörden, andere Geistliche aus dem Ministerium der Altstadt), waren hier zu erwarten und hätten in Details der Verhandlungen ein wenig mehr Licht bringen können. So bleibt leider vieles unklar.
Zurück zu den drei Briefen Solbrigs vom 15. Juli 1743. Im ersten widmet der Superintendent sich der leidigen Kostenfrage und leitet den Brief mit der bemerkenswerten Feststellung ein:

„Ich erinnere mich anjetzo, daß d. H. Capell Mstr. Bach geschrieben hat: Wenn der Candidatus hier keine Satisfaction thäte, daß ihm sodann Reise-Kosten accordiret werden möchten. Da er nun aber Satisfaction gethan und doch noch nicht weiß, ob er den Dienst annehmen will oder nicht, so sehe ich nicht, woher er die Kosten praetendiren könte."[31]

Möglicherweise handelt es sich hier um einen Hinweis auf einen weiteren nicht erhaltenen Brief Bachs, die Formulierung spricht dafür, daß auch dieses Schreiben dem Superintendenten nicht vorlag. Solbrig hatte ihn gelesen und konnte sich inhaltlich an diese Passage erinnern. Die Frage ist nun, ob solch ein Satz bereits in einem Empfehlungsschreiben zu einer Initiativbewerbung erscheinen kann (dann könnte er schon aus dem am 22. Juni 1743 erwähnten

---

[30] Für die Genehmigung und Ermöglichung der Akteneinsichtnahme im Archiv des Kirchlichen Verwaltungsamts Salzwedel am 19. Februar 2007 danke ich Herrn Superintendent Michael Sommer und seinen freundlichen Mitarbeiterinnen, vor allem Frau Kurzweg, Frau Nothnagel und Frau Wasmuth.

[31] Die ersten drei Zeilen und der Anfang der vierten Zeile („Da er nun") sind mit Rotstift unterstrichen – wohl nicht unbedingt, weil hier Bach zitiert wurde, sondern weil es um die Modalitäten für die Zahlung von Reisekosten ging.

Bach-Brief stammen) oder ob er nicht (wie ich vermuten möchte) die von Niedt erst am 22. Juni vom Superintendenten und seinen Magistratskollegen erbetene Zustimmung für seinen Vorschlag voraussetzt, „den recommendirten Candidatum kommen [zu] laßen, und ihm etwan 10 bis 12 r. zur Reise halb aus der Cämerey, und halb aus denen Geistl. Registern accordiren [zu] wollen".

Der Begriff „Satisfaction" – uns heute wohl nur noch aus dem Duellwesen bekannt und auch in *Meyers Konversations-Lexikon* (Leipzig und Wien, 5. Aufl. 1897) in diesem Sinn erläutert – scheint hier im Sinne von „die Prüfung bestehen" beziehungsweise „die Prüfenden zufriedenzustellen" gebraucht worden zu sein. Die Bedeutung der Stelle wird aus den folgenden Begründungen Solbrigs deutlich:

„Es stehet zu fürchten, daß er sodann noch besondere Transport-Kosten fordern dürffte. Er ist allsofort gekommen, da ihm doch die Umstände aufrichtig überschrieben sind: und nun will er noch zweifeln etc."

Anspruch auf diese Reisekosten hatte der (hier immer noch ungenannte) Bewerber nach Auffassung Bachs und des Superintendenten demnach nur, wenn er sich für die Stelle nicht qualifiziert hätte. Im Falle einer Anstellung wäre statt der Erstattung der Reisekosten für die Probe eine Art Umzugskostenbeihilfe (hier von Solbrig „Transport-Kosten" genannt) nach Antritt seines Amtes fällig geworden. Solbrigs Überlegungen zielen also dahin, eine doppelte Vergütung zu vermeiden und dem Bewerber stattdessen die Erstattung von 15 Talern „bey seinem Anzuge", also bei endgültigem Antritt der Stelle, zu versprechen.

In seinem zweiten Brief vom 15. Juli kommt Solbrig nochmals auf die Reisekosten zu sprechen; des weiteren geht es um eine Zulage (vermutlich im Sinne einer Besserung des mageren Kantorengehalts) und um die Prüfung des Kandidaten durch den Superintendenten. Solbrig erklärt sich mit der von Niedt vorgeschlagenen Zahlung von 15 Talern Reisekosten – halb aus der Kirchenkasse, halb aus der Kämmerei – einverstanden, äußert aber:

„Wenn wir aber nachher nur nicht abschlägige Antwort von dem Candidaten bekommen."

Über eine Zulage könne bei Gelegenheit verhandelt werden. Mit Bezug auf die beabsichtigte Prüfung des Bewerbers schrieb er:

„Wenn es gemeinet, daß er in den angezeigten puncten praestanda praestiren wolle, so könte freylich wohl das tentamen bis zur öffentlichen Probe verbleiben, und will ich sehen, ob ich tecte etwas exploriren kan, wenn er auf Euer HochEdelgeboren Veranlaßung etwa morgen nachmittag gegen 2 Uhr zu mir kommen möchte."

„Tentamen" ist ein nicht mehr geläufiger Ausdruck für eine vorläufige Prüfung (auch das dazugehörige Verb „tentiren", im Sinn von „prüfen, einer – vorläufigen – Prüfung unterziehen", begegnet in der Akte); Solbrigs Vorschlag besagt, daß man mit der fachlichen Prüfung des Kandidaten bis zur öffentlichen Probe (die sich vermutlich auf die Demonstration seiner pädagogischen Fähigkeiten konzentrieren sollte) warten könne, daß er ihn aber „vorsichtig ausforschen" („tecte exploriren") würde, wenn Niedt veranlasse, daß der Bewerber am 16. Juli gegen 14 Uhr zum Superintendenten komme.

Im dritten und umfangreichsten Brief Solbrigs geht es vor allem um das „Tentamen". Am Anfang entschuldigt sich Solbrig dafür, daß er einen am 14. Juli gegen 18 Uhr („gestern Abend um 6 Uhr") bei Niedt verabredeten Termin nicht hatte wahrnehmen können. Zum einen hatte er selbst bis gegen 7 Uhr „Zusprache", zum anderen leide er derzeit an einer „Rauhigkeit der Brust", wodurch er zu nichts Lust habe. Dann folgt der wichtige Satz:

„An der Probe des Herrn Candidati in der Music habe ich mich auch ergötzet."

Aus dieser Bemerkung wird ersichtlich, daß die im letzten Brief erwähnte, noch bevorstehende „öffentliche Probe" eben nicht die Probe in der Musik gewesen sein kann. Dieser Satz ist auch durch rote Unterstreichung hervorgehoben. Und nicht zuletzt erscheint der Superintendent Johann David Solbrig sowohl hier als auch überhaupt durch seine engagierte und interessierte Beteiligung an der Besetzung des Altstädter Kantorats 1743/44 in einem recht vorteilhaften Licht.

Da die beiden höchsten Salzwedeler Geistlichen Solbrig und Purgold entschiedene Gegner der damals vollzogenen „Schulkombination" (der Vereinigung beider Lateinschulen zu einer gesamtstädtischen Schule) waren, erwarben sie sich in der Salzwedeler Geschichtsforschung einen eher schlechten Ruf. Der einzige, der sich in neuerer Zeit intensiv mit ihrem Leben und Wirken beschäftigte, war der Gymnasialrektor Johann Friedrich Danneil, der ihren Widerstand gegen die Vereinigung der Schulen – aus der ja seine Einrichtung hervorging – fast persönlich nahm.

Solbrigs anschließende Ausführungen zur Prüfung und vor allem zu den pädagogischen Ansprüchen an einen „hiesigen Cantor" (in erster Linie ist hier das Kantorat der Altstadt gemeint, allerdings dürften auch die Neustädter an ihren Kantor kaum völlig andere Anforderungen gestellt haben) scheinen mir schulgeschichtlich zu wichtig, um nur beiläufig referiert zu werden. Daher sei hier wieder etwas ausführlicher zitiert:

„Denselben zu tentiren bin bereit, nur weiß ich nicht, wie solches unvermerkt geschehen könne. Man kann eher jemanden unvermerkt tentiren, von dem man viel praetendiret, als einen, von dem nicht mehr gefordert wird, als ein hiesiger Cantor leisten soll. Ein Cantor hieselbst, der in Classe tertia informiren soll, muß einen solchen Autorem, wie darinnen tractiret wird, können exponiren, dergestalt, daß er (1) die richtige construction selbst wiße u. denen Knaben zeigen könne: (2) das latein in rein teutsch könne übersetzen: (3) das Capitel oder die Epistel nach dem Donat oder

Grammatic wiße zu resoluiren, u. dabey die Declinationes u. Conjugationes zu üben, imgleichen die regulas de genere nominum und der Syntaxia: (4) phrases heraus zu ziehen: (5) Formeln aufrechnen zu laßen: (6) eine imitation über das gantze Caput oder Epistel zu dictiren: (7) auch ein anderes Exercitium absque vitiis selbst zu schreiben u. derer Schüler ihre zu corrigiren. Wie man nun dieses unvermerkt exploriren könne, weiß ich nicht. Und doch habe ich auch fast den Zweifel, ob Candidatus, wenn er sich noch nicht resolviret hat, die Stelle anzunehmen, diese Probe zu machen sich werde gefallen laßen. Ich hielte ohnmaßgeblich davor, daß Eu. HochEdelgeb. ihm solches nur frey heraus vorstellen möchten, ob er darinnen geübet sey? und ob er eine Probe davon ablegen wolle? So könte ich, wenn ich weitere Antwort davon bekäme, morgen eine Stunde dazu aussetzen. Er muß doch nachher auch dem Examini des Herrn General-Superintendenten sich sistiren. Hiernechst soll er auch rechnen können, denn auch darinnen muß er informiren. Weil ich aber solches selbst nach der Kunst nicht kan, so wollen Eu. HochEdelgeb. belieben, deshalb ohngefehr eine Probe mit ihm zu machen, und solches kann, meines Erachtens, noch eher unvermerkt geschehen."

Über die Musik hinaus mußte der Kantor gewissermaßen auf der „Mittelstufe" des Gymnasiums Latein und Rechnen unterrichten. Mit den obersten Klassen Prima und Sekunda befaßten sich der Rektor und der Konrektor; die drei unteren Klassen Tertia, Quarta und Quinta wurden von Kantor, Subkonrektor (oder Quartus) und Quintus (auch Infimus oder Baccalaureus genannt) betreut. Das „Rechnen nach der Kunst" wird wohl schon etwas mehr als die Beherrschung der Grundrechenarten für den praktischen Gebrauch erfordert haben, sonst wäre das Eingeständnis des Superintendenten für ihn wohl zu blamabel gewesen. Ganz beiläufig erwähnt Solbrig hier auch, warum bislang immer nur von einer „Vorprüfung" (Tentamen) die Rede war – vor der endgültigen Anstellung mußte der Bewerber sich der wohl etwas anspruchsvolleren Prüfung des General-Superintendenten der Altmark in Stendal stellen.

Solbrig schätzte seine Fähigkeiten als Prüfer offensichtlich nicht sehr hoch ein. Denn vom Dirigenten des Magistrats erwartete er, daß dieser den Bewerber „frey heraus" nach dessen Fähigkeiten frage und ob er sich deswegen einer Prüfung unterziehen würde; selbst scheint er sich diese Offenheit und Direktheit nicht zugetraut zu haben. Ein amüsantes Beispiel für die rathäusliche Prüfung eines Berliner Schulrektors im 17. Jahrhundert (Johannes Heinzelmann, 1660 bis zu seinem Tod 1687 Superintendent der Altstadt Salzwedel) zeigt, daß zumindest einige Bewerber auf spontane Prüfungen ihrer Fähigkeiten außerordentlich selbstbewußt und schlagfertig (und letztlich erfolgreich) reagierten:

„Als sich der sehr empfohlene Rektor Heinzelmann vor seiner Wahl auf dem Rathause vorstellte und nach seinen dichterischen Fähigkeiten gefragt wurde, weil bisher nur seine wissenschaftliche Tüchtigkeit bekannt sei, da soll er ruhig um ein beliebiges Buch mit Prosa gebeten und, als ihm nun Schönborners „Politik" gereicht wurde, das erste Kapitel dieses Werkes aus dem Stegreif in Versen vorgetragen haben!"[32]

Der Superintendent hatte sich mit der Zahlung von Reisekosten an den Bewerber bereits in seinem zweiten Brief vom 15. Juli 1743 einverstanden erklärt. Nun mußte Niedt noch die Zustimmung seiner Magistratskollegen einholen, und dies tat er in seinem Umlauf vom 16. Juli 1743, mit dem er die anderen Ratsherren wie folgt über die jüngsten Ereignisse im Zusammenhang mit der Wiederbesetzung des Altstädter Kantorats informierte:

„Der Candidatus nahmens Dohles, welchen wir wegen des hiesigen vacanten Cantorats von Leipzig kommen laßen, hat am verwichenen Vten Sontage post Trinitatis seine Probe in der Music cum applausu omnium abgeleget; und heute Nachmittag wird der H. Superintendent denselben vor sich tentiren, was Er in studiis gethan. Er versichert, daß er auch hierinnen praestanda praestiren würde, bittet aber um 4wochentliche dilation zu Einbringung seiner Erklerung, damit er die Sache mit seinem patron, d. H. Capelmeister Bachen in Leipzig überlegen könne. Weil nun derselbe mit morgender Post wieder abzugehen resolviret, und zu verstehen gegeben: daß ihm die Herreise über 7 r. zu stehen gekommen ...".

Bei dem hier in der Akte erstmals namentlich genannten „Candidatus Dohles" handelt es sich um niemand anderen als den Bach-Schüler Johann Friedrich Doles (1715–1797), der von 1755 bis zu seiner Pensionierung 1789 Bachs zweiter Nachfolger als Thomaskantor war. Aus autobiographischen Mitteilungen war bekannt, daß Doles 1743 im Zusammenhang mit seiner Bewerbung um das Kantorat in Salzwedel von Bach eine Empfehlung erhalten hatte.[33] Prof. Dr. Hans-Joachim Schulze, damals Assistent am Bach-Archiv Leipzig, erkundigte sich mit Brief vom 13. Februar 1960 beim Stadtarchiv Salzwedel nach eventuell noch vorhandener Überlieferung zum Empfehlungsschreiben Bachs für Johann Friedrich Doles. In der Antwort vom 23. Februar 1960 hieß es, daß die Suche „nach dem Empfehlungsschreiben oder Zeugnis" sowohl im Stadtarchiv als auch in den beiden mitbenutzten

---

[32] E. Faden, *Berlin im Dreißigjährigen Kriege*, in: Berlinische Bücher, hrsg. vom Archiv der Stadt Berlin, Band 1, Berlin 1927, S. 123. Als Quelle für diese Geschichte nennt Faden J. Heidemann, *Geschichte des Grauen Klosters zu Berlin*, Berlin 1874, S. 156f.

[33] Doles' Autobiographie wurde abgedruckt in *Leipziger gelehrtes Tagebuch auf das Jahr 1797*, S. 5–11; der hier relevante Passus findet sich auf S. 8: „In der Music nutzte er Joh. Sebast. Bach, bey dem er viel in der contrapunkt. Setzart gearbeitet hat ... Nach 4 Jahren, die er in Leipzig höchst vergnügt zugebracht hatte, emphahl ihn Bach zu dem erledigten Cantorate in Salzwedel. Die von ihm abgelegte Probe fiel rühmlich aus und er war entschlossen die Stelle anzunehmen." Vgl. H. Banning, *Johann Friedrich Doles (1715–1797). Leben und Werke*, Borna und Leipzig 1939, S. 6 und 12, sowie Dok I, S. 272.

Kircharchiven erfolglos verlaufen sei und daß angenommen werde, die betreffenden Akten seien beim Rathausbrand 1895 vernichtet worden.[34] Auffällig ist, daß in den autobiographischen Aufzeichnungen von Doles anscheinend nicht erwähnt wurde, daß es sich um das Kantorat der Altstadt Salzwedel handelte und daß aus diesem Grund auch Schulze seinerzeit das Suchgebiet nicht darauf eingrenzte.

Aus Niedts Angaben im Umlauf lassen sich nun einige Daten zum Aufenthalt von Johann Friedrich Doles in Salzwedel ableiten. Der 5. Sonntag nach Trinitatis 1743, also der Tag der „mit dem Beifall aller" abgelegten „Probe in der Music", fiel auf den 14. Juli.[35] Daß Doles sich spätestens am 15. Juli vor seiner Annahme dieser Stelle Bedenkzeit erbeten hatte, geht aus den beiden ersten Briefen Solbrigs hervor. Nach Niedts Angaben betrug die erbetene Frist vier Wochen und sollte der Rücksprache mit Bach in Leipzig dienen. Die vorläufige Prüfung dessen, „was Er in studiis gethan", wollte der Superintendent Solbrig am Nachmittag des 16. Juli 1743 (Dienstag) vornehmen. Der Beginn der Rückreise nach Leipzig war „mit morgender Post", also für Mittwoch, den 17. Juli 1743, vorgesehen.

Gegen die von Niedt unter Hinweis auf die bereits vorliegende Zustimmung des Superintendenten vorgeschlagene Erstattung von Reisekosten in Höhe von 15 Talern beziehungsweise gegen die Übernahme der Hälfte der Reisekosten gab es letztlich keinen grundsätzlichen Widerspruch, aber nicht alle stimmten dem Vorschlag so knapp und eindeutig zu wie die Magistratsmitglieder Kogel, Rademin und Steltzer. Das älteste Magistratsmitglied, Bürgermeister Waßerschlebe, erklärte:

„Da Patroni Candidatum reqviriret und wegen deßen gerühmter Geschicklichkeit deßen Überkunfft anhero verlanget, auch seine probe, so er abgeleget, nach dem Ruhm gewesen, so halte vor billig, daß Ihm die Reise müße bonificiret werden."

Das Magistratsmitglied Piest formulierte seine Zustimmung mit ähnlichen Worten; auch ihm scheint der Umstand wichtig gewesen zu sein, daß Doles zur Probe eingeladen worden war und daß der Bewerber den Erwartungen „cum applausu" entsprach.

Annisius kritisierte, daß er für die Probe keine Einladung erhalten hätte:

„... es dürffte aber pro futuro guht seyn, wan die gesambten membra Senatus zum probe singen und dergl. wie sonst geschehen invitiret würden, doch laße ich mir hierin alles gerne gefallen, weilen ich selten in die Altstädter Kirche komme."

---

[34] Kopien des Schriftwechsels aus den Akten des Bach-Archivs sind uns von Dr. Wollny zur Verfügung gestellt worden. Die Gegenüberlieferung in den Benutzerakten des Stadtarchivs scheint nicht erhalten geblieben zu sein.

[35] H. Grotefend, *Taschenbuch der Zeitrechnung des deutschen Mittelalters und der Neuzeit*, 5. Auflage, Hannover 1922, S. 185.

Annisius war Neustädter, und in seiner Bemerkung kommt zum Ausdruck, daß trotz der seit fast 30 Jahren erfolgten Vereinigung der beiden Städte noch gewisse Differenzen zwischen Altstadt und Neustadt bestanden. Die Einladung dürfte mündlich erfolgt sein; aber möglicherweise ist die Kritik ein Hinweis darauf, daß die musikalische Probe nicht öffentlich war. Dies wiederum würde die schlechte Überlieferung zum Aufenthalt von Doles in Salzwedel erklären. Zu Beginn meiner Recherchen war ich davon ausgegangen, daß Doles als hochrangiger Bewerber um das Kantorat der Altstadt im Jahresbericht 1743 der „Soltquellensien"[36] Erwähnung gefunden haben müßte. Das Fehlen eines „Konzertberichts" in den „Soltquellensien" beruht demnach wohl nicht auf mangelndem Interesse des Neustädters Elias Hoppe an den Altstädter Verhältnissen, sondern eher auf dem Ausschluß der Öffentlichkeit von verwaltungsinternen Verhandlungen zur Neubesetzung einer Stelle.

Grundsätzliche Bedenken gegen den Vorschlag Niedts meldete das Magistratsmitglied Erdmann an – ganz offensichtlich in seiner Funktion als Kämmerer:

„Es ist zwahr bishero niemahls gebräuchlich gewesen, daß Camera zur Reise oder andern Unkosten wegen Bestellung der H. Geistl. und Schulbedienten etwas gegeben, weil ich aber zu der anhero Reise auf 10 a 12 r. meine einstimmung gegeben, so kommbt es auf die 1 1/2 r. auch nicht an, bitte aber gehorsambst, die Cämmerey aufs künftige ohne höhere Verordnung damit zu verschonen."

Die Überlieferung der Kämmereirechnungen setzt im Stadtarchiv Salzwedel erst mit dem Jahr 1826 ein; nach Aufzeichnungen Gädckes muß es vor dem Rathausbrand 1895 auch noch Neustädter Kämmereirechnungen des frühen 17. Jahrhunderts (etwa von 1611 bis 1620) gegeben haben, aber generell kann die schlechte Überlieferung älterer Kämmereirechnungen nicht mit dem Rathausbrand erklärt werden. Es ist eher annehmen, daß in Salzwedel noch bis ins 19. Jahrhundert hinein die Bedeutung von Rechnungen als geschichtliche Quellen nicht erkannt worden war und deswegen irgendwann im 19. Jahrhundert die entsprechenden Bestände des 18. Jahrhunderts kassiert wurden. So läßt sich die Behauptung, daß eine Beteiligung der Kämmerei an Ausgaben für die Neueinstellung von Lehrern und Geistlichen bislang nicht üblich gewesen ist, nicht mehr prüfen.

---

[36] Für die Möglichkeit der Einsichtnahme in die Bände 2–4 der Folioreihe der „Soltquellensien" am 15. Mai 2007 wie für die Geduld bei der Ausleihe von Band 1 zur Anfertigung einer Transkription danke ich der Evangelischen Kirchgemeinde St. Katharinen, vor allem Herrn Pfarrer Hans-Christian Beutel und der Sekretärin Frau Tomalik.

Da letztlich alle Magistratsmitglieder der anteiligen Übernahme der Reisekosten zustimmten, waren die Verhandlungen mit Johann Friedrich Doles ungefähr bis zum 16. Juli 1743 weitestgehend abgeschlossen. Jetzt fehlte nur noch seine Zustimmung – die aber ließ auf sich warten.

*

Der nächste Vorgang in der Akte ist der nachfolgend wiedergegebene Brief Johann Sebastian Bachs[37] (siehe auch Abbildungen 1–3):

HochEdelgebohrner, Vest und Hochgelahrter etc.
Hochgeehrtester Herr *Director*.
Daß Eu: HochEdelgebohren geehrteste Zuschrifft so späte beantworte, würde nicht zu *excusiren* seyn, wann nicht auf *Mons*. Dohles *resolution* gewartet, welcher mir die Versicherung gethan, daß, (wenn er solche gefaßet) er mir es *notificiren*, und so dann solche Eu: HochEdelgebohren schrifftlich einsenden wolle; da denn zugleich mit einem Brieflein Eu. HochEdelgebohren gehorsamst aufwarten wollen. Da aber letzteres unterblieben, besagter *Mons*. Dohles auch inzwischen verschiedene mahlen verreiset, um vermuthlich eine *avantageusere station* zu finden; auch bey seiner Rückkunfft mir erstlich eröffnet, wie er bereits an Eu: HochEdelgebohren seine *resolution* schuldigst eingesendet; als habe meiner Schuldigkeit erachtet, Eu. HochEdelgebohren so fort auch meinen ergebensten Danck vor das mir übersendete Waßer*present* hiermit abzustatten. Wie nun besagten Herrn Dohles *resolution* beschaffen, hat er mir nicht eigendlich eröffnen wollen noch können, weiln er auf E. HochEdlen Raths *cathegori*schen Entschluß biß *dato* noch wartet. Allem Ansehen scheinet es wohl, als habe man hiesiges Orths Ihme viele Hoffnung gemachet zu einer austräglicheren *station*, und so sich vielleicht bald zeigen dörffte. Da nun aber | dergleichen *persuasoria* öffters betrügen können; Überdem auch Ihme zu gefallen wohl keiner vom Stuhle aufstehen und ihn hinsetzen laßen werde, noch weniger aber ohne Gottes Willen die Zeitligkeit verlaßen wird; als bedaure fast, daß meine aufrichtige und redliche Meynung vom besagtem *M*. Dohles nicht wohl erkandt werden will, und ich also mich fast schäme, so vieles vor ihme gethan zu haben, zumahln Eu: HochEdelgebohren nebst gesamten HochEdlen Raths durch ihn in verschiedene Unkosten gebracht worden. Ich würde also billiges Bedencken tragen, mich ferner hin in diese *affaire* zu *melir*en, wann nicht mein bißheriger *Bass*iste mich umständlichst ersuchet, ihme die besondere Gefälligkeit zu erweisen und beykommendes Schreiben an Eu: HochEdelgebohren mit einzuschließen. Da nun leicht vermuthen kan, daß er *eventualiter*, wenn nemlich Herr Dohles abginge, und diese *station* annoch *vacant*, üm selbige gehorsamst werde angesuchet haben, als will nur so viel von ihme melden, daß er *ratione Musices* dem Herrn Dohles nicht viel nachgeben dörffe, *in studiis* aber weit *habiler* sey. Es beruhet also auf Eu: HochEdelgebohren hochgeneigter *resolution*, ob dieselben auf dieses

---

[37] 1 Bogen, S. 1, 2 und 4 beschrieben. Blattformat ca. 33×20,7 cm; Wasserzeichen: Gekrönter Doppeladler mit Herzschild (vermutlich NBA IX/1, Nr. 65).

subject hochgeneigt *reflectiren* mögten; Ein mehreres mag nicht dieserwegen gedencken, weiln meine erstere *recommendation* scheinet mit Undanck belohnet zu werden. Beharre inzwischen mit vieler *æstimation* und Hochachtung
              Eu: HochEdelgebohren
          Meines hochgeehrtesten Herrn *Directoris*
Leipzig. den 11. *Sept:*   gantz gehorsamer Diener
      1743.   *J. S. Bach.* |

                    AMonsieur
                Monsieur Niedt,
                Directeur du Senat
                    de la Ville
  Franquè.   *a*
  Magdeburg.   *Saltzwedel.*

Dieses Schreiben setzt einen Brief Niedts an Bach voraus, der nicht abschriftlich erhalten ist, aber doch in der Zwischenzeit (nicht vor dem 16. Juli) an Bach gesandt worden sein muß. Vermutlich wird Niedt sich nach Doles' Entscheidung erkundigt haben. Hätte Doles erst am 11. September 1743 geantwortet, dann hätte er die ihm zugebilligte Frist von 4 Wochen etwas überstrapaziert, aber dies läßt sich aus Bachs Brief nicht ableiten. Bach erklärt ja, Doles habe ihm nach der Rückkehr von seiner letzten Reise versichert, seine Resolution schon übersandt zu haben und jetzt nur noch auf die Antwort des Rats zu warten. Die Akte enthält allerdings weder Doles' Brief noch irgendein Zeichen einer Reaktion des Rats. Möglicherweise wären Ratsprotokollbücher hilfreich gewesen, aber auch hier setzt die Überlieferung im Stadtarchiv Salzwedel erst relativ spät im 19. Jahrhundert ein.

Bachs Äußerung, Doles zu Liebe werde wohl niemand sein Amt niederlegen oder gar sterben, könnte sich darauf beziehen, daß Carl Gotthelf Gerlach, Musikdirektor der Neuen Kirche in Leipzig, damals seit längerer Zeit krank war.[38] Die Förderung durch die in Leipzig lebende verwitwete Herzogin von Kurland (eine geborene Prinzessin von Sachsen-Weißenfels),[39] die Doles in seiner Autobiographie erwähnt, mag sich hinter Bachs Worten verbergen: „Allem Ansehen scheinet es, als habe man hiesiges Orths Ihme viele Hoffnung gemachet zu einer austräglicheren station …" Der von seiner Gönnerin vermittelte Kontakt nach Freiberg, wo Doles von 1744 bis 1755 als Kantor wirkte, ist aber wohl erst später zustandegekommen. Nach der auf den auto-

---
[38] Hinweis von Dr. Wollny in seinem Brief vom 24. November 2006.
[39] Es handelt sich hier um Johanna Magdalena (1708–1760), die zweitjüngste Tochter von Herzog Johann Georg von Sachsen-Weißenfels. Sie heiratete 1730 Herzog Ferdinand von Kurland (1655–1737) und lebte nach dem Tod ihres Mannes in Leipzig.

biographischen Mitteilungen Doles' und den Freiberger Archivalien fußenden Darstellung Bannings[40] bewirkte die Herzogin, daß Doles im Freiberger Dom eine eigene Kantate aufführen konnte; in einem – vermutlich kurze Zeit nach der Aufführung verfaßten – Brief bat Doles am 24. April 1744 den Rat, ihn dem dortigen Kantor beizuordnen. Dies wiederum läßt vermuten, daß die von Bach erwähnten verschiedenen Reisen Doles' in der Absicht, eine besser dotierte Stelle zu finden, sich noch auf andere Orte bezogen.

Unklar bleibt, was es mit dem von Bach erwähnten „Waßerpresent" auf sich hatte. Zwar war 1707 in der Nähe des Salzwedeler Vororts Perver eine Quelle entdeckt worden, deren Wasser angeblich heilende Wirkung hatte,[41] doch wurde die Heilkraft schon bald wieder von Medizinern in Frage gestellt. Allen voran bezweifelte der damalige (1698–1712) Physicus der Altstadt Salzwedel, Lic. Theodor Valentin Kramer,[42] daß diesem Wasser mehr Heilkraft innewohne als reinem Quellwasser. Viele hätten es vergebens, einige gar zu ihrem Schaden gebraucht. Elias Hoppe, der Verfasser der „Soltquellensien", notiert auf S. 557 im Band I der Folioreihe:

„A. 1731 im Julio kam dieser Gesundbrunnen unweit dem alten von neuem wieder hervorgesprungen, und war zwar bey dem gemeinen Mann abermahlen im Beruf, es hatte aber damit keine andere Bewandniß als wie ehemahlen."

Es fällt schwer, bei dieser unverkennbaren Skepsis der Salzwedeler Mediziner anzunehmen, daß ein Magistratsdirigent (der ja Jura studiert hatte, also ebenfalls zur Salzwedeler Bildungsschicht zählte) noch 12 Jahre nach Entdeckung der neuen Quelle so viel Vertrauen in deren Heilwirkung setzte, daß er das Wasser verschenkte. Ich lasse die Frage, was sich hinter dem „Waßerpresent" verbergen mag, aus diesem Grunde offen.

Der Brief läßt erkennen, daß Bach mit dem Handeln seines Schülers in dieser Angelegenheit nicht zufrieden war. Er zögert daher – wohl auch, weil ihm die endgültige Entscheidung von Doles noch nicht bekannt war –, einen weiteren Kandidaten zu empfehlen, den er nicht namentlich benennt, sondern nur als seinen „bißherigen Bassisten" kennzeichnet. Sehr wichtig ist in diesem Zusammenhang die kurze Charakterisierung von dessen Fähigkeiten im Vergleich zu Doles, die im Brief mit Rotstift unterstrichen ist. Das „mit einzuschließende, beikommende Schreiben" des neuen Bewerbers fehlt

---

[40] Vgl. Banning (wie Fußnote 33), S. 9 und 12–13.
[41] M. Adler, *Bad Salzwedel*, in: Unsere Altmark. Beilage des Salzwedeler Wochenblatts, 16. Jg., Nr. 3, 9. Februar 1935, S. 9–10.
[42] Vgl. Schmid (wie Fußnote 7). Kramers Bericht über den Gesundbrunnen von 1707 und Hoppes kurze Notiz über die neue Quelle von 1731 finden sich nicht nur (wie von Adler angegeben) in den „mittleren Soltquellensien", sondern auch in Band I der Folioreihe der „Soltquellensien" auf S. 557; ebenda auf S. 499–500 auch Kramers Biographie.

ebenfalls wieder, was um so bedauerlicher ist, weil nun wieder eine zeitliche Lücke von über drei Monaten unsere Kenntnis über die weiteren Verhandlungen zur Besetzung des Kantorats unterbricht.

*

Der nächste Umlauf Niedts stammt vom 24. Dezember 1743; dort heißt es, daß:

„... gestern der Candidatus Theologiae von Leipzig angekommen, namens Mons. Tursch, wovon schon mündlich erwähnet, daß der dortige Capelmeister H. Bach ihn als einen musicum zu dem hiesigen vacanten Cantorat recommendiret."

Ich gehe davon aus, daß es sich bei „Mons. Tursch" um Bachs „bißherigen Bassisten" handelt, wenngleich in die zeitliche Lücke durchaus noch ein weiterer Bewerber passen würde.
Wie aus den im folgenden noch näher zu schildernden Verhandlungen hervorgeht, handelt es sich bei dem von Bach vorgeschlagenen Kandidaten um den aus Cämmerswalde (heute ein Ortsteil von Neuhausen im Erzgebirge) stammenden Gottlob Friedrich Türsch. Über die familiären Hintergründe Türschs ist den im Pfarramt Clausnitz aufbewahrten Kirchenbüchern folgendes zu entnehmen:[43] Am 10. Oktober 1702 heiratete Friedrich Türsch, substituierter Schulmeister in Cämmerswalde, Maria Elisabeth John, eine Tochter des dortigen früheren Pastors Christian John. Am 20. Juli 1709, abends um 10 Uhr, wurde dem Paar ein Sohn geboren, der in der Taufe am 23. Juli die Vornamen Gottlob Friedrich erhielt. Taufpaten waren Magister Georg Caspar Laubner, Diakon in Sayda, Johanna Charlotte Futterselker, Ehefrau des Kantors Johann Andreas Futterselker in Sayda, und Johann Christoph Schneider, Schultheiß in Cämmerswalde. Über die Ausbildung des Knaben liegen keine Daten vor. Im Sommersemester 1739 schrieb er sich in die Matrikel der Universität Leipzig ein.[44]
Das dem Brief Bachs vom 11. September 1743 beigefügte Schreiben Türschs wird vermutlich eine Einladung zur Vorstellung in Salzwedel zur Folge gehabt haben, wobei offen bleiben muß, ob diese sofort erfolgte oder ob ihr noch weiterer Schriftwechsel (mit möglicherweise noch einem weiteren, nicht erhalten gebliebenen Empfehlungsschreiben Bachs) vorausging. Einen besonderen Umlauf muß es nicht unbedingt gegeben haben, da Niedt ja selbst schreibt, er habe Bachs Empfehlung des neuen Bewerbers zum Kantorat „mündlich erwähnt".

---
[43] Für die freundlichen Auskünfte danke ich den Pfarrern und Mitarbeiterinnen der Evangelisch-Lutherischen Pfarrämter Neuhausen und Clausnitz.
[44] Vgl. G. Erler, *Die jüngere Matrikel der Universität Leipzig 1559–1809*, Bd. III, S. 428. – Türsch war als Bach-Schüler bisher unbekannt.

Der eigentliche Anlaß für den Umlauf vom 24. Dezember 1743 war die Mitteilung, der neue Bewerber sei „... gewillet, Morgen auf hiesiger Alten Stadt, und wenn es gefällig am 2ten Feyer Tage auf der Neu Stadt in der Kirchen Music zu machen" und bitte hierfür um die Erlaubnis des Magistrats (als Patron beider Kirchen). Niedt wollte nicht nur wissen, ob seine Magistratskollegen damit einverstanden seien, sondern auch, ob sie bei den Proben „auch vor ihre Personen Auditores abzugeben beliehen". Die Veranstaltung von Musik in einer Kirche fiel natürlich nicht nur in die Zuständigkeit des Magistrats, sondern auch und vor allem in die des Superintendenten beziehungsweise Inspektors, weswegen sich der Kandidat dort selbst persönlich vorstellen und um die Erlaubnis des jeweils höchsten Geistlichen bitten wolle. Daß der Bewerber mit seinem Wunsch in der Neustadt Erfolg haben würde, scheint Niedt stark bezweifelt zu haben, denn er schreibt:

„Ich glaube aber, wenn es auf H. D. und Inspector Purgolds Willen auf der Neustadt allein ankommt, so werden wir als Patroni darunter nachgeben und thun müßen, was er will."

Daher erklärte er, daß ihm in Bezug auf die Probe in der Neustadt alles „indifferent" sei, er sich deswegen mit niemandem in einen Disput einlassen und sich „in allem hertzlich gerne ... accomodiren werde".
Seine Kollegen Waßerschlebe, Steltzer, Dilschmann[45], Erdmann, Piest, Rademin und Kogel stimmten beiden Proben mehr oder weniger knapp zu; Probleme machte erwartungsgemäß nur der „letzte Neustädter" Annisius:

„Ich consentire gern, daß d. H. Candidatus des Altstädter vacanten Cantorats auf der Altenstadt in der Kirche die Probe machen möge, und wen ich auch solte verhindert werden, solche mit anzuhören, so will Ihm doch das Cantorat daselbst gerne gönnen, wan Er Mhhn. Collegen der Altenstadt gefallen solte. Dahin mein votum in antecessum gehet, wegen der Neuenstadt solte wohl erst eine vacantz seyn bis dahin es mit der probe music jedoch ohnmaßgeblich zeit haben könte, Damit der H. Doct. Past. et Inspector Purgold friedlich bleiben, d. H. Cant. Danz es auch nicht aufnehmen möge alß wenn die Herren Patroni Ihm ungeneigt wären, doch submittire plurimis."

Der Einwand, daß der Neustädter Kantor Danz eine Probe als Affront verstehen könnte, erscheint berechtigt, zumal Danz sich ja selbst wenige Monate zuvor um das Kantorat der Altstadt beworben hatte. Ob es letztlich zu beiden Proben kam, ist nicht bekannt; daß Danz im Folgejahr die Pfarrstelle in Schernikau antrat, hängt wohl eher damit zusammen, daß die

---

[45] Wilhelm August Dilschmann war erst 1743 in den Magistrat gekommen und wird in dieser Akte äußerst selten erwähnt, eigentlich nur hier und bei der Unterzeichnung des Vokationsschreibens. 1757 war er Bürgermeister, er soll aus der Mittelmark stammen.

„... auf des Herrn Capellmeisters Bach recommendation ..."   31

Besoldung eines Pfarrers insgesamt vermutlich besser war als die eines Kantors.
Der nächste Umlauf bietet die Besonderheit, daß er nicht von Niedt eingeleitet wurde, sondern vom Ratsherrn Steltzer, und zwar am 30. Dezember 1743. Steltzer bedauert zunächst, wegen einer „bösen Colic" nicht arbeitsfähig zu sein und bittet darum, ein Schreiben an Rittmeister Pfeiffer,[46] das notwendig heute hingebracht werden müsse, zu „mundiren". Danach regt er an, zusätzlich zu seiner musikalischen Vorstellung, „den Candidatum Hn. Türsch die Probe lesen zu lassen, damit er deshalb künftig keine Reise wieder thun dürfe". Niedt teilt am 31. Dezember 1743 mit, daß der Superintendent den Kandidaten bereits „privatim tentiret und tüchtig befunden" habe, eine offizielle Probelesung „wegen Kürtze der Zeit" jedoch nicht möglich sei. Er befürwortet den Vorschlag des Superintendenten, das Präsentationsschreiben an den General-Superintendenten Nolte in Stendal direkt an Türsch in Leipzig zu senden, so daß Türsch sich auf der nächsten Reise nach Salzwedel in Stendal damit vorstellen könne. Erdmann, Kogel, Piest und Waßerschlebe schließen sich diesem Vorschlag an, wobei die Zustimmung Waßerschlebes etwas pessimistisch klingt:

„Wann der gute Mann nur künftig keine vergebliche Reise thun darf, bin damit einverstanden."

Annisius schlug vor, daß der Kandidat, bevor man ihn zum Probelesen zulasse, „seine Attestata und wo Er studiret, zuforderst produciret". Dies ist ein aus amtlicher Sicht wichtiger Einwand, der vermuten läßt, daß die Verhandlungen über die Besetzung des Altstädter Kantorats bis zu diesem Zeitpunkt recht unkonventionell und nicht unbedingt dem Dienstweg folgend abgelaufen waren. Das wiederum mag als Erklärung für die ersichtliche Lückenhaftigkeit der schriftlichen Überlieferung zu diesem Thema gelten.
Rademin – hinsichtlich des Wohnorts ebenfalls Neustädter, hinsichtlich vermeintlicher Verletzungen der Neustädter Interessen aber anscheinend weit weniger empfindlich als Annisius – gibt zu bedenken:

„Wan der H. Candidatus vermeinet, bey dem Hn. General-Superintendenten durchzukommen, gönne Ihm gerne die Cantoratstelle, und kan nach dem Vorschlag des Hn. Direct. Niedten das Praesentations Schreiben außgefertiget werden."

Diese Klippe scheint bisher weitgehend unbeachtet geblieben zu sein. Die musikalische Probe, der gute Eindruck, den man in Salzwedel vom Bewerber

---

[46] Ein Rittmeister Karl Ludwig (von) Pfeiffer wird (nach handschriftlichen Aufzeichnungen Gädckes im Ordner „Garnison 1587–1918" aus dessen wissenschaftlichem Nachlaß im Stadtarchiv Salzwedel) zu dieser Zeit mehrfach als Offizier im Salzwedeler Kürassierregiment von Bredow erwähnt.

hatte, die vorläufige Prüfung durch Solbrig, schließlich die in Aussicht gestellte Präsentation – all das wäre folgenlos, wenn der General-Superintendent nach der Prüfung des Kandidaten seine Zustimmung verweigern würde. Zunächst aber scheint sich auch Türsch Bedenkzeit ausgebeten zu haben, denn erst im Mai des Folgejahres gehen die Verhandlungen mit einem weiteren Brief Bachs weiter[47] (siehe auch Abbildungen 4–5):

Hoch Edelgebohrner,
Vest- und Hochgelahrter,
Hochgeehrtester Herr *Director*,
Geneigtester Gönner etc.

Wann nicht eine fast 5 wöchentliche Reise mich *excusir*ete, würde allerdings strafbar seyn, daß Eu: HochEdelgebohren geehrteste Zuschrifft so späte beantwortete; Hoffe demnach geneigtesten *Pardon*, und verspreche in Zukunfft Dero fernerhin an mich geneigt abzulaßendes *prompter* zu beantworten, weder voritzo hat geschehen können. Daß über deme noch Eu. HochEdelgebohren mit einem angenehmen Niedersächsischen Andencken mich beehren wollen, erkenne mit verbundensten Dancke, und werde bemühet leben es nach Möglichkeit zu erwiedern. Unser Herr Türsch ist voritzo abwesend u. *in Patriam* verreiset: Hat aber doch *ordre* hinterlaßen, die an Ihn einlaufende Briefe derweilen in Verwahrung zu nehmen. Da Er auch gleich nach denen *Ferien retournir*en wird, als verhoffe, Eu: HochEdelgebohren werden den Verzug der Beantwortung (so sich nur auf noch wenige Tage belaufen wird) nicht ungütig deuten. Ich werde alle *Persuasoria* anwenden, daß Er nach der *retour* Einen *firmen* Schluß faßen und sich zu baldigster Abreise anschicken möge. Zu denen eintretenden Heiligen Pfingst*Ferien* erstatte schließlich meine gehorsamste *gratulation*, wünschend daß von Eu: HochEdelgebohren dieselben in allem Seegen mögen *passiret* werden; wie ich mir denn hiermit nochmahlen[48] verspreche, Eu: HochEdelgebohren hohen *Faveurs* fernerhin gewürdigt zu werden, in allem *respect* beharrend

Eu: HochEdelgebohren

Leipzig. den 16. *Maji.* gantz gehorsamster Diener
1744. *J. S. Bach.* |

AMonsieur
Monsieur Niedt,
Directeur du Senat
de la Ville
per l'occasion   *a*
Saltzwedel.

---

[47] 1 Bogen, S. 1 und 4 beschrieben. Blattformat ca. 34×20,4 cm; Wasserzeichen: Gekröntes Herz mit Weinrebe (bislang in Bach-Dokumenten nicht belegt).
[48] Durch Streichung korrigiert aus „allezeit".

Die als Entschuldigung angeführte fast fünfwöchige Reise Bachs[49] läßt vermuten, daß Niedt sich etwa Mitte bis Ende April schriftlich bei Bach nach dem Stand der Dinge erkundigte. Auch hier bedankt sich Bach wiederum für ein Geschenk, wobei unklar bleibt, was unter einem „Niedersächsischen Andencken" zu verstehen ist. Sollte es sich wiederum um ein „Waßerpresent" handeln oder hatte Niedt sich inzwischen etwas Neues einfallen lassen? Offensichtlich bestand in Salzwedel bereits die Sorge, daß sich die zweite Bewerbung genauso zerschlagen würde wie die erste. So klammerte man sich an Bachs Zusage, er werde nach Türschs Rückkehr alle Überredungskünste aufwenden, um ihn möglichst bald zu einem endgültigen Entschluß und zur Abreise nach Salzwedel zum Antritt des Kantorats zu bewegen. Dieses Versprechen war Niedt so wichtig, daß er es wieder mit Rotstift unterstrich.

Die Antwort Türschs (ebenfalls nicht erhalten) muß dann recht bald eingegangen sein, denn bereits mit Datum vom 2. Juni 1744 findet sich in der Akte der Entwurf eines Briefes an Türsch, durch den das Magistratskollegium ihm seine Absicht mitteilt, ihn zum Kantor der Altstadt berufen zu wollen. Hier werden erstmalig die näheren „Umstände beim Kantorat" geschildert. Schon im Umlauf vom 17. Juni 1743 hatte der Ratsherr Steltzer auf die schlechte Besoldung des Kantorats aufmerksam gemacht, und man wird annehmen dürfen, daß auch Doles' Absage in diesem Umstand begründet war. In dem Brief des Magistratskollegiums heißt es:

„… Da nun letzters aus dem Königl. Hochpreisl. Consistorio per Rescriptum d. d. Berlin d. 8ten Maji c. Allergnäd. verwilliget, also daß nunmehro ein fixum Salarium von 100 Thlr. jährlich ausgemacht; und Wir so wohl in Absicht auf des Herrn Capellmeisters Bach recommendation, als Deßelben bey seiner Anwesenheit gezeigter Fertigkeit in der Music und andrer gute Eigenschafften beschloßen, Ihn Vor andern zu diesem Dienste zu befordern …"

Türsch wird gebeten

„… seine Einrichtung also zu machen, daß Er mit dem fordersamesten überkommen, nach abgelegter gewöhnlicher Probe zum examini bey dem Herrn General Superintendenten in Stendal sich gestelle und darauf nach erhaltener Vocation den Dienst sofort antreten könne …".

Von der ursprünglichen Idee, daß Türsch bereits auf seiner Reise von Leipzig nach Salzwedel in Stendal Station machen solle, um sich dort der Prüfung des General-Superintendenten zu stellen, sind die Ratsherren hier wieder abgekommen. Türschs lateinisches Dankschreiben ist auf den 9. Juni 1744 datiert und ging bereits am 11. Juni 1744 in Salzwedel ein.

---

[49] Nach Mitteilung von Dr. Wollny (Brief vom 15. Januar 2007) ist diese Reise Bachs (April/Mai 1744) anderweitig bisher nicht dokumentiert.

Einen Monat später, am Sonntag, dem 12. Juli 1744, traf Türsch in Salzwedel ein. Niedt schlug bereits am nächsten Tag seinen Magistratskollegen vor, den kommenden Mittwoch als Tag der Probelektion in Aussicht zu nehmen und dazu alle Geistlichen der Stadt und alle Lehrer einzuladen. Superintendent Solbrig war dieser Termin zu kurzfristig. Er meinte, man müsse dem Kandidaten wenigstens zwei bis drei Tage zur Vorbereitung auf die Lektionen gönnen. Außerdem sei Türsch diese Woche schon damit ausgelastet, daß er sich zum Sonntag auf die Kirchenmusik vorbereiten müsse, weswegen man die Probelektion auf die nächste Woche verschieben solle. So wurde dann auch verfahren. Niedt schlug am 20. Juli den Folgetag (also Dienstag, den 21. Juli) als Tag der Schulprobe vor und lud alle Magistratskollegen dazu ein. Der Kenntnisnahmevermerk des Superintendenten fehlt – vielleicht wollte Niedt einer nochmaligen Verzögerung zuvorkommen oder der Superintendent hatte zuvor schon mündlich sein Einverständnis mit dem neuen Termin erklärt.

Daß die Schulprobe auch tatsächlich am 21. Juli stattfand, macht das noch am gleichen Tag ausgefertigte Präsentationsschreiben an den Generalsuperintendenten in Stendal wahrscheinlich. Der Rat erklärt darin, daß er gemeinsam mit dem Superintendenten Solbrig zur Wiederbesetzung des vakanten Kantorats der Altstadt nach abgelegter Probe im Singen und Lehren einmütig den Theologiestudenten Gottlob Friedrich Türsch gewählt habe und gemäß den königlichen Verordnungen darum ersuche, den Kandidaten dem gewöhnlichen Examen zu unterziehen, ihn zu admittieren und ihm darüber ein Zeugnis auszustellen.

Die Antwort des General-Superintendenten Nolte[50] fiel insgesamt wenig schmeichelhaft aus:

„Wann Herr Gottlob Friderich Türsch, welcher zu dem dortigen Cantorat auf der Alten Stadt destiniret ist, nach Allergnädigster Königl. Verordnung von mir examiniret worden, als habe hiermit attestiren sollen, daß derselbe von der Ordnung des Heyls keine rechte gründliche Begriffe, und die fundamenta der Griechischen Sprache ziemlich vergeßen, auch in der Arithmetic nichts mehr gethan habe, als daß er die 5 Species gelernet; in der Latinität aber zulängliche profectus besitze. Da nun die Music sein Haupt-Werck ist, und er darin nützliche Dienste leisten kan, so habe ihm Anweisung gegeben, wie ihm dasjenige, was ihm annoch fehlet, oder was er vergeßen, leicht erlernen, oder sich wieder bekandt machen könne, und zweifle nicht, daß, wenn er dem gegebenen Rath folget, er an der Jugend mit Nutzen arbeiten werde,

---

[50] Laut Czubatynski (wie Fußnote 12), S. 248/249, war Johann Rudolph Nolte (1691–1754) nach Besuch der Universität Helmstedt erst Hauslehrer in Wolfenbüttel, dann von 1715 bis 1741 Rektor und Geistlicher in Gardelegen und von 1741 bis zu seinem Tode Generalsuperintendent der Altmark in Stendal.

als worzu ihm allen Göttlichen Seegen zu einem wahren Vergnügen der Herrn Patronen anwünsche, der Denenselben bald persönlich meine Hochachtung zu bezeugen die Ehre habe, und bis dahin verharre
Ew. Ew. HochEdelgeb. und HochEdl.
ergebenster Diener und Fürbitter
J. R. Nolte."

Unter anderen Umständen hätte dies vielleicht für einen Bewerber das Aus bedeutet, aber in Salzwedel hatte man sich wohl inzwischen auf Türsch festgelegt. Niedt hob in dem Brief durch Unterstreichung die Feststellung hervor, daß Türsch „in der Latinität aber zulängliche profectus besitze", und hatte anscheinend keine besonderen Schwierigkeiten, seine Magistratskollegen zur Berufung Türschs zu überreden. Das Vokationsschreiben wurde am 1. August 1744 ausgestellt.

Bemerkenswerterweise wird betont, daß Türsch „mit Zuziehung und Rath des Herrn Superintendenten und Pastoris Herrn Sollbrigs auch Rectoris Herrn Schollen alhier" einmütig gewählt worden sei. Wie schon oben festgestellt, ist die Mitwirkung des Rektors bei dieser Stellenbesetzung sonst nicht nachweisbar, was persönliche Ursachen gehabt haben dürfte.[51] Erwähnt wird auch, daß Türsch „auf unsere Veranlaßung außerhalb der Schulen in der Kirche und bey Leichen des Cantoris Verrichtungen bereits im Julio c. wohl übernommen" habe. Dies kann sich zwar nur etwa auf die zweite Monatshälfte beziehen (und auch da wegen seiner Prüfung in Stendal nicht auf den Gesamtzeitraum), zeigt aber, daß der neue Kantor schon vor seiner endgültigen Berufung begonnen hatte, sich zumindest in seinen kirchlichen Aufgabenbereich einzuarbeiten. Ausführlich werden im Vokationsschreiben seine Pflichten erörtert, manchmal eher allgemein-umschreibend, manchmal durchaus mit erkennbarem Ortsbezug. Türsch solle, heißt es,

„die liebe Jugend sowohl mit getreuer Anweisung zur wahren Gottesfurcht und allen christlichen, Gott wohlgefälligen Tugenden und fleißigen Information in guten Künsten und Sprachen, auch der bey der combinirten Schule zu introducirenden Lehrarth jederzeit besten Vermögens wohl vorstehen, den Chorum Musicum beydes in der Kirche und Schule, auch sonsten dermaßen, damit kein Mangel daran zu spühren, dirigiren, wie auch sowohl an denen Sonn-, Buß-, Fest- und Apostel-Tagen, als auch des Freytages und Montages in den Beth-Stunden und wie es sonst auch in der Schul-Kirche bisher üblich gewesen, als in der Fasten Zeit und wenn aldort die heilige

---

[51] Johann Georg Scholle, ein gebürtiger Berliner, von 1718 bis zu seinem Tod 1751 Rektor der (zunächst Altstädter, dann der kombinierten) Schule in Salzwedel. Danneil, *Geschichte des Gymnasiums* (wie Fußnote 12), S. 241, schreibt über ihn: „Bei der Vereinigung beider Schulen aber waren seine Kräfte bereits erschöpft, denn schon 26 Jahr hatte er das Amt eines Rectors verwaltet. Zum Schulmann und Pädagogen war er nicht geboren."

Communion gehalten wird, die Choral-Gesänge vom Anfang bis zum Ende jedesmahl in der Kirche mit den zugeordneten Schülern singen, die gewöhnl. Vespern in der Kirche gebührend bestellen, die Singe-Stunden in der Schule fleißig halten und die Knaben, welche eine gute Stimme haben auch privatim getreulich informiren, bey denen Leichen nach des Verstorbenen Stande mit der Music einen Unterschied machen und einem jeden frey stellen, was für einen Gesang er singen laßen wolle, wegen des Leichen-Geldes aber keines weges zu denen Leuthen in die Häuser gehen, noch von denenselben ein mehreres, als sie sonsten der Billigkeit nach zu geben willens, fordern laßen."

Im Gegenzug wird ihm die Zahlung von jährlich 100 Talern als Besoldung versprochen, dazu solle er auch alle Akzidentien wie seine Vorgänger genießen. Die Besoldung von 100 Talern wird am unteren Rand des Konzepts noch etwas genauer erläutert. Sie setzt sich zusammen aus:

33 r.	aus dem Kirch aerario von alters
25	als ein Augmentum nach der Allergnäd. Cons. Verord. vom 8. Maji 1744
7	noch ex Salario Quarti bey der Alten Stadt
5	aus der Cämmerey
5	ex Legato der Frau von Alvensleben
25	an Speise Geldern.

Mit dem Berufungsschreiben für den „WohlEdlen und Wohlgelahrten Herrn Gottlob Friederich Türsch, S. S. Theologiae Candidatus und vocirten Cantor bey der Combinirten Schule in Saltzwedel, unsern vielgeehrten Herrn und Freund" vom 1. August 1744, unterschrieben von Niedt, Waßerschlebe, Annisius, Dilschmann und Piest, schließt der Vorgang in der Akte. Die eigentliche Amtseinführung als Lehrer fand allerdings erst am 11. September 1744 statt, einem für die Salzwedeler Schulgeschichte höchst denkwürdigen Datum, da es der Tag der feierlichen Vereinigung beider Lateinschulen war. Danneil berichtet über den Ablauf der Feier:[52]

„Die Feierlichkeit selbst am 11. Septbr. 1744 ward um 9 Uhr mit dem Vortrage einer Cantate eröffnet, die der Cantor Türsch gefertigt und in Musik gesetzt hatte. Der Magistratsdirigent Niedt hielt darauf die Inaugurationsrede, in der er von den Ursachen und dem Nutzen der Schul-Combination handelte. Ihm folgte der Rector Scholle, der zugleich den neu angestellten Cantor Türsch einzuführen hatte. In einer lateinischen Rede sprach er über den rechten Gebrauch der Musik und brachte darin mehrere Anspielungen auf den Namen des Einzuführenden an. Der Cantor Türsch endlich stattete in einer lateinischen Rede dem Patronat seinen Dank für seine Anstellung ab und gelobte, sein übernommenes Amt mit Treue und Gewissenhaftigkeit zu verwalten. Eine vollständige Instrumental-Musik beschloß um 12 Uhr die Feier. Daß die erklärten Gegner der Vereinigung, der Superintendent Solbrig und der Inspector D. Purgold, keinen Theil an dieser Feierlichkeit nahmen, war vorherzusehen,

---

[52] Danneil, *Geschichte des Gymnasiums* (wie Fußnote 12), S. 240.

und deßhalb übernahm auch der Magistrats-Dirigent die Festrede, die sonst dem Herkommen gemäß der Ephorus zu halten hatte."

Der Text der von Türsch aufgeführten Kantate ist von Danneil nach einer Abschrift in den „Soltquellensien"[53] als Beilage in der Gymnasialgeschichte (S. 325–327) abgedruckt worden. Das achtsätzige Werk begann mit den Worten „Ihr Herzen, seyd nicht träge". Bislang ist dies der einzige greifbare Beleg für Türschs kompositorisches Schaffen. Naheliegend wäre, daß Türsch auch die „vollständige Instrumental-Musik" am Ende des Festaktes komponiert hat, doch fehlt hier ein eindeutiger Hinweis.

Auch sonst ist weder bei Hoppe noch bei Danneil viel über Gottlob Friedrich Türsch zu erfahren. Danneil erwähnt ihn als Kantor in seiner Gymnasialgeschichte (S. 273) nur kurz:

„Gottlob Friedrich Türsch, gebürtig aus Camerswalde bei Freiberg im Meißnischen. Er ward bei der Vereinigung der Schulen angestellt und war der einzige einigermaßen thätige und brauchbare Mann an der Schule. Als aber nach und nach andere rüstige Männer berufen wurden, trat er als Lehrer bedeutend in den Hintergrund und leistete in den spätern Jahren seines Lebens wenig. Er starb als Hauptlehrer von Tertia, was er während seines ganzen Hierseins gewesen war, 1779."

Den Kirchenbüchern der Altstädter Evangelischen Kirchgemeinde St. Marien[54] ist zu entnehmen, daß Gottlob Friedrich Türsch, „wohlverdienter Cantor und Collega der combinirten Stadt-Schule hieselbst", am 25. Januar 1747 Jungfer Anna Louisa Maria Piesten heiratete. Die Namensähnlichkeit ist kein Zufall – Anna Louisa Maria Piest ist die älteste Tochter des Ratsherrn und Stadtsekretärs Johann Georg Piest, wie sich aus dem Jahresbericht der „Soltquellensien" für 1746 ergibt.[55] Aus der Ehe scheinen zahlreiche Kinder hervorgegangen zu sein, von denen allerdings einige möglicherweise wieder recht früh verstorben sind, denn beim Tod des Kantors bittet eine „H. L. Türschen" als „Vater- und Mutter-lose Waise" um die Gewährung des – den Erben der Schullehrer gewöhnlich zugestandenen – halben Gnadenjahrs.[56]

---

[53] Band 2 der Folioreihe, S. 826–827, dort mit dem Vermerk „Saltzwedel, gedruckt bey J. H. Hellern." Johann Heinrich Heller war von 1731 bis 1751 der erste Nachfolger des Gründers der Salzwedeler Druckerei Christian Schuster.

[54] Für die Möglichkeit zur Einsichtnahme der Kirchenbücher am 23. Januar 2007 danke ich Frau Pfarrerin Cordelia Hoenen, Herrn Pfarrer Stephan Hoenen und den Mitarbeiterinnen der Gemeinde.

[55] Band 3 der Folioreihe, S. 239: „Es ist aber .... H. Piest am 23. Septembris an einen Friesel mit Tode abgegangen mit Hinterlaßung einer Wittwen und 2 Söhne und 2 Töchter. ... im darauf balde gefolgten Monat Novembri, in welchen Monate auch des defuncti älteste Tochter mit dem Cantore Tursch verlobet worden."

[56] Vgl. die oben (Fußnote 14) erwähnte Akte „Unterstützung der Wittwen der beim Gymnasio angestellt gewesenen Lehrer".

Türschs Ehefrau starb am 4. Februar 1768 mit etwas über 40 Jahren an der Schwindsucht und wurde am 7. Februar in der Schulkirche begraben. Gottlob Friedrich Türsch überlebte seine Frau um 11 Jahre. Er starb nach 35 Amtsjahren „Alters halber" mit 70 Jahren, 3 Monaten und 23 Tagen am 12. November 1779 und wurde am 14. November ebenfalls in der Schulkirche begraben. „Schulkirche" ist die damals ganz geläufige Bezeichnung für die heute „Mönchskirche" genannte und als Konzert- und Ausstellungshalle genutzte ehemalige Kirche des Franziskanerklosters. In den Räumen des Klosters war seit der Reformation die Altstädter Lateinschule, seit 1744 die „combinirte Stadtschule" und bis zum Umzug 1882 in das neue Gebäude Vor dem Lüchower Tor das später daraus hervorgegangene Gymnasium untergebracht. Zwar sind in der Mönchskirche zahlreiche Grabsteine des 16. bis 18. Jahrhunderts erhalten geblieben; die von Kantor Türsch und seiner Frau scheinen die Zeiten aber nicht überdauert zu haben.

Die detaillierte Auswertung der Akte zur Neubesetzung des Altstädter Kantorats in den Jahren 1743/44 und die ergänzend dazu betriebenen Nachforschungen konnten zwar nicht alle Fragen beantworten; gleichwohl ergab sich eine wesentliche Bereicherung der knappen Darstellung in Danneils *Geschichte des Gymnasiums zu Salzwedel*. Die Umläufe zeichnen ein sehr lebendiges Bild von der Arbeit des damaligen Magistrats und bieten wertvolles Material zu der noch weitgehend ungeschriebenen Geschichte der städtischen Verwaltung Salzwedels. Die durch die Akte dokumentierte harmonische Zusammenarbeit von Magistrat und Superintendent bei der Neubesetzung der Stelle erhellt einen kennenswerten Aspekt des oft eher als problematisch charakterisierten städtischen Patronatswesens. Schließlich erweitert die Entdeckung von zwei Briefen Johann Sebastian Bachs (die die Anfrage des Bach-Archivs aus dem Jahr 1960 doch noch halbwegs befriedigend beantwortet) unsere Kenntnis von dessen tatkräftiger Förderung seiner Schüler und bietet zugleich wertvolle Anhaltspunkte für weitere biographische Forschungen.

Abbildungen 1–3: J. S. Bach, Brief an J. V. L. Niedt vom 11. September 1743 (Stadtarchiv Salzwedel)

Abbildungen 4–5: J. S. Bach, Brief an J. V. L. Niedt vom 16. Mai 1744 (Stadtarchiv Salzwedel)

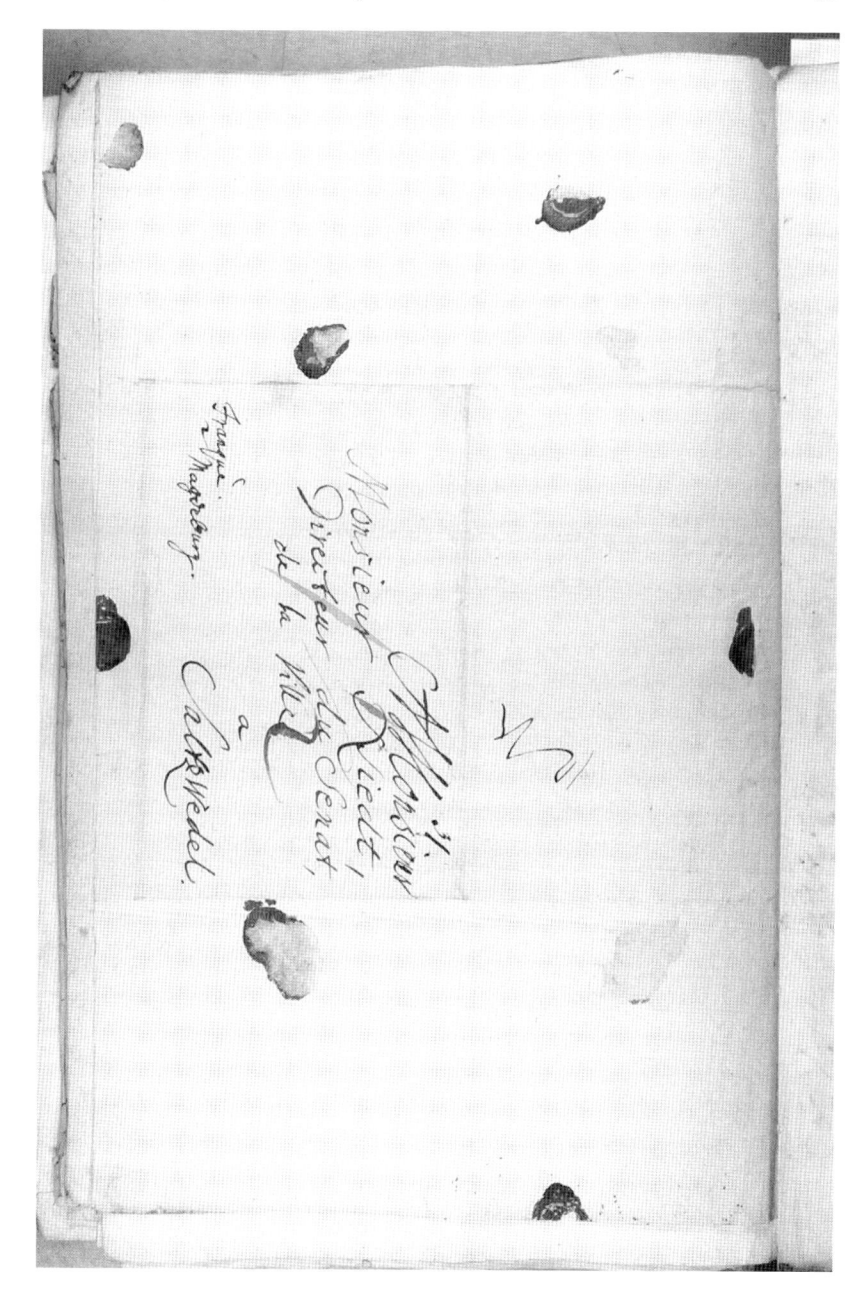

„… auf des Herrn Capellmeisters Bach recommendation …" 39

Abbildung 1

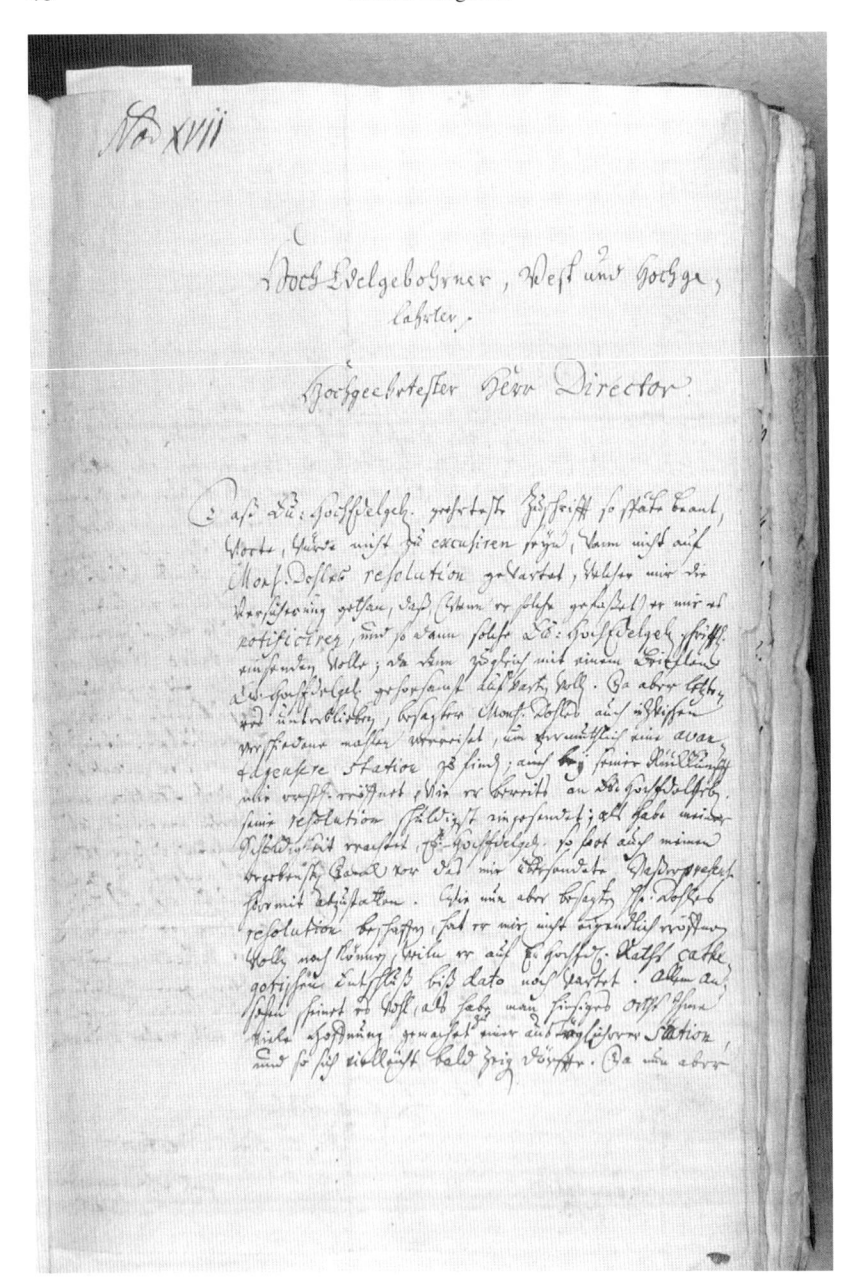

Abbildung 2

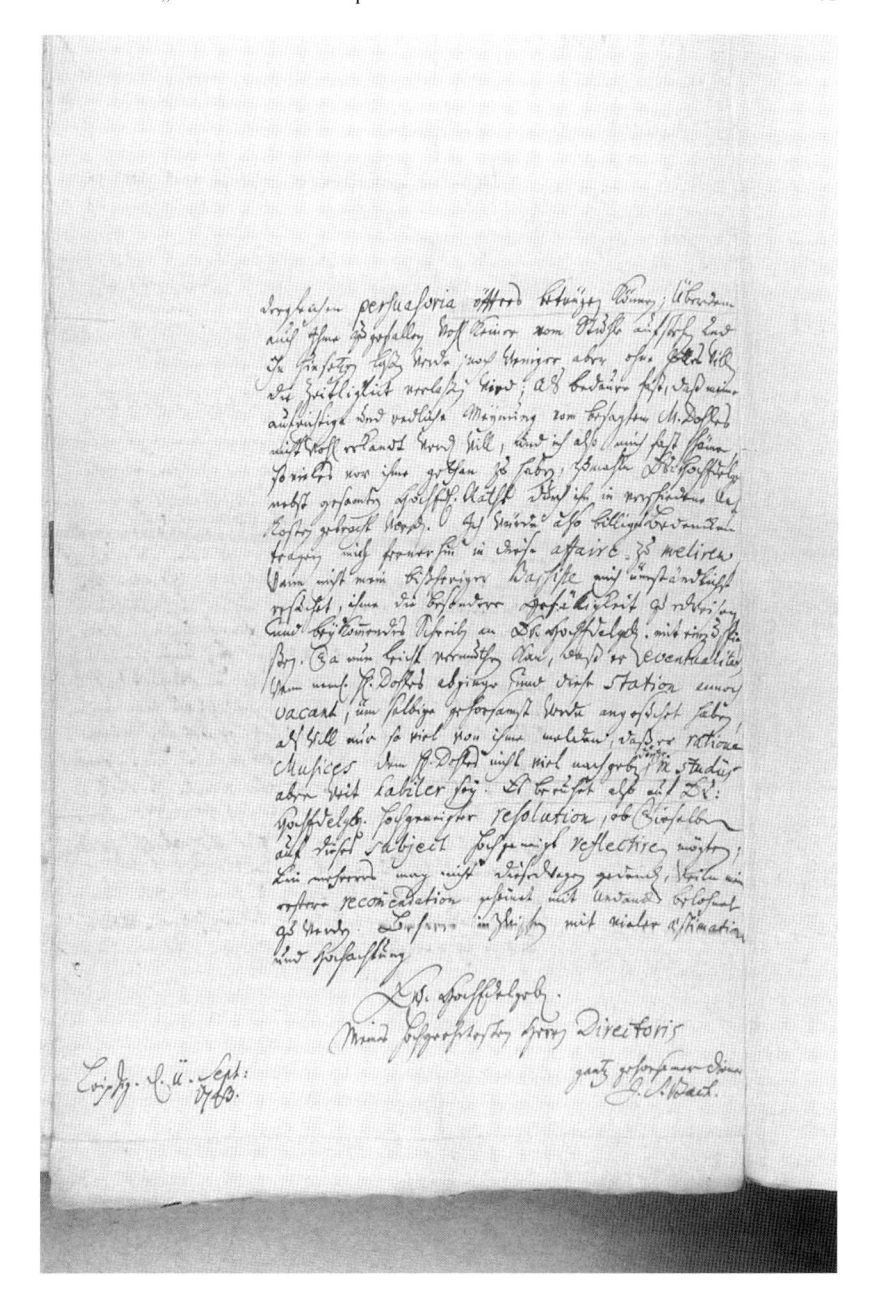

„… auf des Herrn Capellmeisters Bach recommendation …"

Abbildung 3

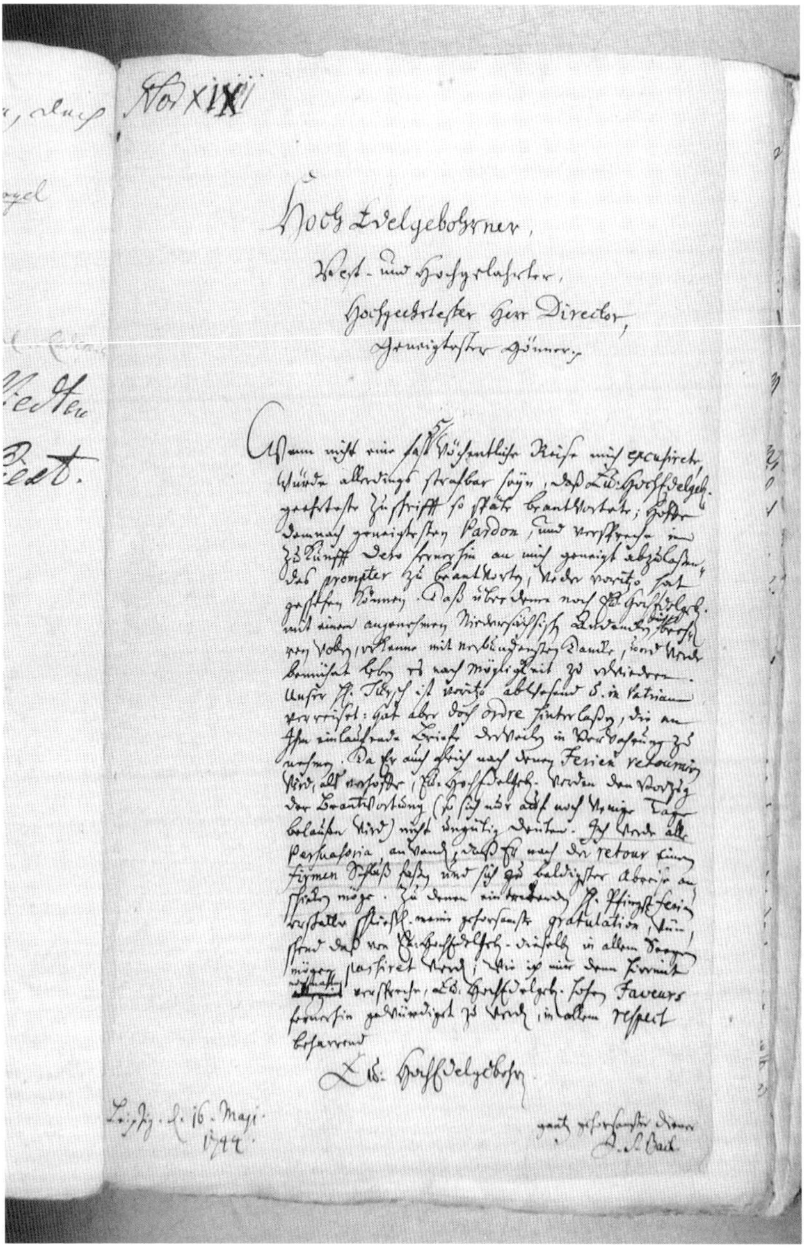

Abbildung 4

"... auf des Herrn Capellmeisters Bach recommendation ..." 43

Abbildung 5

Neue Quellen zu J. S. Bachs Beziehungen nach Gotha

Von Christian Ahrens (Bochum)

Im Rahmen einer umfassenden Durchsicht[1] von Quellen zur Gothaer Hofkapelle im 18. Jahrhundert wurden einige Dokumente ermittelt, die direkt oder indirekt Aufschluß geben über die Beziehungen des Hofes beziehungsweise einiger Hofmusiker und speziell des Kapellmeisters Gottfried Heinrich Stölzel (1690–1749, seit 1719 in Gotha) zu Johann Sebastian Bach. Sie ergänzen unsere bisherigen Kenntnisse, revidieren sie aber auch in einigen entscheidenden Punkten, wie im folgenden zu zeigen sein wird.

I. Bachs erster Besuch in Gotha

Die Nachricht vom Aufenthalt eines „ConcertMeisters" Bach 1717 in Gotha, die Armin Fett[2] bereits 1951 in seiner Dissertation zur Musikgeschichte der Stadt Gotha mitgeteilt hatte, fand erst durch einen Beitrag von Eva-Maria Ranft[3] im BJ 1985 die gebührende Aufmerksamkeit. Die Autorin argumentierte überzeugend, daß nur Johann Sebastian Bach gemeint gewesen sein kann. Neuerdings hat Andreas Glöckner[4] diesen und weitere Belege zu den Umständen von Bachs Tätigkeit in Gotha 1717 dahingehend interpretiert, daß am Karfreitag (26. März) des Jahres eine Passion des damaligen Weimarer Konzertmeisters in Gotha aufgeführt wurde, und zwar unter seiner eigenen Leitung, da der damalige Gothaer Kapellmeister Christian Friedrich Witt

---

[1] Die im Jahre 2005 und 2006 durchgeführten Archivarbeiten wurden von der Fritz Thyssen Stiftung gefördert, der ich dafür aufrichtig danken möchte. Dem Thüringischen Staatsarchiv Gotha (nachfolgend TSAG), in dem die hier vorgelegten Quellen aufbewahrt werden, sei dafür gedankt, daß es mir diese zugänglich machte und die Genehmigung zu ihrer Veröffentlichung gab.
[2] A. Fett, *Musikgeschichte der Stadt Gotha. Von den Anfängen bis zum Tode Gottfried Heinrich Stölzels (1749). Ein Beitrag zur Musikgeschichte Sachsen-Thüringens*, Diss. masch., Freiburg/Br. 1951, S. 141.
[3] E.-M. Ranft, *Ein unbekannter Aufenthalt Johann Sebastian Bachs in Gotha?*, BJ 1985, S. 165–166; Ranft führt als Belegstelle bei Fett irrtümlich S. 42 an.
[4] A. Glöckner, *Neue Spuren zu Bachs „Weimarer" Passion*, in: LBzBF 1 (1995), S. 33–46.

krankheitshalber seinen Verpflichtungen nicht mehr nachkommen konnte (er starb am 3. April 1717 im Alter von 51 Jahren). Daß Stölzel mit Bach berufliche, vielleicht sogar persönliche Kontakte pflegte, war seit langem bekannt. Die Belege für Bachs Tätigkeit am Gothaer Hof im Jahre 1717 zeigten, daß die Verbindung nach Gotha bereits vor Stölzels Dienstantritt bestand und nicht erst von diesem hergestellt wurde. Offen blieb freilich bislang, warum die Passionsaufführung von 1717 ausgerechnet Bach übertragen wurde. Die Darbietungen fanden traditionellerweise in der Schloßkirche auf dem Friedenstein statt, in Anwesenheit der Herzoglichen Familie und des Hofstaates, mithin in einem besonders festlichen Rahmen und bestimmt von der höfischen Etikette. Es wäre überaus merkwürdig, hätte man diese Aufgabe einem in Gotha gänzlich unbekannten Komponisten anvertraut.

Das war auch nicht der Fall – denn in der Tat datiert der erste Kontakt Bachs zum Gothaer Hof nicht von 1717, sondern von 1711. In den Schatullrechnungen[5] dieses Jahres findet sich folgender Eintrag:[6]

„12 Thlr.   Dem Organist Bachen aus Weÿmar zur abfertigung"

Die Formulierung „zur abfertigung" – im damaligen Sprachgebrauch: Entlassung, Verabschiedung – beweist, daß Bach sich 1711 in Gotha aufgehalten hat. Leider läßt sich weder der genaue Zeitpunkt ermitteln noch der Anlaß, der den Weimarer Musiker damals nach Gotha führte, denn die Angabe weist kein Datum auf und die zugehörigen Rechnungsbelege wurden bereits im 19. Jahrhundert vernichtet. Da Bach im Eintrag ausdrücklich als Organist bezeichnet wird, liegt die Annahme nahe, daß er sich auf der Orgel in der Schloßkirche Friedenstein oder der im Lustschloß Friedrichswerth beziehungsweise

---

[5] Die leider nur für den Zeitraum 1706; 1708–1709; 1711–1732 vollständig erhaltenen und spezifizierten Schatullrechnungen (für die Jahre 1707 und 1710 liegen nicht die Einträge selbst vor, sondern lediglich die Monita zu einzelnen Belegen) werden im TSAG im Bestand Geheimes Archiv aufbewahrt, jedoch unter verschiedenen Kapiteln und zudem nicht immer fortlaufend numeriert. Der Einfachheit halber seien hier die Quellenbelege des vorliegenden Textes summarisch aufgeführt: 1709: *E. XII. 12h. Nr. 6*; 1711: *E. XII. 12h. Nr. 8*; 1712: *E. XII. 12h. Nr. 9*; 1713: *E. XII. 12h. Nr. 10*; 1714: *E. XII. 12h. Nr. 11*; 1715: *E. XII. 12h. Nr. 12*; 1717: *E. XII. 12h. Nr. 14*; 1719: *E. XII. Nr. 26*; 1721: *E. XII. Nr. 30*; 1722: *E. XII. Nr. 31*; 1723: *E. XII. Nr. 43*; 1726: *E. XII. Nr. 141*; 1728: *E. XII. Nr. 145*.
[6] TSAG, Geheimes Archiv, *E. XII. 12h. Nr. 8*, fol. 26r. – In Gotha fanden der sogenannte Thalerfuß und der Guldenfuß gleichberechtigt nebeneinander Verwendung: Der Thaler (Thlr.) hatte 24 Groschen (Gr.) zu je 24 Pf. (Pfennig), der Gulden (Fl.) 21 Gr. zu je 24 Pf. Um eine bessere Vergleichbarkeit mit anderen Publikationen gewährleisten zu können, sind Angaben in Guldenwährung jeweils in Thaler umgerechnet.

auf einem der zahlreichen herzoglichen Cembali[7] hören ließ. Leider ist der Eintrag nicht datiert; unter Berücksichtigung des Kontextes auf dem entsprechenden Blatt muß die Zahlung jedoch Mitte bis Ende November 1711 erfolgt sein. Damit ist erwiesen, daß Bach in Gotha bereits bekannt war und offenkundig als Komponist auch geschätzt wurde, als die Entscheidung getroffen wurde, ihn mit der Passionsaufführung des Jahres 1717 zu betrauen.

Wie schon Glöckner argumentierte,[8] entsprach der Betrag von 12 Thlr., den Herzog Friedrich II. Bach auszahlen ließ, dem, was einem Kapellmeister damals „zustand". Es bleibt jedoch zu berücksichtigen, daß weithin berühmte oder in Gotha besonders geschätzte Musiker höhere Beträge erhielten. Das gilt beispielsweise für den von Glöckner[9] angeführten Reinhard Keiser, der 1718 zunächst 30, dann noch einmal 24 Thlr. „zur abfertigung" sowie schließlich weitere 35 Thlr. anläßlich des Taufe seines Sohnes Wilhelm Friedrich erhielt.

In Gotha auftretende fremde Instrumentalisten konnten üblicherweise eine Entlohnung in Höhe von 2–8 Thlr. erwarten, wobei der Durchschnitt bei 5–6 Thlr. lag. Selbst Musiker, die von weit her anreisten, erhielten kaum mehr: „Zweÿen Frantzösischen hautboisten" wurden 1723 beispielsweise insgesamt 20 Thlr. gezahlt (fol. 29v).

Allerdings konnten diese Beträge gelegentlich, selbst wenn es sich um Musiker handelte, deren Namen man nicht einmal für erwähnenswert hielt, deutlich überschritten werden. So zahlte etwa der Herzog aus seiner Schatulle im Jahre 1712 „einem Hautboisten von Caßel zur abfertigung" 12 Thlr. (fol. 30v), 1722 „einem Hautboisten Hübner" gleichfalls 12 Thlr. (fol. 25v) und 1719 „einem Hautboist von Berlin"[10] sogar 16 Thlr. (fol. 33r). Ebenfalls 16 Thlr. erhielt 1711 ein Musicus „aus Sondershausen zur abfertigung" (fol. 24v), im selben Jahr ein Musicus „aus Hannover, welcher sich hören laßen" 18 Thlr. (fol. 23v), und bereits 1709 hatte man „dem Violist Fiorelli welcher sich hören laßen"[11] nicht weniger als 30 Thlr. gezahlt (fol. 31r).

---

[7] Der Gothaer Hof verfügte über eine ungewöhnlich große Zahl von Cembali, überwiegend von renommierten Herstellern, darunter mehrere Modelle mit mindestens zwei Manualen; vgl. hierzu C. Ahrens, *The Inventory of the Gotha Court Orchestra of 1750*, in: The Galpin Society Journal 60 (2007), S. 37–44, hier S. 38 ff.

[8] Glöckner (wie Fußnote 4), S. 34.

[9] Ebenda, S. 44. Auch hier ist offenkundig die Honorierung („zur abfertigung") des Altisten Vogt, deren Eintrag in direkter Nähe zu dem über die Zahlung an Keiser steht, mit der Passionsaufführung in Zusammenhang zu bringen; vgl. auch Glöckner, S. 37.

[10] Gemeint ist vermutlich der mit Telemann befreundete Peter Glösch († vor 1754); vgl. MGG², Personenteil, Bd. 7, Sp. 1099–1100 (H. Becker).

[11] Gemeint ist vermutlich der um 1709 als Mitglied der Dresdner Hofkapelle nachweisbare Carlo Fiorelli; vgl. M. Fürstenau, *Zur Geschichte der Musik und des Theaters am Hofe zu Dresden*, Dresden 1861 (Reprint Leipzig 1979), Bd. 2, S. 50.

Ähnlich liegt der Sachverhalt bei Sängerinnen und Sängern, die gewöhnlich 4–8 Thlr. erhielten: Der „berühmten Sängerin Paulina" zahlte man 1714 „zur abfertigung" 20 Thlr. (fol. 44r) und 1723 aus eben diesem Grunde sogar 30 Thlr. (fol. 29v), 1722 jedoch erhielten „dreÿ Sängerinnen von München zur Abfertigung" nur 10 Thlr. (fol. 28r). Der Altist Vogt, der nach Glöckner bei der Aufführung von Bachs Passion mitgewirkt haben könnte, erhielt am 21. April 1717 12 Thlr. (fol. 32v), ein ungenannter „Tenorist von Weißenfelß" 1721 20 Thlr. (fol. 28r), hingegen wurden „einem Bassisten aus Jehna" 1713 (fol. 30r) und dann noch einmal 1715 nur 4 Thlr. und ebenfalls 1715 „einem Bassisten von Coburg zur abfertigung" 6 Thlr. gezahlt (fol. 34r).

Die Staffelung dieser Beträge erscheint aus heutiger Sicht willkürlich und wenig stringent. Das gilt überraschenderweise auch für die Waldhornisten. Deren neues Hornmodell war in Deutschland erst um 1700 in Mode gekommen und hatte rasch an Beliebtheit und Bedeutung gewonnen; bei seiner Anschaffung wie bei der Ausbildung entsprechender Musiker standen die Fürstenhäuser, aber auch die wohlhabenden Städte, in einem scharfen Wettbewerb.[12] Die naheliegende Erwartung, anfangs habe man gerade die Waldhornisten besonders großzügig honoriert, bestätigt sich in den Gothaer Quellen nicht: 1712 erhielten zwei Waldhornisten, „welche sich hören laßen", lediglich 4 Thlr. (fol. 28v), indessen wurden 1726 einem Waldhornisten 12 Thlr. gezahlt (fol. 28v), im selben Jahr aber zwei Waldhornisten zusammen nur 12 Thlr. (fol. 29v); 1728 mußte sich ein Waldhornist mit 4 Thlr. begnügen (fol. 26r), ebenfalls 1728 wurden zwei Waldhornisten mit gerade einmal 2 Thlr. 16 Gr. entlohnt (fol. 25v).

Die Schatullrechnungen belegen, daß sich in Gotha viele Musiker benachbarter beziehungsweise befreundeter Höfe sowie Kirchenmusiker aus umliegenden Städten und Dörfern präsentierten. Teils lieferten sie Noten nach Gotha, teils traten sie dort als Instrumentalisten oder Vokalisten auf. Einige dieser Einträge seien nachfolgend aufgeführt, wobei nur solche Belege berücksichtigt sind, in denen der jeweilige Musiker namentlich genannt ist beziehungsweise unzweifelhaft erschlossen werden kann. Nur selten sind übrigens die genauen Daten angegeben (die von Glöckner zitierten Zahlungen an Reinhard Keiser sind nicht aufgenommen).

---

[12] Vgl. hierzu meinen Beitrag *2 Clarini o 2 Corni da Caccia – Zur Frage der Austauschbarkeit von Trompete und Horn in der Barockmusik*, in: Jagd- und Waldhörner. Geschichte und musikalische Nutzung, Michaelstein 2006 (Michaelsteiner Konferenzberichte. 70.), S. 135–153. In Gotha standen Waldhornisten nachweisbar seit 1711 zur Verfügung.

1706

fol. 15r	(8.6.1706)	4 Thlr.	Dem Cantor Kochen von Jehna welcher Carmina unterthänigst überreicht[13]
fol. 17r	(12.8.1706)	4 Thlr.	Hr. Kochen Cantor von Jehna welcher Carmina unterthänigst überreicht

1708

fol. 29r	(31.7.1708)	20 Thlr.	An den Hoffourier vor den Capellmeister Thelemann zu seiner abfertigung
fol. 29v	(12.8.1708)	22 Thlr.	Ahn den Capellmeister Erlebachen[14] zur abfertigung derer Musici welche von Rudolstadt verschrieben worden

1709

fol. 31v	(23.3.1709)	4 Thlr.	Cantor Kochen von Jehna
fol. 34r	(23.3.1709)	2 Thlr.	Cantor Kochs Sohn welcher Carmina überreicht

1712

fol. 22r	(2.10.1712)	60 Thlr.	Dem Capellmeister Erlebachen von Rudolstadt vor einen Jahrgang

1713

fol. 30r	(ohne Datum)	20 Thlr.	Capellmeister Erlebachen zur abfertigung

1714

fol. 45r	(ohne Datum)	12 Thlr.	Dem Componisten Fasch aus Leipzig[15] zur abfertigung

1715

fol. 33v	(ohne Datum)	8 Thlr.	Cantor Richter[16] von Römhildt zu seiner abfertigung
fol. 33v	(ohne Datum)	4 Thlr.	Cantor Liebermeister[17] zu seiner abfertigung

---

[13] Johann Georg Koch, Hofkantor in Jena. Laut freundlicher Mitteilung von Michael Maul befinden sich zahlreiche Carmina von Koch in der Herzogin Anna Amalia Bibliothek zu Weimar.

[14] Philipp Heinrich Erlebach (1657–1714) war seit 1681 Kapelldirektor in Rudolstadt, vgl. U. Omonsky, *Werden und Wandel der Rudolstädter Hofkapelle als Bestandteil des höfischen Lebens im 17. und 18. Jahrhundert*, in: Musik am Rudolstädter Hof. Die Entwicklung der Hofkapelle vom 17. Jahrhundert bis zum Beginn des 20. Jahrhunderts, Rudolstadt 1997, S. 13–94, hier S. 25.

[15] Den Eintrag hatte bereits Fett (wie Fußnote 2), S. 141, zitiert.

[16] Laut freundlicher Mitteilung von M. Maul war der etwa 1664 in Ehrenfriedersdorf geborene Gottlieb Richter von 1688 bis 1715 Stadtkantor in Römhildt und wurde dann Kantor am Gymnasium in Gotha, wo er 1728 starb.

[17] Georg Andreas Liebermeister, 1715 als Kantor in Bercka an der Werra tätig, war seit 1693 Kapellknabe in Gotha und bewarb sich dort 1715 erfolglos um das Stadt-

fol. 34r	(ohne Datum)	10 Thlr.	Dem Capellmeister Burckhardt von Wolffenbüttel[18] zu seiner abfertigung
fol. 34r	(ohne Datum)	10 Thlr.	Bassist Feth[19] von Gehra zur abfertigung
fol. 34v	(ohne Datum)	20 Thlr.	Capellmeister Krieger[20] von Weißenfelß zur abfertigung

1716

fol. 50r	(ohne Datum)	12 Thlr.	dem Capellmeister Freislich[21] von Sondershausen zur discretion vor überbrachte Musicalia
fol. 50r	(ohne Datum)	6 Thlr.	Tenorist Koch[22] von Sondershausen welcher sich hören laßen
fol. 50v	(ohne Datum)	6 Thlr.	Cantor Vogt[23] von Ronneburg aus gnaden

1717

fol. 32r	(2.4.1717)	4 Thlr.	Concertmeister [sic!] Burckhardt
fol. 32v	(23.5.1717)	4 Thlr.	Organist Buttstädt[24]

---

kantorat; die Entlohnung zur ‚Abfertigung' steht im Zusammenhang mit dieser Bewerbung (freundliche Mitteilung von M. Maul).

[18] Enge musikalische Beziehungen nach Wolfenbüttel bestanden spätestens seit 1567, als nach Auflösung der ersten Gothaer Hofkapelle/Hofkantorei einige Musiker in Wolfenbüttel eine neue Wirkungsstätte fanden; vgl. hierzu Fett (wie Fußnote 2), S. 22–29.

[19] Der Bassist Johann Heinrich Feetz war von 1703 bis 1706 Schüler von C.F. Rieck in Berlin, 1706–1709 Mitglied der Weißenfelser Hofkapelle, ging dann nach Darmstadt und wirkte 1714–1718 in der Geraer Hofkapelle (freundliche Mitteilung von M. Maul).

[20] Bereits von Fett (wie Fußnote 2), S. 141, zitiert. Johann Philipp Krieger (1649–1725) war seit 1677 Vizekapellmeister in Halle, von 1680 bis zu seinem Tod Kapellmeister in Weißenfels; vgl. MGG², Personenteil, Bd. 10, Sp. 716–718 (H.E. Samuel).

[21] Johann Balthasar Christian Freislich (1687–1764); den Eintrag hatte bereits Fett (wie Fußnote 2), S. 141, zitiert. Freislich wurde, ausweislich eines Eintrages in den Schatullrechnungen von 1715 („Cap. 7 Außgabe vor Bücher wie auch Musicalia und Instrumenten"), bis zu jenem Zeitpunkt von dem Gothaer Violinisten und späteren Premier-Violinisten Henning im Violinspiel unterrichtet.

[22] Koch war als Kammerdiener beschäftigt, wirkte aber zugleich als Tenorist in der Sondershäuser Hofkapelle mit; vgl. K. Neschke, *Johann Balthasar Christian Freislich (1687–1764). Leben, Schaffen und Werküberlieferung*, Oschersleben 2000 (Schriftenreihe zur Mitteldeutschen Musikgeschichte. II/3.), S. 40f.

[23] Friedrich Wilhelm Voigt war seit 1706 Kantor in Ronneburg. Vgl. M. Maul und P. Wollny, *Quellenkundliches zu Bach-Aufführungen zwischen 1730 und 1760*, BJ 2003, S. 97–141, hier S. 102–104.

[24] Johann Heinrich Buttstett (1666–1727), Organist in Erfurt; vgl. auch BJ 1985, S. 166.

fol. 32v	(23.5.1717)	24 Thlr.	Capellmeister Strickern[25] von Cöthen
fol. 33r	(15.6.1717)	16 Thlr.	Capellmeister Schweitzelberger[26]
fol. 34v	(9.10.1717)	100 Thlr.	Herr Capellmeister Thelemannen von Franckfurth[27]

1718

fol. 27r	(11.1.1718)	24 Thlr.	dem Componist Stöltzel zur abfertigung[28]
fol. 27r	(11.1.1718)	6 Thlr.	Capell Director Kegeln[29] zu Gera vor dedicirte Musicalia
fol. 28v	(15.5.1718)	16 Thlr.	Concertmeister Faschen zu Gera vor Musicalia[30]
fol. 29v	(8.9.1718)	20 Thlr.	Capellmeister Hertel[31] zur Abfertigung

1719

fol. 33v	(ohne Datum)	12 Thlr.	Capellmeister Stöltzeln

1721

fol. 19r	(ohne Datum)	24 Thlr.	Dem Concert Meister Petit[32] von Eisenach

---

[25] Augustin Reinhard Stricker († 1718) war der Amtvorgänger Bachs in Köthen und trat im Juli oder August 1717 in die Dienste des kurpfälzischen Hofs; vgl. CBS 11, S. 16–18 (H.-J. Schulze) und CBS 12, S. 24–25 (H.-J. Schulze).

[26] Casimir Schweizelsperger (auch Schweizelsperg, Schweizelsberg; 1668–nach 1722) war von 1714–1717 Hofkomponist in Durlach und Karlsruhe, ging 1717 nach Coburg und wirkte ab 1720 als Kapellmeister in Bruchsal; vgl. MGG², Personenteil, Bd. 15, Sp. 436f. (F. Baser); dieser Eintrag wurde bereits von Fett (wie Fußnote 2), S. 141, zitiert.

[27] Die Formulierung verweist (im Gegensatz zu der Angabe von 1708) nicht explizit auf einen Besuch Telemanns in Gotha, obschon es durchaus möglich wäre, daß Telemann sich in Gotha vorstellte, da der Herzog ihn als Nachfolger des verstorbenen Witt engagieren wollte; vgl. hierzu H.R. Jung, *Telemanns Wirkung und Ausstrahlung auf Musiker und das Musikleben in Thüringen*, in: Die Bedeutung Georg Philipp Telemanns für die Entwicklung der europäischen Musikkultur im 18. Jahrhundert, Magdeburg 1983 S. 30–44, hier S. 35f.

[28] Bereits von Fett (wie Fußnote 2), S. 141, zitiert.

[29] Bereits von Fett (wie Fußnote 2), S. 141, zitiert; vgl. auch M. Maul, *Johann Sebastian Bachs Besuche in der Residenzstadt Gera*, BJ 2004, S. 101–119, hier S. 119. Kegel wurde vor 1675 geboren und starb 1724.

[30] Bereits von Fett (wie Fußnote 2), S. 141, zitiert.

[31] Jakob Christian Hertel wirkte zwischen 1720 und 1727 in der Merseburger Hofkapelle und starb nach 1727; vgl. MGG², Personenteil, Bd. 8, Sp. 1435–1439 (R. Diekow), hier Sp. 1435; sowie W. Steude, *Bausteine zu einer Geschichte der Sachsen-Merseburgischen Hofmusik (1653–1738)*, in: Musik der Macht – Macht der Musik. Die Musik an den Sächsisch-Albertinischen Herzogshöfen Weissenfels, Zeitz und Merseburg, hrsg. von J. Riepe, Schneverdingen 2003, S. 73–101, hier S. 92.

[32] Johann Christian Petit wirkte 1721 für kurze Zeit als Konzertmeister in Eisenach; vgl. MGG², Sachteil, Bd. 2, Sp. 1704 (C. Oefner).

1722

fol. 18r	(ohne Datum)	10 Thlr.	Zum honorario vor Musicalische Sachen an Heinrich David Garthofen[33] bezahlt
fol. 24r	(ohne Datum)	8 Thlr.	Dem Musico Kiesewettern[34] zu Rudolstadt
fol. 25v	(ohne Datum)	12 Thlr.	Dem Zerbstischen Capell Meister Faschen

1723

fol. 29r	(ohne Datum)	6 Thlr.	Dem Musico Pfeiffer[35] von Gehra
fol. 29v	(ohne Datum)	6 Thlr.	Dem Concert Meister Graff[36] vor dedicirte Musicalia
fol. 29v	(ohne Datum)	12 Thlr.	Capell Meister Freißlichen von Sondershaußen
fol. 29v	(ohne Datum)	23 Thlr.	Der Sängerin Kegelin nebst ihrem Manne zur Abfertigung

1724

| fol. 27r | (ohne Datum) | 142 Thlr. 2 Gr. | Dem Director[37] und Studiosis von Leipzig welche Music an Unserer Gnädigsten Hertzogin hohen Geburthstag [12.10.] in Altenb[urg] aufgeführet |

---

[33] Garthoff († 1741) war von 1711–1741 Musikdirektor in Weißenfels; vgl. MGG², Sachteil, Bd. 9, Sp. 1934 (T. Fuchs).

[34] Vermutlich Johann Christoph Kiesewetter († 1726), Konrektor der Lateinschule in Rudolstadt; vgl. Omonsky (wie Fußnote 13), S. 27.

[35] Es könnte sich um den Geiger Johann Pfeiffer handeln, der allerdings nach Walther (*Musicalisches Lexicon*, Leipzig 1732, S. 475) seit 1720 Mitglied der Weimarer Hofkapelle war.

[36] Johann Graf (1684–1750) war seit 1722 am Rudolstädter Hof als Konzertmeister und seit 1739 als Kapellmeister tätig; vgl. Omonsky (wie Fußnote 14), S. 34.

[37] Vermutlich Johann Gottlieb Görner (1697–1778); Görner wurde am 23. April 1723 zum Director Musices der Leipziger Universität ernannt; vgl. MGG², Personenteil, Bd. 7, Sp. 1361–1362 (A. Glöckner). Die ausgewiesene Entlohnung für diese Geburtstagsmusik ist außergewöhnlich hoch, selbst wenn man annimmt, daß Görner neben dem Chor auch das Collegium Musicum mitbrachte. An auswärtigen Instrumentalisten bestand freilich gar kein Bedarf, da bei Aufführungen in Altenburg üblicherweise die Gothaer Hofkapelle mitzuwirken pflegte. In jedem Falle ergibt sich eine bemerkenswerte Parallele zu der Ausführung einer Kantate Görners (für die jedoch ein mehr als deutlich geringeres Entgelt gezahlt wurde) bei der Weihe der wiederaufgebauten Stadtkirche St. Laurentius in Zwenkau im Jahr 1727; vgl. K. Häfner, *Eine Kantatendichtung Picanders und ihr Komponist*, Mf 46 (1993), S. 176–180, hier S. 178f. – So naheliegend es zunächst scheinen mag, Görner aufgrund des in dem Beleg genannten Titels als den verantwortlichen Musiker zu identifizieren, bleibt ein Rest von Unsicherheit angesichts der Tatsache, daß zu einem vergleichbaren Festakt in Leipzig (9. August 1723), der noch dazu dem Geburtstag des Gothaer Herzog Friedrich II. gewidmet war, Bach den Auftrag zur Komposition erhielt; vgl. E. Koch, *Johann Sebastian Bach als höchste Kunst*

1726
fol. 28v   (ohne Datum)   4 Thlr.   dem Organisten Pitzschel

1728
fol. 26r   (ohne Datum)   4 Thlr.   den Zeitzer Paucker du Bois
fol. 26r   (ohne Datum)   4 Thlr.   Einem Paucker [du Bois?]

1729
fol. 28v   (ohne Datum)   6 Thlr.   dem Paucker du Bois

Kennenswert ist die Eintragung von 1708, der zufolge Georg Philipp Telemann zur Abfertigung 20 Thlr. erhielt. Armin Fett hatte bereits 1951 vermutet, daß Telemann im Zusammenhang mit seinem Dienstantritt am Eisenacher Hof Gotha einen Besuch abgestattet habe, fand jedoch dafür in den von ihm eingesehenen Quellen keinen Hinweis. Mit dem Beleg einer Zahlung „zur Abfertigung" ist nun auch erwiesen, daß Herzog Friedrich II. Telemann tatsächlich persönlich kannte, was das Angebot an den Komponisten, die Nachfolge des 1717 verstorbenen Kapellmeisters Christian Friedrich Witt anzutreten, noch plausibler macht.[38]

Welche Kriterien letztlich den Ausschlag gaben bei der Bemessung der Zuwendungen bleibt uns weitgehend verschlossen. Daß sich die Höhe allein am Können und der musikalischen Leistungsfähigkeit der Musiker orientierte, scheint angesichts der aufgezeigten Differenzen eher zweifelhaft. Viel eher dürften der jeweilige Rang beziehungsweise der gesellschaftliche und berufliche Status sowie der Bekanntheitsgrad über die jeweilige Wirkungsstätte hinaus den Ausschlag gegeben haben.[39] Das könnte der Grund dafür gewesen sein, daß man Bach 1717 in Gotha entsprechend diesen Maßstäben und seiner allenfalls lokalen Reputation als Komponist eher moderat entlohnte,[40] obschon man augenscheinlich seine Musik schätzte. Anders ist freilich das Honorar von 1711 für den „Organisten" Bach zu bewerten. Denn einerseits war der Betrag für einen Instrumentalisten sehr hoch, andererseits lassen sich in den Schatullrechnungen überhaupt nur einige wenige Zahlungen an Organisten nachweisen – zumeist „aus Gnaden", also wohl nicht für musikalische

---

Ein unbekannter Brief aus Leipzig vom 9. August 1723, BJ 2004, S. 215–220. Die geradezu „fürstliche" Honorierung wäre eher verständlich, wenn sie an Bach gezahlt worden wäre.

[38] Vgl. hierzu Fett (wie Fußnote 2), S. 140f.

[39] Ähnliches hatte C. Henzel (*Die Schatulle Friedrichs II. von Preußen und die Hofmusik*, Teil 1, in: Jahrbuch SIM 1999, S. 36–66, hier S. 53) für die Gepflogenheiten am Hof Friedrichs II. nachgewiesen.

[40] Wie B. Reul (*Ein unbekannter Textdruck zu einer Geburtstagskantate von J. S. Bach*, BJ 1999, S. 7–17, hier S. 9) nachweisen konnte, erhielt Bach für die Komposition einer Geburtstagskantate, die er 1722 nach Zerbst lieferte, lediglich 10 Thlr.

Darbietungen, und zwar in Höhe von 2–8 Thlr. Allein der Altenburger[41] Hoforganist Johann Ernst Pestel[42] erhielt 1723 mit 12 Thlr. (fol. 30r) und 1727 mit erneut 12 Thlr. (fol. 27v) einen höheren Betrag, beide Male ebenfalls „aus Gnaden"; da er jedoch in einem direkten Dienstverhältnis zum Gothaer Hof stand, sind diese Zahlungen nicht mit denen an auswärtige Musiker zu vergleichen. Selbst dem Inhaber der bedeutendsten Organistenstelle in Erfurt, Johann Heinrich Buttstädt, zahlte man 1717 – im selben Jahr also, als Bach in Gotha seine Passion aufführte – nur 4 Thlr. (fol. 27v). Entweder hat Bach bei seinem ersten Besuch am Gothaer Hof 1711 Ungewöhnliches geleistet, oder aber sein Ruhm als Orgel- beziehungsweise Clavierspieler überstrahlte schon zu jener Zeit den seiner mitteldeutschen Berufskollegen so sehr,[43] daß eine entsprechend hohe Entlohnung gerechtfertigt erschien.

II. Dokumente zur Verwendung der Laute in Bachs „Weimarer Passion"?

Daß sich in den Werken Johann Sebastian Bachs nur vereinzelte Hinweise auf die Verwendung von Laute oder Theorbe, namentlich in der Funktion als Continuo-Instrumente, finden,[44] ist hinreichend bekannt. Dieser Sachverhalt bestimmt die Vorstellungen von einer adäquaten, historisch korrekten Besetzung der Generalbaßgruppe in der deutschen geistlichen Musik des 18. Jahrhunderts bis heute. Grundlage sind dabei die Befunde des überlieferten Bachschen Notenbestandes, in dem Stimmen für diese beiden Instrumente fast vollständig fehlen. Nun zeigt jedoch ein Blick auf die historischen Quellen in Gotha, daß dort eine vergleichbare Situation im Hinblick auf die Noten zu

---

[41] Altenburg zählte seit dem Aussterben der Linie Sachsen-Altenburg 1672 und der Erbteilung von 1680 zum Herzogtum Gotha-Altenburg. Auch andere Zuwendungen an Empfänger, die am Gothaer Hof angestellt waren, blieben hier unberücksichtigt.

[42] Pestel (in den Quellen häufig auch Bestel geschrieben; 1659–1743), war seit 1684 Stadt- und seit 1687 Hoforganist in Altenburg; vgl. J. Mattheson, *Grundlage einer Ehren-Pforte*, Hamburg 1740 (Neuausgabe Berlin 1910), S. 255.

[43] Dies wäre einer der frühesten Belege dafür, daß das oftmals als einseitig apostrophierte Bach-Bild sich bereits zu Beginn des 18. Jahrhunderts zu formen begann; vgl. H.-J. Schulze, *Zur Herausbildung einer „Bachlegende" im 18. Jahrhundert*, in: Bericht über die Wissenschaftliche Konferenz zum V. Internationalen Bachfest der DDR in Verbindung mit dem 60. Bachfest der Neuen Bachgesellschaft 1985, Leipzig 1988, S. 469–475, hier insbesondere S. 470–471.

[44] Vgl. L. Dreyfus, *Bach's Continuo Group. Players and Practices in His Vocal Works*, Cambridge, Mass. 1987, S. 170–172 sowie U. Prinz, *Johann Sebastian Bachs Instrumentarium*, Kassel 2005 (Schriftenreihe der Internationalen Bachakademie Stuttgart. 10.), S. 640–644.

konstatieren ist – es finden sich weder in den Partituren noch in den Stimmen konkrete Hinweise auf die Verwendung von Laute oder Theorbe –, daß aber zugleich andere Gegebenheiten – etwa die feste Anstellung eines Lautenisten; regelmäßige Anschaffungen von Lauten beziehungsweise Theorben und deren vergleichsweise kostspieliger Unterhalt bis in die 1770er Jahre; das Vorhandensein von Lauten und Theorben sowohl im Kammer- als auch im Chorton – zweifelsfrei die Mitwirkung dieser Instrumente in der Kirchenmusik belegen, und zwar verstärkt seit etwa Mitte der 1710er Jahre und offenbar vornehmlich in der Continuo-Gruppe.[45]

Wie bereits erwähnt, hat Andreas Glöckner plausibel machen können, daß am Karfreitag (26. März) 1717 in der Gothaer Schloßkirche eine Passion von Johann Sebastian Bach aufgeführt wurde. Ist es ein bloßer Zufall, daß sich in den Kammerrechnungen jenes Jahres unter dem Datum des 15. März der Beleg für eine Lauten-Reparatur findet? Der Eintrag besagt:[46]

„2 Fl. 18 Gr. [= 2 1/2 Thaler]   Vor einer Lauten beÿ Fürstl. Hoff-Capelle zu repariren, dem Orgelmacher[47] Trost"

Die zugehörige Quittung[48] gibt indirekt Aufschluß über den Umfang der Arbeiten, die T. G. Trost ausführte, da der Orgelbauer den Zustand des Instrumentes vor der Reparatur charakterisiert:

„Demnach ich Endes bemelter, eine in die Hochfürstl. Cappelle gehörige überaus sehr zerbrochene Laute, wieder ausbeßern, und in richtigen Standt bringen müßen, davor ich den Dreÿ Rthlr. 12 Gr. [3 1/2 Thaler] gar wohl verdienet, und sindt mir solche Dreÿ Thlr. 12 Gr. von Hochfürstl. Cammer richtig bezahlet worden, welches hiermit bescheiniget wird."

Witt bestätigte mit seiner Unterschrift, „Daß obige Arbeit ... höchst nötig" sei.

---

[45] Vgl. C. Ahrens, *Musikalische Beziehungen zwischen Gotha und Breslau im 18. Jahrhundert*, in: Jahrbuch MBM 2006 (im Druck).

[46] TSAG, Kammer Gotha – Rechnungen 1716/17 („Ausgaben für die Hof-Capelle").

[47] Der Altenburgische Hoforgelbauer Gottfried Heinrich Trost (um 1679/1681–1759) führte mehrfach Reparaturen an Lauten der Gothaer Hofkapelle aus. Der Betrag von 2 1/2 Thlr. für eine solche Arbeit ist vergleichsweise hoch angesichts der Tatsache, daß 1713 eine offenbar gebrauchte Laute 12 Thlr. kostete (TSAG, Geheimes Archiv, Schatullrechnungen 1713, *E. XII. 12h. Nr. 10*, „Ausgaben vor Bücher wie auch Musicalia und Instrumenten"), doch gab man am 12. Dezember 1719 sogar 12 Thlr. 16 Gr. für die Reparatur von zwei Lauten aus (Schatullrechnungen 1719, *E. XII. Nr. 26*, fol. 26v) – auch dies ein Beleg für die große Bedeutung der Laute für die Gothaer Musikpraxis.

[48] TSAG, Kammer Gotha – Rechnungen 1717, Belege, Nr. 2554. Nachträglich hatte das Oberhofmarschallamt den von Trost in Rechnung gestellten Betrag von 3 1/2 auf 2 1/2 Thlr. gekürzt (damals ein nicht eben seltenes Verfahren).

Reparaturen von Lauten und Theorben unmittelbar vor Ostern oder Weihnachten, also vor den Aufführungen größerer geistlicher Werke, sind in Gotha häufiger belegt, der zitierte Eintrag stellt insoweit keine Ausnahme dar. Es spricht mithin alles dafür, daß die 1717 in Gotha aufgeführte Passion unter Mitwirkung einer Laute, vermutlich in der Continuo-Gruppe, erklang. Bemerkenswert daran ist, daß zwar in Gotha kurz nach 1700 mehrere Lauten angekauft wurden, aber erst seit Mitte 1719 ein fest besoldeter Lautenist eingestellt war – der aus Breslau stammende Georg Friedrich Meusel (* 1688 Breslau, † April/Mai 1728 Gotha) – und weder in den Kammer- noch den Schatullrechnungen des Jahres 1717 das Engagement eines auswärtigen Lautenisten um Ostern herum belegt ist. Man könnte mithin annehmen, es habe ein Mitglied der Hofkapelle oder ein anderer Bediensteter über hinreichende Fertigkeiten im Lautenspiel verfügt beziehungsweise es sei ein nicht dem Hofstaat angehörender, vor Ort ansässiger Lautenist engagiert worden. Unter dem Datum des 25. August 1717 findet sich jedoch folgender Eintrag in den Schatullrechnungen:[49]

„20 Thlr.   einem Laudenisten aus Nürnberg"

Angesichts des ungewöhnlich hohen Honorars (einem „Lautenisten aus Dantzig welcher sich hören laßen" zahlte man 1712 nur 6 Thlr.[50]) wäre es durchaus denkbar, daß der betreffende Musiker sich mehrere Monate in Gotha aufgehalten und bei der Aufführung am Karfreitag 1717 mitgewirkt hat. Sollte es sich bei der in Rede stehenden kirchenmusikalischen Aufführungspraxis mit einer Laute beziehungsweise Theorbe wirklich um eine Ausnahme und eine Gothaer Besonderheit handeln? Mir scheint, es spricht vieles für die These, daß in Mitteldeutschland im 18. Jahrhundert Lauten beziehungsweise Theorben zum festen Bestand der Orchester zählten und in Aufführungen geistlicher Musik in der Kirche eingesetzt wurden,[51] unbeschadet der Tatsache, daß sich dies nicht oder nur äußerst selten im erhaltenen Aufführungsmaterial widerspiegelt.[52] Die Annahme, in den teilweise sehr umfänglichen und allem

---

[49] TSAG, Geheimes Archiv, *E. XII. 12h. Nr. 14*, fol. 33v.

[50] TSAG, Geheimes Archiv, *E. XII. 12h. Nr. 10*, fol. 24v.

[51] Genau diesen Einsatzbereich führte Ernst Gottlieb Baron (*Historisch-Theoretisch und Practische Untersuchung des Instruments der Lauten*, […], Nürnberg 1727, Reprint Amsterdam 1965, S. 131) ausdrücklich als für die Theorbe bedeutsam an. Vgl. hierzu auch Maul und Wollny (wie Fußnote 23), insbesondere S. 101, 128, 131 und 134.

[52] Ein Beleg hat sich immerhin erhalten, und zwar in einer undatierten Messe in Es-Dur von Georg Benda, die sicher in seiner Gothaer Zeit entstanden ist und die dortige Praxis widerspiegelt: Das Werk enthält eine bezifferte Theorbenstimme (vgl. H. John, *Georg Benda als Kantatenkomponist*, in: Denkmalkunde und Denkmalpflege

Anschein nach vollständig überlieferten Stimmensätzen – etwa zum Werk Gottfried Heinrich Stölzels in Sondershausen[53] – seien ausgerechnet die Stimmen für Laute/Theorbe verlorengegangen, während sich Stimmen für so ungewöhnliche Instrumente wie Serpent[54] oder Verrillon[55] (Glasspiel) erhalten hätten, erscheint kaum plausibel. So muß man wohl davon ausgehen. daß der jeweilige Lautenist aus einer anderen Continuo-Stimme spielte. Vielleicht hängt es mit dieser aufführungspraktischen Besonderheit zusammen, daß sich in dem eigens für Sondershausen bestimmten Stölzel-Material, neben vereinzelten Stimmen mit der Bezeichnung „Continuo", „Fondamento", „Basso" oder ähnlich,[56] fast durchgehend zwei Organo-Stimmen finden (eine im Kammer-, die andere im Chorton, der eine kleine Terz höher stand), obschon die 1726 erbaute Orgel in der dortigen Schloßkirche über einen Mechanismus zum Umstimmen verfügte, der es erlaubte, sie nach Belieben „vermittels der Züge in Cammerton u. Chorth." zu bringen.[57] Daß die Schloßkirche in der Tat der wichtigste Aufführungsort in Sondershausen war, selbst wenn im Einzelfall Aufführungen in der Stadtkirche erfolgt sein mögen, belegen einige in den Orgelstimmen überlieferte Registrierangaben zweifelsfrei, denn sie

---

Wissen und Wirken. Festschrift für Heinrich Magirius zum 60. Geburtstag am 1. Februar 1994, Dresden 1995, S. 621–631, hier S. 624; die Messe ist handschriftlich überliefert in der Bibliothek der Gothaer Augustinerkirche, Signatur: *C XIX 50*).

[53] In Gotha haben sich nur einige wenige von Stölzels Kompositionen erhalten.

[54] Vgl. C. Ahrens, *Der Serpent in Kantaten des frühen 18. Jahrhunderts aus Mitteldeutschland*, in: Zur Geschichte von Cornetto und Clarine. Symposium im Rahmen der 25. Tage Alter Musik in Herne 2000, hrsg. von C. Ahrens und G. Klinke, München und Salzburg 2001, S. 65–75.

[55] Vgl. C. Ahrens, *Verrillons und Carillons in der Musik des frühen 18. Jahrhunderts*, in: AfMw 60 (2003), S. 31–39.

[56] Diese Stimmen sind überwiegend beziffert und enthalten teilweise mehrstimmige Passagen, waren also für ein Fundamentinstrument bestimmt. Es könnte sich allerdings auch um Partien für ein Cembalo handeln, für dessen Mitwirkung neben der Orgel sowohl in den Werken Stölzels als auch Johann Theodor Roemhildts (1684–1756) sich eindeutige Beweise finden; vgl. hierzu S. Dierke, *Die Continuo-Besetzung in den Kirchenkantaten Johann Theodor Roemhildts – Neue Quellen zum Doppelaccompagnement*, in: Musikalische Beziehungen zwischen Mitteldeutschland und Danzig im 18. Jahrhundert, hrsg. von D. Popinigis und K.-P. Koch, Sinzig 2002, S. 28–50.

[57] Zitiert nach W. Hackel, *Die Orgeln in Sondershausen und ihre Geschichte*, in: Residenzstadt Sondershausen. Beiträge zur Musikgeschichte, hrsg. von K. Neschke und H. Köhler, Sondershausen 2004, S. 95–110, hier S. 102. Gewöhnliche Gottesdienste fanden in der Sondershäuser Schloßkapelle statt, lediglich zu besonderen Anlässen nutzte man die nahe gelegene Stadtkirche St. Trinitatis; vgl. Neschke (wie Fußnote 22), S. 47.

geben gerade jene speziellen Register an, für die die Schloßkirchenorgel seinerzeit berühmt war.

Jedenfalls lehrt der Überlieferungsbefund in Gotha, daß man das Fehlen einschlägiger Stimmen, vornehmlich im Bereich der Continuo-Gruppe, nicht als Beweis dafür interpretieren darf, daß bestimmte Instrumente *nicht* verwendet wurden – die Aufführungspraxis war insbesondere im Hinblick auf den Generalbaß offenbar auch in Deutschland viel klangfreudiger und abwechslungsreicher, als bisher angenommen und als die Überlieferung des Notenmaterials es vermuten läßt.

III. Bachs Musikalisches Opfer und musiktheoretische Schriften im Bestand der Gothaer Hofkapelle

In den Gothaer Kammerrechnungen[58] 1747/48 findet sich unter den Ausgaben für die Hofkapelle folgender Eintrag, datiert auf den 24. Oktober 1747:

„1 Fl. 19 Gr. oder 1 Thlr. 16 Gr., als 1 Thlr. vor Bachs Fuge und 16 Gr. praenumeration auf ein Musical. Tractätgen von Sorge, dem Capellmeister Stölzeln"

Daß Gottfried Heinrich Stölzel Ende Oktober 1747 für die Gothaische Hofkapelle ein Exemplar von Bachs Musikalischem Opfer erworben hat, ist unter mehreren Gesichtspunkten bemerkenswert:

1. Der Kauf erfolgte schon kurz nach der Drucklegung – Michaelis-Messe 1747, also Ende September; die Ankündigung in den Leipziger Zeitungen erschien am 30. September 1747. Es steht kaum zu vermuten, daß Stölzel in Leipzig war und das Exemplar mitbrachte, denn es bestanden enge Handelskontakte nach Leipzig, die der Gothaer Hof mehrfach auch für die Beschaffung von Noten und Musikinstrumenten nutzte.
2. Ausweislich des Belegs erwarb Stölzel den Band käuflich zum offiziellen Preis von 1 Thlr. Er war damit vermutlich einer der wenigen Käufer des Werks, denn J. S. Bach berichtete in einem Brief an seinen Vetter Johann Elias Bach vom 6. Oktober 1748, die Erstauflage sei just ausverkauft worden, „sindemahlen nur 100 habe abdrucken laßen, wovon die meisten an gute Freünde gratis verthan worden".[59]
3. Stölzel (auf den ja die Formulierung des Eintrags zurückgeht) verwendete nicht den eigentlichen Titel des Werks, sondern nahm Bezug auf die Formulierung, die sich auch in der Zeitungsanzeige[60] vom 30. September

---

[58] TSAG, Kammer Gotha – Rechnungen 1747/48 („Ausgaben für die Hof-Capelle").
[59] Dok I, Nr. 49.
[60] Dok III, S. 656.

1747 findet („Königl. Preußisches Fugen-Thema"), beziehungsweise griff jene Bezeichnung auf, die Bach selbst 1748 gebrauchte: „Preußische Fuge".
4. Schließlich ist es einigermaßen erstaunlich, daß man dieses Werk, neben dem Traktat von Georg Andreas Sorge, überhaupt zum Nutzen und auf Kosten der Gothaer Hofkapelle anschaffte.

Leider läßt die Formulierung des zitierten Eintrags nicht erkennen, ob es sich bei dem Sorge-Traktat um eine rückwirkende Erstattung für bereits verauslagte Subskriptionskosten handelte – dann käme nur das *Vorgemach der musicalischen Composition, oder Ausführliche, ordentliche und vor heutige Praxin hinlängliche Anweisung zum General-Bass* (Lobenstein 1745–1747) in Frage, von dem 1747 der letzte Teil erschienen war –, oder ob die Kosten für eine laufende beziehungsweise geplante Subskription erstattet wurden – dann könnte diese erfolgt sein auf das *Gespräch zwischen einem Musico theoretico und einem Studioso musices von der Prätorianischen, Printzischen, Werckmeisterischen, Neihardtischen, und Silbermannischen Temperatur wie auch von dem neuen Systemate Herrn Capellmeister Telemanns, zu Beförderung reiner Harmonie*, das 1748 in Lobenstein erschien. Aufschluß geben jedoch Belege aus dem Jahre 1746. Unter dem Datum des 27. Februar 1746 ist folgende lapidare Notiz in den Kammerrechnungen eingetragen:[61]

„14 Gr.   Vor 3 musicalische Tractätgen, so der Hr. Capellmeister zur Fürstlichen Capelle erkaufft"

Die erhaltene, zugehörige Quittung[62] nennt den Verfasser, es war „der Organiste auß Lobenstein, Sorge". Demnach scheint man zunächst die Publikation *Vorgemach der musicalischen Composition* erworben und dann auf das *Gespräch zwischen einem Musico theoretico und einem Studioso musices* praenumeriert zu haben.

Ein Beleg vom 13. März 1747 informiert darüber, daß ein weiteres theoretisches Werk angekauft wurde.[63] Stölzel erhält hier die Zahlung von 20 Groschen für „ein Buch die Musicalische Bibliothek betitult und Rambachs[64] geistl. Sachen". Nach Ausweis der zugehörigen Quittung[65] handelte es sich hier um das 1. und 2. Stück des 3. Bandes von Lorenz Christoph

---

[61] TSAG, Kammer Gotha – Rechnungen 1745/46 („Ausgaben für die Hof-Capelle").
[62] TSAG, Kammer Gotha – Rechnungen 1745/46, Belege, Nr. 2649.
[63] TSAG, Kammer Gotha – Rechnungen 1746/47 („Ausgaben für die Hof-Capelle").
[64] Der Theologe Johann Jacob Rambach (1693–1735) verfaßte neben einschlägigen theologischen Abhandlungen auch Kirchenlied- und Kantatentexte (letztere wurden unter anderem von G. P. Telemann und W. F. Bach in Musik gesetzt). Seinen Passionstext „Der Sieg des Lebens über den Tod" vertonte unter anderem Reinhard Keiser.
[65] TSAG, Kammer Gotha – Rechnungen 1746/47, Belege, Nr. 2754.

Mizlers Schrift *Neu eröffnete Musikalische Bibliothek* (Leipzig 1746–1747). Es darf angenommen werden, daß in Gotha die gesamte *Musikalische Bibliothek* erworben wurde, wenngleich sich für die Beschaffung der übrigen Teile keine Belege finden.

Obschon laut diesem Beleg die Kantatendichtungen Rambachs bereits 1747 – und damit zu Lebzeiten Stölzels – angekauft wurden, scheint Stölzel diese nicht vertont zu haben. Erst sein Amtsnachfolger Georg Benda verwendete in einem (heute verschollenen) Kantatenjahrgang 1753/54 Rambachsche Texte.[66]

Der Ankauf von Bachs Musikalischem Opfer unterstreicht nicht nur einmal mehr die Verbundenheit der beiden Komponisten Bach und Stölzel, sondern bestätigt zugleich, in welch umfassender Weise man sich am Gothaer Hof mit der aktuellen Musikproduktion und deren theoretischen Grundlagen beschäftigte. Es paßt in dieses Bild, daß auch mehrere Traktate von Sorge sowie Mitzlers *Neu eröffnete Musikalische Bibliothek* für den Gebrauch in der Hofkapelle angeschafft wurden. Daß Stölzel an dem Erwerb der oben zitierten Noten und Schriften entscheidenden Anteil hatte, steht außer Frage, zumal bereits Johann Brückner in einem kurzen biographischen Abriß erklärte, Stölzel „war vornemlich der Mitzlerischen und Matthesonischen Schrifften ein genauer Kenner".[67] Man darf insbesondere vermuten, daß der Gothaer Kapellmeister in der „Lautenfrage" an der Auseinandersetzung seines Kollegen Ernst Gottlieb Baron mit Johann Mattheson regen Anteil nahm – auch dies schlug sich im Ankauf eines Buches nieder: In den Schatullrechnungen 1728 findet sich der Beleg, daß Matthesons zweite Streitschrift in Sachen Verwendung der Laute, *Der neue Göttingische […] Ephorus*, in Gotha angeschafft wurde.[68]

---

[66] Vgl. MGG², Personenteil, Bd. 2, Sp. 1062–1070 (Z. Pilková und I. Allihn), hier Sp. 1064.

[67] J. G. Brückner, *Sammlung verschiedener Nachrichten zu einer Beschreibung der Kirchen- und Schulenstaats im Herzogthum Gotha*, Gotha 1753–1763, Bd. 1, 11. Stück (1757), S. 14 f.

[68] TSAG, Geheimes Archiv, E. XII. 145, Schatullrechnungen 1728, fol. 17r (ohne Datum); der Preis betrug 1 Thlr. 8 Gr.

Neues zu Georg Balthasar Schott, seinem Collegium musicum und Bachs Zerbster Geburtstagskantate

Von Michael Maul (Leipzig)

In gleichem Maße, wie sich die Erforschung der Leipziger Musikgeschichte in der ersten Hälfte des 18. Jahrhunderts zunehmend auf alle Facetten von Johann Sebastian Bachs Wirken konzentriert, gerät die Bestandsaufnahme von Leben und Schaffen seiner Musikerkollegen – der Organisten der Hauptkirchen und der Universitätsmusikdirektoren – immer mehr in den Hintergrund beziehungsweise wird nur dann punktuell erforscht, wenn sich ein spezielles Interesse von Seiten der Bach-Forschung ergibt.[1] Sicherlich wirken hier noch immer die abschätzigen Urteile Johann Adolph Scheibes, Philipp Spittas und Arnold Scherings über den Komponisten Johann Gottlieb Görner nach und die nicht zuletzt daraus resultierende konstruierte Feindschaft zwischen Bach und Görner, die eine Erfindung der frühen Bach-Biographik ist und sich an den wenigen Originaldokumenten keineswegs ablesen läßt. Zweifellos aber gehören die Orgelwerke der Leipziger Organisten oder die Kantaten der Neukirchen- und Universitätsmusikdirektoren zum durchaus kennenswerten Umfeld von Bachs Schaffen, zumal diese Stücke teilweise im Beisein Bachs erklangen und schon allein deshalb unsere Aufmerksamkeit beanspruchen sollten.

Bei der Auseinandersetzung mit Bachs Leipziger Musikerkollegen darf es nicht primär um die Frage gehen, welche Qualität ihre Werke hatten; ihre Kompositionen verblassen fraglos neben denjenigen Bachs. Über ihre künstlerischen Fertigkeiten haben indes bereits die Zeitgenossen geurteilt – nämlich dadurch, daß eine Person wie Görner sich über fünf Jahrzehnte als Musiker und Komponist in der Messestadt behaupten konnte. Da sich in dieser Zeit sein Aufgabengebiet stetig erweiterte, kann weder die Obrigkeit noch das gemeine Publikum Görners Fähigkeiten grundsätzlich in Frage gestellt haben. Zu erkunden ist vielmehr, ob Bachs Kollegen in ihren Werken

---

[1] Siehe etwa A. Glöckner, *Die Musikpflege an der Leipziger Neukirche zur Zeit Johann Sebastian Bachs*, Leipzig 1990 (BzBF 8). – Es ist bezeichnend, daß beispielsweise Klaus Häfner bei seiner Suche nach verschollenen Vertonungen von Picanders Texten gar nicht in Erwägung zog, daß neben Bach auch Georg Balthasar Schott und Johann Gottlieb Görner als potentielle Komponisten in Frage kämen; vgl. Häfner, *Aspekte des Parodieverfahrens bei Johann Sebastian Bach*, Laaber 1987 (Neue Heidelberger Studien zur Musikwissenschaft. 12.) sowie die kritische Rezension H.-J. Schulzes im BJ 1990, S. 92–94.

in irgendeiner Weise durch Bach beeinflußt wurden, welche Entscheidungen sie als Musiker trafen – etwa bei der Auswahl von Dichtungen oder in ihrer Repertoiregestaltung – und ob ihre Gepflogenheiten auch auf Bach abstrahlten, dessen eigene Praktiken erklären oder diese in einen größeren Zusammenhang stellen können.

Diesen Vorsätzen zum Trotz sind der Beschäftigung mit den zur Bach-Zeit in Leipzig wirkenden Musikern enge Grenzen gesetzt. Eine schmale, teils gänzlich fehlende Überlieferung musikalischer und biographischer Quellen bietet kaum Ansatzpunkte für weitergehende Forschungen. Die vorliegende Studie möchte dennoch versuchen, anhand des von 1720 bis 1729 wirkenden Neukirchenmusikdirektors Georg Balthasar Schott zu zeigen, daß Ermittlungen zu Bachs Kollegen überraschende Einblicke in das damalige Leipziger Musikleben liefern können, die ihrerseits wieder zu einem besseren Verständnis von Bachs eigenem Wirken beitragen und zuweilen – gewissermaßen en passant – auch die Hintergründe eines Bachschen Werkes erhellen.

Im folgenden soll zunächst Schotts Biographie anhand ergänzender Materialien ‚aktualisiert' werden. Danach steht sein Wirken als Komponist für die Neukirche im Vordergrund. Sodann gilt das Interesse seinem Collegium musicum und dem dort aufgeführten Repertoire, speziell einem unter der Leitung Schotts aufgeführten, bisher unbekannten Oratorium. Die intensive Auseinandersetzung mit diesem Werk wird sich endlich als Schlüssel erweisen, um die Entstehungsumstände von Bachs Geburtstagskantate für den Fürsten Johann August von Anhalt-Zerbst (BC G 13) aufzuklären.

I. Biographisches

Georg Balthasar Schott wurde am 22. Oktober 1686 als Sohn des Schulmeisters Burkhard Schott in Schönau/Hörsel im Herzogtum Sachsen-Gotha geboren.[2] Nach dem Besuch des Gymnasiums zu Gotha und der Universität Jena (ab 1709) schrieb sich Schott 1714 in die Matrikel der Universität Leipzig ein.[3] Bereits ein Jahr später bewarb er sich um das Stadtkantorat in

---

[2] Burkhard Schott heiratete am 23. November 1686 [sic] die Tochter des örtlichen Pfarrers David Pistorius. Angaben nach Artikel Georg Balthasar Schott in: MGG, Bd. 12, Sp. 53–54 (D. Härtwig) und *Thüringer Pfarrerbuch, Band 1: Herzogtum Gotha*, hrsg. von der Gesellschaft für Thüringische Kirchengeschichte, bearbeitet von B. Möller u.a., Neustadt an der Aisch 1995, S. 527 (Schriftenreihe der Stiftung Stoye. 26.).

[3] Siehe R. Jauernig und M. Steiger, *Die Matrikel der Universität Jena 1652 bis 1723*, Bd. II, Weimar 1977, S. 722, und G. Erler, *Die jüngere Matrikel der Universität Leipzig 1559–1809*, Bd. III, S. 371. Übersichten über die Ergebnisse seiner Gothaer

Gotha, doch war sein Gesuch nicht zuletzt deshalb erfolglos, weil er zu seinen Gunsten nur das Argument vorbringen konnte, ein „Landes Kind" zu sein, das das Gothaer Gymnasium „frequentirte" und damals „bey der Kirchen Music treue Dienste" verrichtet habe.[4] Den Namen eines berühmten Lehrmeisters oder andere aktuelle Leipziger Referenzen konnte er damals (noch) nicht in die Waagschale werfen. Inwieweit Schott in den folgenden Jahren im städtischen und studentischen Musikleben Leipzigs Fuß fassen konnte, ob er Mitglied in Johann Gottfried Voglers oder Johann Samuel Endlers Collegium musicum wurde und im Opernorchester mitwirkte, entzieht sich unserer Kenntnis. Fest steht, daß er am 1. August 1720 als Nachfolger Voglers zum Musikdirektor der Neukirche berufen wurde und dieses Amt bis 1729 verwaltete. Zugleich übernahm er die Leitung von dessen Collegium musicum, das wöchentlich, zunächst (1720) „bey Herrn Hemm, auf dem Raths-Wein-Keller", dann (1721) in „Herrn Helwigs Caffeé-Hause am Marckte" und ab 1723 „bey Herrn Gottfried Zimmermannen, Sommers-Zeit Mittwochs, auf der Wind-Mühl-Gasse, im Garten, von 4 bis 6 Uhr, und Winters-Zeit Freitags im Caffée-Hause, auf der Cather-Strasse, von 8 bis 10 Uhr" auftrat.[5]
1722/23 schlug bekanntermaßen sein Versuch fehl, das vakante Thomaskantorat zu übernehmen. Eine Chance hätte er allenfalls als ein Kompromißkandidat im Hinblick auf eine von einigen Ratsmitgliedern anvisierte neuerliche Verschmelzung von Director musices und Neukirchenmusikdirektorat gehabt.[6] 1727 versuchte er erneut – und wiederum erfolglos –, dem wenig lukrativen Dienst an der Neukirche zu entrinnen, indem er sich auf das Stadtkantorat in Chemnitz bewarb. Der Besetzungsvorgang ist insofern von Interesse, als Schott in zwei Bewerbungsschreiben Auskunft über seinen musikalischen Werdegang und seine aktuelle Leipziger Situation gibt. So meldete er den Chemnitzer Stadtvätern, daß er nicht nur „von [...] Jugend auf die *studia humaniora* auf dem berühmten Gothaischen *Gymnasio*" und „auf *Academ*ien *tracti*ret" habe, sondern auch „in Leipzig „bey dem nunmehro sccl. Hrn. *Cantor Kuhnau* [...] in der *Composition*" unterrichtet worden sei und „nun mehro in die acht Jahre sowohl der Neüen Kirchen *Music* als auch dem

---

Examina liefern die Bände Nr. 73 ff. des Aktenbestands *Gymnasium Ernestinum zu Gotha* im Thüringischen Staatsarchiv Gotha (im folgenden abgekürzt TSA Gotha).
[4] Eigenhändiges Bewerbungsschreiben vom 1. August 1715 in: TSA Gotha, *Generalkonsistorium Gotha, Spezialia Gotha, Nr. 432 (Bestellung der Cantorum zu Gotha de Anno 1631–1736)*, fol. 38–39.
[5] Nachweise in den entsprechenden Adreßkalendern (*Das ...florirende Leipzig*, 1720, 1721 und 1723), hier zitiert nach Glöckner (wie Fußnote 1), S. 86.
[6] Zu den Bewerbungsumständen siehe Glöckner (wie Fußnote 1), S. 83–84, und U. Siegele, *Bachs Stellung in der Leipziger Kulturpolitik seiner Zeit*, BJ 1983, S. 7–50.

Collegio Musico" vorstehe. Da es aber sein „fester Schluß" sei, sich „von Leipzig zu begeben", strebe er den Wechsel nach Chemnitz an.[7] In einem Schreiben an einen Chemnitzer Stadtrichter versicherte Schott außerdem, daß er „wegen der Music [...] viel gelernt" habe, um vor Ort „bestehen" zu können; auch das von dem Kantor erwartete „Choralsingen in denen Kirchen" würde ihn „nicht abschrecken". Dem Schreiben fügte er das folgende Postscriptum bei:

„(P: S: Solte eine *Probe* von mir verlangt werden, so bitte daß es nur nicht auf die Osterfeÿertage geschicht, weiln hier schon alle anstalt gemacht, auf *Quasimodogeniti* oder *Miseric: Dom: offeri*re mich zu allen, befehlen Sie aber, daß ich zuvor in der Fasten meine Aufwartung machen soll, so bin gleichfals *parat*:) [...] Mein *logis* ist aufm Neüen Neümarckte in des tischer Wolffs Hause."[8]

1729 wurde Schott schließlich als Stadtkantor nach Gotha berufen,[9] wo er – in häufigem Streit mit dem örtlichen Rektor Johann Heinrich Stuss – bis zu seinem Tod am 25. März 1736 wirkte.[10] Am 19. September 1730 heiratete er in Wechmar Sophia Christina Conradi, die Tochter des örtlichen Pfarrers.[11] Die Ehe blieb offenbar kinderlos.[12]

II. Schott als Kirchenkomponist

Als einzige gesicherte und greifbare Zeugnisse von Schotts Wirken als Kirchenkomponist gelten die in St. Petersburg überlieferten Kantatentextbücher zur Neukirchenmusik für den Zeitraum von Ostern bis Jubilate

---

[7] Schreiben an den Chemnitzer Rat vom 11. März 1727, Stadtarchiv Chemnitz, *Cap. IV, Sect. V, Nr. 31* (*ACTA Die Vergebung des Anno 1727. vacant gewordenen Cantorats zu Chemniz*), fol. 3. Zu Schotts (ebenfalls erfolglosen) Mitbewerbern gehörten die von Bach empfohlenen Leipziger Studenten Friedrich Gottlieb Wild (siehe Dok I, Nr. 57) und Christoph Gottlob Wecker (Dok I, Nr. 18).

[8] Schreiben ebenfalls vom 11. März 1727, ebenda, fol. 4. – Demnach muß Schott in Leipzig mindestens einmal die Wohnung gewechselt haben: „spätestens seit 1721" hatte er „auf der Burg-Strasse in D. Petermanns Hause" logiert; vgl. Glöckner (wie Fußnote 1), S. 87.

[9] Die innerhalb des Bewerbungsvorganges überlieferten Briefe Schotts aus Leipzig (vom 10. und 19. Januar 1729) enthalten keine biographischen Ergänzungen zu dem bisher Gesagten (TSA Gotha, wie Fußnote 4, fol. 81–83).

[10] Aktenmaterialien dazu in TSA Gotha, Bestände *Oberkonsistorium Gotha* (dort etwa *Generalia, Loc. 83a, Nr. 22* und *Spezialia Gotha, Loc. 8, Nr. 485*) und *Gymnasium Ernestinum* (etwa *Nr. 2*).

[11] Thüringer Pfarrerbuch (wie Fußnote 2), S. 194.

[12] Jedenfalls liefern die Gothaer Kirchenbücher keine Taufbelege.

1725.[13] Diese geben bei näherem Hinsehen zu erkennen, daß Schott – wenn er überhaupt der Komponist dieser Kantaten war – unter anderem Dichtungen von Johann Jacob Rambach und Erdmann Neumeister vertonte.[14] Außerdem werden in einem 1738 angefertigten Musikalieninventar der Landesschule Grimma zwei Kantaten Schotts erwähnt, die als verschollen angesehen werden,[15] da sie in der 1962 in die Sächsische Landesbibliothek Dresden überführten Musikaliensammlung nicht mehr auffindbar waren. Von diesen Werken scheint die Pfingstkantate „Du unbegreiflich hohes Gut" schon zu Beginn des 20. Jahrhunderts nicht mehr zum Grimmaer Notenbestand gehört zu haben, während die auf den 3. Pfingstfeiertag gerichtete Kantate „Komm, heiliger Geist, Herre Gott" noch in einem 1915 angefertigten Bestandskatalog verzeichnet ist.[16] Neuerliche Recherchen ergaben nun, daß zumindest letztere Kantate doch in die Sächsische Landesbibliothek gelangte, wo sie unter der Signatur *Mus. 2495-E-500* aufbewahrt wird. Es handelt sich dabei um einen teils um Dubletten bereicherten Stimmensatz, dessen Titelumschlag die Grimmaer Aufführungsdaten 1726 und 1729 vermerkt.[17] Der Titel lautet:

---

[13] Siehe W. Hobohm, *Neue „Texte zur Leipziger Kirchen-Music"*, BJ 1973, S. 5–32, besonders S. 6–8, sowie Glöckner (wie Fußnote 1), S. 125–127. Möglicherweise liegen in einem textlich erhaltenen Schweinfurter Kantatenjahrgang weitere Dichtungen zu Schott-Kantaten vor, da der dortige Kantor Johann Elias Bach 1743 in Leipzig einen „Schottischen Jahrgang" erworben hatte (siehe die Ausführungen bei P. Wollny, *Dokumente und Erläuterungen zum Wirken Johann Elias Bachs in Schweinfurt (1743–1755)*, in: LBzBF 3, S. 45–73, speziell S. 50–51 und 58–73). Zu den Texten der im Sommer 1725 möglicherweise unter Schotts Leitung in den Leipziger Hauptkirchen aufgeführten Kantaten vgl. Hobohm (s. o.), A. Glöckner, *Bemerkungen zu den Leipziger Kantatenaufführungen vom 3. bis 6. Sonntag nach Trinitatis 1725*, BJ 1992, S. 73–76, und M. Maul, *Überlegungen zu einer Magnificat-Paraphrase und dem Leiter der Leipziger Kantatenaufführungen im Sommer 1725*, BJ 2006, S. 109–125.

[14] Die Kantate auf den 1. Osterfeiertag („Der Sieges-Fürst kommet") basiert auf einer Dichtung Johann Jacob Rambachs (*Geistliche Poesien*, Erster Teil, Halle 1720, S. 93–95); der Text der Jubilate-Kantate „Ach Gott, wie manches Herzeleid" geht auf einen ursprünglich von Telemann vertonten Text aus dem sogenannten „Französischen Jahrgang" (1714) von Erdmann Neumeister zurück.

[15] Sächsisches Staatsarchiv Leipzig, *Fürstenschule Grimma, Nr. 842*, fol. 16v, Nr. 33 („Du unbegreiflich höchstes Gut", auf den 1. Pfingsttag) und Nr. 36 („Komm, heiliger Geist", auf den 3. Pfingsttag).

[16] G. Schünemann, *Katalog der älteren Notenbibliothek der Fürsten- und Landesschule Grimma/Sachsen*, Manuskript, Gymnasium St. Augustin zu Grimma, S. 44.

[17] Merkwürdigerweise vermerkt Schünemann in dem Grimmaer Musikalienkatalog (wie Fußnote 16) außerdem die Aufführungsdaten 1731 und 1734.

„Fer: III Pentecostes. | Concert | a | 2 Haubois | 2 Violini | Viola | Violoncello ô Bassono Obligato | C: A: T: B: | e | Cembalo. | da | me | G. B. Schott."

Der durch den Zusatz „da me" angezeigte autographe Status der Titelseite läßt sich anhand eines Vergleichs mit den verfügbaren Handschriftenproben Schotts bestätigen und auch auf die Alto-Stimme (S. 5–6 des Stimmensatzes) ausdehnen. Neben Schott treten fünf weitere Kopisten auf, von denen sich derzeit nur einer namentlich bestimmen läßt: Bei dem Schreiber der Stimmen *Canto*, *Tenore* und *Basso* (S. 4, 9–10 und 12–13) handelt es sich um Johann Ulisch, den von 1721 bis 1736 amtierenden Kantor der Grimmaer Fürstenschule.[18] Von zwei weiteren Kopisten liegen jeweils eine Tenore- und Basso-Stimme vor (S. 7–8, S. 11). Die beiden übrigen Schreiber waren für die Anfertigung der Instrumentalstimmen verantwortlich.[19]

Zwar ist es aufgrund des schlechten Erhaltungszustands derzeit nicht möglich, Aussagen über sämtliche verwendeten Papiersorten zu machen – ein Teil der Stimmen ist von Tintenfraß befallen und daher nicht im Original benutzbar –, doch zeichnet sich anhand der einsehbaren Materialien ab, daß der Stimmensatz aus zwei Schichten besteht: einer älteren, unvollständigen Leipziger Schicht, angefertigt von Schott sowie vermutlich von Schreiber 3 und 4, und einer jüngeren, von Ulisch und den Kopisten 5 und 6 geschriebenen Grimmaer Schicht, die bis auf eine fehlende Alto-Stimme das Werk vollständig enthält.[20] Es läßt sich nicht mehr entscheiden, ob die ältere Schicht in Grimma einst vollständig vorhanden war, also dorthin verkauft wurde, oder ob Schott seine Originalstimmen nur leihweise dem Fürstenschulkantor überlassen hatte, der dann nur einen Teil zurückgegeben hätte.[21]

---

[18] In der Baßstimme (S. 13) wurde von anderer Hand (vielleicht von Ulischs Nachfolger Johann Siegmund Opitz?) eine nach unten oktavierte Fassung der Alt-Arie „Ein ungekränktes Hauptvergnügen" nachgetragen.

[19] Schreiber 5: *Violino Primo* (S. 14), *Violino Secundo* (S. 15), *Hautbois Primo* (S. 19–20), *Hautbois Secundo* (S. 21–22); Schreiber 6: *Violon Cello obligato* (S. 17–18), *Viola* (S. 16), *Cembalo* (S. 2–3).

[20] Die Papiere der einsehbaren Stimmen aus der Grimmaer Schicht weisen durchgängig ein einheitliches Wasserzeichen auf (Kursächsisches Wappen), während die einzige derzeit benutzbare Stimme der mutmaßlich älteren Schicht auf einer anderen Papiersorte niedergeschrieben wurde (Basso, S. 11; Wasserzeichen: augenscheinlich Wappen von Schönburg).

[21] Eine solche – aus vielerlei Gründen denkbare – Praxis läßt sich auch am Beispiel von Bachs Musikalienleihverkehr belegen; vgl. M. Maul und P. Wollny, *Quellenkundliches zu Bach-Aufführungen in Köthen, Ronneburg und Leipzig zwischen 1720 und 1760*, BJ 2003, S. 109–110.

Die Kantate beginnt mit einer Sonata, in der sämtliche auf der Titelseite geforderten Instrumente musizieren. Es folgen der Choral „Komm, heiliger Geist" und drei Arien. Am Schluß werden die Sonata und der anfängliche Choral wiederholt.[22] Die wegen des Fehlens von Rezitativen etwas altertümlich anmutende Textvorlage, deren Dichter bislang nicht identifiziert werden konnte, stellt – in Anlehnung an den Evangelientext (Joh. 10, 1–11) – Jesus als den guten Hirten seiner Schafe vor. Die in ihrem Klangcharakter von der pastoralen Dichtung geprägten Arien sind von durchschnittlicher Qualität und entsprechen einer um 1720 typischen knappen Form. Obwohl die instrumentalen Vor- und Nachspiele recht ausgeprägt sind, kommt es innerhalb der Gesangsabschnitte kaum zu thematischer Arbeit und konzertierenden Passagen. Daß Schotts – sicherlich zwischen 1721 und 1725 entstandene – Kantate im unmittelbaren Umfeld Bachs und parallel zu dessen ersten beiden Jahrgängen entstand, läßt sich an den Arien nicht ablesen. In dieser Hinsicht beansprucht allerdings die einleitende Sonata unsere Aufmerksamkeit (vollständig wiedergegeben in Anhang 1), wo die auf Schotts Titelblatt vermerkte Besetzungsangabe „Violoncello ô Bassono Obligato", anders als in den Arien, tatsächlich zum Tragen kommt. Bei dem 28 Takte umfassenden Stück handelt es sich um die Miniatur eines Konzertsatzes, dessen Anfang und Schluß ein in G-Dur stehendes siebentaktiges Rahmenritornell bildet. Dazwischen stehen zwei von einem kurzen Zwischenspiel des Tutti getrennte Episoden, in denen zunächst die erste Violine und das Violoncello mit sequenzierten Spielfiguren solistisch auftreten und schließlich die beiden Oboen die Ritornellthematik in recht unausgewogener Weise fortspinnen.

Dieses „Concerto con molti stromenti" kann als das einzige Beispiel eines instrumentalen Ensemblestückes gelten, das von Bachs Leipziger Kollegen aus den 1720er Jahren noch vorliegt. Für eine faire Bewertung des – zugegebenermaßen recht mageren, ohne jegliche musikalische Finesse komponierten – Satzes fehlt also der musikalische Kontext. Wichtiger ist hingegen, daß der Satz anscheinend recht konkrete Anhaltspunkte für Schotts Kenntnis von Bachs Ensemblemusik liefert. So ergibt sich am Ende des Abschnitts der beiden Oboen eine kurze konzertierende Passage (T. 19–21), in der die Motivik des Kopfsatzes von Bachs 3. Brandenburgischen Konzert anzuklingen scheint. Auch die gesamte Anlage des Rahmenritornells (bis hin zu den einleitenden Figuren der Continuo-Stimme), speziell die über die trugschlüssige

---

[22] Ablauf (mit Textincipits): Sonata – Choral „Komm, heiliger Geist, Herre Gott" – Aria „Kommt doch, ihr Schafe seelger Weide, stellt euch bei eurem Hirten ein" (Tenor, 2 Oboen, Bc.) – Aria „Ich bin kommen, daß sie das Leben und volle Gnüge haben sollen" (Baß, Bc.) – Aria „Ein ungekränktes Hauptvergnügen trifft jedes Schäflein bei mir an" (Alt, Streicher, Bc.) – Sonata und Choral repetatur.

Wendung hinausgezögerte Kadenz (T. 5–7), zeigt, trotz des wesentlich schlichteren Aufbaus, unverkennbare Parallelen zu Bachs Konzertsatz (vgl. dort speziell T. 45–47).

Zweifellos können die Ähnlichkeiten zufällig zustandegekommen sein. Da indes durch eine Äußerung von Heinrich Nikolaus Gerber angedeutet wird, daß Bach schon 1724 gelegentlich in den Collegia musica der Stadt auftrat[23] und auch die von Carl Gotthelf Gerlach um 1724 angefertigte Abschrift der Ouvertüre in C-Dur BWV 1066[24] nahelegt, daß das Repertoire des Köthener Kapellmeisters Bach in Leipzig nicht ungehört blieb, würden Aufführungen des 3. Brandenburgischen Konzerts im Rahmen des Schottischen Collegium musicum kaum überraschen, zumal eine erweiterte Fassung seines Kopfsatzes am 6. Juni 1729 – und damit freilich wenige Monate nach Schotts Weggang aus Leipzig – Bachs Kantate BWV 174 eröffnete.[25] Es deutet also vieles darauf hin, daß Schott – bewußt oder unbewußt – beim Komponieren des kleinen Konzertsatzes in der Tat unter dem nachhaltigen Eindruck einer Aufführung des 3. Brandenburgischen Konzertes stand.

III. Unbekannte Textdrucke aus dem Schottischen Collegium musicum

Aus Sicht der Bach-Forschung verdient Schott vor allem als Leiter eines Collegium musicum Beachtung. Denn sein Ensemble wurde 1729 von Johann Sebastian Bach übernommen. Bachs vielzitierte Äußerung gegenüber dem Schweidnitzer Kantor Christoph Gottlob Wecker anläßlich von Schotts Stellenwechsel – „Das neueste ist, daß der liebe Gott auch numehro vor den ehrlichen H. Schotten gesorget, und Ihme das Gothaische *Cantorat* bescheret hat; derowegen Er kommende Woche *valediciren*, da ich sein *Collegium* zu übernehmen willens."[26] – deutet auf ein gutes kollegiales Verhältnis zwischen

---

[23] Dok III, Nr. 950; Ernst Ludwig Gerber berichtet über das erste Leipziger Studienjahr seines Vaters (1724): „Im ersten halben Jahre […] hatte er zwar manche vortreffliche Kirchenmusik und manches Conzert unter Bachs Direktion mit angehört […]".

[24] D-B, *Mus. ms. Bach St 152*; siehe H.-J. Schulze, *„Das Stück in Goldpapier" – Ermittlungen zu einigen Bach-Abschriften des frühen 18. Jahrhunderts*, BJ 1978, S. 35, und Glöckner (wie Fußnote 1), S. 89.

[25] Siehe den Kommentar zu BC A 87. Auch die Wiederverwertung der Brandenburgischen Konzerte in Bachs geistlichen Kantaten sowie die von Christian Friedrich Penzel 1755 angefertigten Abschriften (siehe NBA VII/2 Krit. Bericht) liefern hinreichend Belege für Leipziger Aufführungen dieser Werke.

[26] Brief an Christoph Gottlob Wecker vom 20. März 1729 (Dok I, Nr. 20).

Thomaskantor und Neukirchenmusikdirektor. Aus den Unterlagen zum sogenannten Präfektenstreit geht ferner hervor, daß Schott Bach bei längeren Abwesenheiten in den Hauptkirchen zu vertreten pflegte,[27] weshalb umgekehrt verschiedentlich vermutet wurde, daß sich der Thomaskantor schon vor 1729 – zumindest bei der Aufführung seiner weltlichen Kantaten – gelegentlich des Schottischen Collegium musicum bedient habe.[28]
Welches Repertoire und welche musikalischen Gattungen Schotts wöchentlich auftretendes Ensemble pflegte, ließ sich bislang – angesichts einer sehr dürftigen Quellenlage – nur erahnen. So berichtet der Leipziger Stadtchronist Christoph Ernst Sicul, es habe anläßlich eines Besuches der sächsischen Kurprinzessin Maria Josepha zur Ostermesse 1722 in „einem Musicalischen Dramate den richtenden Paris aufgeführt", und druckt den Text der Schlußarie ab.[29] Außerdem vertonte Schott 1728 die von Gottsched entworfene Ode „Landesvater! Held August!"[30] In welchem Umfang Schott aber als Komponist für die in den Anthologien von Christian Friedrich Henrici (alias Picander) und Christiane Marianne von Ziegler abgedruckten weltlichen Kantatentexte und allegorischen Singspiele wirkte, läßt sich nicht feststellen.
Zwei kürzlich aufgefundene Textdrucke tragen nun dazu bei, ein konkreteres Bild von Schotts Collegium musicum zu gewinnen. Dabei handelt es sich zum einen um das Libretto jenes 1722 aufgeführten „Richtenden Paris", das sich als Unikum in einer Akte des Dresdner Oberhofmarschallamtes erhalten hat.[31] Der Titel lautet:

„Der | Richtende *PARIS* | Wurde, | Als die | Durchlauchtigste Fürstin und Frau, | FRAU | Maria Josepha | Vermählte Chur-Printzeßin der Sachsen, | und gebohrne Ertz-Herzogin zu Oesterreich, | &c. &c. &c. | Ihro Königl. Hoheit, | Mit Dero Hohen Gegenwart an der Oster-Meße | 1722 die Stadt Leipzig das erste mahl | beehrten, | In einem Musicalischen *DRAMATE* | und geringster Abend-Music | unterthänigst-gehorsamst aufgeführt | von dem | Schottischen *Collegio Musico* in Leipzig. | Leipzig, | Druckts Bernhard Christoph Breitkopff."

In der Dichtung, die den Hergang des Paris-Urteils zum Inhalt hat, treten neben Chören von Amouretten und Chören von Nymphen die Göttinnen

---

[27] Dok II, Nr. 383.
[28] Siehe etwa die Überlegungen bei Glöckner (wie Fußnote 1), S. 84–85.
[29] C. E. Sicul, *Annalivm Lipsiensivm*, Bd. 3, Leipzig 1723, S. 170.
[30] Abgedruckt in J. C. Gottsched, *Versuch einer Critischen Dichtkunst, Zweyte und verbesserte Auflage*, Leipzig 1737, S. 419–421.
[31] Sächsisches Hauptstaatsarchiv Dresden, *Oberhofmarschallamt, Lit I, Nr. 28 ([…] Herrn Friderici Augusti II. Jagd- und andere Reisen in- und außerhalb Landes Von Anno 1722 biß mit 1725. ingleichen […] Frau Christinen Eberhardinen Reise in das Carls-Badt*, 1723), fol. 27–31.

Juno, Pallas und Venus sowie der „Hirte" Paris und die allegorische Gestalt der Philuris auf. Die Handlung beginnt in dem Moment, als sich die drei Göttinnen (in einem Terzett) um den von Eris (römisch: Discordia) beim Hochzeitsfest hinterlassenen Apfel zanken. Nacheinander bringen nun die Protagonistinnen – zunächst Juno, sodann Pallas und schließlich Venus – in Form von Rezitativ und Arie ihre Argumente in dem Streit vor, jedoch ohne sich einigen zu können. Es erscheint der sterbliche Paris, der gebeten wird, in dem Disput ein Urteil zu sprechen. Paris ist zunächst verwundert, warum ihm, dem Sterblichen, die Rolle des Schlichters in einer solch göttlichen Angelegenheit zufallen soll, und will die Aufgabe ablehnen. Doch die Göttinnen bestehen auf ihrer Forderung. Ein längerer Monolog von Paris (Rezitativ und Arie) endet mit seinem Richterspruch, demzufolge Venus allein der Apfel gebührt, worüber Juno und Pallas empört sind. Venus besingt daraufhin ihren Sieg mit einer Arie, in die alsbald der Chor einstimmt.

Was hat die Handlung mit dem Entstehungsanlaß, dem Besuch der Kurprinzessin in Leipzig, zu tun? Dies aufzuklären, obliegt abschließend der Philuris, der vielfach bemühten Personifizierung der Stadt Leipzig[32] (die unter anderem auch durch die Handlung der fünf Jahre später aufgeführten Bachschen Geburtstagskantate für August den Starken, „Entfernet euch, ihr heitern Sterne" BWV Anh. 9 leiten wird):

„Philuris
So dichtete das Alterthum | Von jenes Paris Urtheil-fällen, | Doch lebt' er ietzt, so müht' er sich zu Deinem Ruhm, | Ein hellers Merck-Mahl darzustellen. | Er liesse drey Göttinnen stehn, | Du würdest ihn, Durchlauchtste Josephine, | Sammt Apfel, Pflicht und Unterthänigkeit, | Vor deines hohen Throns erhöhten Purpur sehn. | Denn Deine reinste Frömmigkeit, | Der Wunder-holde Schmuck höchst theurer Seltenheit, | Die Gnaden-volle Pracht erlauchter Fürsten Tugend, | (Kaum giebt der bebend-schwache Mund, | Ob der Vollkommenheit entzückt, sein Lallen kund!) | Hebt deinen Preiß biß an die Sternen-Bühne, | Macht Dich zur Göttin dieser Welt, | Vor der der Fabel-Tand, so schön er immer sey, | Nicht den geringsten Schein behält. | Wohl also mir bey meinem hohen Glücke | Dich, Theurste Hoffnung unsrer Zeiten, | In meiner Mauren Zirck zu sehn. | Beseelge mich mit Gnaden-reichem Blicke, | Und gönne meiner Töchter Schaar | Sammt mir diß Opffer auszubreiten. | Der Seelen innre Pflicht beut solches selber, | Die Hoffnung sagt: Du werdests nicht verschmähn.

---

[32] Philuris (auch Philyris oder Philyra), die Leier-Liebende; Tochter des Oceanus und Mutter des Chiron. Da sie in einen Lindenbaum verwandelt wurde (vgl. Vergil, *Georgica*, 3, 92), konnte sie für Leipzig sprechen; siehe Z. P. Ambrose, *Klassische und neue Mythen in Bachs weltlichen Kantaten*, in: Die Welt der Bach-Kantaten, hrsg. von C. Wolff, Bd. II: Johann Sebastian Bachs weltliche Kantaten, Kassel und Stuttgart 1997, S. 139–155, speziell S. 150.

Philuris und Chor der Nymphen.

ARIA.
Der HERR der Herren sey mit Dir,
Mit Dir, Du Perle der Fürstinnen!
Du Zier, Vergnügung, Schmuck und Lust
Vom jüngern Friederich August,
Dein Heyl sey Deiner Tugend gleich!
Du Stern des Trosts aus Oesterreich!
Brich stets mit neuen Strahlen für!
Der HERR der Herren sey mit Dir,
Mit Dir, Du Perle der Fürstinnen!"

Ohne Zweifel handelt es sich bei dem Stück um eine typische Gelegenheitsmusik zum Empfang von Mitgliedern des kurfürstlichen Hauses, die mit einem Umfang von zehn Arien aber – verglichen mit Bachs Beiträgen zu derartigen Anlässen – recht beträchtliche Ausmaße hat[33] und somit in Schott einen ambitionierten Ensembleleiter erkennen läßt. Über das gewöhnliche Repertoire seines Collegium musicum in den Sälen und Gärten der Leipziger Kaffeehäuser lassen sich anhand dieser außerordentlichen Huldigungsmusik freilich keine Rückschlüsse ziehen. Dies gestattet indes der zweite neu aufgefundene Textdruck aus den Beständen der – vor allem durch ihren reichen Besitz an Anhaltinen bekannten – Francisceum-Bibliothek in Zerbst. Er hat folgenden Titel (Faksimile in Anhang 2):

„Die Krafft | Des | Brüderlichen Geblüths, | Oder, | Der seinen Brüdern sich bekennende | Joseph, | In einem | *DRAMATE* | Besungen, | Von | Dem Schottischen *Collegio Musico* | In Leipzig. | Anderer Theil."[34]

Das undatierte Textheft im Quartformat umfaßt einschließlich Titelei zwölf Seiten. Dem Libretto des „Dramas" oder (wie es auf Seite 3 bezeichnet wird) „Drama per Musica" liegt die alttestamentarische Joseph-Geschichte zu Grunde, genauer: die im ersten Buch Mose (Genesis), Kapitel 43 bis 45 überlieferte Schilderung der zweiten Ägyptenreise der Söhne Jacobs. Zwar wird diese in – mitunter ausschweifender – paraphrasierter Form dargestellt und mit elf teils chorisch ausgeführten „Arien" ausgeschmückt, inhaltlich orientiert sie sich aber – abgesehen von zwei Soliloquia – streng an der

---

[33] Bachs Leipziger Kompositionen für entsprechende Anlässe umfaßten acht (BWV 205a), sieben (BWV 213 und Anh. 9), sechs (BWV 193a, 206 und BWV Anh. 11 und 12), fünf (BWV 207a, 214 und 215) und vier (BWV Anh. 13) Arien (einschließlich der Duette und Chöre).

[34] Francisceum-Bibliothek Zerbst, *A 11m*, Nr. 232. – Den Mitarbeiterinnen der Bibliothek, Frau Iruta Völlger und Frau Petra Volger, danke ich für die freundliche Unterstützung meiner Arbeit und die Genehmigung zur Wiedergabe des Textdrucks.

biblischen Vorlage: Die Handlung setzt ein, als Josephs Brüder ihren Vater überzeugen müssen, dessen geliebten Benjamin mit ihnen ziehen zu lassen, um bei dem „Herrn Egyptenlandes" – gemeint ist ihr als oberster Verwalter und Stellvertreter des Pharao in Ägypten lebender Bruder Joseph (alias Zafenat-Paneach) – Getreide zu kaufen und den dort zurückgehaltenen Bruder Simeon heimzuholen. Und sie endet unmittelbar nachdem sich jener Ägypter seinen Brüdern zu erkennen gegeben und ihnen verziehen hat. Das Sujet (alttestamentarisch), die Gestaltung (dialogisch, dramatisch) und der Umfang (Rezitative mit chorischen Einschüben, ein Duett und zehn Arien, davon vier offenbar chorisch) liefern Anhaltspunkte genug, um das Werk nach unserem heutigen Verständnis der Gattung des Oratoriums zuzuordnen,[35] zumal in dem Textdruck nur das Libretto des „Anderen Theils" vorliegt – zusammen mit dem verschollenen und sicherlich ähnlich umfangreichen ersten Teil dürfte der Leipziger *Joseph* die Ausmaße eines zeitgenössischen Opernlibrettos erreicht haben.

Die einstige Existenz eines zwischen 1720 und 1729 von Schotts Collegium musicum aufgeführten *Joseph*-Oratoriums überrascht in mehrfacher Hinsicht – zum einen, was die zu jener Zeit im wesentlichen nur für Hamburg, Frankfurt, Lübeck und Breslau belegte Gattung betrifft, zum anderen, was den Aufführungskontext angeht. Denn die Titelei und das äußere Erscheinungsbild des Druckes zeigen an, daß das Werk nicht an der Neukirche, sondern in einem weltlichen Rahmen präsentiert wurde: Auf den durchweg in kleineren Formaten gedruckten Textbüchern der Leipziger Neukirchenmusik wird das „Schottische Collegium musicum" – zu Recht – nicht als aufführende Institution erwähnt,[36] wohl aber auf dem Titelblatt des 1722 dargebotenen *Paris* (siehe oben). Die Aufmachung des *Joseph*-Textbuchs ist offenkundig den ebenfalls im Quartformat gedruckten Opernlibretti (bis 1720) nachempfunden und entspricht daher auch nicht der Gestalt der zeitgenössischen Huldigungsmusiktexte, die (wie *Paris*) sämtlich im repräsentativen Folio-Format erschienen. Da außerdem die Titelei keinen bestimmten Anlaß, Adressaten oder Aufführungsort nennt, handelte es sich offenbar um eine Darbietung im „ordinairen" Rahmen, also während der wöchentlichen Auftritte des Ensembles in den jeweils aktuellen Kaffeehäusern oder -gärten der Stadt.[37] Auch der einzige bislang bekannte Textdruck zu einer solchen „anlaßfreien" Aufführung, das von Picander gedichtete und „Von dem bey Herrn Gottfried Zimmermann

---

[35] Zur zeitgenössischen Unschärfe dieser Gattungsbezeichnung siehe überblicksartig MGG[2], Sachteil, Bd. 7, Sp. 762 (U. Leisinger).
[36] Hier heißt es stets „Texte zur Neuen-Kirchen-MVSIC"; siehe die Übersichten bei Glöckner (wie Fußnote 1), passim.
[37] Zu den Auftrittsorten des Schottischen Collegium musicum siehe die Ausführungen weiter oben, S. 63.

florirenden COLLEGIO MUSICO" – also von Schotts Ensemble – aufgeführte „Drama" *Das angenehme Leipzig*,[38] erschien im Quartformat.

Das bislang vermutete Repertoire der gewöhnlichen Leipziger Collegia musica vor Installation des Großen Konzerts (1743) – Instrumentalmusik internationaler Provenienz und weltliche Kantaten (ohne Chor) – muß folglich wesentlich erweitert werden; es schloß gelegentlich auch die Darbietung geistlicher Werke im modernen oratorischen Gewand ein – in diesem Fall allerdings auf zwei Auftritte des Ensembles verteilt. Da das *Joseph*-Libretto zudem, freilich ohne daß dies explizit im Textbuch ausgewiesen wäre, einen in sechs Abschnitte gegliederten Ablauf aufweist, die Handlungsabfolge zudem das Auf- und Abtreten einzelner Personen und gelegentlich auch einen Szenenwechsel mit sich brachte und manche Dialoge nicht ohne weiteres (beziehungsweise ohne Vorkenntnisse) verständlich sind, wäre sogar zu erwägen, ob das Stück zumindest in Ansätzen szenisch aufgeführt wurde.[39]

Exkurs: Ein Textbuch aus dem Görnerischen Collegium musicum

Für die vorstehend dargelegten und im folgenden noch auszubreitenden Überlegungen zum Aufführungskontext des *Joseph*-Oratoriums ist die Betrachtung eines weiteren bisher nicht zur Kenntnis genommenen Textbuchs von Gewinn. Es handelt sich um die Dichtung zu einem sechs Arien, ein Duett, ein Terzett, Rezitative sowie Anfangs- und Schlußchor umfassenden Singspiel mit dem Titel:

„Klage | Bey dem Grabe | des | Gestürtzten | Phaetons, | Aufgeführet | Von dem Görnerischen Collegio | Musico in Leipzig. | Druckts Bernhard Christoph Breitkopf. | 1726."[40]

Das zwölf Seiten umfassende Textbuch eines vom Collegium musicum des Universitätsmusikdirektors und Nikolaiorganisten Johann Gottlieb Görner aufgeführten Vokalwerks hat – wie die Libretti zu *Joseph* und *Das angenehme Leipzig* – Quartformat, was gemeinsam mit dem auf den ersten Blick anlaßlos erscheinenden Titel wiederum den „ordinairen" Aufführungsrahmen anzeigt. In diesem Fall fand die Darbietung also im Rahmen eines regulären Auftritts des Ensembles im „Schell-

---

[38] Erstmals nachgewiesen anhand eines Exemplars in der Universitäts- und Landesbibliothek Halle (*Pon Yc 4414*) bei P. M. Young, *The Bachs 1500–1850*, London 1970, nach S. 74 und 153. Peter Wollny stellte mir freundlicherweise Kopien zur Verfügung. – Picanders Autorschaft ergibt sich aus dem Wiederabdruck des Textes in: *Picanders Ernst-Schertzhaffte und Satyrische Gedichte, Anderer Theil*, Leipzig 1729, S. 559–564, faksimiliert bei Häfner (wie Fußnote 1), S. 590–593, dort jedoch fälschlich auf 1729 datiert und als eine Komposition Bachs angesehen.
[39] Beispielsweise wird der angeblich von Josephs Brüdern gestohlene Becher nie ausdrücklich erwähnt.
[40] Sächsische Landesbibliothek – Staats- und Universitätsbibliothek Dresden, *Hist. Sax. D. 616, 55*.

haferischen Haus" in der Klostergasse statt.[41] Doch ganz so regulär, wie es der äußere Eindruck suggeriert, war die Aufführung des umfangreichen Singspiels nicht. Aus der im Dresdner Exemplar handschriftlich mit roter Tinte vermerkten Notiz „auff Graff Vizthum" läßt sich nämlich der Entstehungsanlaß ableiten: Am 13. April 1726 war der kurfürstliche Oberkammerherr, Geheime Rat, Kabinettsminister und wohl engste Vertraute Augusts des Starken, Reichsgraf Friedrich von Vitzthum nahe Warschau bei einem Duell von dem 20jährigen Marquis de Saint Giles erschossen worden. Bald darauf wurde er auf seinem nördlich von Leipzig gelegenen Schloß Wölkau beigesetzt. Obwohl die Nachricht von dem unrühmlichen Tod Vitzthums in Sachsen verbreitet wurde,[42] waren offizielle Gedächtnisfeiern offenbar unerwünscht – merkwürdig ist jedenfalls, daß sich kein diesbezügliches Gelegenheitsschrifttum erhalten zu haben scheint. Die Aufführung der verkappten Gedächtnismusik, in der stellvertretend für Vitzthum der Tod des Phaethon besungen wurde,[43] mußte also in einem der gewöhnlichen Konzerte des Collegium musicum stattfinden – vielleicht während der Ostermesse 1726. Diese im lokalen zeitgenössischen Kontext nicht anderweitig belegte Vorgehensweise dürfte auch der Grund dafür sein, daß sich dieser Trauermusiktext schon rein äußerlich von den bekannten, sämtlich im repräsentativen Folioformat gedruckten Leipziger Trauermusiktexten unterscheidet. Auch der Aufbau des Textbuchs offenbart die Sonderstellung, denn der auf ein mythologisches Sujet zurückgreifenden, teilweise dialogisch vorgetragenen Handlung wird auf der Rückseite des Titelblattes – wie in den zeitgenössischen Operntextbüchern – eine Aufstellung der dramatis personae vorangestellt;[44] und dort finden sich ebenso präzise Angaben zu den Autoren des Werks: „Die Composition ist von dem Director Görner | die Poesie von Mr. Juncker." Bei dem Textdichter handelt es sich mithin um den damaligen Leipziger Studenten Gottlob Friedrich Wilhelm Juncker,[45] der Mitglied der deutschen Gesellschaft um Gottsched war und mehrfach als Kantaten- und Odendichter nachweisbar ist.[46] Daß hier Görner nochmals explizit als Verfasser der Musik

---

[41] Zu den Auftrittsorten von Görners Ensemble siehe W. Neumann, *Das „Bachische Collegium Musicum"*, BJ 1960, S. 21–22.

[42] Zu der offiziell verbreiteten Version über den Hergang der Angelegenheit siehe Zedler, Bd. 49 (1746), Sp. 419–421; vgl. die davon abweichende inoffizielle Schilderung bei [Karl Ludwig von Pöllnitz], *Das Galante Sachsen*, Frankfurt/Main 1734, S. 116.

[43] Vgl. Publius Ovidius Naso, *Metamorphosen Libri XV*, besonders II, 328–330.

[44] „Personen. | Phöbus, Vater | Clymene, Mutter | Phaetusa | Lambetie | Phöbe[:] Schwestern des Phaetons. | Cygnus, König in Ligurien und Freund | Chor. | Der Fluß-Götter und Wasser-Nymphen von Italien."

[45] Juncker stammte aus Schleusingen und studierte ab 1724 in Leipzig; 1732 wurde er Adjunkt der Akademie der Wissenschaften in St. Petersburg, 1734 dort zum Professor für Politik und Moral berufen und 1738 ebenda zum Hofkammerrat ernannt (siehe *Johann Christoph Gottsched. Briefwechsel, Band 1: 1722–1730*, hrsg. von D. Döring u. a., Berlin und New York 2007, S. 126).

[46] Siehe etwa seine Dichtungen in: *Der Deutschen Gesellschaft in Leipzig Oden und Cantaten in vier Büchern*, Leipzig 1738.

genannt wurde, ist im Hinblick auf die Diskussion um die Autorschaft des *Joseph* von gewisser Bedeutung. Denn die Entscheidung zeigt an, daß allein die für den Titel gewählte Floskel: „Aufgeführet Von dem Görnerischen Collegio Musico in Leipzig", nicht als ausreichend angesehen wurde, um Görner eindeutig als den Komponisten des Werkes auszuweisen.

*

Angesichts der wichtigen Rolle, die das *Joseph*-Textbuch für die nur noch erahnbare Repertoirebreite der Leipziger Collegia musica spielt, drängen sich weitere Fragen auf:

– Handelt es sich bei *Joseph* um eine genuine Leipziger Schöpfung oder um die Darbietung eines andernorts entstandenen Oratoriums?
– Wer käme gegebenenfalls als Leipziger Textdichter beziehungsweise Komponist in Frage?
– Fand die Aufführung während der Amtszeit Bachs als Thomaskantor statt oder noch in der Ära Kuhnau?

Zu allen drei Fragen, die eng miteinander verknüpft sind, liefert das Textbuch auf den ersten Blick keine Anhaltspunkte – möglicherweise gab darüber eine Vorbemerkung oder Vorrede in dem verschollenen ersten Teil Auskunft. Auch wird die Aufführung nicht in den einschlägigen Leipziger Chroniken erwähnt. Dennoch lassen sich einige Aussagen treffen.

Was die Möglichkeit einer andernorts zu suchenden Entstehung betrifft, so können derzeit nur negative Ergebnisse präsentiert werden. Weitreichende Stichproben innerhalb der nahezu unüberschaubaren Zahl an Bearbeitungen des *Joseph*-Stoffs im Bereich des Sprechtheaters ergaben keine signifikanten Abhängigkeiten.[47] Auch weisen die vor Schotts Weggang aus Leipzig entstandenen *Joseph*-Oratorien aus Breslau (wohl Anfang der 1720er Jahre),[48]

---

[47] Vgl. die Übersichten bei R. Meyer, *Bibliographia dramatica et dramaticorum: kommentierte Bibliographie der im ehemaligen Reichsgebiet gedruckten und gespielten Dramen des 18. Jahrhunderts nebst deren Bearbeitungen und Übersetzungen und ihrer Rezeption bis in die Gegenwart*, Abteilung 2, Einzeltitel, Tübingen 1993 ff.

[48] *Der verkauffte/ und wieder erhöhete JOSEPH. Musicalisches ORATORIUM* (Textbuch in D-WRz, *O 8:44*), Musik – nach Ausweis der Vorrede – von Anton Albrecht Koch. Zu Koch und seinen wohl sämtlich zwischen 1720 und 1724 entstandenen Breslauer Oratorien siehe ausführlich I. Scheitler, *Deutschsprachige Oratorienlibretti. Von den Anfängen bis 1730*, Paderborn 2006, S. 331–338; zur unklaren Datierung des Breslauer *Joseph* ebenda, S. 191 und 198.

Dresden (vor 1707),[49] Hamburg (1727)[50] und Lübeck (1710)[51] keine unmittelbar erkennbaren textlichen Bezüge zu dem Leipziger Stück auf. Immerhin gibt aber die Vorrede des Breslauer *Joseph*-Textbuchs Auskunft über die Aktualität des Stoffes und die Attraktivität derartiger Oratorienaufführungen im Rahmen von Collegia musica. Und angesichts der äußerlichen Ähnlichkeiten dieses Stücks mit dem Leipziger *Joseph* – 17 Arien, fünf Chöre und eine streng an der biblischen Vorlage orientierte Handlung – könnte man erwägen, daß hier möglicherweise eine ideelle Abhängigkeit vorliegt, zumal die Ausführungen in der nachfolgend wiedergegebenen Breslauer Vorrede ziemlich treffend die Leipziger Bearbeitungspraxis beschreiben:

„Vorbericht.

Nachdem man vorm Jahre wahrgenommen/ daß des Herrn Menantes Oratorium von dem sterbenden Jesu/ bey Kunst-verständigen Liebhabern der Music seinen wolverdienten Applausum gefunden: So hat Jemand mit Poetischer Ubersetzung der Historie des Patriarchen JOSEPHS (weil er von allen Theologis vor ein Vorbild des Leidenden Heilandes geachtet wird/) einen gleichmässigen Versuch gethan/ und die Herren Mit-Glieder des bekandten Collegii Musici zu Breßlau haben Herrn Anton Albrecht Koch dahin vermocht/ durch dessen Musicalische Composition eine neue Probe seiner Geschicklichkeit hören zu lassen. Es wird aber zum voraus erinnert/ daß niemand die Gleichförmigkeit einer Opera, oder den künstlichen Zwang in Puncto der Zeit und des Ortes sich hierinnen einbilden wolle. Dergleichen Einrichtung gehöret nicht sowol vor Geistliche Oratoria, als vielmehr vor völlig ausgearbeitete Theatralische Sing-Spiele.

Bey gegenwärtiger Vorstellung aber ist die Absicht dahin gegangen/ mit Betrachtung des verkaufften und wieder erhöheten Josephs/ gleichsam eine Vorbereitung zur Passion zu machen: und deßwegen hat sich der Autor sehr genau an den Biblischen Text zu halten bemühet/ und aus selbigem so viel entlehnt/ als zu solchem Dessein dienlich oder nöthig geschienen. Wie weit nun entweder derselbige/ oder der Herr Componist, oder aber auch die Herren Mit-Glieder des Musicalischen Collegii dero Intention erreichet/ das wird bey geschehender Vorstellung die gehörige Aufmerck-

---

[49] „Joseph in drey Operen zu Dreßden"; Aufführung lediglich nachgewiesen bei Menantes, *Die allerneueste Art zur reinen und galanten Poesie zu gelangen*, Hamburg 1707, S. 400.

[50] *Der gegen seine Brüder barmherzige JOSEPH, Am vierten Sonntage nach dem Feste der Heil. Dreieinigkeit auffgeführet von MATTHESON*, Hamburg 1727, Text von Tobias Heinrich Schubert, autographe Partitur in D-Hs, *ND VI 146* (siehe B.C. Cannon, *Johann Mattheson – Spectator in Music*, New Haven 1947, S. 187–188).

[51] *Die Erniedrigung und Erhöhung JOSEPHS/ Wird als ein Bild Der Erniedrigung und Erhöhung CHRISTI/ In der Bevorstehenden Gewöhnlichen Abend-Music/ In der Kirchen zu St. Marien Der Christlichen Gemeine zu LUBECK Mit Göttlicher Hülffe vorgestellet werden Von Joh. Christ. Schiefedecker. LUBECK/ Gedruckt und zu bekommen in der Schmalhertzischen Buch-Druckerey/ An. 1710* (Textbuch in D-WRz, *O 8:45*), Text von Andreas Lange.

samkeit und darauf erfolgendes Judicium Kunst-verständiger und Andacht-liebender Zuhörer/ am besten zu erkennen geben."[52]

Obwohl die Floskel „Besungen, Von Dem Schottischen *Collegio Musico* In Leipzig" im Titel des Leipziger Textbuchs die Vermutung nähren könnte, die Leistung Schotts und seines Ensembles hätte lediglich darin bestanden, ein von auswärts importiertes Stück in der Messestadt aufzuführen, läßt sich eine ursprüngliche Leipziger Herkunft und eine Vertonung durch Schott keineswegs ausschließen. Dafür spricht jedenfalls, daß für die Textbücher der „Dramen" *Paris* und *Das Angenehme Leipzig* (siehe oben) mit dem Vermerk „aufgeführt von dem Schottischen *Collegio Musico* in Leipzig" beziehungsweise „aufgeführt Von dem bey Herrn Gottfried Zimmermann florirenden COLLEGIO MUSICO" nahezu identische Formulierung gewählt wurden und daß diese Werke sicher als genuine Leipziger Gelegenheitskompositionen anzusehen sind. Zudem wäre denkbar, daß Schott aus Bescheidenheit auf den Textdrucken seiner eigenen Vertonungen stets nur unter dem Namen seines Ensembles firmierte – auch wenn der ihm nachfolgende Ensembleleiter Johann Sebastian Bach an diesen Stellen stets betonen ließ, daß seine Werke „in dem COLLEGIO MUSICO Durch J. S. B." aufgeführt wurden.[53] Allerdings lehrt die Anlage des oben vorgestellten Textbuchs zu Görners „Klage bey dem Grabe des Gestürtzten Phaetons", daß eine solche Schlußfolgerung nicht ohne weiteres zwingend ist.

Auch bestimmte Merkmale des Textes sprechen für eine Leipziger Herkunft des Oratoriums. Eine im Monolog des Joseph (Beginn von Zeile 4) anzutreffende dialektische Färbung könnte auf einen sächsischen Dichter deuten, wenngleich sich das gebrauchte Wort „och" (für „auch") auch als Druckfehler (anstatt „ob") interpretieren ließe.

„*Joseph (Soliloquio.)*
Doch Benjamin! wie? thu ich nicht zu viel?
daß ich durch diß verstellte Marter-Spiel,
Dich, werther Bruder, grausam kräncke,
Och ich dich gleich dadurch mir wieder schencke,

---

[52] *Der verkauffte/ und wieder erhöhete JOSEPH* (wie Fußnote 48), S. 2.
[53] So die Titelformulierung in den beiden einzigen vorliegenden Originaltextdrucken seines Collegium musicum (BWV 205a, siehe Dok II, Nr. 347, und BWV 214, siehe Dok II, Nr. 344) und dem handschriftlichen Libretto zu BWV 208a. Nur in dem erst vor wenigen Jahren bekannt gewordenen – wohl kaum von Bach verfaßten – Gedicht auf den Tod von Nicolaus Ernst Bodinus nennt die Titelseite „Das Bachische Collegium Musicum", ohne seinen Leiter eigens zu vermerken; der Titel ist abgebildet bei U. Leisinger, *Musikalisch-literarische Unterhaltungen für Bürgertum und Adel*, in: Die Welt der Bach-Kantaten, Band II (wie Fußnote 32), S. 102; vgl. auch Dok II, Nr. 331, 334 und 337.

Das Hertz spricht ja, doch etwas in mir, nein.
Ja, ja, nein, nein, nicht du,
Nein deine Brüder sollen also fühlen […]."

Sodann verdienen die verwendeten Gattungstermini Beachtung. Auf dem Titelblatt ist, wie schon 1722 im *Paris* und 1727 in Picanders *Das angenehme Leipzig*, von einem „DRAMATE" die Rede, zu Beginn der ersten Szene wird das Stück aber, wiederum analog zur Praxis in *Das angenehme Leipzig*, als „Drama per Musica" bezeichnet. Erstere Bezeichnung wählte auch Picander beim Wiederabdruck des Textes von „Der Streit zwischen Phoebus und Pan" BWV 201,[54] während Bach in seiner 1729 entstandenen Vertonung „Drama per la Musica" vermerkte. Anderweitig, in Picanders übrigen bekannten Dichtungen sowie in denjenigen von Christiane Marianne von Ziegler und anderen derzeit bekannten Leipziger Gelegenheitsdichtern der 1720er und 1730er Jahre, ist er nicht nochmals belegt.[55] Ähnliches gilt für die international vieldeutig verwendete Gattungsbezeichnung des „Dram[m]a per musica". In Leipziger Musiktexten kam sie – nachdem sie offenbar um 1710 von Gottlieb Siegmund Corvinus (alias Amaranthes) gelegentlich verwendet wurde (dort als „Drama par Musica" bezeichnet)[56] – erstmals wieder in der von Bach 1725 vertonten Aeolus-Kantate (BWV 205) Picanders auf.[57] Und auch in den folgenden Jahren (bis Mitte der 1730er Jahre) scheint Picander der einzige Dichter gewesen zu sein, der diese Gattungsbezeichnung verwendete beziehungsweise – in Anbetracht der lückenhaften Quellenlage etwas vorsichtiger formuliert – von dem derartige, sich durch „das allegorisch oder mythologisch

---

[54] *Picanders Ernst-Schertzhaffte und Satyrische Gedichte, Dritter Teil*, Leipzig 1732, S. 501.

[55] 1717 wurde am Geburtstag des Kurfürsten ein „musikalisches Drama" mit dem Titel „Apollo und Mars" aufgeführt (siehe A. Schering, *Musikgeschichte Leipzigs, Zweiter Band: Von 1650 bis 1723*, Leipzig 1926, S. 355). Außerhalb Leipzigs wurde der Terminus Anfang des 18. Jahrhunderts gelegentlich für Schauspiele und dramatische Musikaufführungen – anscheinend vorzugsweise in den Städten Schlesiens und der Lausitz – verwendet; Telemann bezeichnet so seine 1726 in Hamburg aufgeführte Oper *Orpheus* und Gottfried Heinrich Stölzel sein 1729 in Gotha präsentiertes Pastorale *Die triumphierende Liebe*. Die Aufführung von Picanders Kantate „Uber den Caffe" 1739 in Frankfurt am Main (höchstwahrscheinlich in der Vertonung Bachs) wurde in der örtlichen Presse ebenfalls als „Drama" angekündigt; siehe BC G 48.

[56] Siehe die drei so bezeichneten Musiktexte in: *Proben Der POESIE In Galanten-Verliebten-Vermischten Schertz- und Satyrischen Gedichten abgelegt Von Amaranthes*, Frankfurt und Leipzig 1710, S. 224 ff., S. 314 ff. und S. 343 f.

[57] Nur belegt durch den Wiederabdruck in *Picanders Ernst-Schertzhaffte und Satyrische Gedichte, Erster Teil*, Leipzig 1727, S. 146–152; so aber bereits 1725 in Bachs autographer Partitur bezeichnet.

motivierte Miteinander ‚redender Personen'"[58] auszeichnende „Dram[m]i per Musica" überliefert sind.[59] Von der Zieglerin kennen wir nur „Cantaten".[60] Gottsched erwähnt den *Joseph* nicht in seinem „Nöthigen Vorrath"[61] und ist ohnehin ein recht unwahrscheinlicher Kandidat, und die meist nur einmalig tätig werdenden Dichter aus der Leipziger Studentenschar und dem Umkreis der Deutschen Gesellschaft verwendeten anscheinend durchweg andere Gattungsbezeichnungen.[62]

Geht man dem Verdacht nach, der *Joseph* könnte ein bislang unbekanntes Oratorienlibretto Picanders darstellen, ergeben sich weitere Parallelen. Dies betrifft nicht nur das äußerliche Merkmal, daß in Picanders Werkbestand

---

[58] So der Definitionsvorschlag für das Leipziger „Drama per Musica" bei H.-J. Schulze, *Kantatenformen und Kantatentypen*, in: Die Welt der Bach-Kantaten, Bd. II (wie Fußnote 32), S. 161.

[59] Siehe die Textdrucke von BWV 30a (1737), BWV 193a (1727; im separaten Textdruck noch als „geringe Music" bezeichnet, in den Wiederabdrucken 1729ff. dann als „Drama per Musica"), BWV 210a (1729), BWV 213 (1733), BWV 249b (1726), BWV Anh. 11 (1732), Anh. 9 (1727); Nachweise und Faksimiles der Einzel- und Wiederabdrucke bei W. Neumann, *Sämtliche von Johann Sebastian Bach vertonten Texte*, Leipzig 1974. Zu den nicht nachweislich von Bach vertonten Drammi per Musica siehe die Übersichten bei A. Schering, *Johann Sebastian Bach und das Musikleben Leipzigs im 18. Jahrhundert*, Leipzig 1941, S. 123–130 und (speziell zu Picander) bei Häfner (wie Fußnote 1), S. 35–41.

[60] Siehe ihre zahlreichen, stets als „Cantata" bezeichneten weltlichen Dichtungen in: *Versuch in Gebundener Schreib-Art*, 2 Teile, Leipzig 1728 und 1729. Auch die in Teil 1 abgedruckte, mit allegorischen Figuren ausgestattete und in vielerlei Hinsicht den Kriterien des „Drama per Musica" gerecht werdende Dichtung „Zu einer Garten-Music" wurde von der Zieglerin als „Cantata" betitelt.

[61] Vgl. J. C. Gottsched, *Nöthiger Vorrath zur Geschichte der deutschen Dramatischen Dichtkunst, oder Verzeichniß aller Trauer- Lust und Sing-Spiele, die im Druck erschienen, von 1450 bis zur Hälfte des jetzigen Jahrhunderts*, Leipzig 1757 sowie ders., *Des nöthigen Vorraths zur Geschichte der deutschen Dramatischen Dichtkunst, Zweyter Theil, oder Nachlese aller deutschen Trauer-Lust- und Singspiele, die vom 1450sten bis zum 1760sten Jahre im Drucke erschienen*, Leipzig 1765.

[62] So bezeichnete der 1734 als Textdichter von BWV 215 fungierende Johann Christoph Clauder die Dichtung in seiner handschriftlichen Textvorlage als „Abend-Music"; erst Bach verwendete in seiner Partitur die Bezeichnung „Drama per Musica", freilich hier mit dem spezifizierenden Zusatz „overo Cantata gratulatorio"; zur Deutung dieser Ergänzung siehe Schulze (wie Fußnote 58), S. 161–162. Die Dichter der Deutschen Gesellschaft bevorzugen – neben der „Cantata" – die Bezeichnung „Serenata"; siehe *Der Deutschen Gesellschaft in Leipzig Oden und Cantaten in vier Büchern*, Leipzig 1738. Die Bezeichnung „Drama per Musica" findet sich im übrigen – möglicherweise unabhängig von Picander – nur in den Textdrucken der von Bach komponierten Huldigungskantaten BWV 214 (1733) und BWV 205a (1734), deren Dichter nicht bekannt sind.

besonders häufig die Gepflogenheit zu beobachten ist, Chorsätze als „Aria tutti" zu bezeichen – so etwa im Textwiederabdruck von BWV 201 oder in dem 1725 gedruckten Passionsoratorium „Erbauliche Gedancken Auf den Grünen Donnerstag und Charfreytag Über den Leidenden Jesum".[63] Viel wichtiger erscheint, daß das letztgenannte Werk – es entstand möglicherweise für Schott und die Neukirche[64] und wurde ausdrücklich als „Oratorio" betitelt – auch in seiner formalen Anlage bemerkenswerte Ähnlichkeit mit dem *Joseph*-Libretto aufweist: Dies gilt insbesondere für die hier wie dort eingeschalteten Monologe aus Arien und Rezitativen, die Picander – ebenfalls analog zum *Joseph*-Textbuch – als „Soliloquia" bezeichnete. Innerhalb der Leipziger Dichterszene dürfte es sich hierbei nach unserem Kenntnisstand um eine von Barthold Hinrich Brockes abgeschaute Eigenart Picanders handeln.[65] Und auch die Verwendung drastischer Metaphern und plastischer Vergleiche, wie sie am massivsten in dem nachfolgend wiedergegebenen Simeon-Monolog auftauchen, scheint – nach dem zu urteilen, was an zeitgenössischen Leipziger Musiktexten überliefert ist – am ehesten Picanders Stil zu entsprechen. Speziell fällt ins Auge, daß Picander in seinem „Oratorio" Petrus ganz ähnliche Gestalten aus dem Tierreich beschwören läßt (Schlangen und Ottern) und daß er – wie der Textdichter des *Joseph* – gelegentlich zu relativ textreichen Ariengebilden neigt, dabei gern einzelne Verse ungereimt läßt und innerhalb einer Arie häufig mit sehr abwechslungsreichen Versmaßen und -füßen operiert.

Die Krafft Des Brüderlichen Geblüths, Oder, Der seinen Brüdern sich bekennende Joseph, In einem DRAMATE Besungen, Von Dem Schottischen Collegio Musico In Leipzig. Anderer Theil. (2. Szene, Simeon im Kerker)

Erbauliche Gedancken Auf den Grünen Donnerstag und Charfreytag Über den Leidenden Jesum, Jn einem ORATORIO Entworffen von Picandern. 1725 (Auszüge)

---

[63] Abgedruckt in *Sammlung Erbaulicher Gedancken über und auf die gewöhnlichen Sonn- und Fest-Tage, in gebundener Schreib-Art entworffen von Picandern*, Leipzig [1725], S. 193–206; der Text ist vollständig wiedergegeben bei Spitta II, S. 873–881.

[64] Siehe Glöckner (wie Fußnote 1), S. 127.

[65] Zur gattungsgeschichtlichen Bedeutung der Soliloquia in der Brockes-Passion siehe Scheitler (wie Fußnote 48), S. 216–224. Zur ideellen Abhängigkeit des Picanderschen Passionslibrettos von der Brockes-Passion siehe Spitta II, S. 334–337 sowie ebenfalls Scheitler, S. 215 und 345–347 (hier auch erstmalig der Hinweise auf eine Vertonung des Texts, die 1729 zu Nürnberg, wohl in der Kartäuserkirche und unter Leitung des mutmaßlichen Komponisten Johann Jakob Schwarz, aufgeführt wurde).

Simeon. (Soliloquio) Aria.
Düstere Schrecken-Kluff, furchtsamer Kercker,
Rasselnde Centner-Last grausamer Ketten,
Wollt ihr von meiner mich henckernden Pein,
Stete Vermehrer seyn?
Wenn eure rasselnde Glieder erklingen,
Will mir das bebende Hertze zerspringen,
Und ihr schwartzen Finsternissen,
Seyd ein Bild der Todtes Nacht,
Die ich baldigst werde grüssen,
Ach! das macht
Meinen mich nagenden Kummer noch stärcker.
Da Capo.

Recit.
Ihr Molchen speyt auf mich den blauen Gäscht,
Vielleicht daß euer Gifft den Brand der Seelen löscht,
Ihr Schlangen zischt, ihr Ottern pfeifft,
Kommt, setzt den gelben Zahn an meine Brust,
Saugt Blut und Leben raus! speyt Gifft erfüllten Wust,
In die zerfleischten Wunden;
Wer ists der nach mir greifft?
Der Hencker? ach! den Strang und Schwerd zu küssen.
Wer schlägt? ein Geist? nein, nein, mein zitterndes Gewissen,
Ach meine Missethat hat mich gefunden,
Erblaßter Bruder, ach! dein Blut rufft jetzo Rache,
Schlägt mich in Ketten ein, stürzt mich in solche Noth,
Die ärger als der Todt.
Denn jeder Augenblick bringt neue Quaal,
Komm längst gefürchter Todt, erlöß mich nur einmahl.

Petrus. Aria.
Verdammter Verräther, wo hast du dein Hertze?
Haben es Löwen und Tyger verwahrt!
Ich will es zerfleischen, ich will es zerhauen,
Daß Ottern und Nattern die Stücken zerkauen,
Denn du bist von verfluchter Art.
Verdammter Verräther, wo hast du dein Hertze?
Haben es Löwen und Tyger verwahrt.

[…]

Maria, Soliloquium:
Brechet mir doch nicht das Hertz,
Ach du geplagtes Hertz!
Das in dem Blute schwimmt,
Und wie ein Wurm sich windt und krümmt,
Verwehre mir doch nicht,
Daß mir
Mein JEsu, auch mit dir
Das Hertz vor Wehmuth bricht.
Brechet mir doch nicht das Hertz,
Welches selbst vor Leiden bricht!
Ach Sohn, wie beugst du mich!
Der Jammer raubt mir den Verstand,
Und meine Seel ist ausser sich,
Liebste Seelen!
Ja wohl ist dir bekannt,
Wie offt ich dich
Vor dem aus reiner Liebe küste,
Da du die Milch der treuen Brüste,
Als noch ein zartes Kind gesogen,
Und so, ach! so, bin ich dir noch gewogen.
Liebste Seelen weinet nicht!
Ach!
Weinet nicht!
Wie kanst du das von mir begehren?
Ich will vor dich mit Lust
Und Lachen zwar erblassen,

Aria.
Komm du Schrecken,
Grauser Todt! erlöse mich,
Mach doch meiner Quaal ein Ende,
Ach so küß ich dir die Hände,
Und zur Danckbahrkeit auch dich.
Da Capo.

Recit.
Der Kercker öffnet sich!
Jetzt wird man mich
Zu tausend Martern schleppen,
Nur her bringt Gifft, Strang, Schwerdt und Stahl!
Nur endet meine Quaal.

Fido.
Mein Freund welch Trauren hat dich eingenommen?
Mein Herr befiehlt, du solst zur Taffel kommen.
Simeon.
Vielleicht ist dis das Todten-Mahl.
Fido.
Sey ohne Furcht, denn du bist frey.
Simeon[.]
Ja, wenn die Brust zerstückt, der Halß entzwey.
Fido.
Vergebens träumet dir von solchen Schreckens-Stande,
Dein Kercker kehrt in Lust, in Lachen deine Bande

Aria duetto.
Frolocke und schertze
Glückseeliges Hertze
Du bist von Quaal und Sorgen leer,
Die Trauer-Nacht wird dir zum Tage,
Dein Leid verstreicht, es flieht die Plage,
Drüm dencke der vorigen Trübsaal nicht mehr.
Da Capo.

Doch da du selber sterben must,
Kan ich die Zähren
Unmöglich lassen

Auch über die Datierung der *Joseph*-Aufführung kann nur spekuliert werden. Zwei Ansätze lassen sich dabei anhand des Textdruckes verfolgen: Zum einen ist der verwendete Buchschmuck zu befragen, zum anderen der Überlieferungszusammenhang des Zerbster Exemplars und dessen Provenienz.[66] Was den Buchschmuck betrifft, trägt folgendes zur Präzisierung bei: Während die verwendeten, kaum exklusiv anmutenden Initialen und Majuskeln keine Rückschlüsse auf den verantwortlichen Leipziger Buchdrucker liefern, beansprucht die auf Seite 3 dem Librettoabdruck vorangestellte Vignette besonderes Interesse, da sich Zierleisten von Verlag zu Verlag unterschieden und deren Verwendung folglich im günstigen Falle die Bestimmung der verantwortlichen Druckerei zuläßt. Eine weitgehende Durchsicht des verfügbaren, nicht eben umfangreichen Leipziger Gelegenheitsschrifttums der 1720er und 1730er Jahre im Quartformat[67] ergab, daß die Kopfvignette des *Joseph*-Textbuchs nur noch zwei weitere Male nachgewiesen werden kann. Sie ziert zwei Hochzeitsglückwünsche, einen aus dem Jahr 1728, gedruckt bei Immanuel Tietze, einen weiteren aus dem Jahr 1733, gedruckt bei Johann Christian Langenheim.[68] Langenheim kann indes nicht der Drucker des *Joseph* gewesen sein, da er erst ab 1730 – also nach dem Weggang Schotts – tätig war. Vielmehr darf anhand dieses Befundes mit größter Wahrscheinlichkeit die Werkstatt Tietzes († 1728; in Leipzig tätig seit 1693) als die verantwortliche Druckerei angesehen werden, denn Langenheim hatte 1730 die Witwe des bekannten Leipziger Verlegers geheiratet, dessen Offizin übernommen und

---

[66] Papieruntersuchungen führen hier nicht weiter, da keine Wasserzeichen erkennbar sind.

[67] Neben verstreuten Einzeldrucken in mitteldeutschen Landes- und Universitätsbibliotheken liefern ein umfangreicher Sammelband aus der Universitätsbibliothek Leipzig (*Fam. nob. et civ 625i*) und die Schlichthaber-Sammlung in der Fürstlich Schaumburg-Lippischen Hofbibliothek zu Bückeburg (siehe H. Tiggemann, *Unbekannte Textdrucke zu drei Gelegenheitskantaten J. S. Bachs aus dem Jahr 1729*, BJ 1994, S. 7–22 sowie die dort auf S. 23 befindliche Nachbemerkung von U. Leisinger) repräsentative Einblicke in die zeitgenössische Leipziger Vignettengestaltung.

[68] *Unterschiedene Pflichten Der wahren Freundschafft betrachtete Bey dem Probstisch- und Fridericischen Hochzeit-Festin* [..., am 26. 10. 1728 in Groitzsch,] *Ein aufrichtiger Freund. Leipzig, Gedruckt bey Immanuel Tietzens seel. Wittwe.* Exemplar: Schaumburg-Lippische Hofbibliothek zu Bückeburg, V 100 F (50); *Heute (Den 9. Novembr. 1733.) Da Herr Reinhold Will voller Freuden Hochzeit machen, Und Die Jungfer Eckertin als die Braut im Crantze lachen, Laufft diß Blat von einem Freunde, Der Sie Beyde kennet, ein, Welcher wünscht: O möcht er selber bey der Lust zugegen seyn. Carl Christian Brieger, Wr. Sil. der Philosophie und Gottes-Gelahrtheit Beflissener. Leipzig, gedruckt bey Johann Christian Langenheim*, Exemplar: Universitätsbibliothek Leipzig, *Fam. nob. et civ 625i* (205).

fortgeführt.[69] Mithin wurde das *Joseph*-Libretto in jenem Verlag gedruckt, der ohnehin den Großteil des Leipziger Gelegenheitsschrifttum zu Anfang des 18. Jahrhunderts und speziell sämtliche bekannten und mit Verlagsangaben versehenen Textbücher der örtlichen Kirchenmusik seit Kuhnaus Zeiten herstellte.[70] Wann das *Joseph*-Textbuch angefertigt wurde, bleibt trotz dieser Überlegungen aber im Dunkeln.[71]

Was zum anderen die Datierungsmöglichkeiten anhand von Überlieferungskontext und Provenienz des *Joseph*-Textbuchs betrifft, ließ sich folgendes ermitteln: Der Zerbster Sammelband *A 11m* ist Teil einer annähernd 3000 Bände umfassenden Büchersammlung, die der örtliche Bürgermeister Christian August Schmidt 1766 testamentarisch dem damaligen Gymnasium illustre überließ; diese bildet das Herzstück eines bis heute in der Bibliothek des Zerbster Franciseums erhaltenen umfangreichen Bestands an Schriften aus der Zeit des Hoch- und Spätbarocks.[72] Das Konvolut *A 11m* gehört zu einer etwa drei Dutzend Foliobände umfassenden Bestandsgruppe mit Gelegenheitsschriften und enthält ungefähr 250 Einzeldrucke, die in

---

[69] Siehe Artikel „Tietze, Immanuel" in: Zedler, Bd. 44 (1745), Sp. 98, und D. L. Paisey, *Deutsche Buchdrucker, Buchhändler und Verleger 1701–1750*, Wiesbaden 1988, S. 152 und 264 (Beiträge zum Buch- und Bibliothekswesen. 26.).

[70] Siehe B. F. Richter, *Verzeichnis von Kirchenmusiken Joh. Kuhnau's aus den Jahren 1707 bis 1721*, in: Monatshefte für Musikgeschichte 34 (1902), S. 176–181, W. Hobohm, *Neue „Texte zur Leipziger Kirchen-Music"*, BJ 1973, S. 6–7 sowie die Faksimiles bei Neumann (wie Fußnote 59). Auch die vorhandenen Einzeldrucke zu Bachs Gelegenheitswerken aus der Zeit vor 1730 wurden – abgesehen von dem 1727 bei Breitkopf hergestellten Textbuch zu BWV 198 und vielleicht demjenigen zu BWV 193a – sämtlich bei Tietze hergestellt.

[71] Eine Möglichkeit, diesen Faden weiterzuspinnen böte sich vielleicht, wenn es gelänge, die fragliche Vignette in Drucken der 1720er Jahre nachzuweisen und sodann deren Gebrauchszeit einzugrenzen. – Nimmt man an, die Anfertigung fiel in die Zeit zwischen Tietzes Tod und der Übernahme des Verlages durch Langenheim, ergäbe sich zwar ein Motiv für die Auslassung der Druckerangabe, doch ist dieses Argument nicht brauchbar, da die hinterlassene Ehefrau in dieser Zeit Arbeiten nachweislich mit „gedruckt bey Immanuel Tietzens seel. Wittwe" oder „gedruckt mit Tietzischen Schrifften" signieren ließ; siehe etwa die Textdrucke zu BWV 210a, BWV^2 Anh. I 211 und BWV^2 Anh. I 212 (sämtlich 1729), abgebildet bei Tiggemann (wie Fußnote 67), S. 11. – Zur exklusiven und zeitlich begrenzten Verwendung mancher Vignetten bei Leipziger Buchdruckern siehe meine Nachweise und Überlegungen im Hinblick auf die Operntextbücher (M. Maul, *Barockoper in Leipzig 1693–1720*, Diss. Freiburg 2006, im Druck).

[72] Zur Bibliotheksgeschichte siehe F. Münnich, *Die Bibliothek des Franciseums zu Zerbst. Beiträge zu ihrer Geschichte und ihrem Bestand*, in: Zerbster Jahrbuch 15 (1930), S. 5–88, besonders S. 55.

weitgehend thematischer und chronologischer Anordnung eingebunden wurden. Zunächst überliefert der Band Huldigungsschriften (überwiegend Kantatentexte) anläßlich der Geburtstage der Zerbster Fürsten aus den Jahren 1722 bis 1736 (Nr. 1–47b). Es folgen, ebenfalls chronologisch geordnet, Dichtungen auf die Geburtstage der Zerbster Fürstinnen, nun aus dem Zeitraum 1721–1736 (Nr. 48–74). Den übrigen Inhalt bilden Gelegenheitsdrucke zu Geburtstagen, Hochzeiten und Dienstantritten, die überwiegend aus dem Anhaltinischen, teilweise aber auch aus Leipzig, Wittenberg, Zeitz und Zittau stammen. Diese Drucke entstanden in den Jahren 1707 bis 1737, wobei der Schwerpunkt hier auf den Jahren 1726 bis 1737 liegt.[73] Im unmittelbaren Umfeld des *Joseph*-Textbuchs (Nr. 232) finden sich Zerbster Drucke (überwiegend Festschriften für Lehrer des Gymnasiums) aus den Jahren 1728 bis 1735 (Nr. 214–231) sowie Zittauer Schulspiele und -programme der Jahre 1724 bis 1726 (Nr. 233–244).

Versucht man nun den Inhalt des Bandes mit der Biographie Christian August Schmidts in Einklang zu bringen, stellt sich heraus, daß er wohl kaum der ursprüngliche Sammler der meisten enthaltenen Schriften gewesen sein kann. Zwar tritt der Sohn des Zerbster Stadtsyndikus Christian Schmidt schon 1725 als Beiträger zu einer Gelegenheitsschrift auf,[74] doch studierte er erst ab 1732 in Leipzig[75] und wurde frühestens um 1740 städtischer Angestellter in seiner Heimatstadt.[76] Mit Schmidt könnten allenfalls die als Nr. 139–147 eingebundenen Glückwünsche auf die 1734 in Zerbst gefeierte „Schmidt-Ayrerische" Hochzeit in Verbindung gebracht werden, zu der er selbst ein Carmen beisteuerte (Nr. 140).[77] Es wäre mithin denkbar, daß die Schriften

---

[73] Aus den Jahren vor 1724 stammt lediglich eine kleine Zahl von Drucken: von 1707 ein Leipziger Druck auf die Erbhuldigung eines Rittergutsbesitzers (Nr. 198), von 1708 der Text einer Glückwunschmusik aus Annaberg (Nr. 200) sowie aus den Jahren 1717–1720 Hochzeitscarmina aus Schleusingen, Schneeberg und Zeitz (Nr. 97–100 und 180).

[74] Schmidt wird als Mitautor einer kleinen Festschrift zum Empfang des neuen Zerbster Konrektors Joachim Heinrich Denzer genannt (Nr. 222), das Gymnasium illustre besuchte er nach Ausweis der Matrikel jedoch nicht; vgl. R. Specht, *Die Matrikel des Gymnasium Illustre zu Zerbst in Anhalt 1582–1797*, Leipzig 1930.

[75] Erler (wie Fußnote 3), Band III, S. 360.

[76] 1743 ist seine Anstellung als Stadtrichter belegt. Zu Schmidts Biographie siehe F. Münnich, *Die Zerbster Ratsherren von 1467 bis 1768*, in: Die Fundgrube. Eine Sammlung genealogischen Materials, Heft 38 (Korb'sches Sippenarchiv), Regensburg 1978, S. 29.

[77] Anlaß war offenbar die Eheschließung zwischen einem gewissen Christian Friedrich Schmidt und der Witwe des Zerbster Hof-Gold- und -Silber-Manufakteurs Christoph Andreas Ayrer.

des Bandes bereits im wesentlichen von Schmidts Vater zusammengetragen wurden, der nachweislich für einen Teil der mit Gelegenheitsschriften gefüllten Bände als ursprünglicher Besitzer anzusehen ist und durch dessen berufliche Stationen – um 1710 wirkte er als Hofadvokat in Weimar – auch ein umfangreicher Bestand an Vinariensien in die Zerbster Bibliothek gelangte.[78] Bei näherem Hinsehen ergeben sich jedoch noch konkretere Spuren. Auffällig häufig stehen die nicht an die Zerbster Fürstenfamilie gerichteten Glückwünsche und Huldigungen nämlich im Zusammenhang mit einer Familie Kunad und dem Zerbster Kanzler, Geheimrat und Konsistorialpräsidenten Georg Rudolph von Kayn. Aus diesem Umstand auf die Person des ursprünglichen Sammlers zu schließen, erscheint insofern nicht abwegig, als sich auf den Textdrucken Zittauer Provenienz mehrfach kurze Zueignungsvermerke finden, entweder in der Form „Ihro Excellentz dem Hrn. Geh. Rath von Kayn" oder „dem H. Secr. Kunad". Gleichartige Vermerke sind im übrigen auch in weiteren Zittauer Schulschriften in dem Folioband *A 12a* nachzuweisen, der – sowohl hinsichtlich seines Zeitrahmens (Zeitzer Schriften von 1717, Zerbster und andere Gelegenheitsschriften von 1722 bis 1737), als auch hinsichtlich der Adressaten der enthaltenen Schriften (wiederum vielfach jener Kayn und Mitglieder der Familie Kunad) – deutliche Parallelen zu *A 11m* aufweist.[79] Am Rande sei bemerkt, daß auch dieser Band einige für die Leipziger Musikgeschichte bedeutsame Textdrucke enthält: Neben zwei nicht zur Vertonung bestimmten Gedichten Picanders auf den sächsischen Kurfürsten aus den Jahren 1727 (Nr. 4) und 1733 (S. 142 ff.) findet sich hier ein Exemplar des Textdruckes zu der von Bach 1727 vertonten Geburtstagskantate für August den Starken „Entfernet euch, ihr heitern Sterne" BWV Anh. 9 (S. 24 ff.),[80] wie hier überhaupt Leipziger Gelegenheitsschriften auf diesen Geburtstag in großer Zahl überliefert sind.

Beginnt man nun die Biographie jenes Zerbster Kanzlers, Geheimrates und Konsistorialpräsidenten von Kayn zu erkunden und wiederum in Beziehung mit dem Inhalt von *A 11m* zu setzen, ist zunächst festzustellen, daß sein Name in den einschlägigen Arbeiten zur Landesgeschichte kaum beziehungsweise gar keine Erwähnung findet und daß zu ihm – ungewöhnlich für die de facto zweitmächtigste Person im Lande – weder repräsentative Trauerschriften noch umfangreichere lexikalische Beiträge vorliegen. Erst die

---

[78] Über die zahlreichen Weimarer Gelegenheitsschriften aus dem frühen 18. Jahrhundert, darunter viele unbekannte (Kantaten-)Dichtungen Salomon Francks, soll in Kürze an anderer Stelle berichtet werden.
[79] Letzteres gilt auch für den Sammelband *A 12k*.
[80] Zu den zwei bisher bekannten Exemplaren siehe H.-J. Schulze, *„Entfernet euch, ihr heitern Sterne", BWV Anh. 9. Notizen zum Textdruck und zum Textdichter*, BJ 1985, S. 166–168.

an entlegener Stelle abgedruckte Leichenrede liefert die biographischen Rahmendaten:[81]

Geboren 1678 als Sohn des Sachsen-Zeitzer Hofrats und Stifthauptmanns Hans Heinrich von Kayn auf Auligk, Mutzschau und Predel, studierte Georg Rudolph von Kayn in Wittenberg und Leiden.[82] 1703 trat er in Zeitzer Dienste, wo er 1709 zum Hofjustizien- und Konsistorialrat aufstieg. Um diese Zeit wurde er außerdem Oberhofgerichtsassessor in Leipzig. 1714 wurde er zum Zeitzer Vizekanzler ernannt. Dieses Amt übte er drei Jahre aus und wirkte in dieser Zeit auch als Gesandter am Wiener Hof, bis er 1717 um seine Entlassung bat und alsbald in der gleichen Funktion am kurfürstlich sächsischen und königlich polnischen Hof beschäftigt war. Im Spätsommer 1721 (wohl Ende August)[83] wurde er als Geheimer Rat, Vizekanzler und Konsistorialpräsident nach Zerbst verpflichtet.[84] Hier erhielt er nach dem Tod von August Gotthelf von Koseritz (1728) die Beförderung zum Kanzler. Nach längerer Krankheit starb von Kayn am 17. Juli 1737 während eines Kuraufenthaltes

---

[81] *Herrn George Rudolph von Kayn, Hoch-Fürstl. Anhalt Zerbstischen Geheimten Raths und Cantzlers, Gehaltene Reden [...]. Deme auf Verlangen beygefügt, die Ihme selbst und Seiner Gemahlin gehaltene Leich-Reden, Als ein SUPPLEMENT zu den Reden Grosser Herren*. Zerbst, bey George Wilh. Goeckingen, 1738 (Anhang zu: *Dan. Casp. von Lohensteins und Johann von Bessers Meisterstücke der Redekunst*, Zerbst 1739), S. 276–293: „Stand-Rede Welche bey dem Grabe des Weyland Hoch-Wohlgebohrnen Herrn/ HERRN George Rudolph von Kayn, Sr. Hoch-Fürstl. Durchl. zu Anhalt-Zerbst, hochbestallt-gewesenen Geheimbden Raths und Cantzlers, als Derselbe im Bade zu Lauchstädt am 17. Jul. an. 1737. unvermuthet, doch seeligst verstorben, und den 20. ejusd. Abends um 9. Uhr bey Volckreicher Versammlung beygesetzet ward, gehalten worden/ von M. Christian Gottlieb Loeben/ Past. Subst.". – Ergänzende biographische Angaben liefert der Aktenvorgang *Von Kaynsche Privat-Acten* im Landeshauptarchiv Sachsen-Anhalt, Abteilung Dessau (im folgenden abgekürzt LHA Dessau), *Regierung Zerbst, Tit. X, Nr. 22–23*, sowie die Druckschrift *Genealogisch-Historische Beschreibung/ Nebst denen Stamm- und Ahnen-Taffeln Des Alt-Adelichen Geschlechts Derer von Kayn* [Leipzig, nach 1709]. Als im Detail unzuverlässig erweisen sich einige Angaben zu Kayn in *Neues allgemeines Deutsches Adels-Lexicon*, hrsg. von E. H. Kneschke, Bd. V, Leipzig 1864, S. 48.

[82] In der Leipziger Universitätsmatrikel ist sein Name für das Jahr 1693 vermerkt; siehe Erler (wie Fußnote 3), Bd. II, S. 212.

[83] Zu diesem Datum verzeichnen die Zerbster Kammerrechnungen (LHA Dessau) eine „Verehrung" von 100 Reichstalern an Kayn „zur Beyhülffe der angewandten Reise Kosten".

[84] Seine Antrittsrede in: *Herrn George Rudolph von Kayn [...] Gehaltene Reden* (wie Fußnote 81), S. 185–191.

in Bad Lauchstädt. Bereits ein Jahr zuvor war seine zweite Frau Johanna Lousia geb. Bose[85] gestorben, die er 1726 in Frohburg geheiratet hatte. In erster Ehe war Kayn seit 1702 mit Catharina Magdalena von Osterhausen aus dem Hause Oberlockwitz bei Dresden verheiratet gewesen († 8. Juni 1725).[86]

Sowohl die in *A 11m* und *A 12a* dominierenden Zerbster Drucke, die ausschließlich aus den Jahren 1721 bis 1737 stammen, als auch die wenigen älteren Schriften – vor allem aus Zeitz beziehungsweise zu Ehren Zeitzer Persönlichkeiten aus der Zeit um 1717, außerdem eine Dichtung auf die Erbhuldigung Kayns als Auliger Lehnsherr 1707 (*A 11m*, Nr. 198) – spiegeln auf verblüffende Weise Kayns biographische Stationen wider.[87] Zudem findet sich in den Bänden ausgesprochen familienspezifisches Schrifttum. Neben der Dichtung auf die Erbhuldigung Kayns sind hier allein zehn Carmina auf dessen zweite Hochzeit (*A 11m*, Nr. 81–90),[88] ein handschriftlicher Bericht über die Beisetzung seiner ersten Frau (*A 12a*, Nr. 32) und eine Druckschrift auf den Tod der zweiten (*A 12a*, Nr. 33) zu finden. Mit anderen Worten: Auch wenn das Einbinden der beiden Konvolute erst nach 1737 erfolgte (nach der Gestaltung der Einbände zu urteilen, allerdings nicht wesentlich später), kann kein Zweifel daran bestehen, daß Kayn als der eigentliche Sammler der meisten hier überlieferten Schriften angesehen werden muß. Erkundet man sein Zerbster Wirken anhand der Hofarchivalien weiter, ergibt sich ein noch klareres Bild, das schließlich auch die Verbindung zu jenem „Secr. Kunad" und zu Christian August Schmidt herstellt. Es zeigt sich nämlich, daß das Fehlen von repräsentativen Nachrufen auf Kayn nicht zufällig zustande kam. Schon zu seinen Lebzeiten war in Zerbst bekannt, daß der Kanzler Kayn, obwohl er mit einem Fixum von zuletzt 1568 Reichstalern

---

[85] Geboren 1694 in Altenburg, begraben am 20. April 1736, Tochter des kurfürstlichen Kammerjunkers Carl Haubold Bose auf Frohburg, Elsterberg und Breitingen.

[86] Aus der ersten Ehe stammte die Tochter Amalia Wilhelmina, verheiratet mit dem kurfürstlich sächsischen Kammerjunker Carl Sigismund Bose, aus der zweiten Ehe die Tochter Louise Henriette.

[87] Die enge Verknüpfung mit Kayns Biographie läßt sich speziell daran ablesen, daß in *A 11m* die bis 1736 nahezu lückenlose Überlieferung von Geburtstagsmusiken auf die Zerbster Fürstenfamilie mit einem Textdruck von Kapellmeister Kuchs Kantate auf den am 21. Oktober 1721 gefeierten Geburtstag der geborenen Zerbster Prinzessin und verheirateten Gothaer Herzogin Magdalena Augusta einsetzt (Nr. 48), während ein Textdruck zu dem am 9. August 1721 begangenen Geburtstag von Fürst Johann August von Anhalt-Zerbst fehlt. Ebenso liefert der Band zwar noch zahlreiche Schriften aus der ersten Hälfte des Jahres 1737, jedoch nicht mehr die Texte der nach dem Tode Kayns präsentierten Geburtstagskantaten für das Zerbster Fürstenpaar.

[88] Eine weitere Dichtung zu diesem Anlaß findet sich in *A 12k*.

das höchste Gehalt bei Hof bezog, verschiedentlich Schulden angehäuft hatte. Das ganze Ausmaß stellte sich indes erst nach dem Tod heraus. Nicht zuletzt, weil zu Kayns Gläubigern der Zerbster Fürst selbst zählte, wurde sein hinterlassener Besitz beschlagnahmt, und es dauerte Jahrzehnte und füllte 48 – freilich nicht mehr erhaltene – Aktenbände,[89] bis Kayns „Schuldwesen" aufgeklärt und die Gläubiger abgefunden werden konnten.

Den historischen Regierungsprotokollen und einigen wenigen „Kaynschen Privat-Acten" lassen sich weitere wichtige Details entnehmen:[90] Bereits zwei Tage nach Kayns Tod wurde der Nachlaß versiegelt und der Auftrag erteilt, ein Inventar anzufertigen, um die „Effecten zu veraucionieren". Kurz darauf wurde der oben erwähnte Zerbster Stadtsyndicus (und Büchersammler) Christian Schmidt, Vater von Christian August Schmidt, zum Kurator von Kayns hinterlassenen Töchtern ernannt. Innerhalb der Schar der nach und nach vorsprechenden Gläubiger wird 1740 auch der Fürstliche Regierungs- und Konsistorialkanzlist Anton Kunad aktenkundig, dem der Kanzler 220 Rthlr. schuldete. Das Verhältnis zwischen den beiden Männern offenbart sich anhand der beschlagnahmten Privatakten Kayns. Dort sind Briefe Kunads überliefert, die dieser 1725, 1726 und 1732 im Namen Kayns erstellte und die diverse Privatangelegenheiten des Kanzlers (vor allem Wechselschulden) betreffen. Folglich ist Kunad, der in den Kammerrechnungen ab 1722 zunächst als Kopist, später als Regierungskanzlist bezeichnet wird und sicherlich ein Verwandter der angesehenen, über zwei Generationen in Zerbst wirkenden Theologenfamilie um den ehemaligen Konsistorialpräsidenten Johann Andreas Kunad war,[91] der Sekretär Kayns gewesen. Da die zahlreichen Schriften zu dieser Familie in den Zerbster Bänden in keinem Fall aus der Zeit nach Kayns Tod stammen, spricht alles dafür, daß Kunad

---

[89] Nachgewiesen im historischen Findbuch der *Regierung Zerbst* (LHA Dessau), *Lit. K, Nr. 237* (*Die Nachverlaßenschaft und das gesamte Schuld u. debit Wesen des verstorbenen Fürstl. Anhalt. Zerbst. Geh. Rath und Kanzlers von Kayn, 48 Vol., 1730–80*).

[90] Nachfolgende Angaben nach LHA Dessau, *Regierung Zerbst, Tit IX, Nr. 29* (HOCHFUERSTL: ANHALT: ZERBSTL: LANDES REGIERUNGS PROTOCOLLUM 1737–1741), ebenda, *Tit X Nr. 20–24* (*Von Kaynsche Privat-Acten*) und LHA Dessau, *Facharchiv Zerbst, Fach 97, Nr. 10* (*Acta, Das beym Kaynschen Concurs zu fordern habende Cammer Capital an 600 thlr. betreffend 1783*).

[91] Dies wird durch die zahlreichen in *A 11m* und *A 12a* enthaltenen Gelegenheitsschriften, insbesondere auf Andreas Kunad d. J. (beziehungsweise von ihm stammend), dessen Frau Dorothea Eleonore und dessen Kinder Johanna Justina (verheiratet mit dem Zerbster Hofprediger Johann Conrad Böckmann, † 1730) und Gottfried Polycarpus (siehe weiter unten) nahegelegt. In einer kleinen „Kunadischen Geschlechtstafel" (abgedruckt bei J. A. Trinius, *Geschichte berühmter und verdienter sowohl alter als neuer Gottesgelehrten*, Bd. 3, Leipzig 1756), die vom

sie für Kayn sammelte beziehungsweise noch zu dessen Lebzeiten an ihn weitergab. Kunad hatte speziell für Leipziger Gelegenheitsschrifttum einen idealen Zuträger: Gottfried Polycarpus Kunad, Sohn von Andreas Kunad d. J., schrieb sich 1726 in die Leipziger Matrikel ein[92] und wurde 1729 dort promoviert. Erstaunlicherweise setzt in den beiden Bänden ebenfalls mit dem Jahr 1726 die Überlieferung von Leipziger Drucken ein, und *A 11m* enthält sogar drei Carmina auf Kunads Promotion (Nr. 211–213). Dieser Gottfried Polycarp Kunad, später Sachsen-Weimarischer Stadt- und Land-Physicus in Ilmenau, dürfte ohnehin ein spezielles Interesse an der Leipziger Dichterszene gehabt haben, denn er läßt sich 1732 als Mitglied der Deutschen Gesellschaft nachweisen.[93] Vielleicht enthält *A 11m* aus diesem Grund auch Gottscheds 1733 verfaßte Lobrede auf die soeben gekrönte Poetin Christiane Marianne von Ziegler. Wollte man aufgrund dieser Indizien G. P. Kunad auch als den Leipziger Käufer des *Joseph*-Textbuchs ansehen – und so einen Terminus post quem für dessen Erscheinen ableiten –, wäre freilich zu fragen, warum er dann nur den zweiten Teil des Librettos nach Zerbst sandte. Als zweiter und ohnehin wahrscheinlicherer Kandidat für die Beschaffung des Druckes käme vielmehr Kayn selbst in Betracht. Daß er in diplomatischer Mission vielfach nach (beziehungsweise durch) Leipzig reiste und als Wechselschuldner gelegentlich die Leipziger Messen besuchen mußte, versteht sich von selbst und läßt sich für die Ostermessen 1726 und 1730 auch dokumentieren.[94]

Stammvater der Familie, dem Wittenberger Superintendenten und Theologieprofessor Andreas Kunad (1602–1662) über dessen Sohn Johann Andreas Kunad (1638–1693, zuletzt Oberhofprediger und Konsistorialpräsident in Zerbst) bis hin zu dem Enkel Andreas Kunad d. J. (1677–1746; zuletzt Superintendent in Eisleben) und dessen Kindern reicht, wird ein Johann Anton Kunad zwar nicht erwähnt, doch ist diese Genealogie in den Nebenlinien (den vier Brüdern von Johann Andreas und deren Kindern) unvollständig. Zur Familie Kunad siehe ferner H. Graf, *Die Zerbster Geistlichen seit der Reformation. Ein Beitrag zur Anhaltinischen Pfarrchronik*, in: Zerbster Jahrbuch 14 (1929), S. 61 und 73, sowie F. Münnich, *Die Lehrer des Franciscëums zu Zerbst 1532–1932*, in: Zerbster Jahrbuch 17 (1932), S. 44.

[92] Erler (wie Fußnote 3), Bd. III, S. 222.

[93] Siehe die Dichtung *Das von Sr. AllerChristlichen Majestät Ludwig dem XV. König in Frankreich und Navarra im Jahr 1732 ohnweit Straßburg im Elsaß angeordnete Feld-Lager suchte mit unterthänigsten Lippen zu besingen M. Gottfried Polycarp Kunad aus Zerbst, Der Deutschen Gesellschafft in Leipzig Mitglied*, Straßburg 1732 (Exemplar: Bayrische Staatsbibliothek München).

[94] Entsprechende Belege in *Von Kaynsche Privat-Acten* (wie Fußnote 90). Kayn könnte zudem im Winter 1724/25 (auf der Durchreise nach Prag) beziehungsweise anläßlich der fürstlichen Reisen nach Karlsbad und Teplitz (August beziehungsweise Oktober 1722, Mai 1726, 1727/28, 1729/30 und Herbst 1732) in Leipzig Station gemacht haben (LHA Dessau, *Zerbster Kammerrechnungen*).

Daß er in einem solchen Zusammenhang eben nur die Aufführung der zweiten Hälfte des *Joseph*-Oratoriums erlebte, würde die unvollständige Überlieferung plausibel erklären. Das vorläufige Ergebnis unserer Untersuchungen läßt sich also dahingehend zusammenfassen, daß das *Joseph*-Libretto allem Anschein nach ursprünglich ein Teil der Büchersammlung des Zerbster Kanzlers Georg Rudolph von Kayn war und vermutlich von diesem selbst oder von dem Leipziger Studenten G. P. Kunad erworben wurde.

Bevor abschließend auf eine Bach betreffende Implikation aus den Erkenntnissen zum Zerbster Band *A 11m* eingegangen werden soll, müssen zunächst die Überlegungen zum Leipziger *Joseph*-Oratorium abgeschlossen werden. Nach Lage der Dinge bleibt folgendes festzuhalten:

– Als Autor des zweiteiligen Librettos, das allem Anschein nach eine genuine Leipziger Schöpfung darstellt, kann derzeit – nicht zuletzt aufgrund unseres dürftigen Kenntnisstandes über die zeitgenössische Leipziger Dichterszene – nur Picander ernsthaft in Betracht gezogen werden.
– Wer das Stück vertonte, ist ungeklärt. Der Ensembleleiter Schott ist zwar der naheliegende Kandidat, gleichwohl lassen sich andere Leipziger Komponisten nicht kategorisch ausschließen.
– Die Aufführung dürfte eingedenk aller Tatsachen und Erwägungen am ehesten in der zweiten Hälfte von Schotts Leipziger Zeit, also zwischen 1725 und 1729, anzusiedeln sein.
– Das gleichsam zufällig ans Licht gebrachte Libretto des *Joseph* führt uns deutlich vor Augen, daß die Leipziger Collegia musica ihrem Publikum eine bislang kaum zu ermessende Repertoirebreite boten. Man muß wohl kein Prophet sein, um zu behaupten, daß folglich auch Bachs Schaffen in diesem Bereich weitaus vielfältiger gewesen sein dürfte, als sich dies an den wenigen musikalischen Zeugnissen und den viele Fragen offen lassenden „stummen Zeugen" noch erkennen läßt.

IV. Der Initiator von Bachs Geburtstagskantate für Fürst Johann August von Anhalt-Zerbst

Wie bereits erwähnt, überliefert der Zerbster Band *A 11m* zu Beginn eine nahezu vollständige Serie von Geburtstagskantatentexten auf die Zerbster Fürsten und Fürstinnen für den Zeitraum 1721 bis 1736.[95] Diesen Umstand

---

[95] Eine Übersicht über die Texte liefert B. M. Reul, *Musikalische Aufführungen anläßlich fürstlicher Geburtstage am Anhalt-Zerbster Hof während der Amtszeit Johann Friedrich Faschs (1722–1758)*, in: Bach und seine mitteldeutschen Zeitgenossen. Bericht über das internationale musikwissenschaftliche Kolloquium,

machte sich bereits Barbara Reul zunutze, als sie 1999 den schon lange Zeit bekannten Eintrag der Zerbster Kammerrechung – „10. [Rthlr.] Dem Herrn Capellmeister Back zu Cöthen vor eine Composition an Unsers gnädigen Landes Fürsten hohen Geburths Tag"[96] – mit dem in *A 11m* gleich an zwei Stellen überlieferten Textdruck einer am 9. August 1722 aufgeführten Geburtstagskantate für Johann August von Anhalt-Zerbst in Verbindung brachte[97] und damit die Dichtung dieses im übrigen verlorenen Bachschen Werkes vorlegen konnte.[98] Als Gratulant, Initiator und zumindest offizieller Textdichter ist auf der Titelseite dieses Drucks – wie auch an entsprechender Stelle eines Textbuchs für eine am 29. Oktober 1722 der Zerbster Fürstin Hedwig Friderica musizierten Geburtstagskantate[99] – ein „*G*ehorsamster *R*edlichgesinnter *V*nd devotester *K*necht" vermerkt. Die in beiden Drucken zu beobachtende Herausstellung der ersten Buchstaben des ersten bis dritten und fünften Wortes zeigt an, daß hier keine beliebige unterwürfige Autorenbezeichnung vorliegt, sondern eine bewußt formulierte Floskel, aus deren Initialen sich der Name des Verfassers erschließen läßt. Hans-Joachim Schulze vermutete denn auch vorsichtig, daß diese Buchstabenfolge als „Geheimer Rat von Koseritz" aufzulösen wäre.[100] Damit wäre dann der kurze Zeit zuvor (wohl im Mai/Juni 1722)[101] als Zerbster Kanzler bestallte

---

Erfurt und Arnstadt 13. bis 16. Januar 2000, hrsg. von R. Kaiser, Eisenach 2001, S. 95–111, speziell S. 102–106.

[96] Dok II, Nr. 114, und BC G 13.

[97] *A 11m*, Nr. 3 und 5: *Als Der Durchlauchtigste Fürst und Herr HERR Johann August Fürst zu Anhalt [...] Dero Hohen Geburths-Tag Den 9. Augusti 1722. Zur größten Freude des gantzen Landes celebrirten Solte darbey sein hertzliches Vergnügen durch gegenwärtige Zeilen an Tag legen Ein Gehorsamster Redlichgesinnter Vnd devotester Knecht. [...].*

[98] Siehe B. M. Reul, „*O vergnügte Stunden/ da mein Hertzog funden seinen Lebenstag". Ein unbekannter Textdruck zu einer Geburtstagskantate J. S. Bachs für den Fürsten Johann August von Anhalt-Zerbst*, BJ 1999, S. 7–17.

[99] *A 11m*, Nr. 49: *Als Die Durchlauchtigste Fürstin und Frau FRAU Hedwig Friderica Fürstin zu Anhalt [...] Dero Hohen Geburths-Tag Den 29. Octobr. 1722. Zur größten Freude des gantzen Landes celebrirten Solte auch hierbey sein hertzliches Vergnügen durch schlechte Zeilen zu Tage legen Ein Gehorsamster Redlichgesinnter Vnd devotester Knecht. [...].*

[100] H.-J. Schulze, *Johann Sebastian Bach und Zerbst 1722: Randnotizen zu einer verlorenen Gastmusik*, BJ 2004, S. 209–213, besonders S. 211. Reul hatte zuvor bereits den ältesten Sohn des Kanzlers, Christian August von Koseritz, als möglichen Textdichter beziehungsweise Initiator der Kantate ins Spiel gebracht, da dieser dem Fürsten zum gleichen Anlaß ein ebenfalls in *A 11m* überliefertes Carmen überreicht hat; vgl. Reul (wie Fußnote 98), S. 9.

[101] Von Koseritz erhielt seine erste Besoldung im Frühsommer 1722.

August Gotthelf von Koseritz († 1728) gemeint, der sich mit den Kantaten für die Beförderung bedankt hätte.

Von der Feststellung, daß der Zeitraum der in *A 11m* überlieferten Textdrucke exakt der Zerbster Amtszeit des anfänglichen Vizekanzlers von Kayn entspricht und Kayn auch aus anderen Gründen als der ursprüngliche Besitzer der Schriften anzusehen ist, ist es nur noch ein kleiner Schritt, nun auch das Rätsel um die Initialen endgültig zu lösen. Sie zielen ohne Zweifel auf *G*eorg *R*udolph *v*on *K*ayn ab, der folglich als der eigentliche Initiator der von Bach vertonten Geburtstagsmusik für Fürst Johann August angesehen werden muß. Am Rande sei erwähnt, daß in *A 11m* noch eine handschriftliche Abschrift des Kantatentextes enthalten ist, die allerdings keinerlei Abweichungen vom gedruckten Text aufweist.[102] In dem Band sind also – einmalig für die hier enthaltenen zahlreichen Kantatentexte – gleich drei Exemplare dieser Dichtung überliefert, was ihre Sonderstellung für Kayn noch untermauert.

Kayns Motive für das musikalische Präsent werden die gleichen gewesen sein wie die für von Koseritz vermuteten: Auch für ihn, der im Spätsommer 1721 (siehe oben, bei Fußnote 83) als Vizekanzler, Geheimer Rat und Konsistorialpräsident in Zerbster Dienste gelangt war, bot der Geburtstag seines Dienstherrn im Jahr 1722 die erste Möglichkeit, sich für die erwiesenen Wohltaten zu bedanken. Ob er selbst aber ohne weiteres als Textdichter der Kantate und auch derjenigen auf die Zerbster Fürstin angesehen werden kann, muß offen bleiben. Geschick als Redner dürfte Kayn zwar schon „von Berufs wegen" gehabt haben. Doch erstaunt, daß er innerhalb des umfangreichen im Zerbster Franciceeum vorliegenden Schrifttums nur noch ein weiteres Mal als Gelegenheitsdichter nachgewiesen werden kann.[103] Gelegentlich haben auch auswärtige Dichter die Texte der fürstlichen Geburtstagskantaten geliefert, einmal sogar Johann Christoph Gottsched.[104] Warum Kayn den Köthener Kapellmeister Bach mit der Vertonung der Kantate beauftragte, steht ebenfalls dahin. Sollten personliche Beziehungen zwischen der Zeitzer/Zerbster Familie Wilcke (der Anna Magdalena Bach entstammte) und dem ehemaligen Zeitzer Kanzler Kayn bestanden haben? Bach könnte freilich auch von den Zerbster Hofmusikern ins Gespräch gebracht worden sein, die im

---

[102] *A 11m*, Nr. 15 (ohne Titel). Der Schreiber konnte nicht ermittelt werden; es handelt sich nicht um G. R. von Kayn, dessen Sekretär A. Kunad oder den Kopisten der Hofkapelle Johann Friedrich Wagner.

[103] In *A 12k* (fol. 147ff.) ist eine 1730 überreichte Dichtung Kayns auf den Geburtstag von Fürst Johann August enthalten.

[104] Siehe „An dem Geburtsfeste Der Fürstinn [Hedwig Friderica] zu Anhalt-Zerbst. Serenata.", abgedruckt in: *Herrn Johann Christoph Gottscheds* [...] *Gedichte*, Leipzig 1736, S. 392–394 (Textbeginn: „Stolzer Friede! Deiner segensvollen Lust"; allegorische Figuren: Frieden, Dankbarkeit und Servesta).

Sommer 1722 vorübergehend ohne Kapellmeister auskommen mußten. In diesem Zusammenhang sei zuletzt noch erwähnt, daß die Fragen nach der Dauer der Vakanz im Zerbster Kapellmeisteramt zwischen dem Weggang von Johann Baptist Kuch (letzte reguläre Besoldung Ostern 1722) und dem Dienstantritt von Johann Friedrich Fasch (29. September 1722) sowie nach dem zwischenzeitlichen Leiter der Kapelle gar nicht so sehr „im Dunkeln" bleiben müssen, wie es scheinen mag.[105] In einer am 23. Juni 1722 niedergeschriebenen Eingabe des Notisten der Hofkapelle Johann Friedrich Wagner begründet dieser seine Bitte um Besoldungserhöhung mit dem Hinweis, er habe „bey einem halben Jahre her des vorigen Capell-Meisters Dienst nach meiner wenigen Capacité versehen müßen".[106] Verwaltete Wagner das Amt interimsmäßig bis zu Faschs Dienstantritt, so wäre er als der Aufführungsleiter (und Kopist des Aufführungsmaterials) von Bachs Geburtstagskantate „O vergnügte Stunden" anzusehen,[107] da die Entlohnung Bachs mit 10 Reichstalern zwar dessen Vertonung, wohl kaum aber dessen persönliches Erscheinen in Zerbst angemessen abgelten konnte. Es muß aber auch gefragt werden, warum Bach für die im Namen Kayns präsentierte Geburtstagsmusik relativ spät (wohl erst im Frühjahr 1723) und vor allem mit fürstlichen Geldern entlohnt wurde. Ist diese Zahlung eventuell nur als nachträgliche, zusätzliche „Verehrung" aufzufassen, und war Bach zunächst von Kayn persönlich bezahlt worden? Dann freilich stünde der Annahme einer Anwesenheit Bachs in Zerbst kein Argument mehr im Wege.[108]

---

[105] Vgl. Reul (wie Fußnote 98), S. 8.
[106] LHA Dessau, *Facharchiv Zerbst, Fach 12, Nr. 7/2* (*Bestallungs-Concepte von 1719 bis 1730*), fol. 311–312.
[107] Die leitende Tätigkeit Wagners in diesem Zeitraum wird auch durch die Kammerrechnung 1721/22 bestätigt; ihr ist zu entnehmen, daß Wagner – wie zuvor Kuch – der vorgestreckte Botenlohn (offenbar im Zusammenhang mit der Beschaffung von Musikalien) erstattet wurde. – Die in der einschlägigen Literatur zur Zerbster Hofkapelle vertretene und auf Wäschkes Auswertung der Kammerrechnungen zurückgehende Meinung, Johann Friedrich Wagner – nicht Johann Gottfried, wie dort angegeben – sei zwar zu Zeiten Kuchs Kapellmitglied geworden, jedoch erst 1725/26 zum Notisten aufgerückt, bedarf daher der Berichtigung; vgl. H. Wäschke, *Die Zerbster Hofkapelle unter Fasch*, in: Zerbster Jahrbuch 2 (1906), S. 51.
[108] Vgl. die Überlegungen bei Schulze (wie Fußnote 100), S. 213.

Anhang 1

Georg Balthasar Schott, Kantate „Komm, heiliger Geist", Sonata.

Michael Maul

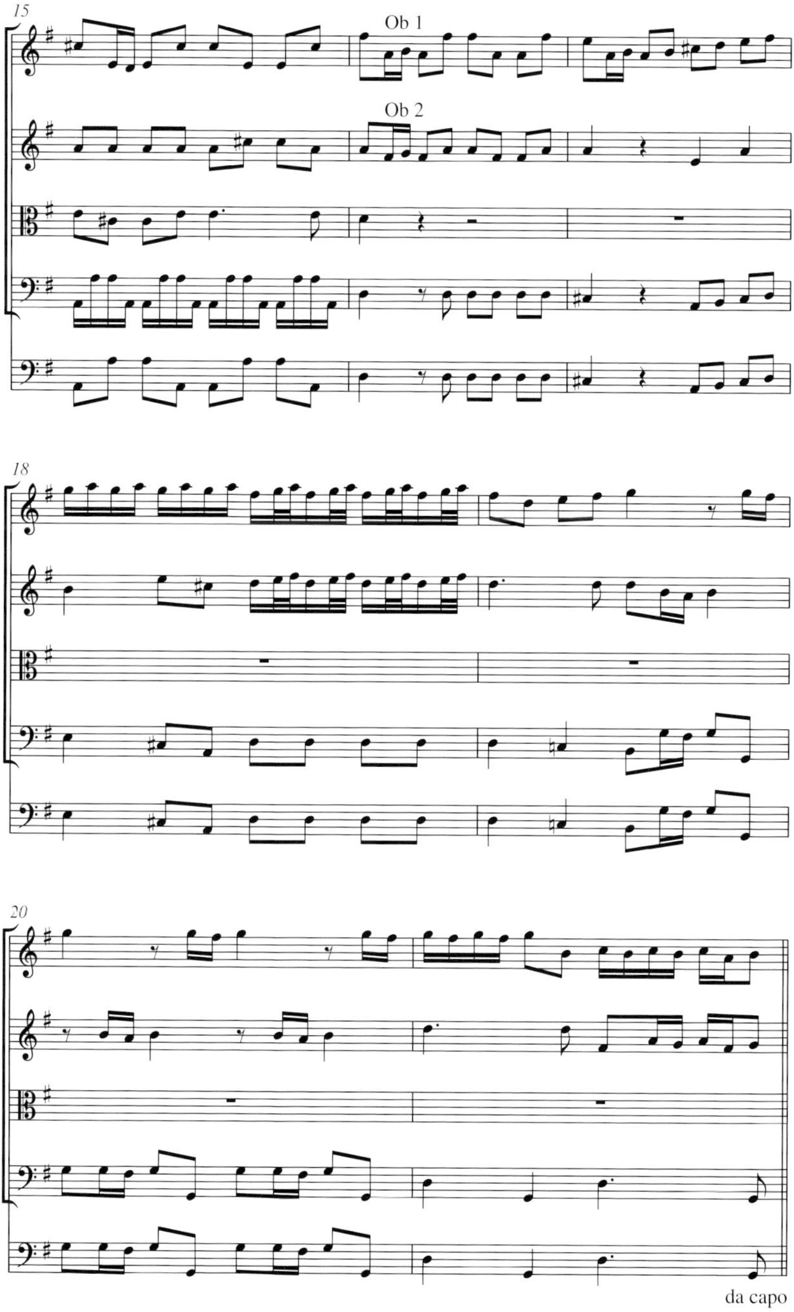
15
Ob 1
Ob 2
18
20
da capo

98　　　　　　　　　　　　　Michael Maul

Anhang 2

Faksimile des Leipziger *Joseph*-Textbuchs, Francisceum-Bibliothek Zerbst, *A 11m*, Nr. 232.

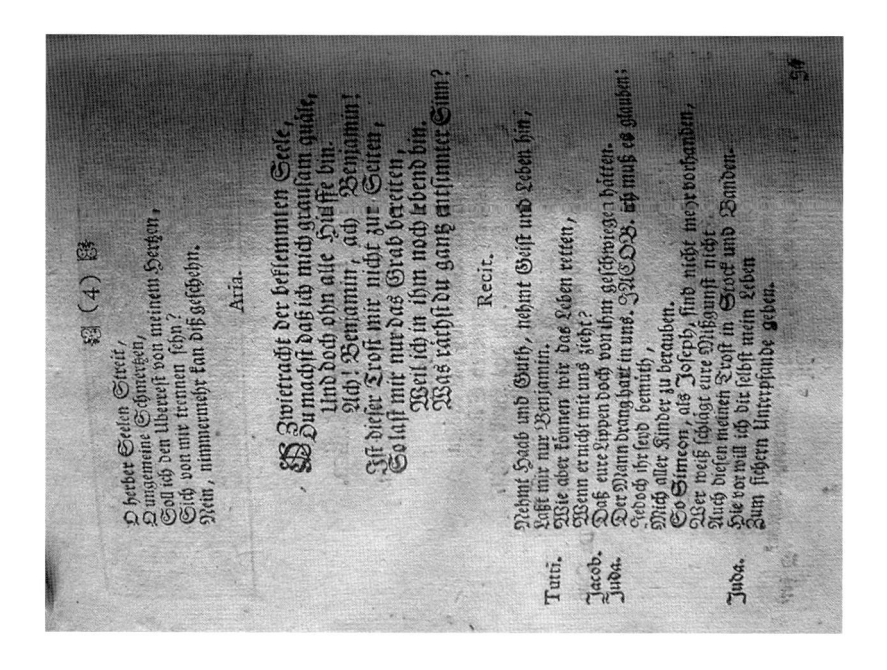

(4)

O herber Seelen-Streit,
Durgemeine Schmertzen,
Soll ich den Überrest von meinem Hertzen,
Sich von mir trennen sehn?
Nein, nimmermehr kan diß geschehn.

Aria.

Zwietracht der beklemmten Seele,
Durmacht daß ich mich grausam quäle,
Und doch ohn alle Hülffe bin.
Ach! Benjamin, ach! Benjamin!
Ist dieser Trost mir nicht zur Seiten,
Soll mir nur das Grab bereiten
Weil ich in ihm noch lebend bin.
Was räthst du gantz antsinner Sinn?

Recit.

Tutti. Nehmt Jacob und Guth, nehmt Geist und Leben hin,
Laßt mir nur Benjamin.
Wie aber können wir das Leben retten,
Wenn er nicht mit uns zieht?
Jacob. Daß eure Lippen doch vor uns geschwiegen hätten.
Juda. Der Mann dringt hart in uns. JACOB, es muß es glauben;
Mich aller Kinder zu berauben.
So Simeon, als Joseph, sind nicht mehr vorhanden,
Jedoch ihr seyd bemüht,
Wer weiß schläget eure Mißgunst nicht
Auch diesen meinen Trost in Tod und Banden.
Juda. Die vor will ich dir selbst mein Leben
Zum sichern Unterpfande geben.

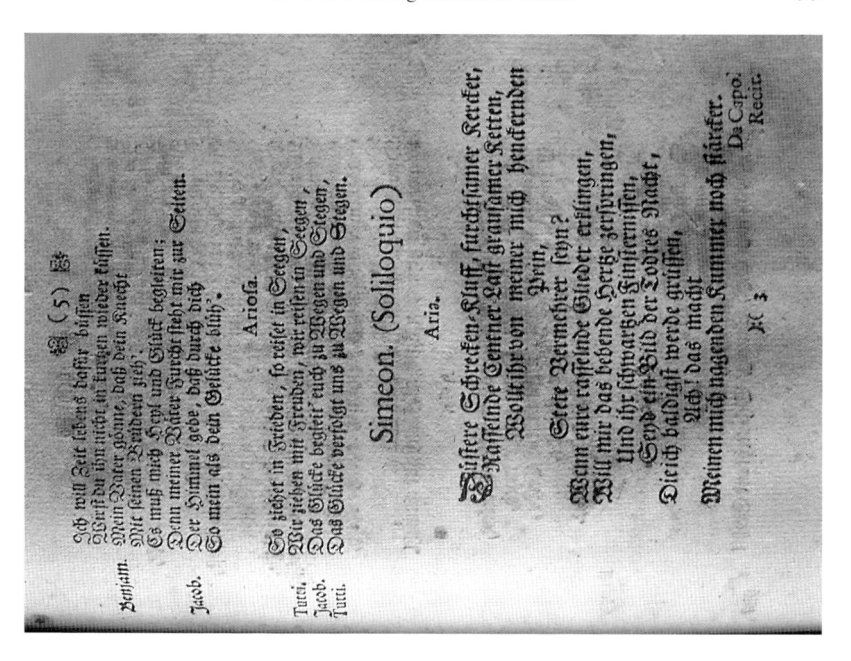

(5)

Benjam. Ich will Zeit lebens hoffur büßen
Wirfst du ihn nicht in kurtzen wieder küssen.
Mein Vater gönne, daß dein Knecht
Mit seinen Brüdern zieht;
Jacob. Es muß mich Noth und Glück begleiten;
Denn meiner Väter Furcht steht mir zur Seiten.
Der Himmel gebe, daß euch durch dich
So mein als dein Gebete blüh.

Ariosa.

Tutti. So ziehet in Frieden, so reiset in Seegen,
Jacob. Wir ziehen mit Freuden, wir reisen in Seegen,
Tutti. Das Glücke begleit euch zu Wegen und Stegen,
Das Glücke versorgt uns zu Wegen und Stegen.

Simeon. (Soliloquio)

Aria.

Düstere Schrecken, Kluft furchtsamer Kercker,
Rasselnde Kammer Last grausamer Ketten,
Wollt ihr von meiner mich henckernden
Pein,
Eure Vermehrer seyn?
Wenn eine rasselnde Glieder erklingen,
Will mir das bebende Hertze zerspringen,
Und ihr schwartzen Hintermissen,
Seyd ein Bild der Todes-Nacht,
Dich baldigst werde grüßen,
Ach! das macht
Meinen mich nagenden Kummer noch kläffer.
Da Capo.
Recit.

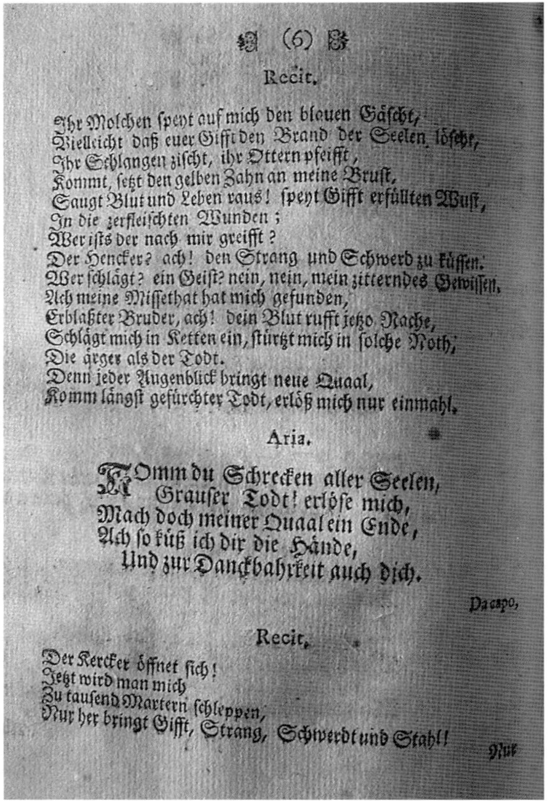

(6)

Recit.

Ehe Molchen spent auf mich den blauen Gäscht,
Vielleicht daß euer Gifft den Brand der Seelen löschet,
Ihr Schlangen zischet, ihr Ottern pfeifft,
Kommt, letzt den gelben Zahn an meine Brust,
Saugt Blut und Leben aus! speyt Gifft erfüllten Wust,
In die zerfleischten Wunden;
Verpiß dir mich mir greifft?
Der Henckers ach! den Strang und Schwerdt zu Küssen.
Vorsätzlich? ein Geist? nein, nein, mein zitterndes Gewissen,
Ach meine Missethat hat mich gefunden,
Erblaster Bruder, ach! dem Blut rufft jetzo Rache,
Erschlägt mich in Ketten ein, stürzt mich in solche Noth,
Die ärger als der Tod,
Denn jeder Augenblick bringet neue Qual,
Komm längst gefürchter Tod, erlöß mich nur einmahl.

Aria.

Komm du Schrecken aller Seelen,
Grauser Todt! erlöse mich,
Mach doch meiner Qual ein Ende,
Ich so küß ich dir die Hände,
Und zur Danckbahrkeit auch Dich.

Dacapo.

Recit.

Der Kercker öffnet sich,
Jetzt wird man mich
Zu tausend Mauern schleppen,
Nur der bringt Gifft, Strang, Schwerdt und Stahl!

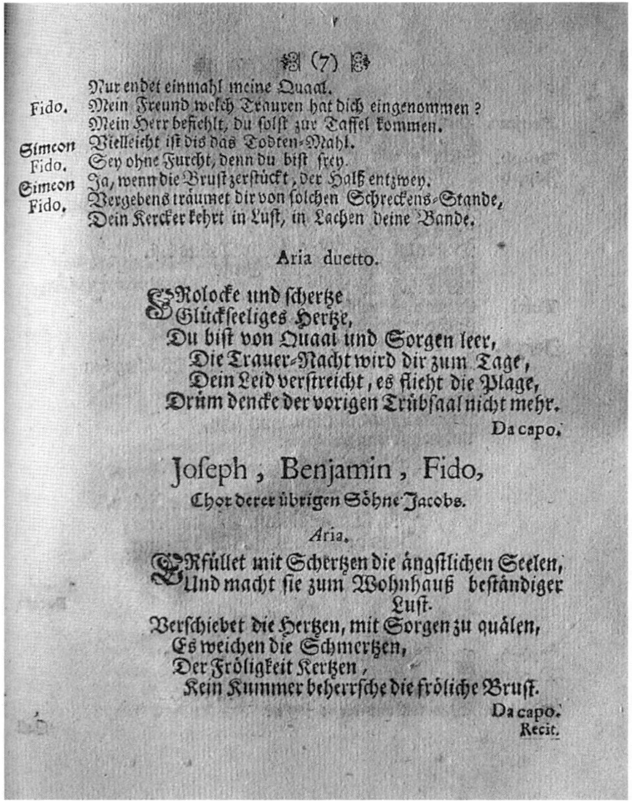

(7)

Fido. Nur endet einmahl meine Quaal.
Mein Freund weiß Thränen hat dich eingenommen?
Mein Herr befiehlt, du sollst zur Taffel kommen.
Vielleicht ist diß das Todten-Mahl.
Simeon Sey ohne Furcht, denn du bist frey.
Fido. Ja, wenn die Brust zerdrückt, der Hals entzwey,
Simeon Vergebens träumet dir von solchen Schreckens-Stande,
Fido. Dein Kercker kehrt in Lust, in Lachen deine Bande.

Aria ducto.

Moloffe und schweige
Glückseliges Hertze,
Du bist von Quaal und Sorgen leer,
Die Trauer-Nacht wird dir zum Tage,
Dein Leid verstreicht, es flieht die Plage,
Drum dencke der vorigen Trübsal nicht mehr.

Dacapo.

Joseph, Benjamin, Fido.

Chor derer übrigen Söhne Jacobs.

Aria.

Flüstet mit Sorgen die ängstlichen Seelen,
Und macht sie zum Wohnhauß beständiger Lust.
Verschieder die Hertzen, mit Sorgen zu quälen,
Es weichen die Schmertzen,
Der Fröligkeit Hertzen,
Kein Kummer beherrsche die fröliche Brust.

Dacapo.
Recit.

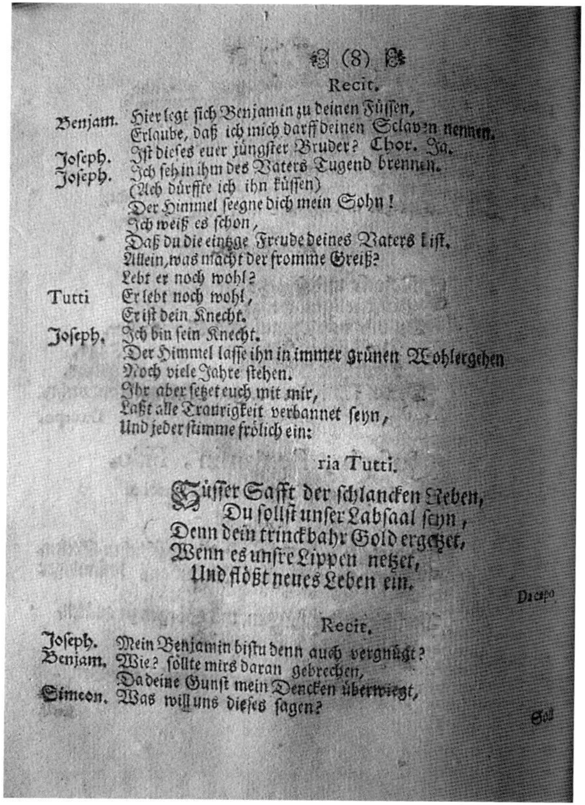

Neues zu Georg Balthasar Schott

(8)

Recit.

Benjam. Hier legt sich Benjamin zu deinen Füßen,
 Erlaube, daß ich mich darf deinen Sclaven nennen,
Joseph. Ist dieses euer jüngster Bruder? Thor. Ja.
Joseph. Doch sehe ich bey des Vaters Tugend brennen.
 (Der Himmel segne dich mein Sohn!)
 da weiß es schon,
 Daß du die einige Freude deines Vaters bist,
 Allein, was macht der fromme Greiß?
Tutti. Lebt er noch wohl,
 Lebt er noch wohl,
 Grüßt den Knecht.
Joseph. Ich bin sein Knecht.
 Der Himmel lasse ihn in immer grünen Wohlergehen
 Noch viele Jahre stehen.
 Ihr aber setzet euch mit mir,
 Laßt alle Traurigkeit verbannet seyn,
 Und jeder stimme fröhlich ein.

ria Tutti.

Süßer Safft der schlancken Reben,
Du sollst unser Labsaal seyn,
Denn dem trinckbahr Gold ergießet,
Wenn es unsre Lippen netzet,
Und flößt neues Leben ein.

Recit.

Joseph. Mein Benjamin! bist du denn auch vergnügt?
Benjam. Wie? sollte mir's daran gebrechen,
Simeon. Da deine Gunst mein Dencken übersteigt,
 Was will uns dieses sagen?

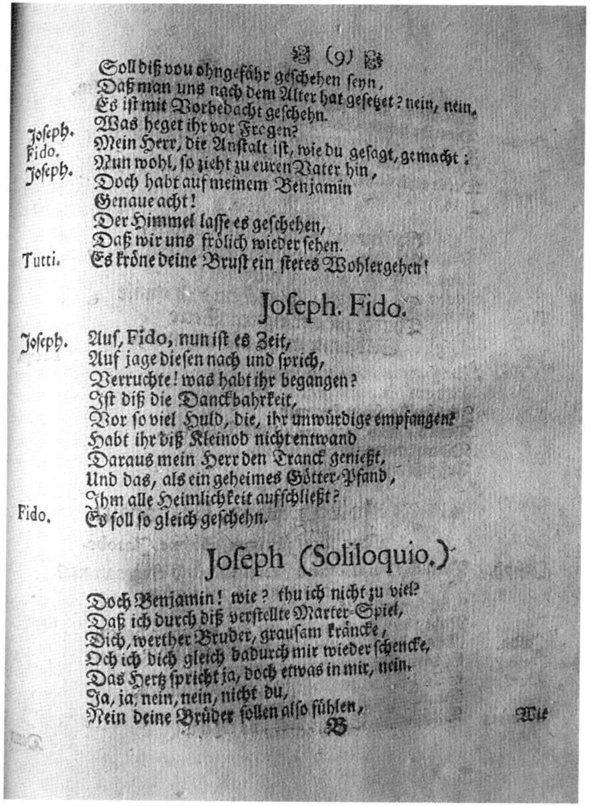

(9)

Soll diß von ohngefähr geschehen seyn,
Daß man uns nach dem Alter hat gesetzet? nein, nein,
Es ist mit Vorbedacht geschehn.
Joseph. Was heget ihr vor Fragen?
Fido. Mein Herr, die Anstalt ist, wie du gesagt, gemacht;
Joseph. Nun wohl, so zieht zu eurem Vater hin,
 Doch habt auf meinem Benjamin
 Genaue acht!
Tutti. Der Himmel lasse es geschehen,
 Daß wir uns frölich wieder sehen.
 Es kröne deine Brust ein stetes Wohlergehen!

Joseph. Fido.

Joseph. Auf, Fido, nun ist es Zeit,
 Auf jage diesen nach und sprich,
 Verruchte! was habt ihr begangen?
 Ist diß die Danckbahrkeit,
 Vor so viel Huld, die, ihr unwürdige empfangen?
 Habt ihr diß Kleinod nicht entwand
 Daraus mein Herr den Tranck genießt,
 Und das, als ein geheimes Götter-Pfand,
 Ihm alle Heimlichkeit aufschließt?
Fido. Es soll so gleich geschehn.

Joseph (Soliloquio.)

Doch Benjamin! wie? thu ich nichts zu viel?
Daß ich durch diß verstellte Marter-Spiel,
Dich, werther Bruder, grausam kräncke,
Daß ich dich gleich dadurch mir wieder schencke,
Was Hertz spricht ja, doch etwas in mir, nein.
Ja, ja, nein, nein, nicht du,
Nein deine Brüder sollen also fühlen.

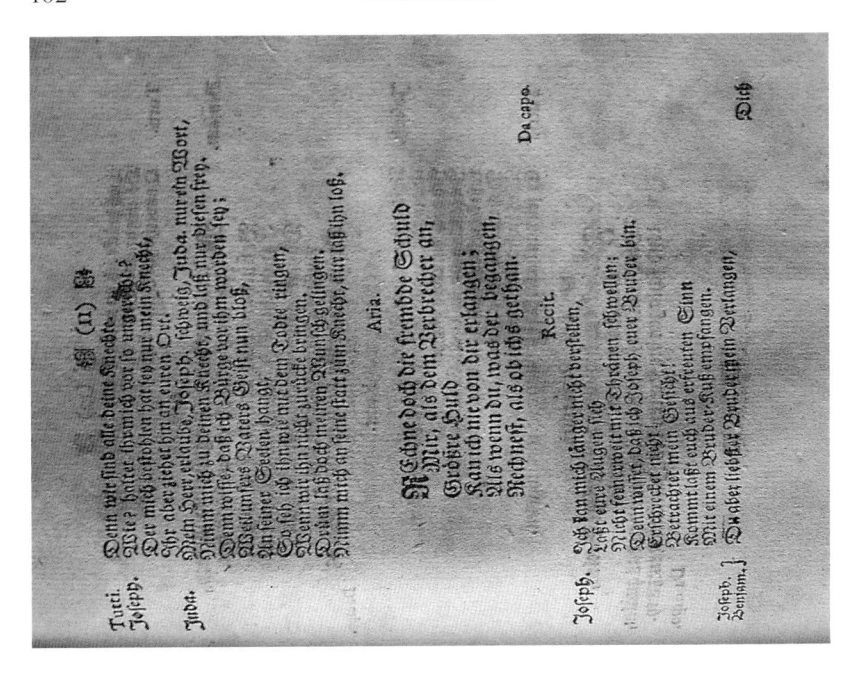

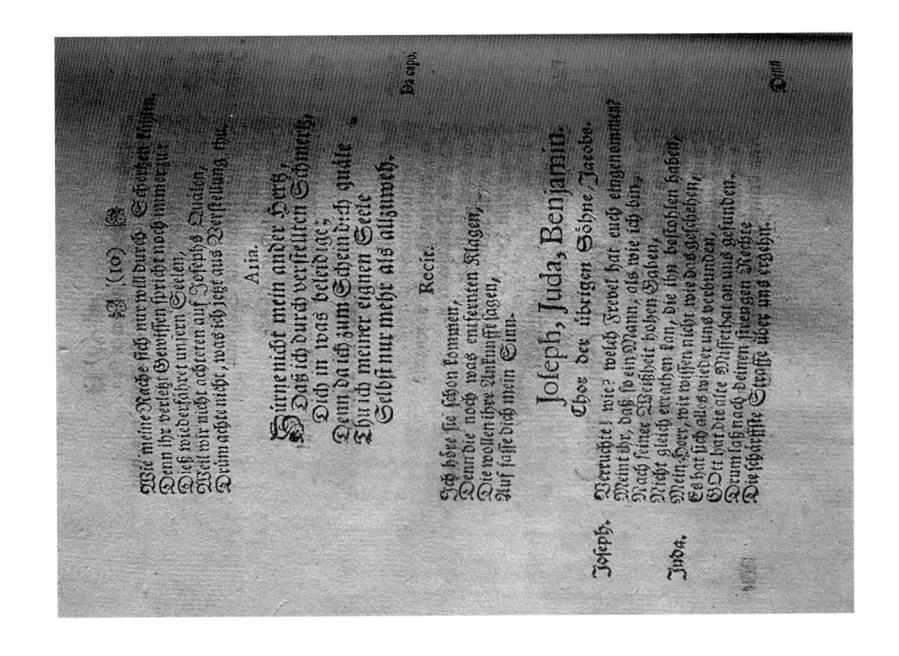

(10)

Joseph. Wie meine Rache sich nur willkührls Erhopfset Sinn,
Denn ihr verletzt Gewissen spricht noch nunmehr
Dieß wiederfahret unsern Seelen,
Weil wir nicht achteten auf Josephs Qualen,
Drum müste nicht, was so jetzt aus Verstellung, thu.

Aria.

Sürne nicht mein andrer Hertz,
Daß ich durch verstellten Schmertz,
Dich in was beleidige;
Denn da ich zum Schein dich quäle
Thut meiner eignen Seele
Selbst nur mehr als allzuweh.

Da capo.

Recit.

Ach hört sie schon kommen,
Den die noch was entfernten Klagen,
Die wollten ihre Ankunfft sagen,
Auf fasse dich mein Sinn.

Joseph, Juda, Benjamin.

Chor der übrigen Söhne Jacobs.

Joseph. Verruchte! wie? welch Frevel hat euch eingenommen?
Meint ihr, daß so ein Mann, als wie ich bin,
Nach seines Wahrsheit hohen Gaben,
Nichts gleich errathen kan, die ihr betroffen haben,
Es hat sich alles wie der uns gefunden,
GOtt hat die alte Missethat an uns gebunden.
Drum lasst nach deinen strengen Rechte
Die schärffste Straffe über uns ergehn.

Juda. Dieß

(11)

Tutti. Denn wir sind alle deine Knechte.
Joseph. Wie? hätte ihm so ungerecht,
Der mich bestohlen hat sey nur mein Knecht,
Ihr aber gehet hin an euren Ort.

Juda. Nein Herr, erlaube, Joseph, schweig, Juda, nur ein Wort,
Nimm mich zu deinen Knecht, und laß nur diesen frey,
Denn weisse, daß ich Bürge vor ihm worden sey;
Bey meines Vaters Geist nun bloß,
An seiner Seelen hangt,
So soll ich ihn mit dem Tode ringen,
Kan nur ihn nicht zurück bringen,
Drum laß doch meinen Wunsch gelingen,
Nimm mich an seine statt zum Knecht, und laß ihn loß.

Aria.

Schone doch die fremde Schuld
Mir, als dem Verbrecher an,
Größte Huld
Kan die von dir erlangen;
Als wenn dir, was der begangen,
Rechner, als ob ichs gethan.

Da capo.

Recit.

Joseph. Ich kan mich länger nicht bestellen,
Last eine Augen sich
Nicht fremd mehr mit Thränen schwellen;
Denn wisset, daß ich Joseph euer Bruder bin.
Erschrecket nicht,
Betrachtet mein Gesicht!
Kommt lasst euch aus erkentten Sinn
Mit einem Bruder-Kuß empfangen.

Joseph. Du aber lieber Benjaminen Verlangen,
Benjam. Dieß

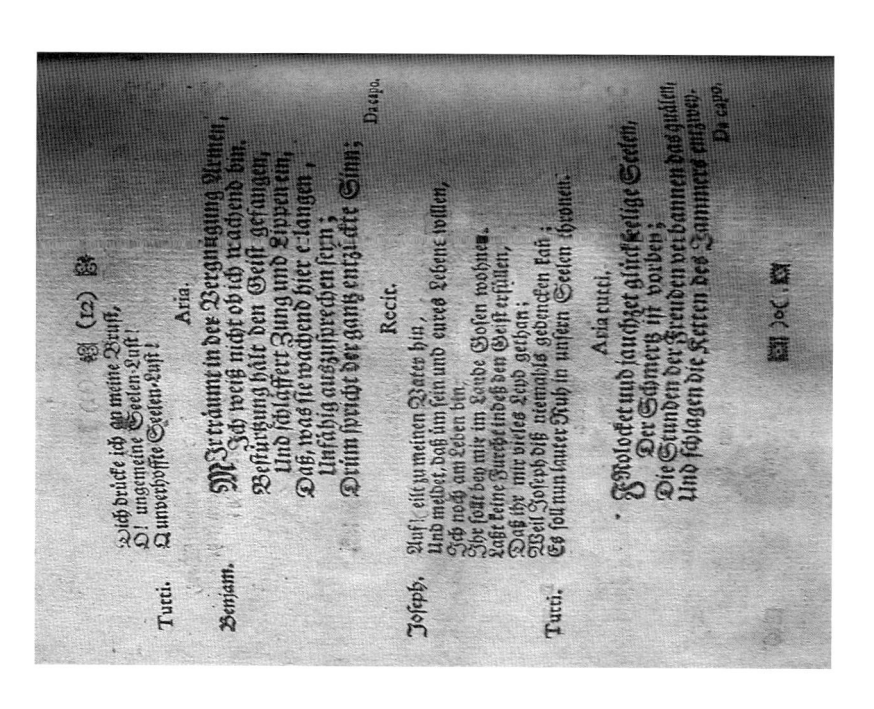

(12)

Ach drücke ich zu meine Brust,
O! ungemeine Seelen-Lust!
Tutti. O unverhoffte Seelen-Lust!

Aria.

Benjam. Mir träumt in der Vergnügung Armen,
Ich weiß nicht ob ich wachend bin,
Bestürtzung hält den Geist gefangen,
Und schüchtert Zung und Lippen ein,
Daß, was sie wachend hier erlangen,
Unfähig auszusprechen seyn;
Drum spricht der gantz entzückte Sinn;
                                                        Da capo.

Recit.

Joseph. Auf! eilt zu meinem Vater hin,
Und meldet, daß ihm sein und eures Lebens wollen,
Ich noch am Leben bin.
Ihr sollt bey mir im Lande Gosen wohnen,
Läßt keine Furcht indeß den Geist erfüllen,
Daß ihr mir vieles Leyd gethan;
Weil Joseph diß niemahls gedencken läßt;
Tutti. Es soll nun lauter Ruh in unsern Seelen thronen.

Aria tutti.

Frolocket und jauchzet glückseelige Seelen,
Der Schmertz ist vorbey;
Die Stunden der Freuden verbannen das quälen,
Und schlagen die Ketten des Jammers entzwey.
                                                        Da capo.

Überlegungen zur „Bildniß-Sammlung" im Nachlaß von C. P. E. Bach[1]

Von Robin A. Leaver (Princeton, New Jersey)

Carl Philipp Emanuel Bach war ein bedeutender Kunstsammler. Im Laufe seines Lebens trug er annähernd 400 Porträts und fast 40 Silhouetten zusammen. Nach seinem Tod wurde eine Aufstellung dieser „Bildniß-Sammlung" in das *Verzeichniß des musikalischen Nachlasses des verstorbenen Capellmeisters Carl Philipp Emanuel Bach* (Hamburg 1790)[2] aufgenommen. Wie von einem Mitglied der Musikerfamilie Bach zu erwarten ist, handelt es sich hier um eine Galerie „von Componisten, Musikern, musikalischen Schriftstellern, lyrischen Dichtern und einigen erhabenen Musik-Kennern".[3] Bei einigen der Bildnisse handelt es sich um Originale – Ölgemälde, Pastellbilder, Zeichnungen, Gipsreliefs und zumindest in einem Fall Porzelanmalerei. Andere sind Kupferstiche oder ältere Holzschnitte. Unter den Porträts lassen sich eine Reihe von Originalgemälden bestimmen, die C. P. E. Bach offensichtlich von seinem Vater geerbt hat. Und wenn diese Bilder sich einst im Besitz von J. S. Bach befanden, so besteht die Möglichkeit, daß C. P. E. Bachs Sammlung noch weitere Porträts enthielt, die er von seinem Vater übernommen hatte. Der vorliegende Aufsatz stellt sich die Aufgabe zu untersuchen, bei welchen der im NV genannten Bildnisse es sich mit einiger Sicherheit um Erbstücke aus

---

[1] Erweiterte und überarbeitete Fassung eines Referats, das ich auf dem Biennial Meeting der American Bach Society im Bach-Archiv Leipzig (11.–13. Mai 2006) gehalten habe. Für Ratschläge und Hinweise bin ich Annette Richards (siehe Fußnote 2) und Teri Noel Towe zu Dank verpflichtet.

[2] NV, S. 92–128. Siehe auch H. Miesner, *Philipp Emanuel Bachs musikalischer Nachlaß*, BJ 1938, S. 103–136, BJ 1939, S. 81–112 und BJ 1940–1948, S. 161–181. – Das Schicksal der meisten Bilder galt 1939 als ungewiß, doch war bekannt, daß einige über die Sammlung Poelchau an die heutige Staatsbibliothek zu Berlin gelangt waren, darunter die Porträts von Quantz, Lolli, Abel und Pisendel; vgl. J. Miller, *Musical Iconography*, in: Bulletin of the American Musicological Society 3 (April 1939), S. 8. Dr. Annette Richards (Cornell University) konnte diese Zeichnungen kürzlich in der Musikabteilung der Staatsbibliothek lokalisieren und bereitet zur Zeit einen kommentierten Katalog der Sammlung vor. Einige der Porträts – vornehmlich Stiche – sind abgebildet in Dok IV und bei W. Salmen und G. Busch-Salmen, *Musiker im Porträt*, München 1982–1984, speziell in Bd. 1–3.

[3] Da dieser Vortrag anläßlich einer Tagung der American Bach Society gehalten wurde, sei darauf hingewiesen, daß eines dieser Porträts Benjamin Franklin darstellte, der als „Erfinder der Harmonika" beschrieben wird; NV, S. 104.

dem väterlichen Besitz handeln könnte. Zu diesem Zweck muß zunächst C. P. E. Bach in seiner Rolle als Porträtsammler beleuchtet werden, sodann sind die Porträts zu benennen, die möglicherweise mit J. S. Bach in Verbindung gebracht werden können, und schließlich ist zu erwägen, ob Johann Sebastian Bach selbst ebenfalls eine bescheidene Sammlung angelegt hat.

C. P. E. Bach als Porträtsammler

Wie allgemein bekannt ist, faßte Johann Nikolaus Forkel den Plan, eine Biographie Johann Sebastian Bachs zu schreiben und wandte sich daher an C. P. E. Bach, um Informationen aus erster Hand zu gewinnen. In der Korrespondenz der beiden Männer aus den mittleren 1770er Jahren werden auch Porträts der Bachs – Vater und Söhne – angesprochen. In einem auf den 20. April 1774 datierten Brief an Forkel schreibt C. P. E. Bach, er werde bald „einen kürzlich verfertigten saubern u. ziemlich ähnlichen Kupferstich von meines lieben seeligen Vaters Portrait zu überschicken, das Vergnügen haben".[4] Hierbei handelt es sich um das früheste veröffentlichte Bach-Bildnis, das 1774 von Samuel Gottlob Kütner in Leipzig gestochen wurde. Es basierte auf dem Haußmann-Porträt, erschien allerdings – wie es häufig bei Kupferstichen nach der Vorlage von Gemälden der Fall ist – als Spiegelbild des Originals (das Gesicht ist nach rechts und nicht nach links ausgerichtet). In demselben Brief erkundigt sich C. P. E. Bach nach den in Forkels Besitz befindlichen Porträts von ihm selbst und seinem Bruder Wilhelm Friedemann; zugleich weist er auf ein weiteres Porträt seines Vaters hin, das sich zu der Zeit in seinem Besitz befand:

„Meines Vaters Portrait, welches ich in meiner musicalischen Bildergallerie, worin mehr als 150 Musiker von Profeßion befindlich sind, habe, ist in *pastell* gemahlt. Ich habe es von Berlin hieher zu Waßer bringen laßen, weil dergleichen Gemählde mit trocknen Farben das Erschüttern auf der Axe nicht vertragen können: außerdem würde ich es Ihnen sehr gerne zum Copieren überschickt haben."[5]

Hierbei handelt es sich nicht um das – weiter unten besprochene – Haußmann-Porträt in Öl von 1748, sondern um das um 1733 von Gottlieb Friedrich Bach (1714–1785), dem jüngeren Sohn von J. S. Bachs Meininger Cousin Johann Ludwig Bach (1677–1731) gemalte Pastellporträt; G. F. Bach fertigte um dieselbe Zeit auch Bildnisse des 19jährigen C. P. E. Bach sowie seines Vaters Johann Ludwig. Im NV sind die Porträts von J. S. und C. P. E. Bach nicht erwähnt, wohl aber das von Johann Ludwig.[6]

---

[4] Dok III, Nr. 785, und CPEB-Dok, Nr. 163.
[5] Ebenda.
[6] NV, S. 95–96: „Bach, (Joh. Ludw.) Meinungischer Kapellmeister. Mit trocknen Farben von Ludw. Bach, seinem Sohne. Kl. 4. In goldenen Rahmen, unter Glas."

Die von C. P. E. Bach angegebene Größe seiner „Bildergallerie" bestätigt auch Charles Burney, der den Hamburger Bach im Oktober 1772 besuchte. In seinem Tagebuch heißt es:

„Den Augenblick, da ich ins Haus trat, führte er [Bach] mich die Treppe hinauf in ein schönes, großes Musikzimmer, welches mit mehr als hundertundfunfzig Bildnissen von großen Tonkünstlern, teils gemalt, teils in Kupfer gestochen, ausgeziert war. Ich fand darunter viele Engländer und unter andern auch ein paar Originalgemälde von seinem Vater und Großvater."[7]

Einige Jahre später teilt C. P. E. Bach in einem Brief vom 4. August 1787 an den Schweriner Organisten Johann Jacob Heinrich Westphal mit, daß seine Porträtsammlung inzwischen weiter gewachsen sei: „… weil ich jetzt, aus Mangel des Raums in meinem Saale, alle übrige Portraits ohne Rahm in ein Portefeuille thue u. mit dem, was ich etwa noch kriege, eben so verfahren werde."[8] Hieraus läßt sich schließen, daß C. P. E. Bach die in früheren Jahren erworbenen Bilder rahmen ließ und aufhängte, während er die in jüngerer Zeit angeschafften in einer Mappe aufbewahren mußte, da es an den Wänden keinen Platz mehr gab. In der 1790 veröffentlichten Aufstellung der „Bildniß-Sammlung" ist der gerahmte oder ungerahmte Zustand sorgfältig vermerkt; hatte das Bild einen Rahmen, so wurde dieser kurz beschrieben. Hier einige Beispiele gerahmter Porträts:

Abel (Leopold August) … In schwarzen Rahmen mit goldenem Stäbchen unter Glas (NV, S. 92–93)

Bach (Johann Sebastian) … In goldenen Rahmen (NV, S. 95)

Biber (H. J. Fr.) … In schwarzen Rahmen, unter Glas (NV, S. 97)

Wenn C. P. E. Bach in den frühen 1770er Jahren den Umfang seiner Sammlung mit „mehr als 150" Bildern angab, so ist anzunehmen, daß diese wahrscheinlich alle gerahmt waren und in seinem Haus hingen. Zum Zeitpunkt seines Todes im Jahr 1788 war die Sammlung nach Ausweis des NV auf 210 gerahmte Porträts angewachsen. Daraus ergibt sich, daß er in den dazwischenliegenden vierzehn Jahren weitere fünfzig bis sechzig gerahmte Porträts erworben hatte. Das NV nennt zudem rund 160 ungerahmte Porträts, in der Mehrzahl Kupferstiche und Holzschnitte. Bachs Mitteilung an Westphal bezüglich der Aufbewahrung neu erworbener Porträts in einem Portfolio kann kaum dahingehend gedeutet werden, daß er sämtliche der etwa 160 ungerahmten Porträts erst um diese Zeit ankaufte. Anzunehmen ist vielmehr ein viel

---

[7] C. Burney, *Tagebuch einer musikalischen Reise*, hrsg. von E. Klemm, Leipzig 1975, S. 457.
[8] CPEB-Dok, Nr. 571.

längerer Zeitraum. Zwar ist gesichert, daß Bach in seinen späteren Jahren sehr aktiv an der Erweiterung seiner Sammlung arbeitete, besonders nachdem Ernst Ludwig Gerber 1783 von Plänen sprach, einen Katalog von Musikerdarstellungen anzulegen und auf C.P.E. Bachs Mitwirkung hoffte.[9] Diese Zusammenarbeit fand jedoch nie statt; C.P.E. Bach fuhr mit der Erweiterung seiner Sammlung fort und Gerber arbeitete weiterhin an seinem Porträtkatalog, der schließlich als Anhang zum zweiten Band seines Lexikons 1792 in Leipzig erschien. Möglicherweise brachte Gerbers Ankündigung von 1783 C.P.E. Bach auf den Gedanken, einen eigenen Katalog von Musikerporträts zu veröffentlichen. In einer Nachbemerkung zu seinem Brief an Westphal vom 8. Mai 1787 schreibt er: „So bald noch ein Paar Liefrungen, die ich erwarte eingelaufen sind: so laße ich meinen Bildercatalog drucken."[10] Und einige Monate später (4. August 1787) wiederholt er Westphal gegenüber seine Absichten ein weiteres Mal: „Ich laure nun noch auf ein Paar mir versprochne Recruten, alsdenn soll mein Bildercatalogue gewiß gedruckt werden."[11] Der gedruckte Katalog erschien nicht mehr zu Bachs Lebzeiten, die Aufstellung seiner Bilder[12] wurde 1790 aber in das NV aufgenommen.

Im Oktober 1784 schrieb Bach an seinen Verleger Breitkopf in Leipzig und fügte am Rand des Briefes folgende Notiz ein: „Schaffen Sie mir doch Rhaws des gelehrten Buchdruckers in Wittenberg zu Luthers Zeiten Portrait. Ich wills gerne bezahlen."[13] Ein ähnlicher Fall findet sich in einem Brief vom 25. Februar 1785, einem Antwortschreiben an Alexander Reinagle, der sich in Lissabon bei seinem kranken Bruder Hugh aufhielt und C.P.E. Bach um Musik ersucht hatte; dieser antwortete: „En même temps je Vous prie de me faire avoir Vôtre protrait et celui de Ms. Vôtre frère, seulement en dessin, pour les placer dans mon cabinet de portraits des musiciens. Cela me servira d'aide dans le souvenir de Vôtre amitié."[14] Zwei Jahre später schrieb er an Westphal (25. Oktober 1787) mit folgender Bitte: „*Richtern* aus Strasburg, *Schmidten* 1642 aus Magdeburg, *Schmidten* Sächsischer Capellmeister u. Caspar *Kerle*

---

[9] Vgl. Wiermann, Dok. I/36, und Dok III, Nr. 884. Siehe auch E.E. Helm, *Thematic Catalogue of the Works of Carl Philipp Emanuel Bach*, New Haven 1989, S. XIX, Fußnote 6.
[10] CPEB-Dok, Nr. 563.
[11] CPEB-Dok, Nr. 571.
[12] Vgl. hierzu auch Dok III, Nr. 934.
[13] CPEB-Dok, Nr. 486. Siehe auch den Zusatz zum Brief vom 6. November 1784, CPEB-Dok, Nr. 487.
[14] CPEB-Dok, Nr. 500. Zu den Hintergründen dieses Schreibens siehe auch A. McClenny Krauss, *Alexander Reinagle, His Family Background and Early Professional Career*, in: American Music 4 (1986), S. 425–456, speziell S. 432 bis 433.

wünschte ich mir, wenn sie zu haben wären."[15] Bei den erbetenen Porträts handelt es sich wahrscheinlich um Bildnisse von Franz Xaver Richter (1709–1798), Peter Schmid (1587–1651), Johann Christoph Schmidt (1644–1728) und Johann Caspar Kerll (1627–1693). Keiner dieser sieben in den zitierten Briefen an Breitkopf, Reinagle und Westphal genannten Namen findet sich im NV.

Auch Westphal sammelte Musikerporträts. In einem Nachsatz zu einem Brief an Westphal vom 5. März 1787 schreibt C.P.E. Bach: „Ich habe eine starke Sammlung von Bildnißen der Musiker u. musikalischen Schritsteller in Kupfer; sollten Sie Gelegenheit haben, mir einige Rekruten zu verschaffen: so bitte ich darum, ich bezahle sie gerne."[16] Seiner Bitte war Erfolg beschieden, denn in den folgenden Monate enthalten seine Briefe wiederholt Erwähnungen der Porträts, die Westphal für ihn besorgen konnte. Am 8. Mai 1787 schreibt er:

„Für alle gütige Mittheilung danke ich verbundenst; … Ihre Nachrichten von Kupferstichen … habe ich hier behalten; … Da Sie Barons Buch haben, so müßen Sie auch sein Portrait haben. Sie habens nicht angeführt. Wenn Sie es nicht haben sollten, so steht es Ihnen ebenso, wie mein beykommendes nicht gut getroffenes Portrait zu Diensten; … Auch überlaße Ihnen beykommenden Morhof. … Ohne Ihren Schaden wünschte ich mir aus Ihrer Bildersammlung Professor Endel und M. de St. Huberti, wenn Sie diesen letzteren doppelt haben. Allenfals bezahle ich beyde mit Vergnügen."[17]

Bei dem in dem Brief genannten „Baron" handelt es sich um Ernst Gottlieb Baron (1696–1760), den Autor der Abhandlung *Historisch-theoretische und practische Untersuchung des Instruments der Lauten* (Nürnberg 1727). C.P.E. Bach bezieht sich hier auf Barons Porträt, das sein Buch als Frontispiz schmückt, und weist Westphal (der das Buch besitzt) darauf hin, daß er eine Kopie des Stichs besitze. Hieraus läßt sich ersehen, daß zumindest einige der Stiche im Besitz von C.P.E. Bach aus den Büchern, in denen sie sich ursprünglich befanden, herausgelöst wurden. Die anderen Porträts betreffen Daniel Georg Morhof (1639–1691), Dichter und Bibliothekar in Kiel, Johann Jakob Engel (1741–1802), Verfasser eines Buchs über musikalische Malerei,[18] und die französische Opernsängerin Madame de Saint-Huberty (1756–1812). Einige Monate später (am 4. August 1787) schrieb C.P.E. Bach erneut an Westphal, um den Erhalt der besprochenen Porträts zu bestätigen:

„Nun etwas von den Portraits. Kellners kriege ich. Durch Ihre allzugroße Gutheit haben Sie mich sehr verlegen gemacht. Für M. d. St. Huberti u. H.P. Engeln danke ich ganz ergebenst. … Genug ich pakte den Engel mit dem Rahm ein, allein ich ungeschickter

---

[15] CPEB-Dok, Nr. 578.
[16] CPEB-Dok, Nr. 556.
[17] CPEB-Dok, Nr. 563.
[18] J.J. Engel, *Ueber die musikalische Malerey*, Berlin 1780.

Einpaker war so unglücklich, das Glas zu zerbrechen, en Fin ich mußte ihn behalten, u. schicke Ihnen hierbey den Engel ohne Rahm wieder zurück. Zu einiger Schadloshaltung für Sie habe ich 7 Portraits, die Sie noch nicht haben, beygelegt. Vergeben Sie mir also u. nehmen damit vorlieb."[19]

Bei dem erwähnten „Kellner" handelt es sich um Johann Christoph Kellner (1736–1803), der kurz zuvor eine theoretische Abhandlung über den Generalbaß veröffentlicht hatte.[20] Bezüglich des Porträts von Engel besteht Unklarheit:[21] Wenn C. P. E. Bach es aus seinem Rahmen entfernt hatte, weil er an seinen Wänden keinen Platz mehr fand, warum rahmte er es nun wieder? Eine mögliche Erklärung wäre, daß er eine Kopie hatte anfertigen lassen und nun das Original an Westphal zurücksandte. Der Brief ist in diesem Punkt nicht eindeutig. Offensichtlich ist jedoch, daß Bach eine beachtliche Zahl von Porträts in doppelter Ausführung besaß, so daß er in der Lage war, Westphal als Entschädigung für den Rahmen des Engel-Porträts sieben Dubletten zu senden. Es wäre natürlich auch denkbar, daß C. P. E. Bach hier eine Ausrede benutzte, um den Rahmen behalten zu können, da dieser ihm besonders gefiel.

Die zitierten Auszüge aus C. P. E. Bachs Korrespondenz belegen, daß er speziell im letzten Jahrzehnt seines Lebens von vielen seiner Freunde, Bekannten und Kollegen Porträts erwarb. Zugleich ist jedoch klar, daß er seine Sammlung schon viel früher anzulegen begonnen hatte, möglicherweise bereits dreißig Jahre zuvor.

Porträts, die sich zuvor im Besitz Johann Sebastian Bachs befunden haben müssen

In C. P. E. Bachs Porträtsammlung befinden sich einzelne Gemälde – also im Gegensatz zu den Stichen Unikate –, die er nur von seinem Vater erhalten haben kann. Diese Porträts stellen verschiedene Mitglieder der Bach-Familie dar. Wie sein Vater hegte auch C. P. E. Bach ein tiefes Interesse an seinen musikalischen Vorfahren und Verwandten. Er hatte von seinem Vater die handschriftliche Genealogie der Bach-Familie geerbt, in der die Generationenfolge des Musikergeschlechts aufgezeichnet ist, und er ergänzte diese sorgfältig mit eigenen Notizen, wenn er weitere Nachrichten über Mitglieder der Familie erhalten hatte. Desgleichen hatte C. P. E. Bach von seinem Vater auch das Alt-

---

[19] CPEB-Dok, Nr. 571.
[20] *Grundriß des Generalbasses … Erster Theil*, Kassel 1783.
[21] Siehe die Diskussion bei E. R. Jacobi, *Five Hitherto Unknown Letters from C. P. E. Bach to J. J. H. Westphal*, in: Journal of the American Musicological Society 23 (1970), S. 119–127, hier S. 122.

Bachische Archiv übernommen, eine handschriftliche Sammlung von Werken der älteren Bache, und ebenso wie er die Genealogie ergänzte, erweiterte er auch die familiäre Notensammlung, vor allem um Werke seiner Brüder und aus seiner eigenen Feder. C.P.E. Bach erbte also eine Reihe von Porträts aus dem Familienkreis, die durchaus den Grundstock zu seiner umfassenden Sammlung von Musikerporträts gelegt haben mögen.

Das bedeutendste unter ihnen ist das 1748 entstandene Porträt seines Vaters von Elias Gottlob Haußmann. Dies war Haußmanns zweites Porträt von J.S. Bach; das erste war 1746 entstanden, in Zusammenhang mit Bachs Aufnahme als vierzehntes Mitglied von Lorenz Christoph Mizlers „Correspondirende Societät der musikalischen Wissenschaften" im Jahre 1747. Das Haußmann-Porträt von 1746 erbte anscheinend Wilhelm Friedemann Bach; Ende des 18. Jahrhunderts hing es bereits in der Leipziger Thomasschule.[22] Das Porträt von 1748 muß wie das von 1746 von J.S. Bach selbst in Auftrag gegeben worden sein und ging nach seinem Tod an C.P.E. Bach. Es befindet sich heute im Besitz von William H. Scheide in Princeton, New Jersey.

Ferner ist das Porträt von C.P.E. Bachs Großvater Johann Ambrosius Bach (1645–1695) zu nennen, das wohl in Eisenach (wo er seit 1671 Stadtmusiker war) um die Zeit von J.S. Bachs Geburt entstanden sein muß, jedenfalls aber vor 1693, dem Sterbejahr des vermuteten Malers Johann David Herlicus.[23] Johann Ambrosius hatte einen Zwillingsbruder, Johann Christoph, der als Hof- und Stadtmusiker in Arnstadt lebte. C.P.E. Bach fügte der Genealogie einen wichtigen Absatz zu diesen Zwillingen hinzu:

„NB diese Zwillinge sind vielleicht von dieser Art die einzigen, die man weiß. ... Sie sahen sich einander so ähnlich, daß so gar ihre Frauen sie nicht unterscheiden konnten. ... Sprache, Gesinnung, alles war einerley. Auch in der Musik waren sie nicht zu unterscheiden, sie spielten einerley, sie dachten ihren Vortrag einerley. War einer kranck, so war es auch der andere. Kurz sie starben bald hintereinander."[24]

Solches anekdotische Wissen konnte nur von J.S. Bach stammen, den C.P.E. Bach in diesem Fall bezüglich der sich absolut gleichenden Zwillinge beim Wort nehmen mußte; denn es gab zwar ein Porträt von Johann Ambrosius

---

[22] Siehe Dok IV, S. 401.
[23] Herlicus (um 1640–1693) wirkte in der zweiten Hälfte des 17. Jahrhunderts als Maler in Eisenach; sein Schaffen umfaßt zwölf ganzseitige Kupferstiche im Eisenacher Gesangbuch von 1673; siehe C. Freyse, *Das Portrait Ambrosius Bachs*, BJ 1959, S. 149–155, und M. Petzoldt, *Johann Sebastian Bach in theologischer Interaktion*, in: Über Leben, Kunst und Kunstwerke. Aspekte musikalischer Biographie Johann Sebastian Bach im Zentrum (Festschrift für Hans-Joachim Schulze zum 65. Geburtstag), hrsg. von C. Wolff, Leipzig 1999, S. 144–145.
[24] Dok I, Nr. 184 (S. 265).

Bach, jedoch offenbar keines von Johann Christoph. Neben der Anekdote muß C. P. E. Bach auch das Porträt Johann Ambrosius Bachs von seinem Vater erhalten haben.

Ein weiteres Ölbildnis, das sich zum Zeitpunkt seines Todes im Besitz von C. P. E. Bach befand, stellt seine Stiefmutter Anna Magdalena Bach dar (NV, S. 95). Das Porträt selbst ist entweder nicht überliefert oder bisher nicht wieder aufgetaucht;[25] es muß jedenfalls von J. S. Bach in Auftrag gegeben worden sein. Es ist kaum anzunehmen, daß Anna Magdalena sich zu der Zeit, als ihr Mann starb, von ihrem eigenen Bildnis freiwillig getrennt hätte. Daher ist wahrscheinlich, daß es erst in der Zeit nach ihrem Tod (27. Februar 1760) in den Besitz C. P. E. Bachs gelangte.[26]

Ein weiteres Porträt eines älteren Familienmitglieds in C. P. E. Bachs Sammlung war eine 1617 datierte Zeichnung seines Ururgroßvaters Johannes (Hans) Bach, der Stadtmusiker in Gotha war und 1635 starb. Auch dieses Porträt ist entweder nicht überliefert oder noch nicht wieder aufgetaucht. Doch auch hier scheint gesichert, daß C. P. E. Bach das Bild nur von seinem Vater übernommen haben kann.

Ein fünftes Porträt, das höchstwahrscheinlich über seinen Vater in seinen Besitz kam, ist das Pastellbild von Johann Ludwig Bach, dem Meininger Vetter, dessen Musik J. S. Bach so sehr schätzte, daß er achtzehn seiner Kantaten abschrieb und 1726 in Leipzig aufführte. In der Genealogie vermerkte Bach, daß Johann Ludwig „Anno 1730" (tatsächlich jedoch 1731) gestorben sei; C. P. E. Bach ergänzte dies um die wesentliche Information:

„Des Meinungschen Capellmeisters Sohn lebt noch da, als Hoforganist u. Hofmahler; deßen Herr Sohn ist ihm adjungirt in beyden Stationen. Vater und Sohn sind vortrefliche Portraitmahler. (Lezterer hat mich vorigen Sommer besucht u. gemahlt u. vortreflich getroffen."[27]

---

[25] Bei den Vorbereitungen einer Ausstellung zum 300. Geburtstag von Anna Magdalena Bach im Bach-Archiv Leipzig (12. September 2001 bis 13. Januar 2002) wurden umfangreiche Recherchen zum Verbleib dieses Bilds unternommen – allerdings ohne Erfolg. Siehe *Anna Magdalena Bach. Ein Leben in Dokumenten und Bildern*, hrsg. von M. Hübner, 2. Auflage, Leipzig 2005, S. 7–8.

[26] Burney erwähnt in der Schilderung seines Besuchs bei C. P. E. Bach im Oktober 1772 lediglich die Porträts von dessen Vater und Großvater. Es gibt keinen Hinweis auf die Stiefmutter. Dies muß nicht zwingend bedeuten, daß das Bild zu dieser Zeit nicht im Besitz des Hamburger Bachs war. C. P. E. Bach könnte versäumt haben, seinen Besucher auf das Bild aufmerksam zu machen, oder Burney hielt eine Erwähnung nicht für notwendig oder das Bild hing in einem von Burney nicht betretenen Teil von Bachs Haus. Siehe auch Fußnote 7.

[27] Dok I, Nr. 184 (S. 264). Bei den beiden genannten Nachkommen handelt es sich um Gottlieb Friedrich Bach (1714–1785) und dessen Sohn Johann Philipp (1752–1846).

Das Pastellporträt, das Gottlieb Friedrich Bach 1733 von J. S. Bach anfertigte – zur gleichen Zeit, als der Künstler wohl im Auftrag des Thomaskantors auch die Porträts von dessen beiden ältesten Söhnen malte – muß C. P. E. Bach ebenfalls von seinem Vater erhalten haben.

Das von C. P. E. Bach in seiner Ergänzung zur Genealogie erwähnte eigene Porträt ist wohl das 1773 von Johann Philipp Bach gefertigte Bildnis. Von C. P. E. Bach gab es eine Reihe von Pastellbildern sowie auch einige Stiche – keines davon scheint ihm sonderlich gefallen zu haben.[28] Der Leipziger Verleger Engelhardt Benjamin Schwickert, der die Veröffentlichung einer überarbeiteten Fassung des ersten Teils von C. P. E. Bachs *Versuch* plante, wollte diesem als Frontispiz ein gestochenes Porträt des Autors voranstellen. C. P. E. Bach antwortete in einem auf den 27. Januar 1786 datierten Schreiben:

„Das Kosten machende Vorhaben mit dem Portrait laßen Sie liegen. Mein einziges getroffenes Bildniß ist mit trokner Farben im Rahm, unter Glas u. läßt sich nicht verschicken. Meine Familie läßt es nicht. Eine gute Copie in Oehl macht hier Jemand für 4 Dukaten. Da ich oft genug schlecht gestochen bin, wer verlangt sonderlich was neues?"[29]

Bei dem von C. P. E. Bach favorisierten Porträt handelt es sich vermutlich um das von Johann Philipp Bach.

In diesem Zusammenhang ist zu erwähnen, daß Johann Sebastian Bach d. J. (1747–1778), der zweitälteste Sohn C. P. E. Bachs, ein begabter Zeichner war; eine stattliche Zahl seiner Porträts befanden sich in der Sammlung seines Vaters. Das NV (S. 131–142) enthält einen Anhang mit einem wesentlichen Teil seines Œuvres.

Von den Stichen und Pastellporträts C. P. E. Bachs ist kein einziges im NV genannt; dort findet sich (S. 95) lediglich der Eintrag „Bach, (C. P. E.) in Hamburg, J. S. zweyter Sohn. In Gips von Schubart", der sich vermutlich eher auf eine Gipsplakette im Relief als auf eine Gipsbüste bezieht. Es ist verständlich, das C. P. E. Bachs Witwe und Tochter seine Porträts nicht veräußern wollten.

Weitere Familienbildnisse in C. P. E. Bachs Sammlung stellen seine drei Brüder Wilhelm Friedemann, Johann Christoph Friedrich und Johann Christian dar – den Hallenser, Bückeburger und Londoner Bach. Diese Porträts entstanden jedoch erst später und können daher nicht über seinen Vater an C. P. E. Bach gelangt sein. Da jedoch fünf Porträts von Mitgliedern der Familie anscheinend aus dem Besitz J. S. Bachs in Leipzig stammten, besteht die Möglichkeit, daß auch weitere Porträts in der Sammlung des Sohnes aus

---

[28] Vgl. CPEB-Dok, Nr. 163; *The Letters of C. P. E. Bach*, übersetzt und hrsg. von S. L. Clark, Oxford 1997, S. 121 und 311.
[29] Vgl. CPEB-Dok, Nr. 531.

dem Nachlaß des Vaters übernommen wurden. Bevor jedoch Überlegungen angestellt werden, um welche Porträts es sich dabei handeln könnte, erscheint es angebracht, einen Blick auf das kunstsammelnde Umfeld in Leipzig zu werfen.

Leipziger Kunstsammlungen und Johann Sebastian Bach

Leipzig war im 18. Jahrhundert eine wohlhabende Stadt mit zahlreichen Kaufleuten, Gold- und Silberschmieden, Druckern und Verlegern. Die dreimal jährlich stattfindenden Leipziger Messen brachten der Stadt zusätzlichen Reichtum, und ihre angesehene Universität fügte dem kommerziellen Wohlstand noch eine intellektuelle Vorrangstellung hinzu. Verschiedene Institutionen der Stadt besaßen ihre eigenen Porträtsammlungen: Die Universität zeigte in ihrer Aula, der Paulinerkirche, Bildnisse von Professoren und anderen herausragenden Persönlichkeiten; in den beiden Hauptkirchen, St. Thomas und St. Nikolai, hingen Porträts des Klerus und der Superintendenten, und im Rathaus waren die Bürgermeister und Stadträte in Ölgemälden verewigt, von denen einige von Elias Gottlob Haußmann stammten. Auch die Leipziger Ratsbibliothek sammelte Gemälde und Drucke, darunter eine bedeutende Sammlung von Stichen, die der Bürgermeister Paul Wagner (1617–1697) angelegt und der Bibliothek vermacht hatte.[30]

Für Leipzig war die erste Hälfte des 18. Jahrhunderts eine bemerkenswerte Zeit, in der zahlreiche große öffentliche und private Gebäude errichtet oder erneuert wurden;[31] einige dieser Häuser beherbergten auch berühmte Kunstsammlungen. Zu den Persönlichkeiten – meist wohlhabende Kaufleute oder Professoren –, die sich auch als Kunstsammler einen Namen machten, zählten Christian Friedrich Boerner (1683–1753), Ordinarius für Theologie, Carl Christian Woog (1684–1760), Professor für klassische Sprachen, sowie Christian Ludwig Stieglitz (1677–1758), Ratsherr und Bürgermeister.[32] Doch keine dieser Sammlungen konnte sich mit dem messen, was sich in den herrschaftlichen Häusern fand, die gegenüber der Thomaskirche den Marktplatz

---

[30] Siehe S. Heiland, *Anmerkungen zur Richterischen Kunstsammlung*, in: Das Bosehaus am Thomaskirchhof. Eine Leipziger Kulturgeschichte, hrsg. von A. Schneiderheinze, Leipzig 1989), S. 171, Fußnote 31; zu Wagner siehe auch K. Kühling und D. Mundus, *Leipzigs regierende Bürgermeister vom 13. Jahrhundert bis zur Gegenwart. Eine Übersichtsdarstellung mit biographischen Skizzen*, Beucha 2000, S. 34 (Nr. 92).

[31] Vgl. G.B. Stauffer, *The Thomasschule and the Haus 'zum Goldenen Bären'*, in: J.S. Bach, the Breitkopfs, and Eighteenth-Century Music Trade, hrsg. von G.B. Stauffer, Lincoln 1996 (Bach Perspectives. 2.), S. 184–185.

[32] Siehe Kühling und Mundus (wie Fußnote 30), S. 44 (Nr. 106).

flankierten. Johann Christoph Richter (1689–1751), ein in der Kobaltverarbeitung tätiger Geschäftsmann, besaß in seinem herrschaftlichen Haus am Thomaskirchhof eine prächtige Kunstsammlung mit Gemälden und Porträts unter anderem von Raphael, Rubens und Titian sowie ungezählten Zeichnungen, Stichen und Skulpturen.[33] Gottfried Winckler (1731–1795), ein führender Leipziger Bankier, besaß in seiner Villa am Marktplatz eine gleichermaßen eindruckvolle Kunstsammlung mit Werken unter anderem von Breughel, Hals, Rembrandt, Rubens, Tintoretto und Leonardo da Vinci, die er mittwochs zwischen 2 und 4 Uhr nachmittags der Öffentlichkeit kostenfrei zugänglich machte.[34] Auch Johann Zacharias Richter (1696–1764), Ratsmitglied und Geschäftspartner seines Bruders Johann Christoph in der Kobaltgewinnung, hatte eine bedeutende Kunstsammlung, die im Laufe der Zeit alle anderen übertraf. Diese Sammlung befand sich zunächst in seinem Haus am Nikolaikirchhof. Nach dem Tod seiner zweiten Frau heiratete Johann Zacharias Richter am 6. Februar 1744 Christiana Sibylla Bose (1711–1749). Im folgenden Jahr erwarb er das Gebäude Thomaskirchhof Nr. 155 (heute Thomaskirchhof 16, Sitz des Bach-Archivs Leipzig) und verbrachte seine Bildersammlung und andere Kunstgegenstände in sein neues Zuhause, wo er sie im Laufe der Zeit erweiterte.[35] Er wohnte nun unmittelbar gegenüber der Thomasschule, wo die Familie Bach lebte.

Zwischen den Leipziger Familien Bose und Bach gab es zahlreiche Verbindungen, die ab den frühen 1730er Jahren dokumentiert sind.[36] Georg Heinrich

---

[33] Siehe C. Wolff, *Johann Sebastian Bach*, Frankfurt/Main 2000, S. 262. Johann Friedrich Christ (1700–1756), Professor für Geschichte und Poesie ab 1729, lebte im Hause Richters als eine Art Kurator. Christ plante eine Geschichte der neueren Kunst, veröffentlichte jedoch lediglich eine Biography von Lucas Cranach d. Ä.; siehe Heiland (wie Fußnote 30), S. 168, Fußnote 25. Christ trug im Richterschen Hause auch eine eigene Kunstsammlung zusammen, die nach seinem Tod versteigert wurde; siehe *Catalogue d'une grande collection d'estampes des meilleurs maitres d'Italie, de Flandres, de France, et d'Allemagne, qui doivent etre vendus au plus offrant, incontinent apres la vente de la seconde partie de sa bibliotheque*, Leipzig 1757.

[34] Siehe K. Czok, *Das alte Leipzig*, Leipzig 1985, S. 175–176.

[35] Nach dem Tod von Johann Zacharias Richter ging das Bose-Haus gemeinsam mit der Kunstsammlung in den Besitz seines Sohnes aus zweiter Ehe, Johann Thomas Richter (1728–1773), über. Dieser führte die Sammlung fort und machte sie der Öffentlichkeit zugänglich; vgl. *Nachricht von Richters Portrait, Leben und Kunstsammlung*, in: Neue Bibliothek der schönen Wissenschaften und der freyen Künste, 18. Band, Leipzig 1776, S. 303–322, Faksimile bei Heiland (wie Fußnote 30), S. 145–164.

[36] Siehe W. Neumann, *Eine Leipziger Bachgedenkstätte. Über die Beziehungen der Familien Bach und Bose*, BJ 1970, S. 19–31. Siehe auch K. Wiese und A. Fritz,

Bose (1682–1731) war 1710 in das Haus Thomaskirchhof Nr. 155 gezogen und wohnte dort bis zu seinem Tod im Jahr 1731; danach ging das Haus in den Besitz seiner Witwe Eva Sibylla Bose über, die 1741 verstarb.[37] Christiana Sibylla Bose – die neue Frau Richter – war im musikliebenden „Bose-Haus" aufgewachsen und wurde nun zur Hausherrin. Vier von Georg Heinrich Boses Kindern waren Paten von Kindern Johann Sebastian und Anna Magdalena Bachs, Christiana Sibylla Bose sogar bei zweien (das erste starb schon früh).[38] Anna Magdalena Bach scheint dieser Bose-Tochter besonders nahegestanden zu haben, da sie ihr 1741 ein Exemplar von Johann Jacob Rambachs *Betrachtungen über das gantze Leiden Christi* (Jena 1732) schenkte.[39]

In Leipzig war J.S. Bach mithin von einer ganzen Reihe verschiedener Kunst- und Porträtsammlungen umgeben, die ihm sicherlich vertraut waren und die er jederzeit besuchen konnte. War er nun auch selbst – in bescheidenem Umfang – ein Porträtsammler?

Es ist verbürgt, daß Bach Werke anderer Komponisten sammelte – seine Abschriften fremder Kompositionen wie auch sein Zusammenstellen des Alt-Bachischen Archivs sind gut dokumentiert.[40] Der Umfang seiner Bibliothek wird unter anderem durch die nach seinem Tod angefertigte Spezifikation seines Nachlasses bestätigt; außerdem hinterließ er eine bedeutende Sammlung von Tasten- und Streichinstrumenten.[41] Aber dürfen wir annehmen, daß Bach noch andere Dinge sammelte?

Hinweise hierfür finden sich wiederum in der Spezifikation seines Nachlasses. Der zweite Abschnitt verzeichnet das Bargeldvermögen des Verstorbenen. Dieses ist in drei Gruppen unterteilt: Goldmünzen, Silbermünzen und Münzen in Form von Medaillen („An Schaustücken").[42] Somit sammelte Bach also Medaillen, wobei allerdings nicht bekannt ist, wie viele er selbst erwarb und wie viele er von vornehmen Gönnern zum Geschenk erhielt.

Der entsprechende Teil der Spezifikation umfaßt zehn Positionen mit insgesamt siebzehn Medaillen. Leider ist keine von ihnen näher beschrieben, nur ihr

---

Bachs Nachbarn – Die Familie Bose, Katalog der Kabinettaustellung im Bach-Museum Leipzig vom 1. September 2005 bis 11. Januar 2006.

[37] Es ist wahrscheinlich, daß J.S. Bach sowohl für die Beisetzungen von Georg Heinrich und Eva Sibylla Bose als auch für die Hochzeit Richter-Bose 1744 die Musik beisteuerte, doch ist unbekannt, welche Werke bei diesen Gelegenheiten erklangen.

[38] Siehe die Übersicht in dem in Fußnote 36 genannten Ausstellungskatalog (S. 9).

[39] Siehe H.-J. Schulze, *Anna Magdalena Bachs „Herzens Freündin". Neues über die Beziehungen zwischen den Familien Bach und Bose*, BJ 1997, S. 151–153.

[40] Siehe vor allem K. Beißwenger, *Johann Sebastian Bachs Notenbibliothek*, Kassel 1992.

[41] Vgl. Dok II, Nr. 627 (S. 492–493).

[42] Ebenda, S. 491.

Geldwert ist angegeben; dies ist verständlich, da der Zweck der Spezifikation darin lag, den Wert von Bachs Nachlaß zu bestimmen, so daß dieser gerecht unter seinen Nachkommen aufgeteilt werden konnte. Das Interesse an Medaillen entwickelte sich bei Sammlern gegen Ende des 17. Jahrhunderts. In zweien der Städte, in denen Bach wirkte, gab es bedeutende Münz- und Medaillensammlungen, und er stand deren Kuratoren beruflich nahe. In Arnstadt war der Theologe Johann Christoph Olearius (1668–1747) zugleich auch Bibliothekar der bedeutenden Ratsbibliothek und Direktor des gräflichen Münzkabinetts. Olearius war einer der Pioniere der Numismatik; zwischen 1692 und 1709 veröffentlichte er siebzehn Studien in diesem Fachgebiet.[43] In Weimar war Bachs wichtigster Textdichter Salomon Franck (1659–1725) fürstlicher Bibliothekar und Kustos der bedeutenden herzoglichen Münz- und Medaillensammlung.

Medaillen erinnern gewöhnlich an besondere Ereignisse oder herausragende Persönlichkeiten. Viele wurden anläßlich von Jubiläen verschiedener reformatorischer Ereignisse geprägt, so etwa zu den Jahrestagen der Einführung der Reformation 1617, 1667 und 1717 oder der Augsburgischen Konfession 1630, 1680 und 1730 sowie bei ähnlichen Gelegenheiten. 1694 zum Beispiel erschien ein (in späteren Jahren erweiterter) Bericht über Luther und die Reformation, der mit zahlreichen Stichen solcher Gedächtnismedaillen ausgestattet war.[44] Natürlich wurden auch andere Ereignisse auf Medaillen festgehalten, immer aber war ein wesentlicher Aspekt solcher Erinnerungsstücke, daß es sich bei der Mehrzahl von ihnen um Porträts handelte. Somit ist es durchaus möglich, daß die in der Spezifikation von Bachs Nachlaß taxierten Medaillen eine kleine Porträtsammlung darstellten. Wir werden sicherlich nie erfahren, wer auf diesen Medaillen dargestellt war, oder auch nur, ob die Liste der Medaillen vollständig war; denn es gibt Hinweise, daß die Familie einige von Bachs Effekten bereits verteilt hatte, bevor das Inventar angelegt wurde. Immerhin aber weisen diese Medaillen darauf hin, daß Bach mehr als nur Musikhandschriften und Bücher sammelte.

---

[43] Siehe Zedler, Bd. 25 (1740), Sp. 1181–1182.
[44] C. Juncker, *Vita D. Martini Lutheri Et Successuum Euangelicae Reformationis Iubilaeorumque Evangelicorum Historia Nummis CXLV, atque Iconibus ... illustrata*, Frankfurt und Leipzig 1694; ²1699). Juncker baute diese Schrift später zu einem Katalog von Gedächtnismedaillen aus: *Das Guldene und Silberne Ehren-Gedächtniß Des Theuren Gottes-Lehrers D. Martini Lutheri ... Benebst Den vornehmsten Geschichten der Evangelischen Reformation ... aus mehr als Zwey hundert Medaillen oder Schau-Müntzen und Bildnissen von rarer Curiosität, mit Auserlesenen Anmerckungen, erkläret werden*, Frankfurt und Leipzig 1706; Faksimileausgabe: *Die Geschichte der Reformation in Münzen und Medaillen bis zum Jahre 1706*, Karlsruhe 1982.

In seiner für die deutsche Fassung von Charles Burneys Reisetagebuch verfaßten Autobiographie spricht C. P. E. Bach von seinen Erfahrungen in Leipzig in den Jahren 1723 bis 1734. Er bemerkt, daß er, obwohl er noch nicht weit gereist sei, schon viele führende Musiker seiner Zeit kennengelernt habe. Er schreibt:

„Dieser Mangel an auswärtigen Reisen, würde mir bey meinem Metier mehr schädlich gewesen seyn, wenn ich nicht von Jugend an das besondre Glück gehabt hätte, in der Nähe das Vortreflichste von aller Art von Musik zu hören und sehr viele Bekanntschaften mit Meistern vom ersten Range zu machen, und zum Theil ihre Freundschaft zu erhalten. In meiner Jugend hatte ich diesen Vortheil schon in Leipzig, denn es reisete nicht leicht ein Meister in der Musik durch diesen Ort, ohne meinen Vater kennen zu lernen und sich vor ihm hören zu lassen. Die Grösse dieses meines Vaters in der Komposition, im Orgel und Clavierspielen, welche ihm eigen war, war viel zu bekant, als daß ein Musikus vom Ansehen, die Gelegenheit, wenn es nur möglich war, hätte vorbey lassen sollen, diesen grossen Mann näher kennen zu lernen."[45]

In einem einige Jahre später verfaßten Brief an Forkel (13. Januar 1775) äußert er sich in ähnlicher Weise:

„Bey seinen vielen Beschäftigungen hatte er kaum zu der nöthigsten Correspondenz Zeit, folglich weitläuftige schriftliche Unterhaltungen konnte er nicht abwarten. Desto mehr hatte er Gelegenheit mit braven Leuten sich mündlich zu unterhalten, weil sein Haus einem Taubenhause u. deßen Lebhaftigkeit vollkommen gliche. Der Umgang mit ihm war jederman angenehm, u. oft sehr erbaulich."[46]

In seinen Briefen enthüllte C. P. E. Bach die Identität einiger dieser bedeutenden Musiker. Als ihm Johann Joachim Eschenburg, der Übersetzer von Burneys *An Account of the Musical Performances in Westminster Abbey and the Pantheon ... in Commemoration of Handel* (1785), seine deutsche Fassung zusandte, bestritt er in seiner Antwort vom 21. Januar 1786 Burneys Behauptung, daß Händel ein besserer Organist sei als sein Vater:

„Haße, die Faustina, Qvanz u.a. mehr, welche Händeln gut gekannt u. gehört haben, sagten *ao.* 1728 oder 1729, als mein Vater sich in Dreßden öffentlich hören ließ: *Bach hat das Orgelspielen aufs Höchste gebracht.*"[47]

C. P. E. Bach bezieht sich hier wahrscheinlich auf das Jahr 1731, als sein Vater nachweislich in Dresden war. Sein Schreiben läßt eine persönliche Bekanntschaft zwischen diesen führenden Musikern und dem älteren Meister ver-

---
[45] *Carl Burney's der Musik Doctors Tagebuch seiner Musikalischen Reisen. Dritter Band*, Hamburg 1773, S. 200–201. Siehe auch Dok III, Nr. 779.
[46] CPEB-Dok, Nr. 202, und Dok III, Nr. 803.
[47] CPEB-Dok, Nr. 529, und Dok III, Nr. 908.

muten. Wenn eine solche persönliche Verbindung wirklich bestanden hat, so wäre anzunehmen, daß diese Musiker bei einem Aufenthalt in Leipzig Bach einen Besuch abstatteten. Porträts aller drei Musiker – Hasse, dessen Frau Faustina Bordoni und Quantz – werden im NV genannt, wobei Zucchis Porträtstiche der Hasses wahrscheinlich zu spät erschienen, als daß J. S. Bach sie noch hätte erwerben können.[48] Und da Quantz später mit C. P. E. Bach in Berlin in enger Verbindung stand, erscheint die Annahme plausibler, daß der Sohn und nicht der Vater die beiden im NV (S. 117) genannten Porträts erwarb; dennoch bleibt diese Frage offen.

Es besteht die Möglichkeit, daß J. S. Bach als Verkaufsagent Kupferstiche von bekannten Musikern vertrieb, ähnlich wie er es für Bücher wie Heinichens *Der General-Baß in der Composition* und Walthers *Musicalisches Lexicon* tat.[49] Da viele bedeutende Musiker J. S. Bach in Leipzig besuchten – siehe die oben zitierten Bemerkungen seines Sohnes –, wäre es ganz natürlich, daß er einen Vorrat ihrer gestochenen Porträts hatte, die dann von Besuchern des Bachschen Hauses erworben werden konnten.

Alles erwogen, scheint es hinreichende Indizien dafür zu geben, daß J. S. Bach in bescheidenem Umfang Musikerporträts sammelte. Wie Percy A. Scholes in einer Fußnote zu seiner Ausgabe von Burneys Reisen bemerkt: „C. P. E. Bach apparently made the practice of acquiring whenever possible portraits of his distinguished musical visitors; in this he seems to have followed the custom of his father."[50] Wenn einige dieser Porträts tatsächlich aus dem Besitz J. S. Bach stammten, wie wären sie in der Aufstellung des NV zu identifizieren?

Porträts, die möglicherweise aus dem Besitz J. S. Bachs stammten

Will man herausfinden, welche Porträts C. P. E. Bach von seinem Vater geerbt haben könnte, so sind zunächst in der Aufstellung des NV die Namen all derer zu ignorieren, deren berufliche Laufbahn in der zweiten Hälfte des 18. Jahrhunderts zur Blüte kam. Als nächstes können auch diejenigen Musiker ausgeschlossen werden, mit denen C. P. E. Bach in Berlin und Hamburg

---

[48] Vgl. NV, S. 106. Hasses Name erscheint in C. P. E. Bachs kurzer Liste von Komponisten, die sein Vater „in der letzten Zeit" hochschätzte; vgl. CPEB-Dok, Nr. 202, und Dok III, Nr. 803. A. M. Bach trug Hasses Polonaise in G-Dur (BWV Anh. 130) vor 1733/34 in ihr Notenbüchlein ein; vgl. Beißwenger (wie Fußnote 40), S. 294 (I/H/3).
[49] Vgl. Dok II, Nr. 260.
[50] *Dr. Burney's musical tours in Europe*, hrsg. von P. A. Scholes, London 1959, Bd. 2, S. 219, Fußnote 2.

zusammenarbeitete. Diese Trennung ist weitgehend unproblematisch, doch gibt es einige unsichere Fälle – nämlich dort, wo ein Musiker sowohl mit dem Vater als auch dem Sohn persönlich bekannt war, also etwa Quantz, Buffardin und C.P.E. Bachs Pate Telemann.[51] Ein drittes Ausschlußkriterium betrifft die Porträts und Stiche, die erst nach J.S. Bachs Tod angefertigt wurden; hier sind neben anderen Namen wiederum Quantz, Buffardin und Telemann zu nennen, deren Porträts erst zu einer späteren Zeit entstanden zu sein scheinen. Auch Musiker, die zwar vor der Zeit J.S. Bachs wirkten, deren Porträts aber erst nach 1750 gemalt, gezeichnet oder gestochen wurden, können aus der Betrachtung ausgesondert werden. Andererseits ist auch nicht grundsätzlich davon auszugehen, daß alle Porträts früherer Musiker aus dem Besitz J.S. Bachs stammten. Erst im Oktober 1784 zum Beispiel bat C.P.E. Bach Breitkopf, ihm ein Porträt von Georg Rhau, dem Kollegen Martin Luthers und Herausgeber früher protestantischer Kirchenmusik, zu besorgen.[52]

Neben diesen Ausschlußkriterien gibt es aber auch positive Indizien – Darstellungen von Musikern etwa, die wie J. S. Bach als Musikdirektor, Kapellmeister, Organist oder Geiger wirkten und die daher sein besonderes Interesse geweckt haben könnten. Ein weiteres wichtiges – wenngleich wiederum nicht zwingendes – Kriterium ist der Hinweis, ob ein Porträt in C.P.E. Bachs Sammlung gerahmt war. Wie bereits erwähnt wurde, verfügte C.P.E. Bach im letzten Jahrzehnt seines Lebens nicht mehr über genügend freie Wandflächen und bewahrte neu erworbene Porträts daher in einer Mappe auf, anstatt sie aufzuhängen.

Die Porträts, bei denen am ehesten anzunehmen ist, daß sie über seinen Vater in C.P.E. Bachs Besitz kamen, sind im Anhang genannt. Es handelt sich hier allerdings nur um einen möglichen, nicht einen zwingenden Provenienzgang, da dessen Bestimmung ohne weitere dokumentarische Belege immer spekulativ bleibt. Trotzdem aber können diese Porträts einige interessante Facetten der Beziehungen zwischen Vater und Sohn beleuchten.

Im folgenden kann aus Platzgründen nicht jedes einzelne Porträt kommentiert werden, die Anmerkungen sind daher eher repräsentativ als erschöpfend und wollen vor allem die wesentlichen Aspekte verdeutlichen.

A. Kapellmeister, Musikdirektoren usw.

J.S. Bach war Kapellmeister und Director musices, und es ist daher anzunehmen, daß er ein besonderes Interesse an Kollegen in vergleichbaren Stellungen hatte. Anhang A nennt 22 Musiker, die solche Positionen innehatten. Auch Georg Friedrich Händel (NV, S. 106) würde in diesen Kreis gehören, doch der Stich von Faber in C.P.E. Bachs Besitz erschien in den

---

[51] Zu J.S. Bachs Bekanntschaft mit Telemann siehe Dok III, Nr. 803.
[52] Siehe Fußnote 13.

späten 1740er Jahren und es ist daher unwahrscheinlich, daß er noch von J. S. Bach erworben wurde.[53]

Leonhard Paminger, der österreichische Komponist, Dichter und Theologe, war ein enger Vertrauter von Luther und Melanchthon in Wittenberg und gilt als einer der bedeutendsten Musiker der Reformation. Im NV (S. 115) wird er als „Lutheri Amicus" bezeichnet. Es ist unklar, ob es sich dabei um das Zitat einer Inschrift in dem Holzschnitt handelt oder ob diese Bezeichnung von J. S. Bach oder C. P. E. Bach stammt. In den vier Bänden (sechs weitere geplante Bände sind nie erschienen) seiner *Ecclesiasticarum cantionum* (Nürnberg 1573–1580) veröffentlichte Paminger zahlreiche meist eigene Vertonungen von liturgischen Proprien des protestantischen Kirchenjahrs. Seine Werke machen ausführlich Gebrauch vom kanonischen Kontrapunkt, und dies dürfte speziell die Aufmerksamkeit des älteren Bach geweckt haben, falls er Pamingers Musik je kennengelernt hat.

Die Musik von Giovanni Pierluigi da Palestrina ist der Inbegriff des *stile antico*. J. S. Bach war sich der Bedeutung von Palestrinas Stil wohl bewußt und kopierte um 1742 Teile von dessen Missa sine nomine; diese Quelle gelangte später in den Besitz C. P. E. Bachs.[54]

Wie zu erwarten sind bei den in Anhang A genannten Personen Verbindungen zu Leipzig besonders häufig anzutreffen. Seth Calvisius, Vorgänger J. S. Bachs im Thomaskantorat aus dem 16. Jahrhundert, muß diesem besonders vertraut gewesen sein, da zum Beispiel Calvisius' vierstimmige Vertonungen geistlicher Lieder in der Ausgabe von Erhard Bodenschatz *Florilegium selectissimorum hymnorum quatuor vocum* (Erstausgabe 1606, zahlreiche weitere Auflagen) in den Leipziger Kirchen weiterhin verwendet wurden; noch 1736/37 erwarben die beiden Leipziger Hauptkirchen neue Exemplare.[55] Den *Leipziger Kirchen Andachten* (Leipzig 1694) ist zu entnehmen, daß eine im ersten Teil von Bodenschatz' Motettensammlung *Florilegium selectissimarum cantionum* (1603, zahlreiche spätere Auflagen) enthaltene Motette von Calvisius gewöhnlich am 15. Sonntag nach Trinitatis gesungen wurde.[56]

---

[53] Ein anonymer, vermutlich von C. P. E. Bach stammender Brief (datiert 27. Februar 1788) zitiert eine Passage von Marpurg, der eine chronologische Aufstellung von Gelegenheiten gibt, bei denen Händel die Möglichkeit zu einer persönlichen Bekanntschaft mit Bach vermieden hat. Siehe Dok III, Nr. 927 (S. 442–443). Dies könnte bedeuten, daß Bach an einem Porträt Händels vielleicht gar nicht interessiert gewesen wäre. Andererseits erscheint auch Händels Name in der erwähnten Liste von Komponisten, die J. S. Bach in seinen letzten Lebensjahren geschätzt haben soll (vgl. Fußnote 48).

[54] Siehe Beißwenger (wie Fußnote 40), S. 305 (I/P/2), und NV, S. 87.

[55] Siehe Dok II, Nr. 407.

[56] Vgl. R. A. Leaver, *Introit, Hymn or Motet? Liturgical Practice in Leipzig During*

Jacob Meiland war ein protestantischer Komponist der zweiten Generation; er studierte bei Luthers Kollegen Johann Walter und dessen Dresdner Nachfolger Matthaeus Le Maistre. Die *Leipziger Kirchen Andachten* geben an, daß eine von Bodenschatz veröffentlichte Motette von Meiland am vierten Advent in den Leipziger Kirchen gesungen wurde.

Johann Kuhnau war J. S. Bachs unmittelbarer Vorgänger als Thomaskantor. Bachs Wahl des Titels „Clavier-Übung" für seine Sammlungen von Tastenwerken war sicher von Kuhnaus Verwendung des gleichen Titels beeinflußt.

Jacob Handl (Gallus) hatte Verbindungen zu Leipzig, nicht weil er dort gewirkt hätte, sondern weil seine Motetten in den Gottesdiensten der dortigen Kirchen eine besondere Stellung einnahmen. Den *Leipziger Kirchen Andachten* ist wiederum zu entnehmen, daß nicht weniger als vierzehn seiner Werke (sämtlich bei Bodenschatz veröffentlicht) an verschiedenen Sonntagen des Kirchenjahres gesungen wurden und einer fünfzehnten in der Karwoche ein herausragender Platz beschieden war. Bei letzterer handelt es sich um die Motette „Ecce quomodo moritur justus", die sowohl bei Bodenschatz als auch in Vopelius' *Neu Leipziger Gesangbuch* (1682) enthalten ist und stets erklang, nachdem am Palmsonntag Johann Walters Mathäus-Passion und am Karfreitag Walters Johannes-Passion als Evangelium gesungen worden waren, außerdem unmittelbar nach der figuralen Aufführung einer Passion in der Nachmittagsvesper am Karfreitag. Die Motette ist daher eng mit J. S. Bachs Passionsmusiken verbunden.

Unter den übrigen Kapellmeistern und Musikdirektoren gibt es noch andere, die in Bodenschatz' Motetten-Anthologien prominent vertreten sind und laut den *Leipziger Kirchen Andachten* regelmäßig in der Leipziger Liturgie gesungen wurden, darunter elf Motetten von Gumpelzhaimer und acht von Lassus.

Der Einfluß von Heinrich Schütz, dem berühmten Dresdner Kapellmeister, konnte von einem protestantischen Kirchenmusiker des 18. Jahrhunderts nicht ignoriert werden. Doch J. S. Bach mag ein ganz besonderes Interesse an Schütz gehegt haben. Wie Ulrich Leisinger zeigen konnte, ging dem NV von 1790 der Katalog einer Auktion voraus, die ein Jahr zuvor in Hamburg stattgefunden hatte und auf der Musikalien und Bücher aus dem Besitz C. P. E. Bachs versteigert wurden.[57] Diesem Katalog ist zu entnehmen, daß C. P. E. Bach ein Exemplar der von dem Dresdner Hofprediger Martin Geier 1672 gehaltenen Leichenpredigt auf Heinrich Schütz besaß.[58] Da J. S. Bach auch ein Exemplar

---

Bach's Cantorate, unveröffentlichtes Referat, gehalten auf der Bach-Konferenz Eisenach, März 2002.

[57] U. Leisinger, Die „Bachische Auktion" von 1789, BJ 1991, S. 97–126.

[58] Ebenda, S. 121 (Los-Nr. 367). Siehe auch R. A. Leaver, *Music in the Service of the Church: The Funeral Sermon for Heinrich Schütz (1585–1672)*, St. Louis

einer Predigtsammlung von Geier besaß,[59] ist mit großer Wahrscheinlichkeit anzunehmen, daß C.P.E. Bach das Exemplar der Leichenpredigt zusammen mit dem Porträt von Schütz von seinem Vater erhielt.

Neben Schütz gab es in C.P.E. Bachs Sammlung noch Bildnisse weiterer Komponisten, etwa Hammerschmidt und Briegel, die wesentlich zur Entwicklung der protestantischen Kirchenkantate im späten 17. Jahrhundert beitrugen; auch sie dürften den älteren Bach besonders interessiert haben.

Andere Porträts standen in Verbindung mit der Entwicklung des Chorals im 17. Jahrhundert. Johann Jeep stellte die bedeutende und einflußreiche Choralsammlung *Geistliche Psalmen und Kirchengesänge ... auff alle Fest-, Sonn- und Feyertäge* (Frankfurt/Main 1629) zusammen. Johann Crüger gab das am weitesten verbreitete Gesangbuch seiner Zeit, die „Praxis pietatis melica" heraus, das zuerst 1647 in Berlin erschien und 1737 bereits seine 45. Auflage erlebte. Dem Auktionskatalog von 1789 ist zu entnehmen, daß C.P.E. Bach eine Kopie von Crügers Gesangbuch besaß (anscheinend die 28. Auflage von 1689), und es ist denkbar, daß er es von seinem Vater geerbt hatte.[60] Zwei weitere Positionen im Auktionskatalog von 1789 enthalten Vertonungen von Dichtungen Johann Rists – die *Sabbathische Seelenlust* (Lüneburg 1651) mit Werken von Johann Selle und die *Himmlischen Lieder* (Lüneburg 1658) mit Werken von Johann Schop. Auch diese Bände stammten wahrscheinlich von C.P.E. Bachs Vater, der sie möglicherweise bereits in seinen Lüneburger Jahren erstanden hatte.[61]

B. Organisten

Obwohl er seine Tätigkeit als Organist bereits 1717 aufgegeben hatte, stellte J.S. Bach seine virtuosen Fähigkeiten auf diesem Instrument bis an sein Lebensende immer wieder unter Beweis. Der Nekrolog (1754) beschreibt ihn als „im Orgelspielen weltberühmt".[62] Somit ist es bei den im NV speziell als Organistenporträts ausgewiesenen Bildnissen ganz besonders wahrscheinlich, daß sie bereits von J.S. Bach erworben wurden.

Johann Jeep wird zwar nicht als Organist bezeichnet, war aber durchaus für sein Orgelspiel bekannt.

Daß J.S. Bach Interesse an Frescobaldi hatte, zeigt sich an seiner mit Signatur und der Jahreszahl „1714" versehenen Abschrift der *Fiori musicali*, die seit

---

1984. – Geier wirkte von 1669 bis 1665 als Professor für Hebräisch und als Superintendent in Leipzig.
[59] M. Geier, *Zeit und Ewigkeit*, Leipzig 1670; siehe R.A. Leaver, *Bachs theologische Bibliothek*, Stuttgart 1983, S. 119 (Nr. 25).
[60] Leisinger (wie Fußnote 57), S. 109.
[61] Ebenda, S. 122 (Nr. 393–394); siehe auch Beißwenger (wie Fußnote 40), S. 109.
[62] Dok III, Nr. 666 (S. 80).

dem Zweiten Weltkrieg verloren sind.[63] Neben den Orgelwerken dieses Italieners kopierte Bach die *Livres d'Orgue* der französischen Organisten de Grigny und Du Mage; es ist daher schwer vorstellbar, daß er die Musik der führenden deutschen Organisten des 17. Jahrhunderts wie etwa Scheidt, Scheidemann und Kindermann ignoriert hätte. Reinken kannte J. S. Bach persönlich. Im Nekrolog heißt es:

„Während dieser Zeit, ungefehr im Jahr 1722, that er eine Reise nach Hamburg, und ließ sich daselbst ... auf der schönen Catharinenkirchen Orgel, mit allgemeiner Verwunderung mehr als 2 Stunden lang, hören. Der alte Organist an dieser Kirche, Johann Adam Reinken, der damals bey nahe hundert Jahre alt war, hörete ihm mit besondern Vergnügen zu, und machte ihm, absonderlich über den Choral: An Wasserflüssen Babylon, welchen unser Bach, auf Verlangen der Anwesenden, aus dem Stegreife, sehr weitläuftig, fast eine halbe Stunde lang, auf verschiedene Art ... ausführete, folgendes Compliment: Ich dachte, diese Kunst wäre gestorben, ich sehe aber, daß sie in Ihnen noch lebet ... Reinken nöthigte ihn hierauf zu sich, und erwies ihm viel Höflichkeit."[64]

Die Choralfantasie „An Wasserflüssen Babylon" BWV 653 wurde sicherlich als Hommage an den alten Mann abgeschrieben, ebenso wie die verschiedenen Bearbeitungen von Reinkens Werken für Tasteninstrumente (BWV 954, 965 und 966),[65] auch wenn sie bereits vor Bachs persönlicher Begegnung mit Reinken entstanden.

Zwei Organisten waren in Leipzig tätig – Werner Fabricius, Organist an der Nikolaikirche, und Daniel Vetter, sein Schüler und Nachfolger. Dem Auktionskatalog von 1789 ist zu entnehmen, daß C. P. E. Bach ein Exemplar der gedruckten Predigt besaß, die der Pfarrer der Nikolaikirche Johann Thilo 1679 bei Fabricius' Beerdigung hielt. Wie Geiers Leichenpredigt für Heinrich Schütz übernahm C. P. E. Bach auch diese Predigt höchstwahrscheinlich aus dem Nachlaß seines Vaters.[66] Daniel Vetter veröffentlichte unter dem Titel *Musicalische Kirch- und Hauß-Ergötzlichkeit* (Leipzig 1709–1713) eine Sammlung von Orgelchorälen, die J. S. Bach zugänglich gewesen sein muß oder die sich in seinem Besitz befand, da er Vetters Satz von „Liebster Gott, wenn werd ich sterben" in seiner Kantate BWV 8 (1724) als Schlußchoral verwendete.[67]

Der Name des französischen Organisten Louis Marchand wird vor allem im Zusammenhang mit dem Dresdner Orgelwettstreit von 1717 genannt; von

---

[63] Beißwenger (wie Fußnote 40), S. 284 (I/F/2).
[64] Dok III, Nr. 666 (S. 84).
[65] Siehe Beißwenger (wie Fußnote 40), S. 369–371 (II/R/2–4).
[66] Vgl. Leisinger (wie Fußnote 57), S. 102–103 und S. 122 (Los-Nr. 366); siehe auch Beißwenger, S. 109.
[67] Siehe Beißwenger (wie Fußnote 40), S. 321 (I/V/1).

dieser Anekdote gibt es eine Reihe unterschiedlicher Fassungen, die aber alle sicherlich auf J. S. Bach zurückgehen.[68] Was immer Bach von Marchands überstürzter Abreise aus Dresden gehalten haben mag, so ist doch davon auszugehen, daß er die bedeutende Reputation anerkannte, die der französische Organist sich erworben hatte.

C. Andere Musiker

Es ist anzunehmen, daß J. S. Bach auch noch von anderen Musikern Porträts besaß, vor allem von solchen, mit denen er persönlich bekannt war. Er reiste häufig nach Dresden, um sich Opernaufführungen anzusehen, und es erscheint daher denkbar, daß er Porträts von Sängern sammelte, die er besonders bewunderte – etwa von Santa Stella Lotti oder ganz besonders von Faustina Hasse, die nachweislich mit dem Thomaskantor bekannt war.[69] Die in C. P. E. Bachs Sammlung überlieferten Stiche wurden allerdings wahrscheinlich zu spät gefertigt, als daß sie noch aus dem Besitz seines Vaters hätten stammen können.

Es wird häufig übersehen, daß J. S. Bach wie sein Vater ein ausgezeichneter Geiger war. Seine erste berufliche Anstellung am Hof zu Weimar war die eines Geigers; später, nachdem er das Amt des Weimarer Hoforganisten bekleidete, wurde er zum Konzertmeister der Hofkapelle ernannt. In einem Brief an Forkel vom Dezember 1774 schreibt C. P. E. Bach über das Violinspiel seines Vaters: „In seiner Jugend bis zum ziemlich herannahenden Alter spielte er die Violine rein u. durchdringend."[70] Es ist daher erwähnenswert, daß das NV eine Reihe von Porträts berühmter Geiger nennt. H. I. F. Biber war sicherlich der herausragendste Violinvirtuose des 17. Jahrhunderts und es ist anzunehmen, daß J. S. Bach als junger Geiger nicht nur dessen Ruhm, sondern auch Bibers Violinsonaten kannte. Von besonderer Bedeutung ist auch die Beschreibung Vivaldis als Geiger, dessen Werke Bach in Weimar und auch später in Leipzig kennenlernte und bearbeitete.[71]

Der Dresdner Konzertmeister Johann Georg Pisendel, ein bekannter Violinvirtuose, war mit J. S. Bach persönlich bekannt. Nach dessen Tod schrieb Pisendel an Telemann einen Brief, in dem er andeutete, er habe den „alten Bach" gut gekannt.[72] Bei Pisendels Porträt handelt es sich, wie dem NV (S. 115) zu entnehmen ist, um eine Zeichnung und nicht um einen veröffent-

---

[68] Vgl. Dok II, Nr. 441 (S. 348), und Dok III, Nr. 666 (S. 83–84).
[69] Vgl. NV, S. 111 und 106.
[70] Dok III, Nr. 801 (S. 285), und CPEB-Dok, Nr. 196 (S. 458).
[71] Siehe Beißwenger (wie Fußnote 40), S. 380–386 (II/V/1–8); vgl. auch BWV 592–596, 972–973, 975–976, 978, 980 und 1065.
[72] Vgl. Dok III, Nr. 629.

lichten Stich; dies weist ebenso wie der Zusatz „sehr ähnlich" auf eine persönliche Verbindung zur den Bachs hin.[73]

Die Laute schätzte J.S. Bach offenbar ganz besonders. Erwähnenswert erscheint daher, daß sich unter den Porträts eine bedeutende Gruppe bekannter Lautenisten findet.[74] Ernst Gottlieb Baron war mit Vater und Sohn Bach persönlich bekannt; nachdem er zwischen 1719 und 1722 in Leipzig studiert hatte, besuchte er eine Reihe von sächsischen Höfen, darunter auch Köthen, wo Bach zu der Zeit als Kapellmeister wirkte; 1737 wurde Baron schließlich Lautenist in der Kapelle des preußischen Kronprinzen, wo er und C.P.E. Bach Kollegen waren. Seine Schrift „Historisch-theoretische und practische Untersuchung des Instruments der Lauten" (Nürnberg 1727) enthält einen kurzen Kommentar zu Bach: „Herr Hendel in Engelland und der berühmte Herr Capell-Meister Bach in Leipzig spielen das *Clavir*, *Clavicin* und Orgel weit besser als Herr *Matheson*, *componir*en auch gelehrtere Sachen, die bey Music-Verständigen weit mehr *Aprobation* finden als seine."[75] Dem Auktionskatalog von 1789 ist zu entnehmen, daß C.P.E. Bach ein Exemplar von Barons Buch besaß;[76] er könnte es selber gekauft oder von Baron als Geschenk erhalten haben; ich halte es jedoch für wahrscheinlicher, daß er es von seinem Vater erbte.

Angesichts seiner engen Kontakte zu den Musikern am Dresdner Hof überrascht es nicht, daß der Dresdner Lautenist Silvius Leopold Weiss in Bachs Leipziger Haus zu Gast war,[77] und wahrscheinlich überreichte er dem Thomaskantor bei dieser Gelegenheit ein Exemplar seines gestochenen Porträts. Ähnlich war vielleicht auch der auf dem Bild von Haußmann basierende Porträtstich von Gottfried Reiche ein Geschenk des Trompeters, der bis zu seinem Tod im Jahr 1734 eng mit Bach zusammenarbeitete.

D. Musiktheoretiker und Historiker

Schon ein kurzer Blick auf J.S. Bachs Kompositionen zeigt, daß er sich intensiv mit musiktheoretischen Schriften auseinandergesetzt haben muß. Es ist bekannt, daß er Johann Joseph Fux' *Gradus ad Parnassum* (Wien 1725) besaß[78] und das Buch wahrscheinlich auch im Unterricht verwendete.[79] Höchstwahr-

---

[73] Die Zeichnung befindet sich heute in D-B; vgl. Fußnote 2.
[74] Faustina Bordoni (Hasse) wurde mehrfach in Gemälden und Kupferstichen porträtiert. Auf einigen Bildnissen ist sie mit der Laute dargestellt, allerdings nicht in dem Stich aus C.P.E. Bachs Sammlung.
[75] Dok II, Nr. 240.
[76] Leisinger (wie Fußnote 57), S. 122 (Los-Nr. 391).
[77] Vgl. Dok II, Nr. 448.
[78] Vgl. Dok I, S. 270; siehe auch Beißwenger (wie Fußnote 40), S. 285 (II/F/4).
[79] Dies bedeutet nicht eine sklavische Abhängigkeit von den dort vorgestellten Lehr-

scheinlich war es Bach, der Lorenz Christoph Mizler ermutigte, von Fux' Abhandlung eine deutsche Übersetzung anzufertigen, die dann 1742 veröffentlicht wurde.[80] J.S. Bach verwendete Mizlers Übersetzung nicht nur in seinem Unterricht, er erweiterte sie noch durch ein Beispiel im fünfstimmigen Satz, der bei Fux ausgespart bleibt.[81]

Cochlaeus schrieb eine grundlegende musiktheoretische Abhandlung, die zuerst 1504 veröffentlicht wurde und in ihrer erweiterten Fassung im 16. Jahrhundert ein weitverbreitetes Unterrichtswerk war. Cochlaeus ist auch als Lehrer von Heinrich Glarean bekannt, dem Autor des *Dodecachordon* (Basel 1547), der für seine polemischen Attacken gegen Luther berüchtigt war.

Der humanistische Gelehrte, Arzt und Bibliograph Conrad Gesner kompilierte 1548 als Buch 7 seiner umfassenden Universalbibliographie eine ausführliche Liste theoretischer und praktischer musikalischer Werke.[82]

Michael Praetorius war nicht nur ein führender Komponist des frühen 17. Jahrhunderts, sondern auch ein erstrangiger Theoretiker. Die drei Bände seines *Syntagma musicum* bilden eine wahre Enzyklopädie der Musik, die nachfolgenden Generationen als Nachschlagewerk diente. Der Auktionskatalog von 1789 belegt, daß C.P.E. Bach alle drei Bände besaß.[83] Auch sie könnten durchaus aus der Bibliothek seines Vaters stammen.

Johann Andreas Herbst ist insofern mit Praetorius verbunden, als es sich bei seiner *Musica practica* (Nürnberg 1642) in vieler Hinsicht um eine stark überarbeitete Neufassung von Praetorius' *Syntagma musicum* handelt und seine unter dem Titel *Musica poetica* (Nürnberg 1643) veröffentlichte Kompositionslehre den Inhalt des geplanten vierten Bands des *Syntagma musicum* abdeckt.

Der andere Musikenzyklopädist des 17. Jahrhunderts war der Polyhistor Athanasius Kircher, dessen *Musurgia universalis* (Rom 1650) von späteren Autoren ausgiebig zitiert wurde. J.S. Bach dürfte die Bedeutung dieser Schrift

---

methoden. Vgl. speziell C.P.E. Bachs Bemerkung in seinem Brief an Forkel vom 13. Januar 1775: „In der Composition gieng er gleich an das Nützliche mit seinen Scholaren, mit Hinweglaßung aller trockenen Arten von Contrapuncten, wie sie in Fuxen u. anderen stehen"; vgl. Dok III, Nr. 803 (S. 289).

[80] *Gradus ad Parnassum, oder, Anführung zur regelmässigen musikalischen Composition*, übersetzt von L.C. Mizler von Kolof, Leipzig 1742 (Faksimileausgabe: Hildesheim 1974).

[81] Siehe C. Wolff, *Johann Sebastian Bachs Regeln für den fünfstimmigen Satz*, BJ 2004, S. 87–99.

[82] Siehe L.F. Bernstein, *The Bibliography of Music in Conrad Gesner's Pandectae (1548)*, in: Acta Musicologica 45 (1973), S. 119–163.

[83] Leisinger (wie Fußnote 57), S. 121 (Los-Nr. 358, 359 und 364).

bewußt gewesen sein, und dies hat ihn vielleicht bewogen, Kirchers Porträt zu erwerben.

Der Sänger, Komponist und Musiktheoretiker Georg Heinrich Bümler war Gründungsmitglied von Mizlers „Correspondierender Societät" und interessierte sich intensiv für Mathematik, Astronomie, Optik, Chronometrie und gleichschwebende Temperatur.[84] Da auch J.S. Bach Mitglied von Mizlers Societät war, steht zu vermuten, daß er Bümlers Porträt erwarb.

Der Umstand, daß die Porträts von Praetorius, Herbst, Kircher und Bümler gerahmt waren, erhöht die Wahrscheinlichkeit, daß sie bereits von J.S. Bach erworben wurden.

E. Frühe Wissenschaftler und Philosophen

Die wenigen in der Porträtsammlung enthaltenen Philosophen betonen die Verbindungen zwischen der Mathematik und der Musik. Allerdings grenzen Keplers Äußerungen zur Kosmologie an die Theologie – ebenso wie die Schriften von Robert Fludd, der Keplers *Harmonice mundi* (1619) heftig kritisierte. Leibniz wurde in Leipzig geboren und wuchs dort auf, was das Interesse der Bachs an seinem Porträt erklären mag. Da keines dieser Bildnisse gerahmt ist, kamen sie vielleicht erst spät in C.P.E. Bachs Besitz und wurden direkt der Sammelmappe einverleibt, anstatt mit den übrigen Porträts aufgehängt zu werden.

F. Reformatoren und Theologen

Obwohl nur die Porträts von Martin Luther und Hans Sachs gerahmt waren, bedeutet dies nicht zwingend, daß die Bildnisse der übrigen Reformatoren und Theologen erst spät in C.P.E. Bachs Sammlung aufgenommen wurden. Möglicherweise wurden sie nicht zusammen mit den übrigen Bildnissen aufgehängt, weil es sich nicht in erster Linie um ausübende Musiker handelte. Dennoch stellen diese Porträts eine bemerkenswerte Gruppe dar.

An erster Stelle steht Martin Luther, der von einem Künstler namens Pachwill porträtiert wurde, den ich nicht identifizieren konnte. Luther wurde wahrscheinlich nicht so sehr wegen seiner Rolle als Reformator in die Sammlung aufgenommen als vielmehr, weil er der Begründer der protestantischen Choraltradition war.[85] Unterstützt wird diese Vermutung durch das Vorhandensein weiterer Porträts, wie das von Hans Sachs, Luthers glühendem Anhänger aus Nürnberg, dessen 26 Liedtexte in späteren Gesangbüchern erschienen,[86]

---

[84] Vgl. J. Mattheson, *Critica musica*, Bd. 1, Hamburg 1722 (Faksimileausgabe: Amsterdam 1964), S. 52–53.

[85] Siehe P. Wackernagel, *Das deutsche Kirchenlied von der ältesten Zeit bis zu Anfang des XVII. Jahrhunderts*, Leipzig 1864–1877 (Reprint: Hildesheim 1964, Bd. 3, S. 3–31 (Nr. 1–54).

[86] Ebenda, S. 55–74 (Nr. 80–106).

oder das von Cyriacus Spangenberg, der Predigten über und Sammlungen von Luthers Liedern veröffentlichte.[87]

Desiderius Erasmus, der berühmteste humanistische Gelehrte des 16. Jahrhunderts, befaßte sich zwar auch mit der Reformation, blieb aber dem katholischen Glauben treu. Obwohl er in der Reformationsdebatte über die Freiheit des Willens Luthers Gegner war, wandte Erasmus sich in seinen Schriften gegen eine Musik, in der die Worte so in das kontrapunktische Gewebe eingebunden sind, daß sie nicht mehr zu verstehen sind;[88] hierin stimmte er mit Luther überein, der ebenfalls ein musikalisches Ideal bevorzugte, bei dem der Text vorrangig zur Geltung kommt.[89]

Luthers engster Mitarbeiter Philipp Melanchthon war vermutlich in der Porträtsammlung vertreten, weil er Vorworte zu Musikdrucken wie Lucas Lossius' *Psalmodia* (Nürnberg 1553, revidierte Neuausgaben Wittenberg 1561–1595) schrieb,[90] oder weil es sich bei dem Choral „Ach bleib bei uns, Herr Jesu Christ" um die deutsche Fassung seines lateinischen Kirchenlieds „Vespera iam venit" handelt.

Wolfgang Musculus (Meuslin), ein Zeitgenosse Luthers, veröffentlichte 1536 in Wittenberg eine Beschreibung der Lutherischen Liturgie und ihrer Musik; außerdem schrieb er eine Reihe von geistlichen Liedern.[91] Später wurde er jedoch ein Anhänger Calvins. Seine Aufnahme in die Bachsche Porträtsammlung beruht sicherlich auf dem Umstand, daß er seine berufliche Laufbahn als Organist begann, wie Walthers *Musikalischem Lexicon* von 1732 zu entnehmen ist.[92]

Stephanus Szegedinus (Kis) war ein bedeutender Reformator in Ungarn. Von 1543 bis 1545 studierte er in Wittenberg bei Luther und Melanchthon, später

---

[87] Beispielsweise *Drey Schöne Osterpredigten uber den Christlichen Lobgesang Christ lag in todes banden*, Eisleben 1560, und *Cythera Lutheri. Die schönen Christlichen trostreichen Psalmen und Geistlichen Lieder des ... D. Martini Lutheri*, 4 Teile, Erfurt 1569–1570.

[88] Siehe H. Fleinghaus, *Die Musikanschauung des Erasmus von Rotterdam*, Regensburg 1984.

[89] Vgl. auch C.P.E. Bachs Mitteilung an Forkel in seinem Brief von Ende 1774 (Dok III, Nr. 801): „Bei des seeligen Kirchensachen kan angeführt werden, daß er devot u. dem Inhalte gemäß gearbeitet habe, ohne comische Verwerfung der Worte, ohne einzelne Worte auszudrücken, mit Hinterlaßung des Ausdruckes des ganzen Verstandes, wodurch oft lächerliche Gedanken zum Vorschein kommen, welche zuweilen verständig seyn wollende und unverständige zur Bewunderung hinreißen."

[90] Siehe hierzu W. Merten, *Die Psalmodia des Lucas Lossius*, in: Jahrbuch für Liturgik und Hymnologie 19 (1975), S. 1–18; 20 (1976), S. 63–90; 21 (1977), S. 39–67.

[91] Vgl. Wackernagel (wie Fußnote 85), S. 800–803 (Nr. 946–951).

[92] J. G. Walther, *Musicalisches Lexicon oder musicalische Bibliothek*, Leipzig 1732 (Reprint: Kassel 1953), S. 429–431.

jedoch wandte er sich wie Musculus dem Calvinismus zu. Die Anmerkung im NV erläutert, daß Praetorius ihn für seine *Missodiae* als Quelle benutzte. Dies bezieht sich auf den liturgischen Abschnitt im ersten Band von Praetorius' *Syntagma musicum*, der mehrere Verweise auf Szegedinus' *De summa doctrina pontificae* enthält, womit nur sein *Speculum Romanorvm pontificum* (Basel? 1584) gemeint sein kann.[93] Dies ist eine eher obskure Verbindung, die voraussetzt, daß die Bachs den ungarischen Reformator kannten. In der Genealogie schrieb J. S. Bach über den Urahn der Familie:

„*Vitus Bach*, ein Weißbecker in Ungern, hat im 16ten *Seculo* der *lutheri*schen *Religion* halben aus Ungern entweichen müßen. … und da er in Thüringen genugsame Sicherheit vor die *lutheri*sche *Religion* gefunden, hat er sich in Wechmar, nahe *Gotha* niedergelaßen …".[94]

Nikolaus Selnecker, Professor, Superintendent und Pfarrer an der Leipziger Thomaskirche, war ein führender Theologe und Lutheraner der zweiten Generation, hatte seine berufliche Laufbahn jedoch als Organist begonnen. Auch später komponierte er noch Choralmelodien (und schrieb daneben auch Lieddichtungen). Er war gemeinsam mit dem Kantor Valentin Otto für die Verankerung der musikalischen Traditionen an der Thomasschule verantwortlich. Selnecker ist der Herausgeber der umfassenden Sammlung *Christliche Psalmen, Lieder und Kirchengesenge, In welchen die Christlich Lehre zusam gefasset* (Leipzig 1587).

Matthäus Ludecus war zunächst in den frühen 1550er Jahren Stadtschreiber in Lüneburg und wurde nach seiner Ordination erst Domherr (1562) und später Dechant (1573) der Kathedrale von Havelberg,[95] wo er große Sammlungen von liturgischen Kirchengesängen für den lutherischen Gottesdienst veröffentlichte.[96]

Der Theologe und Musiktheoretiker Caspar Calvör war Superintendent in Zellerfeld, wo er den jungen Telemann maßgeblich prägte. Arp Schnitger baute für die Kirche in Zellerfeld eine neue Orgel, und Calvör veröffentlichte anläßlich ihrer Einweihung im Jahre 1702 seine Abhandlung über die Geschichte der verschiedenen Arten geistlicher Chormusik, *De musica ac sigillatim de*

---

[93] Vgl. M. Praetorius, *Syntagma musicum*, Bd. 1, Wittenberg und Wolfenbüttel 1614–1615 (Reprint: Kassel 1958), S. A2^r und 53.

[94] Dok. I: 255 (No. 184).

[95] Siehe S. Fornaçon, *Matthäus Lüdtke (Ludecus)*, in: Jahrbuch für Liturgik und Hymnologie 12 (1967), S. 167–170.

[96] Gemeint sind die beiden Teile des „Missale" (Wittenberg 1589) sowie das „Vesperale et matutinale", das mit dem „Psalterium Davidis" (beide Wittenberg 1589) vereinigt ist; vgl. O. J. Mehl, *Das „Vesperale et Matutinale" des Matthaeus Ludecus (1589)*, in: Theologische Literaturzeitung 80 (1955), Sp. 265–270.

Ecclesiastica eoque spectantibus organis (Leipzig 1702) die er später erweiterte und in sein *Rituale ecclesiasticum* (Jena 1705) aufnahm.
Johann Friedrich Mayer, ein Sohn des Pfarrers an der Thomaskirche Johann Ulrich Mayer, wurde in Leipzig geboren; er studierte an der Universität seiner Heimatstadt und wurde schließlich Sonnabendprediger an der Thomaskirche. Später wirkte der orthodoxe Theologe und Gegner des Pietismus als Professor in Wittenberg und schließlich als Superintendent in Hamburg. Unter seinen Schriften finden sich Kommentare zu den beiden Luther-Liedern „Nun komm der Heiden Heiland" und „Erhalt uns, Herr, bei deinem Wort".[97] In der Auktionsquittung über die Ersteigerung der Altenburger Luther-Ausgabe vermerkte J.S. Bach im September 1742, daß die Bände aus Mayers Bibliothek stammten.[98] Dies läßt vermuten, daß er selbst und nicht sein Sohn das Porträt von Mayer erwarb.
Nicht weniger als vier Porträts betreffen Autoren von Schriften aus J.S. Bachs Bibliothek; der bekannteste darunter ist Martin Luther. J.S. Bach besaß die acht Bände der Jenaer Ausgabe von Luthers Werken, die sieben Bände der Altenburger Ausgabe, die er 1742 erworben hatte, den dritten Band der Wittenberger Ausgabe, die „Tischreden" sowie zwei unterschiedliche Ausgaben der „Hauspostille".[99]
Nicolaus Stenger wirkte in Erfurt als Kantor, bevor er ordiniert und sukzessive zum Diakon, Pastor und Professor der Theologie ernannt wurde.[100] Zu seinen Schriften zählen die *Kurtze Anleitung zur Singe-Kunst* (Hildesheim 1659) sowie verschiedene Predigtsammlungen, von denen sich zwei in J.S. Bachs Bibliothek befanden.[101]
So wie die Familie Bach zahlreiche Musiker hervorbrachte, stand der Name Olearius für die Theologie. In Arnstadt arbeitete J.S. Bach mit zwei Mitgliedern der Familie zusammen, dem Superintendenten Johann Gottfried Olearius und seinem Sohn, dem Diakon und Bibliothekar Johann Christoph Olearius. Johann Olearius – der Onkel von Johann Gottfried – wirkte zunächst in Halle und später in Weißenfels als Superintendent und schrieb zahlreiche theologische Abhandlungen, Andachtsschriften und geistliche Lieder (daher seine Beschreibung als „Lyrischer Dichter" im NV). J.S. Bach muß eines seiner Andachtsbücher gekannt haben – die *Christliche Bet-Schule* (Leipzig 1664, mindestens vier Nachdrucke) –, da er sie als Quelle für die Textzusammenstellung des Actus tragicus BWV 106 benutzte.[102] J.S. Bach besaß zudem

---

[97] Beide 1701 veröffentlicht; siehe Zedler, Bd. 19 (1739), Sp. 2338 f.
[98] Dok I, Nr. 123.
[99] Siehe Leaver (wie Fußnote 59), Nr. 2–4, 6–7 und 28.
[100] See Walther (wie Fußnote 92), S. 578.
[101] Siehe Leaver (wie Fußnote 59), Nr. 23–24.
[102] Siehe R. Steiger, *J.S. Bachs Gebetbuch? – Ein Fund am Rande einer Ausstellung*, in: Musik und Kirche 55 (1985), S. 231–234.

Olearius' Bibelkommentar,[103] und es ist daher anzunehmen, daß er – und nicht sein Sohn – das Porträt von Olearius erwarb.

Erdmann Neumeister – Pfarrer, Dichter und Begründer der madrigalischen Kantate – studierte in Leipzig und wurde später Hofdiakon in Weißenfels, sodann Hofprediger in Sorau und schließlich 1715 Pastor an der Hamburger Jacobikirche. Neumeister war wie Johann Friedrich Mayer ein Anhänger der Orthodoxie und Gegner des Pietismus; nach dessen Tod im Jahre 1712 veröffentlichte er eine Reihe von Mayers Schriften.[104] Bach vertonte einige Kantatendichtungen Neumeisters,[105] und Neumeister unterstützte Bachs Bewerbung um die Organistenstelle an der Jacobikirche (1720);[106] es ist daher anzunehmen, daß es schon zuvor eine Verbindung zwischen den beiden Männern gab. Bachs Bibliothek enthielt zwei Bücher von Neumeister, die 1722 und 1731 erschienen waren; sollte es sich bei diesen Exemplaren um Geschenke des Autors handeln, so würde dies bedeuten, daß die Verbindung auch in späteren Jahren noch gepflegt wurde. Sollte Bach die Bände hingegen selbst erworben haben, so würde dies zeigen, daß er Neumeisters Veröffentlichungen auch weiterhin verfolgte. Und wenn dieses Interesse für den Kauf von Büchern ausreichte, dann darf vielleicht angenommen werden, daß Bach auch Neumeisters Porträt erwarb.

Im 17. und 18. Jahrhundert war es üblich, in Büchern ein gestochenes Porträt des Autors als Frontispiz zu verwenden. J. S. Bach besaß in seiner Bibliothek daher eine ganze Reihe solcher Bildnisse,[107] und dies mag ihn bewogen haben, weitere Porträtstiche zu sammeln. Ein mehrbändiges Werk in seiner Bibliothek war allerdings ohne einen Stich des Autors beziehungsweise Herausgebers erschienen – der von Abraham Calov weitgehend aus den Schriften Martin Luthers zusammengestellte Bibelkommentar (Wittenberg 1681–1682).[108] Die Bände befinden sich heute in der Bibliothek des Concordia Seminars in St. Louis (Missouri), wo sie von mir und anderen gründlich untersucht worden sind.[109] Niemand hatte jedoch bisher bemerkt, daß das Vorsatzblatt des ersten Bandes mit dem vorderen Deckel zusammengeklebt worden ist. Erst

---

[103] Siehe Leaver (wie Fußnote 59), Nr. 12.
[104] Siehe Zedler, Bd. 19 (1739), Sp. 2337.
[105] BWV 18, 24, 28, 59 und 61.
[106] Vgl. Dok II, Nr. 102 und 253.
[107] Einige sind bei Leaver (wie Fußnote 59) reproduziert.
[108] Leaver, Nr. 1.
[109] Siehe zum Beispiel C. Trautmann, *„Calovii Schrifften 3. Bände" aus Johann Sebastian Bachs Nachlaß und ihre Bedeutung für das Bild des lutherischen Kantors Bach*, in: Musik und Kirche 39 (1969), S. 145–160; R. A. Leaver, *J. S. Bach and Scripture. Glosses from the Calov Bible Commentary*, St. Louis 1985; H. H. Cox, *The Calov Bible of J. S. Bach*, Ann Arbor 1985.

als dies einem Benutzer auffiel und zugleich bemerkt wurde, daß noch etwas anderes unter dieser festgeklebten Seite steckte, entschied der Bibliothekar David Berger, daß ein Konservator die Sache untersuchen und das Vorsatzblatt vorsichtig ablösen sollte. So fand sich unter dem Vorsatzblatt ein Porträtstich von Abraham Calov. Obwohl nicht absolut sicher bestimmt werden kann, wann der Stich dem Band beigegeben worden ist, kann mit großer Wahrscheinlichkeit davon ausgegangen werden, daß dies zu der Zeit geschah, als die Bände sich im Besitz J. S. Bachs befanden. Sollte dies der Fall sein, so wäre damit bestätigt, daß Bach Porträts von Menschen sammelte, die ihn interessierten.

*

Was also läßt sich den Bildern entnehmen? Ich habe die Vermutung geäußert, daß ein wesentlicher Teil der vorstehend angesprochenen Bildnisse ursprünglich von J. S. Bach zusammengetragen wurde. Doch selbst wenn dies nicht der Fall ist und C. P. E. Bach die meisten Porträts auf anderem Wege erwarb, so zeigen sie doch in hohem Maße den Einfluß seines Vaters. So nennt C. P. E. Bach zum Beispiel in seinem schon mehrfach erwähnten Brief an Forkel vom 13. Januar 1775 in der Aufzählung von Komponisten, die sein Vater besonders schätzte, auch Johann Caspar Kerll (1627–1693).[110] Zwar nennt das NV kein Bildnis dieses Meisters, doch belegt der Umstand, daß C. P. E. Bach bis zum Ende seines Lebens danach Ausschau hielt, wie sehr der Sohn die Wertmaßstäbe seines Vaters und einzigen Lehrmeisters verinnerlicht hatte.[111]

(Übersetzung: *Stephanie Wollny*)

---

[110] CPEB-Dok, Nr. 202, und Dok III, Nr. 803.
[111] Siehe Fußnote 15.

Anhang: Porträts in C. P. E. Bachs Sammlung, die möglicherweise aus dem Besitz seines Vaters stammen

A. Kapellmeister, Musikdirektoren usw.

Porträt	Lebensdaten	NV, S. …	Bemerkung	ge- rahmt
Paminger, (Leonh.)	1495–1567	115	Componist, Lutheri Amicus. Holzschnitt. 12.	+
Palestrina, (Giov. Piet. Alois.)	1525–1594	115	Päpstlicher Kapellmeister. Gezeichnet in Italien, Gr. 4	+
Lasso, (Orlando)	1530–1594	110	Bayerischer Kapellmeister. Von Sadeler 8.	+
Meilandus, (Jac.)	1542–1577	112	Kapellmeister in Ansbach. Holzschnitt. Fol.	+
Handel, (Jacobus, sonst Gallus genannt)	1550–1591	106	Kapellmeister in Olmütz. Holzschnitt. Fol.	+
Calvisius, (Sethus)	1556–1615	98	Musik-Director in Leipzig. 4.	+
Gumpelzaimer, (Adam)	1559–1625	106	Musik-Director in Augsburg. Von Kilian. 4.	+
Walliser, (Christ. Thom.)	1568–1648	125	Mag. und Componist in Strasburg. Von Heyden. 8.	+
Praetorius, (Mich.)	1571–1621	117	Kapellmeister in Braunschweig. Holzschnitt. 4.	+
Jeep, (J.)	1581–1644	108	Componist in Braunschweig. Von Ullrich. 4.	+
Schütze, (Heinr.)	1585–1672	121	Chursächsischer Ober-Kapellmeister. Von Ramstädt. 4.	+
Herbst, (J. A.)	1588–1666	107	Kapellmeister in Frankfurt. 4.	+
Crüger, (Joh.)	1598–1662	100	Musik-Director in Berlin. Von Busch. 4.	+
Hammerschmidt, (Andr.)	1611–1675	106	Musik-Director in Zittau 4.	+
Heinlein, (P.)	1626–1686	107	Nürnbergischer Musik-Director. 8.	+
Briegel, (Wolfgang Carl)	1626–1712	98	Darmstädtscher Kapellmeister. Von Nessenthaber. 4.	+
Kuhnau, (Joh.)	1660–1722	109	Musik-Director in Leipzig. Fol. oblongo.	+
Reiche, (Gottfr.)	1667–1734	118	Rathsmusikus in Leipzig, ein guter Componist. Von Rosbach. 4.	+

A. (Fortsetzung)

Porträt	Lebensdaten	NV, S. ...	Bemerkung	ge-rahmt
Bümler, (G. H.)	1669–1745	98	Ansbachischer Kapellmeister. Von Sysang. 8.	+
Vivaldi, (Anton)	1678–1741	124	Violinist und Kapellmeister in Venedig am Hospital della Pietà. Von la Cave. 4.	+
Pisendel, (J. G.)	1687–1755	115	Concertmeister in Dresden. Gezeichnet von Franke, sehr ähnlich. 4.	+
[Rist, (Joh.)	1607–1667	119	Schriftsteller und Lyrischer Dichter. Von Streuheld. 8.	–]

B. Organisten

Porträt	Lebensdaten	NV, S. ...	Bemerkung	ge-rahmt
Merulus, (Claudius)	1533–1604	113	Organist in Parma und Schriftsteller. Holzschnitt. 12.	+
Schmidt, (Bernh.)	1535–1592	120	Organist in Straßburg. Holzschnitt. Fol.	+
Paix, (Jac.)	1556–1623	115	Organist in Lauingen. Holzschnitt. Fol.	+
Schottus, (Conradus)	1561–1637	120	ein blinder Orgelmacher und Mechanicus in Augsburg. Von Killian.	–
Staden, (Joh.)	1581–1634	122	Organist in Nürnberg. 8.	+
Jeep, (J.)	1581–1644	108	Componist in Braunschweig. Von Ullrich. 4.	+
Frescobaldi, (Hieron.)	1583–1643	104	Organist in Rom. Von Gallus. Gr. 8.	+
Scheidt, (Sam.)	1587–1654	119	Kapellmeister und Organist in Halle. 4.	+
Scheidemann, (Heinr.)	1595–1663	119	Organist in Hamburg. Von Fleischberger. Fol.	+
Kindermann, (J. E.)	1616–1655	109	Organist in Nürnberg. Von Fleisch. 4.	+

B. Organisten (Fortsetzung)

Porträt	Lebensdaten	NV, S. …	Bemerkung	gerahmt
Reincken, (J. A.)	1623–1722	118	Organist in Hamburg. Fol.	+
Heinlein, (P.)	1626–1686	107	Nürnbergischer Musik-Director. 8.	+
Fabricius, (Werner)	1633–1679	102	Organist in Leipzig. Gestochen von Kilian. Fol.	+
Krieger, (Adam)	1634–1666	109	Hoforganist in Dresden. Fol.	+
Vetter, (Daniel)	1657–1721	123	Organist in Leipzig. Von M. Ph. Fol. oblongo.	+
Marchand, (L.)	1669–1732	112	Organiste du Roi. Von Dupuis. 8.	+

C. Andere Musiker

Porträt	Lebensdaten	NV, S. …	Bemerkung	gerahmt
Violinisten				
Biber, (H. J. Fr.)	1644–1704	97	Salzburgischer Vice-Kapellmeister, ein guter Violinist. 4.	+
Vivaldi, (Anton)	1678–1741	124	Violinist und Kapellmeister in Venedig am Hospital della Pietà. Von la Cave. 4.	+
Pisendel, (J. G.)	1687–1755	115	Concertmeister in Dresden. Gezeichnet von Franke, sehr ähnlich. 4.	+
Lautenisten				
Schmidt, (Melchior)	1608–?	120	Lautenist in Nürnberg. 8.	+
Wellter, (Joh.)	1614–1666	125	Stadtmusikus und Lautenist in Nürnberg. Von Leonart. 4.	–
Weiss, (Sylvius Leopold)	1686–1750	125	Königl. Polnischer und Churfürstl. Sächsischer Lautenist in Dresden. Von Folick. 8.	+
Baron, (E. G.)	1696–1760	96	Lautenist in Berlin. 8.	+
Trompeter				
Reiche, (Gottfr.)	1667–1734	118	Rathsmusikus in Leipzig, ein guter componist. Von Rosbach. 4.	+

D. Musiktheoretiker und Historiker

Porträt	Lebensdaten	NV, S....	Bemerkung	ge-rahmt
Hermannus, (Contractus)	1013–1054	107	Componist und Schriftsteller. Holzschnitt. 8.	–
Cochlaeus, (Joh.)	1479–1552	99	Schriftsteller. Holzschnitt. 8.	–
Gesnerus, (Conradus)	1516–1565	104	Schriftsteller. Holzschnitt. 8.	–
Praetorius, (Mich.)	1571–1621	117	Kapellmeister in Braunschweig. Holzschnitt. 4.	+
Herbst, (J. A.)	1588–1666	107	Kapellmeister in Frankfurt. 4.	+
Cartes, (Renatus des)	1596–1650	99	Von Meurs. 4.	–
Kircherus, (Athanas.)	1601–1680	109	Schriftsteller. Fol.	+
Bümler, (G. H.)	1669–1745	98	Ansbachischer Kapellmeister. Von Sysang. 8.	+

E. Frühe Wissenschaftler und Philosophen

Porträt	Lebensdaten	NV, S....	Bemerkung	ge-rahmt
Galilaeus Galilaei	1564–1642	104	Mathematikus. Schriftsteller. 4.	–
Keppler, (Joh.)	1571–1630	109	Schriftsteller. Kl. 4.	–
[Fludd, (Rob.)	1574–1637	103	Schriftsteller. Dr. Med. in Oxfurt. 16	–]
Leibnitz, (Gottfried Wilh.)	1646–1716	110	großer Philosophus und Schriftsteller. Von Boetius. Gr. 8.	–

F. Reformatoren und Theologen

Porträt	Lebensdaten	NV, S....	Bemerkung	ge-rahmt
Erasmus, (Desiderius Roterod.)	1466–1536	102	Schriftsteller. Holzschnitt. 8.	–
Lutherus, (Martinus)	1483–1546	111	Reformator. Componist vieler seiner Lieder. Von Pachwill. Gr. 8.	+
Rhenanus, (Beatus)	1485–1547	118	Schriftsteller. Holzschnitt. 8.	–
Sachse, (Hans)	1494–1576	119	Meistersänger. Von Knorr. 4.	+
Melanchton, (Phil.)	1497–1560	113	Schriftsteller. Holzschnitt nach Lucas Cranach. Fol.	–

F. Reformatoren und Theologen (Fortsetzung)

Porträt	Lebensdaten	NV, S. …	Bemerkung	ge-rahmt
Musculus, (Wolfgang)	1497–1563	114	Musikus und Schriftsteller. Holzschnitt. 8.	–
Szegedinus, (Steph.)	1515–1572	123	Theol. und Schriftsteller, wird von Praetorio bey Gelegenheit der Missodiae angeführt. Holzschnitt. 8.	–
Ludecus, (Matthaeus)	1517–1606	111	Schriftsteller. 4.	–
Spangenberg, (Cyriacus)	1528–1604	122	Theol. Histor. und Musikus, Schriftsteller. 4	–
Selneccerus, (Nicolaus)	1530–1592	121	anfänglich Musikus, nachher Superintendent in Leipzig. 4.	–
Scaliger, (Josephus)	1540–1609	119	Schriftsteller. 4.	–
Stenger, (Nicol.)	1609–1680	122	Erst Cantor, zuletzt Professor Theol. In Erfurt. Kl. Fol.	–
Olearius, (Joh.)	1611–1684	115	D. Lyrischer Dichter. Von Roemstaedt. 8.	–
Mayer, (Joh. Fr.)	1650–1712	112	Pastor zu St. Jacobi in Hamburg, schreib sein Bedenken über die Opern. 8.	–
Calvör, (Caspar)	1650–1725	98	Schriftsteller. Von Mentzel. Fol.	–
Neumeister, (Erdmann)	1671–1756	114	Lyrischer Dichter. Von Frisch. Gr. 4.	–
Seelen, (Joh. Heinr. a)	1688–1762	121	Lt. Lübeckischer Rector und Schriftsteller. Schwarze Kunst von Haid. Fol.	–

Die Prediger-Einführungsmusiken von C. P. E. Bach
Materialien und Überlegungen zu Werkbestand, Entstehungsgeschichte und Aufführungspraxis

Von Wolfram Enßlin und Uwe Wolf (Leipzig)

Als Carl Philipp Emanuel Bach im Jahr 1768 von Berlin nach Hamburg ging, änderten sich seine Aufgaben und sein Betätigungsfeld grundlegend. Statt als Cembalist am Hofe Friedrichs II. zu wirken und regelmäßig das Flötenspiel des König zu begleiten, mußte er nun, seinem Patenonkel Georg Philipp Telemann folgend, als städtischer Musikdirektor der fünf Hauptkirchen (St. Petri, St. Nikolai, St. Katharinen, St. Jakobi und St. Michaelis) sowie als Kantor am Johanneum in erster Linie die vielfältigen kirchenmusikalischen Aktivitäten in der Hansestadt organisieren und die Figuralmusik für die unterschiedlichsten Anlässe zur Verfügung stellen und leiten. Auf nahezu 28 Jahre Tätigkeit im höfischen Umfeld folgten nun 20 Jahre im bürgerlichen und kirchlichen Milieu. So veränderte sich naturgemäß auch Bachs kompositorischer Schaffensbereich. Hatte er sich bis dahin – von wenigen Ausnahmen wie dem Magnificat Wq 215/H 772 (1749) und der Osterkantate „Gott hat den Herrn auferwecket" Wq 244/H 803 (1756) abgesehen – nahezu völlig der Instrumentalmusik und allenfalls der vokalen Kammermusik gewidmet, erforderte zumindest seine offizielle Tätigkeit nun vorrangig die Beschäftigung mit geistlichen Vokalwerken. Das Spektrum umfaßte einerseits Kompositionen, die dem Turnus des Kirchenjahres entsprachen, und andererseits solche, die für spezielle, keiner Regelmäßigkeit unterworfene Anlässe bestimmt waren.

Während die Werke der ersten Gruppe – darunter die oratorischen Passionen,[1] die Quartalsmusiken (zu Weihnachten, Ostern, Pfingsten und Michaelis) und die einfachen sonntäglichen Kirchenkantaten – zu seinem regulären Dienstauftrag gezählt wurden und nicht mit zusätzlichen Einkünften verbunden waren, wurden Komposition und Aufführung der Werke der zweiten Gruppe gesondert vergütet.[2] In diese zweite Gruppe fallen neben einigen – in erster Linie für Beerdigungen von Bürgermeistern bestimmte – Trauermusiken[3] und speziell in Auftrag gegebenen „Jubelmusiken" zu Dienstjubiläen[4], vor allem

---
[1] Einer Hamburger Tradition folgend sah der Vierjahreszyklus eine Abfolge der Passionen nach Matthäus, Markus, Lukas und Johannes vor.
[2] Die in diesem Zusammenhang ausgestellten Rechnungen sind abgedruckt in CPEB-Dok.
[3] Beispielsweise die Trauermusiken Schele 1774, Rumpf und Doormann 1781, Schuback 1783, Schulte 1786 und Luis 1788 (durchweg Wq und H deest).
[4] So die 1775 aufgeführten „Jubelmusiken" anläßlich der 50jährigen Dienstjubi-

die Einführungsmusiken für die zum Hamburger Kirchspiel gehörenden Pastoren und Diakone sowie für die Rektoren des Johanneums. Hinzu kommen noch die Aufführungen zu den Einführungen der sogenannten Leichnamsgeschworenen[5] sowie, für den weltlichen Bereich, die sogenannten Bürgerkapitänsmusiken (H 822a–d).[6]

*

Die Prediger-Einführungsmusiken[7] bilden neben den 21 Passionen den größten Bestand der im Nachlaßverzeichnis von 1790 aufgeführten kirchenmusikalischen Kompositionen. Dort finden sich 17 derartige Werke, 16 davon unter den „Sing-Compositionen" C. P. E. Bachs,[8] ein weiteres unter der Rubrik „Einige vermischte Stücke".[9] Wir wissen aber von nicht weniger als vierzig Predigern, die in Bachs Hamburger Zeit mit Musik in ihr Amt eingeführt wurden; auch bei drei weiteren nach Bachs Tod eingeführten Predigern wurden Einführungsmusiken von ihm verwendet,[10] so daß insgesamt 43 Prediger-Einführungen und die zu diesen Anlässen dargebotenen Werke den Gegenstand der folgenden Ausführungen bilden.[11]

---

läen des Pastors Heinrich Hoeck (H 824c) und des Syndicus Johann Klefeker (H 824d).

[5] Siehe CPEB-Dok, Nr. 64, Kommentar (S. 153). In der Regel wurde zu diesen Anlässen die an diesem Sonntag vorgesehene Kantate aufgeführt, jedoch nicht immer in der turnusgemäß dafür vorgesehenen Kirche. „Die Einführung von Leichnamsgeschworen verursachte […] häufig Abweichungen bei der Verteilung der regulären Kirchenmusiken" (vgl. Wiermann, Kommentar zu Dok. III/2, S. 356). In diesen Einführungen wurde in der Regel mit voller Instrumentalbesetzung musiziert: „Am bevorstehenden 25sten Sonntage nach Trinitatis wird zu St. Catharinen, wegen Einführung eines Leichnams-Geschwornen, die Musik, statt Vormittags des Nachmittags, mit Pauken und Trompeten, und voller Besetzung aller Instrumente, aufgeführt werden" (Wiermann, Dok. III/6A, S. 360; das Zitat bezieht sich auf die Einführung von Johann Koep an St. Katharinen am 20. November 1768).

[6] Siehe dazu M. Rathey, *Zur Aufführungs- und Bearbeitungsgeschichte der Bürgerkapitänsmusiken Carl Philipp Emanuel Bachs*, BJ 2004, S. 169–198.

[7] Die Einführungsmusiken für die Schulrektoren bleiben in unserer Studie ausgeklammert. Nachgewiesen sind diejenigen für die Rektoren Müller/Schetelig 1773 und für Konrektor Lichtenstein 1777, deren Libretti denselben Text aufweisen (siehe zum Beispiel D-Hs, *Cod. in Scrin. 119d, Nr. 11*, beziehungsweise *Scrin. 199d, Nr. 88–89*) und für die Rektoren Lichtenstein/Noodt 1782 (Libretto ehemals in D-Hs, 1944 verbrannt). Musikalische Quellen sind nicht erhalten.

[8] NV, S. 57 [3] bis S. 58 [8].

[9] NV, S. 65 [7], Einführungsmusik (im folgenden: EM) Schuchmacher 1771, H 821c.

[10] Bei diesen Musiken steht auf den Textdrucken „verfertigt von Carl Philipp Emanuel Bach, weil[and] Director des Hamb. Musik-Chors".

[11] Siehe Tabelle 1.

Prunkvolle Prediger-Einführungen hatten in Hamburg eine lange Tradition. Ursprünglich kamen nur die Hauptpastoren in den Genuß dieses Privilegs, seit dem zweiten Drittel des 18. Jahrhunderts wurde die Praxis aber auch auf die Diakone ausgeweitet, was freilich zu einer deutlichen Zunahme derartiger Veranstaltungen führte.[12] Die durchweg festlich mit Trompeten und Pauken besetzten Musiken haben allesamt einen beträchtlichen Umfang und konnten im Einzelfall bis zu 25 Sätze umfassen;[13] üblich sind zwischen 15 und 20 Sätze und eine Aufführungsdauer von 30–40 Minuten.[14] Die Mehrzahl der Kantaten beginnt mit einem großen Chorsatz – oft über ein biblisches Diktum –, der in aller Regel am Ende der Einführungszeremonie nach der Einsegnung wiederholt wurde. Alle Kantaten sind zweiteilig, wobei der längere erste Teil vor der Predigt erklang. Zwischen der Predigt und dem zweiten Teil der Einführungsmusik wurde ein lateinisches „Veni, Sancte Spiritus" musiziert. Dies ist allerdings nur in den Textdrucken vermerkt; in den musikalischen Quellen (siehe unten) fehlt dieser Satz durchweg.

Bislang haben sich vier Studien in unterschiedlicher Weise und in wechselnder Ausführlichkeit mit Bachs Einführungsmusiken beschäftigt: Bereits im 19. Jahrhundert behandelte Carl Hermann Bitter den Werkbestand im Rahmen seiner großen Monographie über C. P. E. Bach und seine Brüder,[15] in den Jahren zwischen den beiden Weltkriegen entstand Heinrich Miesners Dissertation über Bach in Hamburg,[16] später folgten Stephen Clark mit seiner Dissertation über Bachs Chorwerke[17] und Howard Smither mit einem kürzeren Aufsatz über Arien in geistlichen Vokalwerken Bachs.[18]

---

[12] Vgl. hierzu H. Miesner, *Philipp Emanuel Bach in Hamburg. Beiträge zu seiner Biographie und zur Musikgeschichte seiner Zeit*, Leipzig 1929 (Nachdruck Wiesbaden 1969), S. 82.

[13] EM Hornbostel (allerdings ist hier – wie häufig – der letzte Satz eine Wiederholung des ersten).

[14] Einspielungen liegen vor von den EM Friderici (?) H 821g und Schäffer H 821m (C.P.E. Bach, *Hamburgische Festmusiken*, Himmlische Cantorey, Les Amis de Philippe, L. Remy, cpo 2006), der EM Gerling H 821h (C. P. E. Bach, *Kantaten für Hamburg*, Wiener Kammerchor, Wiener Akademie, M. Hasselböck, ORF Edition Alte Musik 2002) sowie den EM Friderici (?) H 821g und Gasie H 821l (*Edition „Carl Philipp Emanuel Bach"* 14, Rheinische Kantorei, Das Kleine Konzert, H. Max, Capriccio 1988). – Zum Problem der Zuordnung der EM Friderici siehe weiter unten.

[15] C.H. Bitter, *Carl Philipp Emanuel und Wilhelm Friedemann Bach und deren Brüder*, 2 Bde., Berlin 1868, Bd. 1, S. 259–273.

[16] Miesner (wie Fußnote 12), speziell S. 82–89.

[17] S. L. Clark, *The Occasional Choral Works of C.P.E. Bach*, Diss. Princeton University 1984, S. 122–151.

[18] H.E. Smither, *Arienstruktur und Arienstil in den Oratorien und Kantaten Bachs*, in:

Drei der vier Studien weisen das Handicap auf, nicht auf die Bestände der Sing-Akademie zu Berlin, die den größten Teil des musikalischen Quellenmaterials zu den Einführungsmusiken besitzt, zurückgreifen zu können – sei es, daß sie der Forschung noch nicht bekannt waren (Bitter), sei es, daß sie nach dem Zweiten Weltkrieg für mehr als fünf Jahrzehnte nicht zugänglich waren (Clark, Smither). Allein Miesner hatte, wenn auch in eingeschränktem Maße, den Quellenbestand für seine Arbeit heranziehen können. In der Folge waren seine Quellenbeschreibungen für lange Zeit die einzigen verfügbaren Informationen zu zahlreichen Einführungsmusiken Bachs. Sogar jetzt, nach der Wiederentdeckung der historischen Bestände der Sing-Akademie (1999) und ihrer Rückführung nach Berlin (2001) behalten manche Angaben Miesners ihren besonderen Wert, da sie auch Materialien einbeziehen, die weiterhin verschollen sind. Zu nennen ist etwa das Stimmenmaterial zur Einführungsmusik Winkler mitsamt den dazugehörigen Titelumschlägen. Auf einem Titelumschlag hatte Bach Miesner zufolge vermerkt, daß die Musik auch zur Einführung der Pastoren Steen (1781) und Enke (1785) verwendet wurde, und auf dem Umschlag zum zweiten Teil hatte Bach notiert: „Dieser 2te Teil war auch der 2. Teil zu H. Brackes Einführung 83."[19] Während für die EM Stehen und Bracke auch Textdrucke erhalten sind, können wir auf die EM Enke allein aufgrund dieser heute verschollenen Notiz schließen.

Die vornehmlich analytisch ausgerichteten Abhandlungen von Bitter und Smither offenbaren auch die Schwierigkeit, dem Vokalwerk Bachs auf analytischem Weg näherzukommen, solange für dessen Hamburger Vokalmusik die Entlehnungs- und Bearbeitungspraxis nicht vollständig oder wenigstens weitgehend geklärt ist. So stellte sich nachträglich heraus, daß mindestens dreizehn der zwanzig bei Smither untersuchten Arien aus Einführungsmusiken auf fremde Vorlagen zurückgehen, in ihrer Substanz also gar nicht von Bach stammen.[20] Die insgesamt ausführlichste Studie zu Bachs Einführungs-

---

Carl Philipp Emanuel Bach und die europäische Musikkultur des mittleren 18. Jahrhunderts. Bericht über das Internationale Symposium der Joachim-Jungius-Gesellschaft der Wissenschaften Hamburg, 29. September – 2. Oktober 1988, hrsg. von H. J. Marx, Göttingen 1990, S. 345–368.

[19] Miesner (wie Fußnote 12), S. 88.

[20] Smither (wie Fußnote 18), S. 366ff.; vgl. hierzu Tabelle 3. Es ist nicht auszuschließen, daß in Zukunft noch weitere Vorlagen ermittelt werden können. Nicht unerwähnt soll bleiben, daß sowohl Bitter als auch Smither auf dieselbe Arie aus der EM Friderici (?) näher eingehen („Ruhe sanft, verklärter Lehrer"), die auf die Arie „Bedeckt von Allmacht und von Gnade" von Georg Benda zurückgeht (Kantate „Der Herr lebet" L 548). Smither nimmt diese Arie als Beispiel für die „strukturellen Ähnlichkeiten zwischen den Arien Bachs und denen einiger seiner galanten Zeitgenossen", die auch stilistische Ähnlichkeiten aufweisen (Smither, S. 349). Bitter

musiken bietet die Arbeit von Clark. Trotz seiner bezüglich der Quellensituation schwierigen Ausgangslage erzielte dieser Autor unter systematischer Ausschöpfung aller ihm zur Verfügung stehenden Materialien Ergebnisse, die für einige der folgenden Ausführungen eine gute Diskussionsgrundlage bilden.

*

Bevor auf den Gesamtbestand der unter Bach aufgeführten Einführungsmusiken sowie auf einige Einzelprobleme näher eingegangen wird, sollen kurz die unterschiedlichen heranzuziehenden Quellengattungen charakterisiert sowie auf ihre Aussagekraft und ihren Informationswert hin untersucht werden.[21] Dies sind die drei nach Bachs Tod gedruckten Auktionskataloge beziehungsweise Nachlaßverzeichnisse von 1789[22] (im folgenden: BA 1789), 1790 (NV) und 1805[23] (AK 1805), des weiteren die musikalischen Quellen und gedruckten Texthefte, die von Bach für die Einführungsmusiken ausgestellten Rechnungen[24] sowie schließlich Annoncen und Berichte in den Hamburger Zeitungen.[25]

1. BA 1789

In diesem umfangreichen Versteigerungskatalog wurden neben Büchern und Kupferstichen auch zahlreiche Musikalien zum Verkauf angeboten, wobei die mehr als 350 Musikalien und etwa 50 Musikbücher, wie Ulrich Leisinger nachweisen konnte, aus dem Besitz des im Jahr zuvor verstorbenen Bach stammen.[26]

In unserem Zusammenhang sind die dort verzeichneten Einführungsmusiken von Bachs Vorgänger Georg Philipp Telemann von besonderem Interesse. So

---

hebt vor allem die besonders gesangvolle, schöne, innige Melodie hervor, die nicht „ohne die bei Bach hie und da hervortretende Sentimentalität" ist (Bitter, wie Fußnote 15, S. 271). Gerade die Melodie der Gesangsstimme stammt in der Tat von Bach, der in diesem Fall den Orchestersatz Bendas mitsamt seiner Form übernahm und darin eine über weite Strecken neue Gesangsstimme einbaute. Zur Bearbeitungsweise Bachs bei Einzelentlehnungen siehe unten.

[21] Siehe Tabelle 1 mit der dortigen Gesamtübersicht.
[22] Siehe U. Leisinger, *Die „Bachsche Auction" von 1789*, BJ 1991, S. 97–126 (mit einem Faksimile des Teilkatalogs).
[23] Siehe E. N. Kulukundis, *Die Versteigerung von C. P. E. Bachs musikalischem Nachlaß im Jahre 1805*, BJ 1995, S. 145–176 (mit einem Faksimile des Katalogs von 1805).
[24] Abgedruckt in CPEB-Dok.
[25] Abgedruckt bei Wiermann.
[26] Leisinger (wie Fußnote 22), S. 99 und 106.

wissen wir, daß Bach zum Zeitpunkt seines Todes sechs Einführungsmusiken Telemanns besessen hat.[27] Leider sind keine musikalischen Quellen dieser Werke mehr nachweisbar.[28]

2. NV
Dieses im Auftrag von Bachs Witwe Johanna Maria im Sommer 1790 bei Gottlieb Friedrich Schniebes in Hamburg gedruckte Verzeichnis enthält die ausführlichste Übersicht über die musikalischen Bestände seiner Bibliothek. Im Gegensatz zu den meist mit Incipits und Kompositionsdaten versehenen Instrumentalwerken, deren Zusammenstellung wohl auf Bach selbst zurückgeht, sind die Einträge der Vokalwerke zum Teil pauschaler und auch mit Fehlern behaftet.[29] Es ist daher anzunehmen, daß die Verzeichnung dieser Werke nicht oder nur zum Teil von Bach autorisiert wurde. Die Zuverlässigkeit der Angaben bedarf daher der Überprüfung. Insbesondere die Unterscheidung zwischen eigenen „Sing-Compositionen" und „vermischten Stücken" (Pasticci) ist problematisch. So ist die EM Schuchmacher unter „Vermischte Stücke" genannt, weil der Anteil Jacob Schubacks bereits auf der Titelseite der Partitur vermerkt ist, andere Einführungsmusiken mit vergleichbaren Fremdanteilen, aber ohne entsprechendem Hinweis im Titel sind hingegen den eigenen „Sing-Compositionen" zugeordnet (beispielsweise EM Winkler und EM Gerling).

3. AK 1805
Der anläßlich einer Versteigerung am 4. März 1805, nach dem Tod von Bachs Tochter Anna Carolina Philippina, veröffentlichte Auktionskatalog enthält viele musikalische Quellen, die bereits im NV genannt sind, häufig jedoch in einer noch pauschaleren und komprimierteren Form.[30] Die Einträge der

---

[27] Siehe Tabelle 8 im Anhang. Zu der nicht in BA 1805 erwähnten EM Krohn siehe unten.
[28] Lediglich Stimmenmaterial zu dem Chor „Nimm Dank und Weisheit" zur Einführung von Pastor Baumgarten ist nachweisbar (D-B, *Mus. ms. 21749/80*).
[29] So stimmen zuweilen die dort angegebenen Instrumentenbesetzungen nicht mit dem vorhandenen Material überein, was die Argumentationsführung Clarks (wie Fußnote 17) bezüglich der Bestimmung der nicht zugeordneten Partiturabschrift von „Der Herr lebet" in *P 347* als Einführungsmusik Friderici zumindest schwächt. Siehe dazu unten die gesonderte Ausführung.
[30] Von den 17 im NV erwähnten Einführungsmusiken werden im AK 1805 sechzehn namentlich erwähnt. Allein die EM Michaelsen fehlt, weshalb Clark (wie Fußnote 17, S. 124) zu dem plausiblen, aber nicht endgültig zu belegenden Schluß kommt, daß es sich bei der unter der Losnummer 38 (S. 29) genannten Einführungsmusik, „die keinen Titel hat", um eben dieses Werk handelte.

Einführungsmusiken (Losnummern 22–38) enthalten hier aber mitunter wertvolle Informationen über Wiederverwendungen, da dort manche der 17 Einführungsmusiken verschiedenen Predigern zugeordnet werden.[31] Diese Angaben sind allerdings mit einer gewissen Vorsicht zu betrachten. So wissen wir aus den Textheften, daß die Übereinstimmungen in einem Fall nach dem ersten Teil enden,[32] in einem anderen Fall vom ersten Teil nur der einleitende Chor aus der genannten Vorlage verwendet wurde.[33] Nur aus dem AK 1805 aber wissen wir, daß die EM Müller 1786, von der weder musikalische Quellen noch ein Textdruck erhalten sind, offenbar weitgehend mit der EM Rambach identisch war.[34]

4. Musikalische Quellen[35]

Von 14 Einführungsmusiken sind (mehr oder weniger vollständig)[36] musikalische Quellen überliefert, bei der EM Winkler und der mutmaßlichen EM Friderici (siehe unten) allein in Partiturform. Aufgrund des Handschriftenbefunds und überlieferter Textdrucke lassen sich aber weitere Einführungsmusiken rekonstruieren.

---

[31] Losnummer 28: „Hrn. Pastors Jänisch und Cropp Einführungsmusik, 2 Theile, 782 und 786", Nr. 30: „Hrn. Pastors Rambach, Müller und Runge Einführungsmusik, 2 Theile, 780, 786 und 789", Nr. 31: „Hrn. Pastors Sturm und Bracke Einführungsmusik., 2 Theile, 778 und 785", Nr. 32: „Hrn. Pastors Gerling, Lütkens und Stöcker Einführungsmusik, 2 Theile, 777, 783 und 789", hinzukommt unter Nr. 40 der Hinweis: „Herrn Dr. Hoek Jubelmusik, 2 Theile, 775 und Einführungsmusik des Herrn von Som, 784".

[32] Die unter Losnummer 31 mit der EM Sturm gleichgesetzte EM Bracke stimmt im zweiten Teil nicht mit der EM Sturm, sondern mit der EM Winkler überein. Ebenso stimmt die unter Nr. 40 mit der Jubelmusik Hoeck H 824c gleichgesetzte EM Som im zweiten Teil nicht mit dieser, sondern mit der EM Friderici (?) überein.

[33] Es handelt sich um die unter Losnummer 32 genannten Musiken für Gerling und Stöcker. Die Satzabfolge der ersten Teile ist verschieden, was gegen eine einfache Parodierung der Sätze aus dem älteren Werk spricht.

[34] Daß die Einführungsmusik Müller mit der EM Rambach textlich nicht völlig identisch gewesen sein dürfte, geht aus der erhaltenen Rechnung zu ersterer hervor: „die Aenderung wegen der Worte in der Music und daher komenden Copialien 6 [Mk]"; vgl. CPEB-Dok, Nr. 543.

[35] Für eine eingehende Beschreibung der musikalischen Quellen siehe speziell W. Enßlin, *Die Bach-Quellen der Sing-Akademie zu Berlin. Katalog*, Hildesheim 2006 (LBzBF 8).

[36] Ausnahmen sind die EM Schuchmacher und Häseler. Der zweite Teil der EM Schuchmacher basiert auf der nicht mehr erhaltenenen EM Schlosser von Telemann (TVWV 3:35), für die fehlenden Sätze in der zweiten Hälfte des ersten Teils der EM Häseler können nur Vermutungen angestellt werden (siehe unten).

Auf den Titelumschlägen der Stimmensätze hielt Bach häufig fest, zu welchen Anlässen die Materialien benutzt worden sind. Hier erhalten wir also aus erster Hand Informationen über die vollständige oder auszugsweise Wiederverwendung einer Komposition bei späteren Einführungen. Im Falle der EM Lüders sind diese Notizen der einzige greifbare Nachweis.[37] Anhand der Notizen auf den Titelseiten der EM Palm und Klefeker sowie der erkennbaren Revisionen des Aufführungsmaterials kann die EM Lüders weitgehend rekonstruiert werden. Bezüglich der Datierung ist eine zeitliche Nähe zu diesen beiden ersten, größtenteils auf eigenen Kompositionen beruhenden, Einführungsmusiken anzunehmen.[38] Die Form der autographen Niederschriften kann ferner Hinweise darauf geben, daß Bach auf Vorlagen zurückgegriffen hat (siehe unten).

5. Textdrucke

Textdrucke geben wertvolle Informationen über die Stellung des Geistlichen, des Orts und Datums seiner Einführung,[39] aber auch über den genauen Wortlaut der vertonten Texte und die Reihenfolge der Sätze. Wie bereits erwähnt, enthalten allein die Textdrucke den Hinweis auf die Aufführung des lateinischen „Veni sancte spiritus" unmittelbar nach der Predigt. Da hierzu die musikalischen Quellen fehlen, ist bislang ungeklärt, welche Vertonung des Hymnus verwendet wurde und in welcher Form die Darbietung erfolgte.

Zu 30 der 43 Prediger-Einführungsmusiken sind uns heute Textdrucke bekannt. Fehlen musikalische Quellen, so bieten diese die einzige Handhabe,

---

[37] EM Palm, autographer Titelumschlag zu *SA 711*: „Erster Theil der Palmschen | Einführungs Music", später ergänzt: „[Erster Theil der] Lüdersschen." – EM Klefeker, autographer Titelumschlag zu *SA 714*: „Erster Theil | der Klefekerschen Einführungs | Music", später ergänzt „Zweyter [Theil] d. Lüderschen [Einführungs | Music]". In der autographen Partitur der EM Klefeker wurden die Sätze 5 und 6 (Choral und Rezitativ) aus der ursprünglichen Reihe entfernt und ans Ende gestellt (die Beschreibung bei Enßlin, wie Fußnote 35, S. 142, ist entsprechend zu korrigieren); im Stimmensatz findet sich ein autographer Hinweis, nach Satz 8 unmittelbar den Schlußchoral (Satz 10) folgen zu lassen; die ursprüngliche Arie (Satz 9) sollte mithin übersprungen werden. Es ist sehr wahrscheinlich, daß diese drei Sätze aus dem ersten Teil der EM Klefeker nicht in die EM Lüders übernommen wurden.

[38] Ein Pastor beziehungsweise Diakon Lüders hat sich in der Liste der Hamburger Pfarrer bislang nicht finden lassen. Siehe J. A. R. Janssen, *Ausführliche Nachrichten über die sämmtlichen evangelisch-protestantischen Kirchen und Geistlichen der freyen und Hansestadt Hamburg und ihres Gebietes sowie über deren Johanneum, Gymnasium, Bibliothek, und die dabey angestellten Männer*, Hamburg 1826.

[39] Diese Informationen können, soweit vorhanden, zumeist auch den Zeitungsberichten entnommen werden.

mögliche Entlehnungen (sofern es sich nicht um Parodien handelt) festzustellen.

Die Formulierungen auf den Titelseiten „neu verfertiget, und aufgeführet von Carl Philipp Emanuel Bach" oder auch nur „aufgeführet von Carl Philipp Emanuel Bach" weisen auf eine Differenzierung von Originalkomposition (auch im Sinne von eigens für den Anlaß zusammengestellten Kompositionen, vorwiegend aus eigenen Werken) und vollständigen Übernahmen von bereits erklungenen Einführungsmusiken hin.[40]

6. Rechnungen

Da Komposition, Erstellung des Aufführungsmaterials, Direktion und Aufführung der Einführungsmusiken nicht zu den Amtspflichten Bachs gehörten, waren sie gesondert zu vergüten. Von den meisten Einführungsmusiken sind die von Bach ausgestellten Rechnungen erhalten, von einigen ist zumindest der Gesamtbetrag bekannt.[41]

Die vollständig erhaltenen Rechnungen geben genaue Auskunft über die einzelnen Positionen. Ein instruktives Beispiel ist die Rechnung für die EM Gerling (CPEB-Dok, Nr. 305)[42]; siehe Seite 148 oben.

Zumeist erhielt Bach den – an die Mitwirkenden weiter zu verteilenden – Gesamtbetrag von der Kirchgemeinde beziehungsweise den in ihrem Auftrag handelnden Juraten oder Oberalten. Allerdings bezahlten bei neuen Kompositionen bisweilen auch die Gefeierten die Gebühren aus eigener Tasche.

Je nach eigenem Anteil an der von ihm aufgeführten Musik erhielt Bach unterschiedlich hohe Honorare. Dirigierte er lediglich ein älteres Werk, bekam er sechs Mark für die „Direction" der Musik. Griff er kompositorisch in ein bereits existierendes Werk ein, ließ er sich dies entsprechend vergü-

---

[40] Nicht immer decken sich die Formulierungen allerdings mit dem sonstigen Befund. Besonders bei der EM Sturm wäre auch die Formulierung „Neu verfertiget" zu erwarten gewesen (siehe unten).

[41] Siehe Tabelle 9 im Anhang. – Das Rechnungsbuch befindet sich heute im Staatsarchiv Hamburg. Bachs Hamburger Nachfolger Schwencke hatte ein Inhaltsverzeichnis mit den Gesamtbeträgen erstellt, das bei verlorengegangenen Blättern als Ersatzinformation dient. Daß zahlreiche Blätter fehlen, dürfte auf den Hof- und Universitätsbuchhändler G. Nusser aus Rostock zurückgehen, der das Rechnungsbuch aus dem Nachlaß des Sohnes von Schwencke erworben haben dürfte und 1896 durch die Firma Stargardt versteigern ließ; Käufer war das Staatsarchiv Hamburg. Mindestens dreizehn Blätter wurden von Nusser aus dem Buch herausgelöst und separat verkauft. Aus diesem Grund befinden sich manche Einzelblätter in Privatbesitz oder in anderen Bibliotheken, andere sind heute verschollen. Siehe CPEB-Dok, Kommentar zu Nr. 79 (S. 184 f.).

[42] Die Abkürzungen bedeuten: „R. Mus." = Ratsmusikanten; „Exp." = Expektanten; „Instr.tr. u. Geh." = Instrumententräger und Gehilfe.

Beÿ H.D. Gerlings Einführung ao. 77.

   Kostete die Music
Für H. Lütkens Text	12 M.
Für die Comp. u. Dir.	75
– 9 Sänger	18
– 8 R. Mus.	12
– 2 Exp.	3
– – Rollbrüder	5
– den Vorsänger	1
– Pauken u. Tromp.	6
– Copialien	13 – – 4 ß.[43]
– den Accomp.	2
– den Instr.tr. u. Geh.	1
– den Chor Knaben	– 8 –

   148 M. 12 ß.

ten.[44] Auch sonst fallen die Posten für die „Composition" recht unterschiedlich aus, was durchaus Rückschlüsse auf den kompositorischen Eigenanteil Bachs an einer Einführungsmusik zuläßt. David Hermann Hornbostel steuerte bei seiner Einführung aus eigener Tasche 30 Thaler (dies entspricht 90 Mark) „für Composition u. Copialien, dazu",[45] was auf einen sehr hohen Eigenanteil Bachs schließen läßt.[46] Im Fall der EM Eberwein erhielt Bach für „die Composition und Direction 30 M".[47] Zieht man die obligatorischen sechs Mark für die Leitung der Aufführung ab, so bleiben 24 Mark für die Komposition – offenbar ein Indiz für einen nicht allzu hohen Eigenanteil.[48] Clarks Auffassung, daß es sich bei den Einführungsmusiken – gemeint sind hier die im

---

[43] Dies entspricht laut CPEB-Dok 53 Bogen Papier.
[44] Vgl. CPEB-Dok, Nr. 67 (Rechnung EM Brandes): „Für die Verfertigung und Abschrift dreÿer Recitative 15 [Mark]"; CPEB-Dok, Nr. 441 (Rechnung EM Lütkens): „Für die Direction, Composition 3 neue Recitative, worunter 1 Accompagnement und die Copialien 24 Mk" (diese Angabe läßt sich auch anhand der überlieferten Quellen der EM Gerling in *SA 710* verifizieren: Die dort befindliche autographe Teilpartitur und der mit Eintragungen C. P. E. Bachs versehene Teilstimmensatz von J. H. Michel entsprechen den laut Rechnung für die EM Lütkens neu erstellten Rezitativen); CPEB-Dok, Nr. 470 (Rechnung EM Som): „Für die Aenderung in zweÿen Recitativen und einer Arie, samt den dadurch verursachten Copialien 7 [Mk] 8 ß [Schillinge]".
[45] CPEB-Dok, Nr. 120.
[46] Siehe unten die Ausführungen zur EM Hornbostel.
[47] CPEB-Dok, Nr. 123.
[48] Siehe die Ausführungen zu EM Eberwein und EM Rambach weiter unten.

NV genannten Werke – als separat vergütete Leistungen weitgehend um Originalkompositionen gehandelt habe,[49] muß differenziert werden. Auch wenn der Anteil an eigenen Beiträgen bei den Einführungsmusiken in der Tat höher ist als bei Bachs Passionen, so handelt es sich selbst bei denjenigen Werken, für deren „Composition" Bach ein Honorar berechnete, nicht durchweg um Originalkompositionen, wie zahlreiche Parodien belegen.

Griff Bach bei Einführungsmusiken auf bereits zuvor aufgeführte Werke zurück (mit allenfalls geringfügigen Änderungen), so belief sich der Gesamtbetrag der ausgestellten Rechnung in der Regel auf etwa 50–70 Mark. Gesamtbeträge von etwa 130–150 Mark (mit Einzelposten für Komposition von gelegentlich 59, häufig aber 69 Mark) deuten auf einen höheren Eigenanteil. Im Mittelfeld liegen die EM Eberwein und Winkler mit Rechnungsbeträgen von ungefähr 90 Mark. Es wäre problematisch, diese Summen unmittelbar auf die Zahl der von Bach neu komponierten Sätze umzurechnen, doch wird die Tendenz deutlich. So kann der geringere Betrag für die Komposition bei der EM Sturm (59 Mark) im Vergleich beispielsweise zu den EM Gerling, Rambach und Jänisch darauf hindeuten, daß Bach bei der erstgenannten Einführung in einigen Sätzen auf Vorlagen zurückgriff, die bislang lediglich noch nicht ermittelt werden konnten. Sollte der Gesamtpreis von 67 Mark bei der EM Schäffer nicht auf einem Übertragungsfehler Schwenckes beruhen,[50] so müßte aufgrund dieses geringen Gesamtbetrages eine Neukomposition nahezu auszuschließen sein, obwohl die Bachsche Partitur keinen Hinweis auf Entlehnungen gibt und bislang auch keine Parodievorlagen gefunden wurden. Denkbar erscheint hier allenfalls, daß Schäffer Bach für die Komposition aus eigener Tasche bezahlt und dieser dann ausnahmsweise vergessen hat, den Betrag auf der Rechnung zu vermerken.

7. Zeitungsberichte

Mithilfe der in der Hamburger Presse ermittelten Berichte lassen sich in manchen Fällen zusätzliche Informationen über Einführungsmusiken gewinnen, etwa hinsichtlich der Textdichter. Deren Namen sind nur ausnahmsweise auch in anderen Quellen überliefert (siehe unten). Des weiteren geben die Zeitungen mitunter an, ob es sich bei den Einführungsmusiken um Neukompositionen Bachs handelt.[51] Im Fall der EM Friderici mag dieser Hinweis ein Argument

---

[49] Clark (wie Fußnote 17), S. 122.
[50] Das dazugehörige Rechnungsblatt fehlt im Rechnungsbuch.
[51] Vgl. Wiermann, Dok. III/15 (EM Palm): „von dem Kapellmeister Bach auf das vortrefflichste componirt"; Dok. III/42 (EM Friderici): „Vor und nach der Predigt führte der Herr Kapellmeister Bach eine von ihm zu dieser Feyerlichkeit componirte Cantate auf"; Dok. III/51 (EM Sturm): „Vor und nach der Predigt führte unser Herr

gegen die Ausführungen Clarks bei der Zuordnung der dazu gehörenden Quellen sein; wir setzen zu Friderici – nicht nur aus diesem Grund – stets ein Fragezeichen und werden weiter unten auf diesen Fall noch ausführlicher zurückkommen. Bei der EM Sturm scheinen sich Textdruck (nur „aufgeführet"), Rechnung (mittlerer Betrag von 59 Mark für die Komposition) und Zeitungsannonce („von ihm vortrefflich componirte Cantate") nicht in Einklang bringen zu lassen.

*

Die Ergebnisse einer systematischen Auswertung der vorstehend diskutierten Quellen werden in der folgenden Tabelle zusammengestellt.

Capellmeister Carl Philipp Emanuel Bach, eine von ihm vortrefflich componirte Cantate auf".

Tabelle 1
Übersicht über die von Carl Philipp Emanuel Bach aufgeführten Prediger-Einführungsmusiken

	Datum	Name des Predigers	Wq	H	Belegt durch NV	Belegt durch AK 1805	Musikalische Quellen[52]	Textheft	Rechnung (CPEB-Dok)	Zeitungsbericht (Wiermann)
1	25. 8. 1768	Albert Georg BRANDES	deest	deest	–	–	–	D-Ha; D-Hnekb	Nr. 67	III/4
2	12. 7. 1769	Christian Arnold PALM	deest	821a	S. 57 [3]	Nr. 27	SA 711	D-Hs; D-SAAmi	Nr. 74	III/15
3	10. 8. 1769	Johann Georg HEIDRITTER	deest	deest	–	–	–	–	Nr. 76	III/16
4	5. 3. 1771	Benedict Gilbert FLÜGGE	deest	deest	–	–	–	–	Nr. 93	III/23
5	24. 9. 1771	Johann Daniel SCHULDZE	deest	deest	–	–	–	D-Ha	Erwähnt in Nr. 76	III/25
6	5. 11. 1771	Johann Matthias KLEFEKER	deest	821b	S. 57 [4]	Nr. 26	SA 714	D-Ha	Nr. 103	III/26
7	8. 11. 1771	Otto Christian SCHUCHMACHER	deest	821c	S. 65 [7]	Nr. 34	P 348	in P 348	Nr. 104	III/27
8	4. 2. 1772	Georg Heinrich HAESELER	deest	821d	S. 57 [5]	Nr. 25	P 346; SA 706; RUS-SPsc, fond 956 opis 2 no. 6	in P 346; D-SAAmi	Nr. 109	III/29

[52] Falls nicht explizit angegeben, befinden sich die Quellen in D-B.

Tabelle 1 (Fortsetzung)

	Datum	Name des Predigers	Wq	H	NV	AK 1805	Musikalische Quellen	Textheft	Rechnung (CPEB-Dok)	Zeitungs-bericht (Wiermann)
					Belegt durch					
9	2.6.1772	Peter Heinrich KLUG	deest	deest	–	–	–	–[53]	Nr. 113	–
10	23.9.1772	David Herrmann HORNBOSTEL	deest	821e	S. 57 [6]	Nr. 24	SA 707	B-Br; D-Hs; D-SAAmi; in SA 707	Nr. 120	–
11	22.10.1772	Johann Christoph EBERWEIN	deest	deest	–	–	–	B-Br; D-Ha	Nr. 123	–
12	14.1.1773	Herrmann Erich WINKLER	252	821f	S. 57 [7]	Nr. 23	P 340; P 347; SA 713[54]	D-Ha	Nr. 125	–
13	18.3.1773	Johann Otto WICHMANN	deest	deest	–	–	–	–[55]	Erwähnt in Nr. 76	–
14	10.9.1773	Johann von DÖHREN	deest	deest	S. 57 [8]	Nr. 22	–[56]	–	Nr. 135	III/33
15	2.11.1773	Rud. Erhard BEHRMANN	deest	deest	–	–	–	B-Br	Nr. 141	–
16	16.6.1775	Johann Christian FULDA	deest	deest	–	–	–	B-Br; D-Hnekb	–	–
17	8.11.1775	Johann Martin MICHAELSEN	deest	deest	S. 57 [9]	–[57]	–	–	Nr. 226	III/41
18	12.12.1775	Johann Christoph FRIDERICI	251	821g	S. 57 [10]	Nr. 29	P 347 (?)[58]	–	Nr. 230	III/42

19	10.9.1776	Jacob Christian SCHULTZE	deest	deest	–	–	B-Br; D-Hs	Nr. 262	–
20	24.9.1776	Johann Leonhard WÄCHTER	deest	deest	–	–	D-Hs; D-SAAmi	Nr. 265	–
21	4.11.1776?	GREVE	deest	deest	–	–	–	Nr. 262	–
22	28.11.1777	Christian Ludewig GERLING	deest	821h	Nr. 32[59]	S. 58 [1]	SA 710	B-Br; D-B; in SA 710	Nr. 305	III/48
23	1.9.1778	Christoph Christian STURM	deest	821i	Nr. 31[60]	S. 58 [2]	SA 705	B-Br; D-Hs	Nr. 315	III/51
24	3.10.1780	Johann Jacob RAMBACH	deest	821j	Nr. 30[61]	S. 58 [3]	–	D-Ha; D-SAAmi	Nr. 387	III/58

---

[53] Textheft im 19. Jahrhundert noch nachweisbar.
[54] Stimmenmaterial vor dem Krieg noch im Bestand der Sing-Akademie zu Berlin (siehe Miesner, wie Fußnote 12, S. 88).
[55] Textheft im 19. Jahrhundert noch nachweisbar.
[56] Das Stimmenmaterial der EM von Döhren ist zuletzt im Nachlaßverzeichnis von C. S. Gähler (Los-Nr. 9341) nachgewiesen; nach einer handschriftlichen Notiz im Berliner Exemplar dieses Katalogs wurde es von „Ruprecht" erworben. Vgl. *Verzeichnis der hinterlassenen Büchersammlung des verstorbenen Conferenzraths und Bürgermeisters, Herrn Casper Siegfried Gähler ... in Altona, dritter Theil, enthaltend: die musicalischen Schriften und Musicalien der berühmtesten ältesten und neuern Componisten bestehend*, Altona 1826.
[57] Möglicherweise Nr. 38: „Eine Einführungsmusik die keinen Titel hat". Nicht ganz auszuschließen ist die Möglichkeit, daß es sich hier um die EM der Rektoren Müller/Schetelig am Johanneum handelt (NV S. 58 [9]).
[58] Die Stimmen zur EM Friderici und zur Jubelmusik Hoeck sind zuletzt im Nachlaßverzeichnis Gähler (siehe Fußnote 56) unter der Los-Nr. 9141 nachgewiesen; sie wurden von „Ruprecht" erworben und sind seither verschollen.
[59] „Hrn. Pastors Gerling, Lütkens und Stöcker Einführungsmusik, 2 Theile, 777, 783 und 789."
[60] „Hrn. Pastors Sturm und Bracke Einführungsmusik, 2 Theile, 778 und 785."
[61] „Hrn. Pastors Rambach, Müller und Rurge Einführungsmusik, 2 Theile, 780, 786 und 789."

Tabelle 1 (Fortsetzung)

	Datum	Name des Predigers	Wq	H	NV	AK 1805	Musikalische Quellen	Textheft	Rechnung (CPEB-Dok)	Zeitungs-bericht (Wiermann)
25	9.5.1781	Johann Georg LAMPE	deest	deest	–	–	–	B-Br	Nr. 404	–
26	1.12.1781	Michael David STEEN	deest	deest	–	–	(→ EM Winkler)[62]	D-SAAmi	Nr. 415	III/64
27	16.1.1782	Rudolph JÄNISCH	deest	821k	S. 58 [4]	Nr. 28[63]	SA 712	in SA 712	Nr. 418	–
28	vor 30.1.1783	LÜTKENS	deest	deest	–	Nr. 32[64]	(→ EM Gerling)	–	Nr. 441	–
29	14.5.1784	Franz Carl von SOM/ Johann Heinrich LINDES	deest	deest	–	Nr. 40[65]	–[66]	B-Br	Nr. 470	–
30	11.5.1785	Joachim Christoph BRACKE	deest	deest	–	Nr. 31[67]	(→ 2. Teil: EM Winkler, 2. Teil)[68]	B-Br; D-Hs	Nr. 503	III/71
31	?.7.1785	Johann Michael ENKE	deest	deest	–	–	(EM Winkler)[69]	–	Nr. 507	–
32	3.8.1785	Johann Jacob SCHÄFFER	253	821 m	S. 58 [5]	Nr. 33	SA 708; P 347	B-Br; D-Hs; D-SAAmi	Nr. 509	–
33	30.8.1785	Johann Anton GASIE	250	821l	S. 58 [6]	Nr. 35	P 346; SA 709	B-Br; D-SAAmi; in P 346; in SA 709	Nr. 510	–

34	10.12.1785	Gottlieb Friedrich GOEZE	deest	deest	—	—	B-Br	Nr. 526	—
35	16.6.1786	Paul Lorenz CROPP	deest	deest	—	Nr. 28[70]	(→ EM Jänisch)	B-Br	—
36	30.6.1786	Jacob Thomas WESSEL	deest	deest	—	—	—	B-Br	—
37	vor 7.9.1786	Christian Heinrich Ernst MÜLLER	deest	deest	—	Nr. 30[71]	—	Nr. 543	—
38	8.2.1787	Georg Heinrich BERKHAN	821 n	deest	S. 58 [7]	Nr. 36	SA 716	B-Br; D-B; in SA 716; D-SAAmi	Nr. 554	—
39	11.9.1787	Heinrich Julius WILLERDING	821 o	deest	S. 58 [8]	Nr. 37	SA 705	—	Nr. 566	III/78

[62] Nach einer Notiz auf den heute verschollenen Stimmen zur EM Winkler H 821 f erklang diese auch zur Einführung Steen (Miesner, wie Fußnote 12, S. 88).
[63] „Hrn. Pastors Jänisch und Cropp Einführungsmusik, 2 Theile, 782 und 786".
[64] Siehe Fußnote 59.
[65] „Herrn Dr. Hoek Jubelmusik, 2 Theile, 775 und Einführungsmusik des Herrn von Som, 784."
[66] Siehe Fußnote 58.
[67] Siehe Fußnote 60.
[68] Nach Notiz auf den heute verschollenen Stimmen zur EM Winkler H 821 f erklang der 2. Teil auch als 2. Teil der EM Bracke (Miesner, S. 88).
[69] Nach Notiz auf den heute verschollenen Stimmen zur EM Winkler H 821 f erklang diese auch zur Einführung Enke (Miesner, S. 88).
[70] Siehe Fußnote 63.
[71] Siehe Fußnote 61.

Tabelle 1 (Fortsetzung)

	Datum	Name des Predigers	Wq	H	NV	AK 1805	Musikalische Quellen	Textheft	Rechnung (CPEB-Dok)	Zeitungs-bericht (Wiermann)
40	Datum unbekannt	LÜDERS	deest	deest	–	–	(→ EM Palm, EM Klefeker)	–	–	–
41	12. 2. 1789	Michael WOLTERS	deest	deest	–	–	(→ EM Gasie)	B-Br	Nr. 603	–
42	28. 8. 1789	Johann Gerhard RUNGE	deest	deest	–	Nr. 30[72]	–	B-Br	–	–
43	18. 12. 1789	Matt. Gab. STÖCKER	deest	deest	–	Nr. 32[73]	(→ EM Gerling)	B-Br	–	–

(Spalte "Belegt durch" umfasst Wq, H, NV, AK 1805)

---

[72] Siehe Fußnote 61.
[73] Siehe Fußnote 59.

Einen großen Anteil der in seiner Zeit gefeierten Prediger-Einführungen bestritt Bach nicht mit „neu verfertigten" Werken, sondern mit Wiederaufführungen; hierin folgte er seinem Amtsvorgänger Telemann, der ebenfalls seine eigenen Einführungskantaten häufig mehrfach verwendete.[74] Teilweise verraten schon seine Notizen auf den Titelseiten, daß eine EM ganz oder partiell bei einem weiteren Anlaß erneut verwendet wurde.[75] Nach anderen Spuren bleibt zu fahnden, insbesondere nach Herkunft und Identität der fremden Werke.

Eine Vorsortierung in mutmaßliche Eigenkompositionen oder neu vorgenommene Zusammenstellungen und reine Wiederaufführungen kann schon allein anhand einfacher äußerer Kriterien vorgenommen werden. Auf reine Wiederaufführungen kann anhand folgender Merkmale geschlossen werden:

a) die Werke sind im NV nicht verzeichnet (siehe Tabelle 1);
b) auf der Titelseite des Textdrucks steht lediglich „aufgeführt durch Carl Philipp Emanuel Bach (bei Neukompositionen hingegen oft „neu verfertiget, und aufgeführt durch …");[76]
c) die von Bach für die Aufführung in Rechnung gestellte Summe liegt um 60 Mark, keinesfalls aber über 100 Mark;
d) es ist keine autographe Partitur vorhanden (siehe Tabelle 1).

Diese Kriterien treffen – teils mit der Einschränkung, daß die Punkte b) und c) wegen des Verlusts der entsprechenden Quellen nicht geprüft werden können – bei insgesamt 22 der 40 Einführungsmusiken zu. Nur in wenigen Fällen läßt sich aber anhand der Texte und/oder der Vermerke in den Aufführungsmaterialien ermitteln, welche Musik zu diesen Anlässen erklungen ist. Die Rechnungen steuern in manchen Fällen zusätzlich Hinweise auf kleinere Veränderungen bei – etwa Umtextierungen oder neu komponierte Rezitative.

Für die Wiederaufführungen von Einführungsmusiken Georg Philipp Telemanns kamen vor allem diejenigen Werke in Betracht, die sich laut BA 1789 in Bachs Besitz befanden. Diese vier textlich dokumentierten Stücke sind

---

[74] So weisen beispielsweise folgende Einführungsmusiken Telemanns denselben Text auf: EM Schlosser 1741 (TVWV 3:35), EM Schröder 1746 (TVWV 3:49), EM Zornickel 1754 (TVWV 3:60) und EM Fiebing 1759 (TVWV 3:70).
[75] Vgl. dazu Tabelle 2 und als Beispiel die Angaben in Fußnote 36.
[76] Gelegentlich ist in den Textdrucken allerdings selbst dann nur ein „aufgeführt" vermerkt, wenn die Kantate zumindest in ihrer Zusammenstellung neu war, so bei der EM Sturm. Bei den EM Haeseler und Schuchmacher könnte die Angabe „neu verfertiget" fehlen, weil größere Blöcke nicht (Schuchmacher) oder wahrscheinlich nicht (Haeseler) von Bach stammten.

durchweg verwendet worden. Vermutlich war die Zahl der Übernahmen noch größer, doch kann dies wegen des Verlusts der Texthefte sowohl Bachscher als auch Telemannscher Einführungsmusiken im einzelnen nicht mehr nachgewiesen werden.[77] Eine Übersicht über die derzeit belegten Wiederaufführungen bietet Tabelle 2:

Tabelle 2
Wiederaufführungen

Datum	Name des Predigers	Aufgeführtes Werk	Beleg
25. 8. 1768	Brandes	TVWV 3:74[78] (1, 5, 7–10, 12, 13), Rezitative von C. P. E. Bach	Text, Rechnung (CPEB-Dok, Nr. 67)[79]
10. 8. 1769	Heidritter	unbekannt (kein Text vorhanden)	
5. 3. 1771	Flügge	unbekannt (kein Text vorhanden)	
24. 9. 1771	Schuldze	TVWV 3:31	Text
2. 6. 1772	Klug	unbekannt (kein Text vorhanden)	
18. 3. 1773	Wichmann	unbekannt (kein Text vorhanden)	
2. 11. 1773	Behrmann	TVWV 3:34	Text
16. 6. 1775	Fulda	1. Teil wie TVWV 3:35 2. Teil wie TVWV 3:31 (wie Schuldze 1771)	Text
10. 9. 1776	Schultze	unbekannt (Satz 1 evtl. TVWV 3:74 Satz 13)	Text

---

[77] Es ist davon auszugehen, daß die beiden Einführungsmusiken Telemanns, von denen kein Textbuch bekannt ist (EM Baumgarten und EM Höpf[n]er), von Bach ebenfalls herangezogen wurden.

[78] Dieses Werk befand sich offenbar nicht in Bachs Besitz, sondern wurde nur zeitweilig von Georg Michael Telemann ausgeliehen. Bach bat Telemann – wohl Ende Juli 1768 – um eine Einführungsmusik, da der „einzuführende neue Pastor [...] eine alte Introductions Musik" verlangte. Siehe CPEB-Dok, Nr. 65 (dort mit der Einführung von Pastor Brandes in Verbindung gebracht). Noch bis 1772 hatte Bach Zugang zu den Materialien des jüngeren Telemann; vgl. U. Wolf, *Der Anteil Telemanns an den Hamburger Passionen Carl Philipp Emanuel Bachs*, in: Telemann, der Musikalische Maler / Telemann-Kompositionen im Notenarchiv der Sing-Akademie zu Berlin. Bericht über die Internationale Musikwissenschaftliche Konferenz anläßlich der 17. Magdeburger Telemann-Festtage, 10. bis 12. März 2004, hrsg. von C. Lange und B. Reipsch (im Druck).

[79] „Für die Verfertigung und Abschrift dreyer Recitative 15 [Mark]".

Tabelle 2 (Fortsetzung)

Datum	Name des Predigers	Aufgeführtes Werk	Beleg
24.9.1776	Wächter	1. Teil wie TVWV 3:31 (wie Schuldze 1771) 2. Teil wie TVWV 3:35 (wie Schuchmacher H 821c, 2. Teil)	Text
4.11.1776?	Greve	unbekannt (kein Text vorhanden)	
9.5.1781	Lampe	TVWV 3:37	Text
1.12.1781	Steen	EM Winkler (H 821f)	Text und Titelumschlag EM Winkler (heute verschollen, vgl. Miesner, S. 88)
vor 30.1.1783	Lüttkens	EM Gerling (H 821h)	Notiz auf Quelle, AK 1805
14.5.1784	von Som	1. Teil wie Jubelmusik Hoeck (H 824c) 2. Teil wie EM Friderici? (H 821g)	Text, AK 1805 (dort wie Jubelmusik Hoeck)
11.5.1785	Bracke	1. Teil wie EM Sturm (H 821i) 2. Teil wie EM Winkler (H 821f)	Text, AK 1805 (dort wie EM Sturm)
?.7.1785	Enke	EM Winkler (H 821f)	Titelumschlag EM Winkler (heute verschollen, vgl. Miesner, S. 88)
10.12.1785	Goeze	EM Schultze 1776	Text
16.6.1786	Cropp	EM Jänisch 1782 (H 821k)	Text, Quelle (dort leicht bearbeitet für EM Cropp), AK 1805
30.6.1786	Wessel	TVWV 3:34 (wie Behrmann 1773)	Text
vor 7.9.1786	Müller	EM Rambach (H 821j)	AK 1805
Datum unbekannt	Lüders	1. Teil wie EM Palm (H 821a) 2. Teil wie 1. Teil EM Klefeker (H 821b)	Notizen auf den Aufführungsmaterialien Palm und Klefeker
12.2.1789	Wolters	EM Gasie (H 821l)	Text
28.8.1789	Runge	überwiegend EM Rambach (H 821j)	Text, AK 1805
18.12.1789	Stöcker	1. Teil unbekannt (1. Satz evtl. EM Gerling 1. Satz) 2. Teil wie EM Gerling (H 821h)	Text, AK 1805 (dort wie EM Gerling)

Die übrigen Werke sind schwerer zu fassen. Kehren wir zurück zu den zuvor als Ausschlußkriterien benutzen Merkmalen, so müßten all jene Einführungsmusiken neu komponiert sein, die im NV erwähnt sind, für deren Darbietung Bach mehr als 100 Mark bekam, deren Texthefte ihn explizit als Urheber bezeichnen und die zudem in autographer Partitur vorliegen. Im Grunde müßte sogar ein Teil der Kriterien – etwa Höhe des Honorars und Befund des Textdrucks – genügen beziehungsweise die anderen nach sich ziehen. Dies ist aber nur eingeschränkt der Fall. Bei näherem Hinsehen nämlich erweisen sich nur wenige Einführungsmusiken durchweg als Neukomposition. Die meisten der im NV unter Bachs Namen verzeichneten Werke sind hingegen Pasticci mit Übernahmen aus eigenen wie – überwiegend – fremden Werken, zumeist in parodierter Form.

Ausgangspunkt für unsere Untersuchungen sind dabei die bereits bei anderen Werkgruppen gemachten Erfahrungen: Grundsätzlich ist bei jeder der für die Hamburger Kirchen verfertigten Musiken mit Übernahmen zu rechnen. Um diese zu eruieren, sind zunächst die Primärquellen, vor allem die autographen Partituren zu prüfen. Verdächtig ist in jedem Fall, wenn in einer solchen Partitur ein Satz ganz fehlt oder aber nur unvollständig – das heißt in seinen vokalen Anteilen – notiert ist. In solchen Fällen muß es eine weitere Quelle – mutmaßlich eine Entlehnungsvorlage – gegeben haben, aus der der Kopist die fehlenden Sätze beziehungsweise Stimmen kopieren konnte. Nur die neu textierte und entsprechend angepaßte Vokalstimme mußte Bach in der Partitur neu ausarbeiten; Beispiele für dieses ungewöhnliche Verfahren wurden an anderer Stelle bereits erläutert.[80] Doch auch aus einer vollständigen autographen Partitur kann nicht von vornherein auf eine neue und eigene Komposition geschlossen werden. Das Autograph der EM Palm etwa gibt keinen Hinweis darauf, daß der Chor „Mein Herz freuet sich" von Benda stammt.

Der zweite Ausgangspunkt unserer Überlegungen ist das NV; alle hier verzeichneten geistlichen Kompositionen aus Bachs Notenbibliothek kommen als potentielle Quellen für Entlehnungen in Frage und sind entsprechend zu untersuchen; diese Arbeiten sind bislang erst zum Teil durchgeführt.[81]

Leider sind aber – aus welchen Gründen auch immer – nicht alle von Bach als Vorlage benutzen Kompositionen im NV genannt. So kommt der Komponist des Eingangschores der EM Winkler – Anton Schweitzer – im Nachlaßverzeichnis gar nicht vor; die Identifizierung dieser Vorlage verdanken wir allein des verdächtigen Befunds von Bachs Partitur, konsequenter Suche und

---

[80] Vgl. U. Wolf, *Carl Philipp Emanuel Bach und der „Münter-Jahrgang" von Georg Benda*, BJ 2006, S. 205–228. Siehe speziell die Beispiele 1–3 auf S. 222–227.

[81] Die Suche wird dadurch erschwert, daß die Angaben im NV leider oft derart pauschal sind, daß nicht mehr eindeutig zu klären ist, welche Werke Bach besessen hat; vgl. Wolf, Münter-Jahrgang (wie Fußnote 80), S. 205.

ein wenig Glück. Es ist durchaus auch noch mit weiteren „Enthüllungen" dieser Art zu rechnen; zu diesem Zweck teilen wir Incipits einiger Sätze im Anhang dieses Aufsatzes mit, für die eine – bislang noch nicht bestimmte – Vorlage angenommen werden muß.

Tabelle 3
Entlehnungen[82]

Einführungs-musik	Satz	Incipit	Vorlage[83]	Incipit in der Vorlage
2 Palm 1769 H 821 a[84]	Chor	Ich will dir danken	Benda, L 597, Satz 1	Ich will dir danken
	Rezitativ	Der Erdkreis lag in Nacht verhüllt	Vorlage vermutet; Incipit siehe Anhang, Beispiel 1	
	Duett	Der Oberhirt gebeut dem Führer treue Pflege	Wq 215, Satz 6	Deposuit potentes
	Arie	Sei gesegnet, sei willkommen	H 824 a, Satz 4	Amen, amen. Gehe nun in deiner Kraft
	Chor	Mein Herz freuet sich	Benda, L 598, Satz 1	Mein Herz freuet sich
7 Schuchmacher 1771 H 821 c[85]	Chor	Ich will den Namen des Herrn preisen	Benda, L 603, Satz 1	Ich will den Namen des Herrn preisen

---

[82] In dieser Tabelle sind nur die EM mit einzelnen Sätzen aus fremden Vorlagen aufgeführt. Das bislang noch nicht bearbeitete Gebiet der Choräle wird hier explizit ausgeklammert und soll einer separaten Studie vorbehalten bleiben. Keine fremden Entlehnungen konnten bislang in folgenden Werken nachgewiesen werden: EM Klefeker 1771, EM Hornbostel 1772, EM Schäffer 1785, EM Gasie 1785.

[83] Zu den Entlehnungen nach Benda vgl. Wolf, Münter-Jahrgang (wie Fußnote 80). „L" bezieht sich auf die Nummern bei F. Lorenz, *Die Musikerfamilie Benda. Themenkatalog der Kompositionen der Familienmitglieder*, Berlin 1972 (Typoskript, Exemplar in D-B), „HoWV" auf U. Wolf, *Gottfried August Homilius (1714–1785). Studien zu Leben und Werk (mit Werkverzeichnis HoWV, kleine Ausgabe)*, Stuttgart (im Druck). Siehe dazu auch Tabelle 9 im Anhang.

[84] Vollständige autographe Partitur: *SA 711*. Lediglich das Rezitativ ist von Anon. 304 geschrieben, was auf eine Übernahme aus einem anderen Werk deutet. Dieses Rezitativ ist zusammen mit dem vorausgehenden Chor „Ich will dir danken" auf einem abweichend rastrierten Papier notiert. Im Duett stehen die Partien von Violino I und II teils auf einem, teils auf zwei Systemen.

[85] Weitere Sätze der EM Schuchmacher stammen von Jacob Schuback; dabei handelt es sich aber nicht um Entlehnungen, da diese Sätze offenbar speziell für die Einführungsmusik komponiert wurden; der gesamte zweite Teil der EM Schuchmacher geht auf Telemann (TVWV 3:35) zurück.

Tabelle 3 (Fortsetzung)

Einführungs-musik	Satz	Incipit	Vorlage	Incipit in der Vorlage
8 Haeseler 1772 H 821 d	Arie	Hallelujah, welch ein Bund	Wq 215, Satz 3	Quia fecit mihi magna
	Rezitativ	Du predigst Gottes Heil der Welt	Vorlage vermutet[86]	
	Terzett?	Ich sehe dich auf Golgatha	Vorlage vermutet	
	Rezitativ	Heil und Gerechtigkeit	Vorlage vermutet	
	Arie	Ich zittre, hilf mir, mein Erbarmer	Vorlage vermutet	
12 Winkler 1773 H 821 f[87]	Chor	Hallelujah, lobet den Herrn	Schweitzer, Osteroratorium	Hallelujah, Heil und Kraft
	Arie	Hoch wie Gottes Wunder steht erbauet	Benda, L 575, Satz 3	Ihr Heuchler, flieht der Wahrheit Strahlen
	Arie	Keine Reue soll den Vorsatz	Benda, L 571, Satz 3	Ich will dich lieben
	Arie	Der Geist des Herrn sei mit uns ewiglich	Benda, L 528, Satz 5	Wenn ich mich klüglich zubereite
	Rezitativ	Aus ihr quillt hohe Zuversicht	Vorlage vermutet; Incipit siehe Anhang, Beispiel 2	
	Arie	Gott krönt das Ende der Gerechten	Benda, L 580, Satz 5	Heil dem, der hier mit Not und Schmach gerungen
18 Friderici (?) 1775 H 821 g[88]	Chor	Der Herr lebet und gelobet sei mein Hort	Benda, L 548, Satz 1	Der Herr lebet und gelobet sei mein Hort

---

[86] Siehe gesonderte Ausführungen.

[87] In der unvollständigen autographen Partitur (*SA 713*) fehlen der Eingangschor „Hallelujah, lobet den Herrn", das Rezitativ „Aus ihr quillt hohe Zuversicht" und die Arie „Gott krönt das Ende der Gerechten". Die Arie „Der Geist des Herrn" liegt hier in einer Abschrift Michels vor. Von den Arien „Hoch wie Gottes Wunder" und „Keine Reue sollen den Vorsatz" hat C.P.E. Bach nur die Gesangsstimme notiert. Ein autographes Vokalstimmenparticell des Eingangschores befindet sich in *P 340*, mit einer hinzugefügten Trompetenstimme. Die in *P 347* überlieferte später angefertigte Partiturabschrift Michels enthält das Werk vollständig.

[88] Die einzig erhaltene Quelle, eine von Michels Hand stammende Partiturabschrift (in *P 347*), gibt keine Hinweise auf Entlehnungen.

Tabelle 3 (Fortsetzung)

Einführungs-musik	Satz	Incipit	Vorlage	Incipit in der Vorlage
18 Friderici (?) 1775 H 821 g	Arie	Erhebe dich in lauter Jubel	Benda, L 548, Satz 2	Herr, du lebst und Welten leben
	Arie	Umsonst empören sich die Spötter	G. A. Homilius, HoWV II.72, Satz 5	Werd ich den Mittler einst erblicken
	Arie	Ruhe sanft, verklärter Lehrer	Benda, L 548, Satz 4	Bedeckt von Allmacht und von Gnade
	Arie	Dein Wort, o Herr, ist Geist und Leben	Homilius, HoWV II.78, Satz 2	Wo ist er, den ich liebe
	Arie	Das Wort des Höchsten stärkt auch unter Ungewittern	Benda, L 547, Satz 1	Die Gottheit türmte Flut auf Flut
	Arie	Nun so tritt mit heiterm Sinn	Benda, L 560, Satz 5	Kehrt zurück in Zions Gassen
22 Gerling 1777[89] H 821 h	Chor	Mache dich auf, werde Licht	Förster, Kantate „Ehre sei Gott", Satz 1	Ehre sei Gott
	Arie	Hallelujah-Lieder schallen	Benda, L 537, Satz 5	Sie darf die Güter nicht verschwenden
	Arie	Nicht vergebens leucht uns, Herr	Benda, L 542, Satz 3	Staub, in den wir hier zerfallen
	Arie	Anbetung mischet sich in unsre Klagelieder	Benda, L 547, Satz 6	Hier liegen wir im Staube
	Arie und Chor	Sei mir gesegnet, o Gemeine	H 821 d	Siehe, ich will predigen
23 Sturm 1778 H 821 i	Arie[90]	Was deiner Boten Zunge spricht	Vorlage bislang nicht ermittelt; Incipit siehe Anhang, Beispiel 3	
27 Jänisch 1782 H 821 k[91]	Chor	Der Herr ist König	Benda, L 603, Satz 1/H 821 c, Satz 1	Ich will den Namen des Herrn preisen

[89] In der autographen Partitur (*SA 710*) fehlt der Chor „Mache dich auf". Die Arien „Nicht vergebens leucht uns, Herr" sowie „Anbetung mischet sich in unsre Klagelieder" sind nur in Particellform notiert.

[90] In der autographen Partitur (*SA 715*) nur in Particellform notiert.

[91] Die autographe Partitur (in *SA 712*) gibt folgende Hinweise auf Übernahmen: Die Chöre „Der Herr ist König", „Die Himmel verkündigen" (Parodie des ersten Chores) und „Dem Gerechten muß das Licht immer wieder aufgehen" sind als Vokal-

Tabelle 3 (Fortsetzung)

Einführungs-musik	Satz	Incipit	Vorlage	Incipit in der Vorlage
27 Jänisch 1782 H 821k	Arie	Vor ihm geht Feuer, es leuchten die Blitze	H 821h	Berge weichen, Hügel fallen
	Chor	Die Himmel verkündigen seine Gerechtigkeit	H 821k	Der Herr ist König
	Arie	Engel Gottes, fallet nieder	H 818	Freuden, die mein Herz nicht kennt
	Chor	Dem Gerechten muß das Licht immer wieder aufgehen	Vorlage bislang nicht ermittelt; Incipit siehe Anhang, Beispiel 4	
	Arie	Gerechte, freuet euch des Herrn	Vorlage bislang nicht ermittelt; Incipit siehe Anhang, Beispiel 5	
38 Berkhan 1787 H 821n[92]	Chor	Wie lieblich sind deine Wohnungen	Telemann TVWV 3:34, Satz 1?	Wie lieblich sind deine Wohnungen
39 Willerding 1787, H 821o[93]	Chor	Dich rühmen wir, großer Schöpfer der Sphären	Benda L 546, Satz 1	Danket dem Herrn Zebaoth

Die Ergebnisse der Suche nach Vorlagen scheint – zumindest in einigen Fällen – mit dem von Bach in Rechnung gestellten Honorar zu korrespondieren. So wurde für die EM Winkler (H 821f) ungeachtet der Aussage des Texthefts „neu verfertigt" (die in gewisser Weise zutrifft) nur ein deutlich geringerer Betrag gezahlt als sonst bei neu verfertigten Kompositionen üblich.[94] Eine Erklärung liefert die Bestimmung der Vorlagen: Der größere Teil der umfangreichen und anspruchsvollen Sätze dieser Einführungsmusik (Chöre, Arien und Duette) besteht aus Parodien fremder Werke. Dem steht dann aller-

---

stimmenpartizell notiert, von den Arien „Vor ihm geht Feuer" und „Gerechte, freuet euch des Herrn" hat Bach nur die Gesangsstimme niedergeschrieben, zur Arie „Engel Gottes, fallet nieder" gab er die Anweisung: „NB In die Instrumente zu dieser Arie wird nur der erste Teil geschrieben".

[92] Sowohl in der autographen Partitur als auch im Stimmensatz (in *SA 716*) fehlt der letzte Chor „Wie lieblich sind deine Wohnungen".

[93] Kein Hinweis auf Entlehnung in der autographen Partitur (*SA 705*).

[94] Vgl. Tabelle 9 im Anhang.

dings die EM Gerling (H 821h) entgegen, denn hier wurde – trotz eines noch deutlich höheren Anteils an Parodien fremder Werke – ein bemerkenswert hoher Betrag in Rechnung gestellt.[95] Auf den ungewöhnlich niedrigen Betrag für EM Schäffer (H 821m) wurde bereits hingewiesen.

*

Einige Sonderfälle bedürfen der näheren Betrachtung:

1. EM Schuchmacher 1771 (H 821c)
Diese Einführungsmusik ist im NV im Abschnitt „Einige vermischte Stücke" mit den Worten „Einführungsmusik des Herrn Pastors Schuhmacher [sic], ein Theil. H.[amburg] 1771. Zum Theil von Herrn Syndicus Schuback. Mit Trompeten, Pauken und Hoboen" verzeichnet (S. 65f.). Der Eintrag korrespondiert mit einem Vermerk auf der einzigen erhaltenen Partiturabschrift (P 348),[96] derzufolge die Sätze 1–3 und 9 von Bach, die übrigen Sätze des ersten Teils aber von Schuback stammen.[97] Dies stellt den tatsächlichen Sachverhalt aber nicht vollständig korrekt dar, denn der Eingangschor stammt nicht von Bach, sondern von Georg Benda (siehe Tabelle 3). Der in der Partitur fehlende zweite Teil läßt sich anhand des Textes als ein Werk Telemanns (TVWV 3:35) identifizieren. Dies alles korrespondiert zwar mit dem Titel des Texthefts („aufgeführt von Carl Philipp Emanuel Bach"), nicht aber mit der verhältnismäßig hohen Summe, die Bach für das Werk in Rechnung stellte (insgesamt 106 Mark).[98]

---

[95] Vgl. Tabelle 9 im Anhang.
[96] *P 348*, geschrieben von Anon. 305 (wohl L.A.C. Hopf). Zur Identifizierung von Anon. 305 siehe J. Neubacher, *Der Organist Johann Gottfried Rist (1741–1795) und der Bratschist Ludwig August Christoph Hopff (1715–1798): zwei Hamburger Notenkopisten Carl Philipp Emanuel Bachs*, BJ 2005, S. 109–123.
[97] Dies ergibt sich aus einem Vermerk Schubacks auf der Titelseite: „Der Anfang bis zum Recitat. wie felsenfest pp [darüber ergänzt: exclusive] von H. Capel. Bach | das folgende von mir (Syndikus Schuback in Hamburg) | das letzte Recit. Er den du zu uns pp von H. Capelm. Bachen". Von Schuback (1726–1784) sind neben den Beiträgen zu der vorliegenden Einführungsmusik weitere Kirchenkantaten, Motetten, Psalmvertonungen, Oratorien (darunter Passionen nach Brockes und Metastasio), Sinfonien und andere Werke erhalten; MGG², Personenteil, Bd. 15, Sp. 65f. (E. Krüger).
[98] Insgesamt 60 Mark wurden allein für die Komposition, das Ausschreiben des Aufführungsmaterials und die Direktion des ersten Teils der Einführungsmusik berechnet.

2. EM Haeseler 1772 (H 821 d)
Die Überlieferung dieses Werks erinnert etwas an die EM Schuchmacher. Auch hier bietet das Textheft die gesamte zweiteilige Einführungsmusik, während Partitur und Stimmen aber nur etwa die Hälfte der Musik enthalten. Allerdings fehlt bei Haeseler nicht wie im Fall Schuchmacher der zweite Teil, sondern die zweite Hälfte des ersten Teils.[99] Der zweite Teil – bestehend aus einem mehrstrophigen „Gebet" für Chor und Soli – ist vollständig in den Quellen notiert. Da Partitur und Stimmen die Einführungsmusik gleichermaßen unvollständig überliefern, ist davon auszugehen, daß die zweite Hälfte des ersten Teils zur Gänze einer anderen, noch nicht identifizierten Komposition (vielleicht eine Einführungsmusik von Telemann), entnommen und aus den dazugehörigen Materialien auch musiziert wurde. Im ersten Teil erweist sich allein die erste Arie als Übernahme aus einer eigenen Komposition (siehe Tabelle 3). Auch hier wurde die Musik laut Textheft von Bach nur „aufgeführt", die Rechnung ist allerdings wiederum sehr hoch ausgefallen.[100]

3. EM Hornbostel 1772 (H 821 e) und die Weihnachtsmusiken „Die Himmel erzählen die Ehre Gottes" (H deest) sowie „Auf, schicke dich recht feierlich" (Wq 249/H 815)
Schon Miesner erkannte, daß „Auf, schicke dich recht feierlich" (laut NV komponiert für 1775) in weiten Teilen mit der EM Hornbostel überstimmt;[101] er nahm an, daß es sich dabei um die Bearbeitung der Einführungsmusik von 1772 handelt, wofür unter anderem spräche, daß eigentlich nur in einem Satz – dem einzigen nicht mit der Einführungsmusik übereinstimmenden

---

[99] Quellen für die Sätze 1–5 und 11: Autographe Partitur (*P 346*) und Stimmensatz (*SA 706*). In den Stimmen wurden die Sätze 1 und 11 von Anon. 308 und die Sätze 2–5 von Michel geschrieben, jeweils mit Eintragungen Bachs. Nach Satz 5 sind in der Partitur noch sieben Systeme frei, die genügend Platz für den Beginn eines Rezitativs ließen, das laut Libretto hier folgte; in der Basso-Stimme notierte Bach nach Satz 4: „der Choral, und das übrige des ersten Theiles steht in Herr Illerts Stimme"; dort steht aber nur der Choral, jedoch nicht die Fortsetzung. In der Tenorstimme notierte Bach nach Satz 5: „das darauf folgende steht in Herr Wredens Stimme", doch entspricht auch dies nicht dem tatsächlichen Befund. – In RUS-SPsc, *fond 956 opis 2 no. 6* befindet sich eine Partiturabschrift von der Hand Michels, die jedoch wohl nur Satz 1 umfaßt. Siehe V. Kartsovnik und N. Rjazanova, *Handschriften aus deutschen Sammlungen in der Russischen Nationalbibliothek Sankt Petersburg. Musikmanuskripte und Musikdrucke des 17.–20. Jahrhunderts (Signaturgruppe „Fond 956, opis 2")*, Berlin 2004, S. 104.

[100] Insgesamt über 137 Mark, davon 90 Mark für Direktion, Komposition und Kopialien.

[101] Vgl. Miesner (wie Fußnote 12), S. 78.

Rezitativ – das Weihnachtsgeschehen direkt angesprochen wird. Miesner noch unbekannt war allerdings ein undatiertes Textheft mit der Weihnachtskantate „Die Himmel erzählen die Ehre Gottes", bei der zusätzlich auch der erste Satz mit der EM Hornbostel übereinstimmt.[102]

Das Textheft zu „Die Himmel erzählen die Ehre Gottes" enthält außerdem noch eine weitere Kantate „Vater, deines Sohnes Geist", wohl für die Zeit nach Weihnachten (Musik nicht bekannt), sowie den Chor „Spiega, Ammonia fortunata" (Wq 216). Dieser Chor wurde erstmals anläßlich eines Besuches des schwedischen Kronprinzen Gustav, des späteren König Gustav III., Ende 1770 aufgeführt,[103] was die Datierung von „Die Himmel erzählen" auf 1770 nahelegte.[104] Diese Weihnachtsmusik wäre demnach als die ursprüngliche Fassung des Werkkomplexes anzusehen, gefolgt von der EM Hornbostel und schließlich der Weihnachtskantate „Auf, schicke dich recht feierlich". Diese Datierung ist zwar für sich genommen plausibel, geschah allerdings vor dem Auffinden des Archivs der Berliner Sing-Akademie und somit ohne Berücksichtigung der autographen Partitur der EM Hornbostel (*SA 707*). Auf deren Titelseite aber bezeichnet Bach die Einführungsmusik als „anno 1772 ganz neu gemacht". Dieser Vermerk wird durch die Tatsache bestätigt, daß die EM Hornbostel in einer vollständigen autographen Partitur vorliegt und eine der beiden Abschriften der Weihnachtsmusik „Auf, schicke dich" (*P 76*, Schreiber Michel) offensichtlich aus dieser kopiert wurde.[105] Die Ausfertigung einer vollständigen autographen Partitur wäre nicht erforderlich gewesen, wenn es sich beim ersten Teil der Hornbostel-Einführungsmusik lediglich um eine leicht veränderte und erweiterte Wiederaufführung der Weihnachtsmusik gehandelt hätte. Der autographe Vermerk auf dem Titelumschlag der Einführungsmusik sowie der schon von Miesner festgestellte auffällige Befund, daß in der Weihnachtsmusik nur an einer Stelle (Satz 8)

---

[102] Vgl. B. Wiermann, *Carl Philipp Emanuel Bachs Gottesdienstmusiken*, in: Carl Philipp Emanuel Bachs geistliche Musik. Bericht über das Internationale Symposium (Teil 1) vom 12. bis 16. März 1998 in Frankfurt (Oder), Żagań und Zielona Góra, hrsg. von U. Leisinger und H.-G. Ottenberg, Frankfurt/Oder 2000 (Carl Philipp Emanuel Bach Konzepte, Sonderband 3), S. 85–103, speziell S. 93 f.

[103] Die autographe Titelseite in *SA 1239* enthält den Vermerk „Mit diesem Chor ließ Hamburg anno 70 den Schwedischen Cron Prinzen und dessen jüngsten Bruder seine Devotion und Freude über Ihre hohe Gegenwart bezeugen und besingen. C.P.E. Bach mußte es in 12 Stunden componiren. Es wurde 2mahl gemacht, stark besetzt, copirt, an den König nach Stockholm geschickt. Sonst hat es noch niemand"; vgl. Enßlin (wie Fußnote 35), S. 174 f.

[104] Vgl. Wiermann, Gottesdienstmusiken (wie Fußnote 102), S. 93 f.

[105] Der von Anon. 304 angefertigte Stimmensatz in *SA 707* enthält noch drei von Michel kopierte Stimmen, die wohl für die Weihnachtsmusik „Die Himmel erzählen" angefertigt worden sein dürften.

ein Bezug auf das Weihnachtsfest zu finden ist, widersprechen der angenommenen Entstehungsfolge der Werke deutlich. Somit wäre nach einer passenden Gelegenheit für eine Wiederaufführung des Chors „Spiega, Ammonia fortunata" zu suchen.

Tabelle 4
Konkordanz der beiden Weihnachtskantaten und der EM Hornbostel

a) „Auf, schicke Dich"	b) „Die Himmel erzählen"	= EM Hornbostel
1. Choral: Auf, schicke dich	–	–
–	1. Chor: Die Himmel erzählen die Ehre Gottes	Satz 1
	2. Arie (B): Groß ist der Herr! Sein weites Heiligtum	Satz 2
	3. Recit. (T): Wohin mein Auge blickt	Satz 3
	4. Arie (B): Groß ist der Herr! Ihm laßt uns singen	Satz 4
	5. Chor: Ihr Völker, hörts und kniet im Staube nieder	Satz 5
	6. Recit. (SA): Welch ein Gesang und Jubel steiget	Satz 7 (aber hier TB)
	7. Duett (SS): Also hat Gott die Welt geliebet	Satz 8
	8. Recit. (BT): Du bist gekommen	–
	9a. Arie (SATB): Seid mir gesegnet meine Brüder	Satz 13a
	9b. Chor: Stets soll mein Herz vor deiner Ehre	Satz 13b

4. EM Eberwein 1772 und EM Rambach 1780

Schon Clark wies in seiner Arbeit auf den bemerkenswerten Umstand hin, daß die EM Eberwein das einzige Werk ihrer Art sei, für dessen „Composition" Bach ausdrücklich Geld erhielt, das zugleich aber nicht im NV genannt ist.[106] Die plausibelste Erklärung hierfür erschien ihm, daß die EM Eberwein später in die EM Rambach einging und nur die spätere, umgearbeitete Musik verzeichnet wurde. Denn manche identischen Textpassagen sowie identische textmetrische Schemata deuten auf eine enge Beziehung zwischen den beiden Werken hin. Die durch das Parodieverfahren notwendige Umarbeitung müßte dann aber als so erheblich angesehen worden sein, daß Bach zweimal Geld für die „Composition" verlangen konnte.[107]
In der Tat macht der Textvergleich ein Parodieverhältnis mehr als wahrscheinlich:

---
[106] Clark (wie Fußnote 17), S. 123.
[107] Ebenda, S. 123f.

Tabelle 5
Konkordanz EM Eberwein – Rambach

EM Eberwein			EM Rambach		
(Vor der Predigt)			(Vor der Predigt)		
1	Chor	Hallelujah! Danket dem Herrn, denn er ist freundlich (Dictum)		Chor	Hallelujah! Danket dem Herrn, denn er ist freundlich (Dictum)
2	Arie	Singt, singt dem Herrn! Laßt seines Tempels Hallen		Arie	Rühmt unsern Gott! Ihm lasst uns freudig danken!
3	Chor	Dein Lob erhöhn, Gott, welche Seligkeit		Chor	Der Herr ist Gott! und seine Ehre groß!
4	Rec.	Singt ihm, ihr, die der Ruf		Rec.	Im Reiche der Natur
5	Choral	Gott, welcher Dank vermag (Mel. Nun danket alle Gott, 2 Strophen)		Choral	Erhebt, erhebt den Herrn! (Mel. Nun danket alle Gott, 2 Strophen)
6	Rec.	Lobsinget Gott, ihr, die ihr ihn verließt		Rec.	Groß ist der Herr in seinem Schöpfungskreis!
7	Arie	Es ist vollbracht. Tönt, laute Jubellieder!		Arie	Gott ist versöhnt, und wir sind seine Kinder!
8	Chor	Lobet unsern Gott, alle seine Knechte (Dictum)		Chor	Lobet unsern Gott, alle seine Knechte (Dictum)
9	Choral	Wer ist dir gleich, Gott, der die Sünder liebet (Mel. Herzliebster Jesu)		Choral	O könnten wir ihn würdig erheben! (Mel. Herzliebster Jesu)
10	Rec.	Lobt ihn, ihr, denen Gottes Rechte		Rec.	Du lehrt uns deine heilgen Rechte
11	Arie	Singt, singt dem Herrn! Laßt seines Tempels Hallen		Arie	Rühmt unsern Gott! Ihm laßt uns freudig danken!
12	Choral	Heilig ist unser Gott		Choral	Heilig ist unser Gott!
	(Nach der Predigt)			(Nach der Predigt)	
	[Veni, Sancte Spiritus]			[Veni, Sancte Spiritus]	
13	Arienmäßig	Erhabenes Glück, zu Gottes Tempeln gehen		Arienmäßig	Beglücktes Volk, durch Mittlers Blut befreit!
14	Chor	Noch weinen wir auf dessen Grab		Chor	Schon ist die ewge Wonne dein
15	Rec.	Er ist nicht mehr! Gerecht ist euer Sehnen		Rec.	Entschlafner Greis! Noch fließet deiner Ehre
16	Acc.	O Seligkeit!		Acc.	Mit dir uns freun!
17	Choral	Wir folgen. Gott, der alles schafft (Mel. Nun danket all' und bringet Ehr, 2 Strophen)		Choral	Herr, lehre uns dein heilig Recht (Mel. Nun danket all' und bringet Ehr, 2 Strophen)
	(Zum Beschluß)			(Zum Beschluß)	
18	Chor	Halleluja! Danket dem Herrn, denn er ist freundlich (Dictum)		Chor	Hallelujah! Danket dem Herrn, denn er ist freundlich (Dictum)

Die Textbücher belegen für beide Werke dieselbe Satzabfolge. Die Dicta sind identisch, die Choräle basieren jeweils auf derselben Choralmelodie und weisen dieselbe Zahl von Strophen auf. Die übrigen Sätze stimmen hinsichtlich Verszahl, Metrum und Reimschema bis ins kleinste Detail überein, so daß ein Parodieverhältnis nahezu zwingend erscheint. Wie ist nun aber zu erklären, daß Bach sich die Komposition der EM Eberwein weitaus schlechter bezahlen ließ als die anscheinend auf ihr basierende EM Rambach? Denn bei Eberwein erhielt Bach für „Composition und Direction 30 M."[108] (für die Komposition allein mithin nur 24 Mark), während er für die EM Rambach für „Composition u. Direction 75 Mk"[109] verlangte (für die Komposition allein also 69 Mark). Hatte er im Fall Eberwein lediglich einen moderaten ‚Freundschaftspreis' in Rechnung gestellt? Oder weisen die unterschiedlichen Rechnungsbeträge doch darauf hin, daß Bach bei der EM Eberwein seine eigenen kompositorischen Beiträge weitaus geringer veranschlagte als bei der EM Rambach? In diesem Fall hätte er vielleicht bei der EM Eberwein viele der Sätze aus fremden Vorlagen ohne große Veränderungen übernommen. Dann könnte bei der EM Rambach das Parodieverfahren sehr viel mehr kompositorische Eigenleistung erfordert haben (etwa die völlige Neufassung der Vokalstimmen). Solange allerdings zu den beiden Werken keine musikalischen Quellen greifbar sind, müssen diese Vermutungen hypothetisch bleiben.

5. EM Friderici 1775 (H 821g)

Ein besonders problematischer Fall ist die EM Friderici. Wir wissen von dieser Einführungsmusik aus dem NV, haben eine Rechnung und einen Zeitungsbericht. Die Hamburger Tagespresse teilt zur Musik lediglich mit, Bach habe „Vor und nach der Predigt … eine von ihm zu dieser Feyerlichkeit componirte Cantate"[110] aufgeführt. Ein Textheft ist nicht vorhanden und musikalische Quellen mit einem explizit auf den Anlaß weisenden Zusatz liegen ebenfalls nicht vor. Die Staatsbibliothek zu Berlin verwahrt aber ein von Michel geschriebenes Konvolut mit drei Einführungsmusiken Bachs (*P 347*) aus dem Nachlaß seines Amtsnachfolgers Schwenke.[111] Ursprünglich

---

[108] CPEB-Dok, Nr. 123.
[109] CPEB-Dok, Nr. 387.
[110] Wiermann, Dok. III/42, S. 396.
[111] Im Nachlaßkatalog Schwenckes (*Verzeichnis der von dem verstorbenen Herrn Musikdirektor C.F.G. Schwenke hinterlassenen Sammlung von Musikalien aus allen Fächern der Tonkunst*, Hamburg 1824) ist die Quelle unter der Losnummer 282 verzeichnet als „3 Prediger Einführungs-Kantaten. P. (geschr.)." Auf der Titelseite des Konvoluts hat der Käufer – Georg Poelchau – vermerkt: „Aus Schwenckes Nachlass. | Drei Prediger-Einführungs-Cantaten. | von | Carl Philip Eman. Bach. | in Partitur | (50 Bg.)".

waren alle drei Kantaten des Konvoluts lediglich als „Einführungsmusik" bezeichnet. Bereits Georg Poelchau, der spätere Besitzer der Handschriften, konnte die zweite der Musiken der Einführung Winkler zuordnen.[112] Das separat überlieferte Textheft sowie Partitur und Stimmen aus dem Besitz der Sing-Akademie ermöglichten dann Miesner, die dritte Kantate als die EM Einführung Schäffer zu identifizieren.[113] Die erste Kantate in *P 347* („Der Herr lebet") setzte Clark anhand der im NV angegebenen Besetzung im Ausschlußverfahren mit der EM Friderici gleich.[114] Denn nur zwei der im NV erwähnten Einführungsmusiken verwenden Hörner. Die eine (EM Sturm 1778) ist anhand von musikalischen Quellen und Textheft eindeutig zu bestimmen; so bleibt allein die EM Friderici übrig. Auch wenn ein positiver Beweis nicht erbracht werden kann, handelt es sich um eine durchaus plausible Zuweisung.

Allerdings hat Bach für Direktion und Komposition dieser Musik 75 Mark (für die gesamte Veranstaltung mehr als 137 Mark) erhalten, also offenbar den Standardsatz für neukomponierte Werke. Sämtliche Arien und Chöre der zur Diskussion stehenden Kantate sind aber Entlehnungen von anderen Komponisten – ein singulärer Fall unter den Einführungsmusiken. So stammen vier Arien und ein Chor von Georg Benda, zwei weitere Arien von Gottfried August Homilius. Der Widerspruch läßt sich anhand des verfügbaren Materials derzeit nicht befriedigend auflösen. Könnte sich also hinter der Kantate „Der Herr lebet" eine Einführungsmusik für einen anderen Geistlichen verbergen? Von den im NV genannten Werken sind außer bei der EM Friderici lediglich im Fall Döhren und Michaelsen weder Texthefte noch musikalische Quellen vorhanden. Selbst wenn man annimmt, die Hörner seien in den Besetzungsangaben des NV bei einer dieser Kantaten vergessen worden – was nicht singulär wäre[115] –, führen die Überlegungen ins Leere, da auch für die EM Döhren und Michaelsen ähnlich hohe Beträge gezahlt wurden. Die übrigen dokumentarisch belegten, aber mit keiner Musik in Verbindung zu bringenden Prediger-Einführungen kommen ebenfalls nicht recht in Frage, da

---

[112] Ergänzung zum Kopftitel: „(Für Pastor Winckler.)".
[113] Miesner (wie Fußnote 12), S. 88.
[114] Clark (wie Fußnote 17), S. 136.
[115] Die vom NV mitgeteilten Besetzungsangaben für die Einführungsmusiken sind, soweit sie sich an den musikalischen Quellen überprüfen lassen, in immerhin vier Fällen fehlerhaft: Die für die EM Palm (H 821a) genannten Flöten sind nicht vorhanden, bei der EM Haeseler (H 821d) fehlen im NV die Fagotte, bei der EM Schaeffer (Wq 253/H 821m) fehlt ebenfalls das Fagott und bei der EM Gasie (Wq 250/H 821l) fehlen im NV die Oboen. Auch andere Besetzungsangaben des NV haben sich schon als fehlerhaft erwiesen, so werden in der Markus-Passion für 1770 Hörner gefordert, die das NV aber verschweigt (vgl. CPEB:CW IV/5.1, S. 135, Fußnote 1).

dort jeweils so niedrige Beträge in Rechnung gestellt wurden, daß allenfalls an eine Wiederaufführung gedacht werden kann (siehe Tabellen 1 und 2). Die Zuweisung an Friderici kann also – wenn auch mit einem deutlichen Fragezeichen versehen – vorerst aufrechterhalten werden. Bach wäre mit den 75 Mark für Direktion und Komposition überbezahlt gewesen; allerdings ergibt sich eine Parallele zu der oben diskutierten EM Haeseler.

*

Exkurs 1: Die Textdichter
Die Autoren der in den Einführungsmusiken verwendeten madrigalischen Textanteile sind in vielen Fällen unbekannt. Nur ein einziges Mal ist der Name eines Dichters im Textdruck selbst genannt. Ergiebiger sind aber sowohl die Rechnungen (in ihnen ist teilweise ein gesonderter Betrag für den – dann auch namentlich genannten – Textdichter enthalten) und vor allem die Zeitungsberichte. Folgende Textdichter konnten insgesamt ermittelt werden:

Tabelle 6: Textdichter

EM	H	Dichter	Nachweis
Palm	821a	Daniel Schiebler (1741–1771)	Zeitung
Klefeker	821b	Christian Wilhelm Alers (1737–1806)	Textdruck, Zeitung
Schuchmacher	821c	Christoph Daniel Ebeling (1741–1817)	Zeitung
Friderici	821g	Johann Heinrich Lütkens (1746–1814)	Rechnung
Gerling	821h	Johann Heinrich Lütkens	Rechnung
Rambach	821j	Johann Heinrich Röding (1732–1800)	Rechnung
Haeseler	821d	Christian Wilhelm Alers	Zeitung
Willerding	821o	Johann Heinrich Röding	Zeitung

Wie zu erwarten, stammen alle diese Textdichter aus dem Hamburger Umfeld. Sie gehörten überwiegend der Hamburger Geistlichkeit an (Alers, Lütkens Schiebler); Röding war Lehrer an der Jacobi-Schule zu Hamburg, Ebeling zu jener Zeit Vorsteher der Hamburger Handelsakademie und später Professor am Hamburger Akademischen Gymnasium.

Exkurs 2: Orgelstimmen
Die Orgeln der fünf Hamburger Hauptkirchen wiesen zu Bachs Zeit unterschiedliche Stimmungen auf, was dazu führte, daß Orgelstimmen zumeist transponiert werden mußten. Für Aufführungen in St. Petri und St. Jakobi war es notwendig, die Orgelstimmen eine kleine Terz tiefer zu notieren; für St. Katharinen und St. Nikolai mußte die Orgelstimme einen Ganzton tiefer stehen. Allein in St. Michaelis war die Orgel im Kammerton gestimmt. Da Passionen und Quartalsmusiken der Reihe nach in allen Hauptkirchen musiziert wurden, finden sich in den originalen Aufführungsmaterialien fast immer drei Orgelstimmen.[116]

---

[116] Gelegentlich kommen Verluste vor; so fehlen zum Beispiel in den Stimmensätzen

Einführungsmusiken wurden nur einmal in einer der Hauptkirchen aufgeführt, weshalb auch nur eine Orgelstimme notwendig war. Bei der Durchsicht der Originalstimmensätze ergibt sich nun aber bei vier Einführungsmusiken (in folgender Tabelle fett gedruckt) eine Diskrepanz zwischen der vorhandenen Orgelstimme und der gemäß dem Aufführungsort notwendigen Transponierung:

Tabelle 7: Orgelstimmen

EM	Jahr	Kirche	Orgelstimme	Weiterverwendung
Palm	1769	Nikolai	Ganzton tiefer[117]	
Klefeker	1771	Michaelis	untransponiert	
Haeseler	1772	Michaelis	untransponiert	
Hornbostel	1772	Nikolai	Ganzton tiefer	
Gerling	1777	Jakobi	kleine Terz tiefer	Lütkens, Stöcker 1789 (Jakobi)
Sturm	1780	Petri	kleine Terz tiefer	**Bracke 1785 (Nikolai)**
Jänisch	**1782**	**Nikolai**	**untransponiert**	**Cropp 1786 (Jakobi)**
Schäffer	**1785**	**Nikolai**	**untransponiert**	
Gasie	1785	Michaelis	untransponiert	
Berkhan	**1787**	**Katharinen**	**untransponiert**	
Willerding	**1787**	**Petri**	**untransponiert**	

Die EM Jänisch und Schäffer hätten wie die EM Berkhan eine um einen Ganzton tiefer notierte Orgelstimme verlangt, während die EM Willerding eine Transponierung um eine kleine Terz erfordert hätte.[118] Auffällig ist, daß in allen vier Fällen die Orgelstimmen untransponiert notiert sind. Hat hier der Organist, aus welchen Gründen auch immer, bei der Aufführung ad hoc aus der Kammertonstimme transponiert? Die Annahme einer Veränderung der Orgelstimmung in den drei Kirchen St. Nikolai, St. Katharinen und St. Petri wäre ebenfalls naheliegend, enthielten nicht die Stimmsätze der Passionsmusiken aus diesen Jahren noch sämtliche drei Orgelstimmen in verschiedenen Tonarten.

---

zur Matthäus-Passion für 1769 (*SA 18*) und zur Markus-Passion für 1770 (*SA 22*) die terztransponierten Orgelstimmen.
[117] Bei Enßlin (wie Fußnote 35), S. 138, fehlt die Angabe, daß die Orgelstimme um einen Ganzton tiefer notiert ist.
[118] Für die EM Bracke wäre eine um einen Ganzton, für die EM Cropp eine um kleine Terz tiefer transponierte Orgelstimme notwendig gewesen. In beiden Stimmensätze fehlen die Orgelstimmen.

Anhang

Tabelle 8: Einführungsmusiken von Telemann als Vorlagen für C. P. E. Bach

Werk	TVWV	Textdrucke	Nachweis der Quelle in Bachs Besitz (BA 1789)	Verwendung von C. P. E. Bach	Bemerkungen
EM Christoph Henschen 24.3.1739	3:31	D-Ha, A 710/33, Nr. 15	Nr. 251: [Telemann] *Herrn Pastor Hänschen, Einführungsmusik, 1739, in Stimmen*	EM Schultze 1771; 2. Teil: EM Fulda 1775 (2. Teil); 1. Teil: EM Wächter 1776 (1. Teil)	
EM Hermann Christian Hornbostel 20.7.1740	3:34	D-Ha, A 710/33, Nr. 18	Nr. 245: [Telemann] *Einführungs-Musik, Herrn Pastors Hornbostel, Ao. 1740, in Stimmen*	EM Behrmann 1773; EM Wessel 1786; 1. Satz eventuell als Schlußchor in EM Berkhan 1787	
EM Johann Ludwig Schlosser 23.3.1741	3:35	D-Ha, A 710/33, Nr. 19	Nr. 249: [Telemann] *Herrn Pastor Schlossers Einführungs-Musik, 1741, in Stimmen*	2. Teil: EM Schuchmacher 1771 (2. Teil) und EM Wächter 1776 (2. Teil)	
EM Joachim Daniel Zimmermann 10.8.1741	3:37	D-Ha, A 710/33, Nr. 20	Nr. 246: [Telemann] *Herrn Pastor Zimmermanns Einführungs-Musik, Ao. 1741, in Stimmen*	EM Lampe 1781	
EM Christoph Gottlob Baumgarten 15.6.1758	3:67	–	Nr. 250: [Telemann] *Herrn Pastor Baumgartens Einführungs-Musik, 1758, in Stimmen*	?	Laut Menke Textdruck früher in D-Ha; nur Musik des Eingangschores bekannt (siehe Fußnote 28)
EM Berthold Nicolaus Krohn 11.8.1760	3:74	?	–	EM Brandes 1768	Material möglicherweise von G. M. Telemann leihweise zur Verfügung gestellt

| EM Rütger HÖPF[N]ER 2.5.1765 | 3:77 | – | Nr. 248: [Telemann] Herrn Pastor Höpfner Einführungs-Musik, 1765, in Stimmen | ? | Entgegen Menke keine textliche Übereinstimmung mit EM Krohn TVWV 3:74 |

Tabelle 9: Rechnungen

EM	CPEB-Dok	Gesamtbetrag	
Brandes	Nr. 67	60 Mark	davon für die Komposition berechnet
Palm	Nr. 74	108 Mark (55 von Palm)	„Für die Verfertigung und Abschrift dreyer Recitative 15 [Mark]"
Heidritter	Nr. 76	51 Mark[119]	„Der H. Pastor Palm zahlte noch nachher 48 M. 8ß. dazu für einen Theil der Compos. u. Copie. 7 M. 8"
Flügge	Nr. 93	47 Mark 8 Schilling	
Schuldze	–	siehe Fußnote Heidritter	
Klefeker	Nr. 103*[120]	136 Mark 8 Schillinge	(nur Gesamtbetrag bekannt)
Schuchmacher	Nr. 104	106 Mark	„Für die Composition, Direction u. die Copisten 60 Mk"
Häseler	Nr. 109	137 Mark 3 Schillinge (von Häse‚er)	„Für die Composition, Direction und die Copisten 90 M."
Klug	Nr. 113	60 Mark (von Klug)	
Hornbostel	Nr. 120	142 Mark[121] (90 von Hornbostel)	„H. P. Hornbostel gab aus seiner Tasch 30 thlr. für Composition u. Copialien, dazu".

[119] Am Schluß der Rechnung vermerkte Bach: „H. P. Schuldtzens, und [H. P.] Wichmanns Rechnung ist ohngefehr dieselbe. 50 Mk wurden jedesmahl bezahlt. H. Schuldtze bezahlte es selber, u. für H. Wichmann bezahlte die Kirche S. Georg."
[120] Die mit * versehenen Rechnungen sind nicht mehr erhalten. Der Betrag ist dem Inhaltsverzeichnis entnommen.
[121] Die Rechnung enthält folgenden Zusatz Bachs: „Diese 52 M. wie beÿ P. Palm, u. nicht mehr ward mir von H. Juraten Hecht aus allzu großer Gewißenhaftigkeit bezahlt."

Tabelle 9 (Fortsetzung)

EM	CPEB-Dok	Gesamtbetrag	davon für die Komposition berechnet
Eberwein	Nr. 123	90 Mark 8 Schillinge	„Für die Composition und Direction 30 M."
Winkler	Nr. 125*	90 Mark 8 Schillinge[122]	(nur Gesamtbetrag bekannt)
Wichmann	–	siehe Fußnote Heidritter	
von Döhren	Nr. 135	151 Mark (75 von von Döhren)	„Der H. v. Dören bezahlte aus seiner Tasche 75 Mk (für Composition, 62 feine Texte u. 6 Mk für den Poeten)"
Behrmann	Nr. 141	50 Mark	
Fulda	–	kein Dokument überliefert	
Michaelsen	Nr. 226	141 Mark 8 Schillinge	„Für die Composition und Direction 75 Mk"
Friderici	Nr. 230	137 Mark 12 Schillinge	„Für die Composition und Direction 75 Mk"
Schulze	Nr. 262	57 Mark	
Wächter	Nr. 265	58 Mark	
Greve	Nr. 268	57 Mark	
Gerling	Nr. 305	148 Mark 12 Schillinge	„Für die Comp. u. Dir. 75 [M]"
Sturm	Nr. 315	127 Mark 4 Schillinge	„Für die Composition 59 Mark"
Rambach	Nr. 387	135 Mark 12 Schillinge	„Für die Composition u. Direction 75 Mk"
Lampe	Nr. 404	62 Mark	
Steen	Nr. 415	65 Mark 6 Schillinge	
Jänisch	Nr. 418	142 Mark 8 Schillinge	„Für die Composition u. Direction 75 Mk"

Lütkens	Nr. 441	75 Mark 8 Schillinge	„Für die Direction, Composition 3 neue Recitative, worunter 1 Accompagnement und die Copialien 24 Mk"
Som/Lindes	Nr. 470	58 Mark	„Für die Aendrung in zweyen Recitativen und einer Arie, samt den dadurch verursachten Copialien 7 [Mk] 8 ß"
Bracke	Nr. 503	68 Mark	„Für gewiße Aendrungen u. daraus erstandene Copialien 11 [Mk]"
Enke	Nr. 507	62 Mark	„Für nöthige Veränderungen in Personalien und daher erstandne Copialien, 6 [Mk]"
Schäffer	Nr. 509*	67 Mark	nur Gesamtbetrag bekannt
Gasie	Nr. 510	143 Mark (75 von Gasie)	„H. P. Gasie zahlte für die Comp. aus seiner Tasch 75 M""
Goeze	Nr. 526	57 Mark 10 Schillinge	
Cropp	–	kein Dokument überliefert	
Wessel	Nr. 538	56 Mark	
Müller	Nr. 543	62 Mark	„die Aenderung wegen der Worte in der Music und daher komenden Copialien 6 [Mk]"
Berkhan	Nr. 554*	130 Mark	(nur Gesamtbetrag bekannt)
Willerding	Nr. 566	127 Mark	„Für die Compos. 59 Mk"
Wolters	Nr. 603	57 Mark[123] (von Wolter)[124]	Rechnung mit Zusatz von Bachs Hand: „Diese Rechnung zu bezahlen lehnte der H. Jurat D. Klefeker ab, folgl. bezahlte sie der H. Pastor."

---

[122] Auf der Rechnung zur EM Eberwein heißt es: „Die Winklersche Rechnung ist dieselbe".
[123] Die Rechnung wurde von Bachs Tochter geschrieben, soll aber – laut CPEB-Dok – kleine Korrekturen von der Hand Bachs enthalten. Allerdings fand die Einführung erst nach Bachs Tod statt.
[124] Rechnung mit Zusatz von Bachs Hand: „Diese Rechnung zu bezahlen lehnte der H. Jurat D. Klefeker ab, folgl. bezahlte sie der H. Pastor."

Incipits zu Sätzen aus Einführungsmusiken, für die fremde Vorlagen anzunehmen sind:

1. Rezitativ „Der Erdkreis lag in Nacht verhüllt" aus EM Palm H 821a

2. Rezitativ „Aus ihr quillt hohe Zuversicht" aus EM Winkler H 821f

3. Arie „Was deiner Boten Zunge" aus EM Sturm H 821i

4. Chor „Dem Gerechten muß das Licht immer wieder aufgehn" aus EM Jänisch JH 821k

5. Arie „Gerechte, freuet euch des Herrn" aus EM Jänisch JH 821k

KLEINE BEITRÄGE

Zur Echtheit von zwei Briefen aus dem Glinka-Museum in Moskau

Der vorliegende Beitrag befaßt sich mit zwei heute in Rußland aufbewahrten Briefen, die mit dem Namen von großen deutschen Komponisten – Johann Sebastian Bach und Georg Friedrich Händel – unterzeichnet wurden. Da die Dokumente der Forschung bislang nur in Kopie oder aber gar nicht zugänglich waren, unterblieb bislang eine eingehende Untersuchung. Dies soll im folgenden nachgeholt werden.

I

Der erste Brief trägt den Namen Bachs und hat folgenden Wortlaut (siehe auch Abbildung 1):

Leipzig 20 [26?] märz 1748.

Her Martius
Jezo vergeth mir das Geduld. Wie Lange glauben sie wohl das ich mit dem *Clavecin* warten soll? Zwey Monathe sind schon vergangen und es steht noch immer beym nehmlichen. Es thut mir Leid sie so zu schreiben ich kan aber nicht anderes. Sie müsen es in ordnung bringen und das in 5 Tagen sonst werden wir nie Freunde.
Adieu
Joh: Sebast: Bach

Den bisherigen Kenntnisstand zu diesem Schreiben faßt der Kommentar in Dok III knapp zusammen: „WZ nicht ermittelt. – Gegenwärtiger Besitzer unbekannt (sowjetischer Privatbesitz?), Fotokopie im Staatlichen Zentralmuseum für Musikkultur ‚M. I. Glinka‘, Moskau".[1] Eine jüngst durchgeführte Überprüfung dieser Angaben ergab hingegen, daß sich nicht nur eine Fotokopie, sondern auch der Brief selbst im Moskauer Glinka-Museum befindet; er wird dort unter der Signatur *F. 292, Nr. 476* aufbewahrt. Das Dokument wurde im Jahre 1968 von einer Moskauerin namens Vera Nikolajewna Jelagina dem Museum übergeben. Der an allen Seiten beschnittene Bogen hat in aufgeschlagenem Zustand die Maße 19,2 × 32,4 cm. Das in der Bogenmitte

---

[1] Vgl. Dok III, Anhang, S. 627 (Nr. 45c). Die Angaben basieren offenbar auf falschen Informationen seitens des Museums.

befindliche Wasserzeichen ist gut erkennbar; es handelt sich um das bekannte Zeichen „Holländischer Freiheitslöwe auf Podest mit der Aufschrift VRYHEYT und umrahmendem Schriftband PRO PATRIA EIUSQUE LIBERTATE". Die Steglinien verlaufen waagerecht mit einem Abstand von 24 mm; in einem Fall ist der Abstand nur halb so groß. Der Text füllt lediglich die erste Seite.

Der Brief wird in einem Umschlag aus wasserzeichenlosem Papier aufbewahrt. Auf der Vorderseite ist ein Streifen aus altem blaugrauen Papier angeklebt; er trägt die Aufschrift: „Kompositoren | Johan Sebastian Bach", darunter mit Bleistift das – vermutlich auf das Wasserzeichen des Briefbogens zu beziehende – Wort „Vryheid" (siehe Abbildung 2).

Der Brief zeigt keine Merkmale der Handschrift von Johann Sebastian Bach, er wurde vollständig – einschließlich Unterschrift – von anderer Hand geschrieben. Der Schreiber läßt sich in Bachs Umkreis nicht nachweisen. Auffällig ist, daß der Brief neben seiner sprachlichen Fehlerhaftigkeit[2] eine ganze Reihe anderer Merkmale aufweist, die ihn von anderen Briefen J. S. Bachs wesentlich unterscheidet. Sie seien im folgenden knapp diskutiert.

1. Abweichungen von den zeitgenössischen Regeln zur Form des deutschen Briefes

Im 18. Jahrhundert folgte das Briefeschreiben einem über Jahrhunderte gewachsenen und genau festgelegten System von Regeln; es konnte mit Fug und Recht als Teil der deutschen Kulturgeschichte bezeichnet werden.[3] Genau festgelegt waren Form, Aufbau und Stil eines Briefes. Daneben hatte der Verfasser bestimmte Anredeformeln zu beachten, die die gesellschaftliche Stellung des Adressaten sowie die hierarchische Distanz und den Grad der Bekanntschaft zwischen den Briefpartnern kennzeichneten. Ebenso streng reglementiert waren auch die Formeln des Abschieds, die Unterschrift am Ende und die Angabe des Datums. Ein Brief mußte die klar voneinander getrennten Abschnitte Einleitung (mit einem kleinen Gruß, der auf das Wohlwollen des Adressaten zielte), Hauptteil und Schluß enthalten. Bestimmten Regeln war auch die Topographie des Briefes unterworfen, das heißt, die Anordnung des Texts auf dem Blatt Papier unter Beachtung von Abständen zwischen der

---

[2] Vgl. ebenda: „Zweifellos stellt der Brief eine Meinungsäußerung Bachs dar, wenngleich angesichts der sprachlichen Fehlerhaftigkeit unwahrscheinlich ist, daß Bach das Schriftstück vor der Absendung zu Gesicht bekommen hat."

[3] Vgl. G. Steinhausen, *Geschichte des deutschen Briefes. Zur Kulturgeschichte des deutschen Volkes*, 2 Bde., Berlin 1889–1891.

Anrede und dem Anfang des eigentlichen Brieftexts sowie auch der Verhältnisse zwischen den anderen Abschnitten einschließlich Unterschrift und Datum. Diese Kultur des Briefeschreibens war für den Menschen der damaligen Zeit Teil seiner allgemeinen Bildung und Erziehung. Die Kunst des Briefeschreibens und die entsprechenden Regeln wurden in speziellen Anweisungen – sogenannten „Briefstellern" – gelehrt, die im 18. Jahrhundert und auch noch später in großer Zahl gedruckt wurden.[4]

Die erhaltenen Privatbriefe Johann Sebastian Bachs sowie auch seine Eingaben halten sich streng an die damaligen Regeln. Die Persönlichkeit des großen Komponisten bleibt auch in seiner privaten (wie es scheint, sogar in seiner persönlichen) Korrespondenz weitgehend hinter dem stets beibehaltenen Zeremoniell verborgen. In seinem Briefwechsel herrscht ein zurückhaltender und höflicher Ton. Bach befolgte die Regeln der Etikette auch dann, wenn er beispielsweise durch die Handlungen des Leipziger Rats sehr verärgert war. Und wie verschieden die Privatbriefe, Geschäftsbriefe und Eingaben Bachs untereinander auch sein mögen, sie bewahren eine gewisse Stileinheit und entsprechen den Umgangsformen der damaligen Zeit. Umso auffälliger ist es, daß der oben zitierte Brief eine ganze Reihe von groben Verstößen gegen die zeitspezifischen Normen aufweist:

– Die Anrede mußte Achtung und Respekt ausdrücken. Typisch für die Bach-Zeit sind zweizeilige Anreden.[5] Wie die folgenden Beispiele belegen, wird diese Regel in Bachs Privatbriefen stets befolgt:

„HochEdler. | Hochgeehrtester Herr" (im Brief an August Becker vom 14. Januar 1714; Dok I, Nr. 2)

---

[4] Vgl. etwa C. F. Gellert, *Sämmtliche Schriften*, Bd. 4: *Briefe, nebst einer Praktischen Abhandlung von dem guten Geschmacke in Briefen* (1751), neue verbesserte Auflage, Leipzig 1784; J. C. Adelung, *Ueber den Deutschen Styl*, Bd. 2–3, Berlin 1785; G. von Gaal, *Allgemeiner deutscher Muster-Briefsteller und Universal-Haus-Secretär für alle in den verschiedenen gesellschaftlichen Verhältnissen sowie im Geschäfts- und Privatleben vorkommenen Fälle. Achte gänzlich umgearbeitete und den Zeitverhältnissen vollkommen angepaßte Auflage*, Wien und Leipzig 1883; Steinhausen (wie Fußnote 3). Es ist bemerkenswert, daß ähnliche Werke und Anleitungen für das Schreiben von Briefen im 18. Jahrhundert auch in Rußland erschienen sind; diese weisen mit deutschen Briefstellern zahlreiche Gemeinsamkeiten auf (siehe beispielsweise *Nastawlenije, kak sočinjat' i pisat' wsjakije pis'ma k raznim osobam, s priobščenijem primerow iz raznich awtorow*, Čast' I, Moskwa 1769).

[5] Vgl. hierzu Gaal (wie Fußnote 4), S. 65. Im vorliegenden Beitrag wird zur Darstellung der Konventionen des Briefschreibens eine späte Auflage von Gaals Buch verwendet; daher sei eigens darauf hingewiesen, daß die Traditionen der Bach-Zeit auch im späten 19. Jahrhundert noch weitgehend beibehalten wurden.

„HochEdler, Vest- und Hochgelahrter | Hochgeehrtester Herr" (Brief an August Becker vom 19. März 1714; Dok I, Nr. 4)

„Hoch-Edler. | Insonders hochgeehrtester Herr | und (so es noch erlaubt seyn dörffte) | Werthester Herr Bruder" (Brief an Georg Erdmann vom 28. Juli 1726; BJ 1985, S. 85)

„*Monsieur.* | *Mon tres honoré Amy*" (Brief an Christoph Gottlob Wecker vom 20. März 1729, Dok I, Nr. 20)

„HochEdelgebohrner Vest und Hoch- | gelahrter. | Besonders Hochgeehrtester Herr *Senior* | Hochgeschätzter Gönner etc." (Brief an Tobias Rothschier vom 2. Mai 1735; Dok I, Nr. 30)

„HochwohlEdler. | Hochgeehrtester Herr Klemm" (Brief an Johann Friedrich Klemm vom 30. Oktober 1736; Dok I, Nr. 37)

„Hoch-Wohl-Edler etc. | Hochgeehrter Herr Vetter" (Brief an Johann Elias Bach vom 6. Oktober 1748; Dok I, Nr. 49)

In keinem der Briefe Bachs ist eine Anredeformel zu finden, die derjenigen des Briefes im Glinka-Museum entspricht.

– Der Schlußteil des Briefes konnte, je nachdem, ob es sich um eine Bitte, eine Einladung, einen Wunsch, eine Tröstung oder ähnliches handelte, verschiedenartig gestaltet werden. Die letzten Zeilen des Briefes aber hatten den Respekt dem Adressaten gegenüber zu betonen.[6] Die Unterschrift hatte von Formeln wie „unterthäniger Knecht", „ergebenster Diener" begleitet zu sein. Die zeitgenössischen Briefsteller bieten hier stets eine große Auswahl an Möglichkeiten. Auch in diesem Punkt hielt Bach sich genau an die allgemeinen Regeln. Zum Beispiel beendete er den Brief an Johann Friedrich Klemm vom 30. Oktober 1736 folgendermaßen:

„Wie nun so wohl meine Bitte als den *anexum* geneigten *ingreß* zu finden wünsche u. hoffe, als beharre mit aller ergebensten Danckschuldigkeit zu iederzeit
　　　Eu. HochwohlEdlen
　　　　　　　　　　　gantz gehorsamer
　　　　　　　　　　　　　　Diener
　　　　　　　　　　　　　J. S. Bach."[7]

Der Schlußsatz des Briefes an Georg Erdmann von 1730 lautet folgendermaßen:

---

[6] Ebenda, S. 77.
[7] Dok I, Nr. 37.

„Ich überschreite fast das Maaß der Höflichkeit wenn Eu: Hochwohlgebohren mit mehreren *incommodire*, derowegen eile zum Schluß mit allem ergebensten *respect* zeit Lebens verharrend
    Eu: Hochwohlgebohren
                      gantz gehorsamst-
                      ergebenster Diener
                      Joh: Sebast: Bach."[8]

Wie man sieht, wiederholte Bach vor dem obligatorischen „ergebenster Diener ..." oder „gantz gehorsamster und verbundenster Knecht ..." im wesentlichen die Anrede an den Adressaten, die er am Anfang des Briefes verwendet hatte. Außerdem brachte Bach seinen Namen in der Regel deutlich unter dem Haupttext an, als wollte er ihn in der unteren Ecke des Blattes verstecken. Auch wenn eine solche Schlußformel (und sogar ihre Topographie) ganz zeitgemäß war, fällt auf, daß er bei der Wahl seiner Ergebenheitsfloskeln (wie zum Beispiel „gantz gehorsamst-ergebenster", „unterthänigsten und gantz gehorsamsten" usw.) stets große Sorgfalt anwandte. Jedenfalls ist, mit Ausnahme des Briefes aus dem Glinka-Museum, kein Brief bekannt, in dem Bach auf dergleichen Formulierung verzichtet hätte. Völlig untypisch ist daher nicht nur die Formulierung „Adieu *Joh: Sebast: Bach*", sondern auch die Tatsache, daß der Name des Briefschreibers durch Unterstreichung hervorgehoben ist.

  – Im Martius-Brief steht die Angabe des Datums[9] in der rechten oberen Ecke. Nach dem damaligen Brauch konnte das Datum sowohl am Anfang als auch am Ende (unten links) eines Briefes angegeben werden.[10] In der überwiegenden Mehrheit der erhaltenen Briefe hat Bach das Datum unten links am Ende des Textes geschrieben.[11] Es gibt aber auch Briefe, in denen er das Datum am Anfang oben rechts vermerkte.[12] Eine weitere Besonderheit ist, daß im

---

[8] Dok I, Nr. 23, S. 68.
[9] „Unter dem sogenannten Datum versteht man gewöhnlich die Angabe des Ortes, wo man den Brief schreibt, und des Tages und Jahres, an welchem man ihn schreibt" (Gaal, S. 78).
[10] Die vorhandenen Quellen geben verschiedene Auskunft in dieser Angelegenheit. Gaal, S. 79, trifft folgende Unterscheidung: „Man hat für das Datum im Briefe eine zweifache Stelle. Gewöhnlich schreibt man es bei freundschaftlichen Briefen und solchen, welche Geschäfte betreffen, oben am Rande rechter Hand, ober der Ueberschrift; in Briefen an Höhere aber der Unterschrift gerade gegenüber zur linken Seite des Bogens". In den in zeitgenössischen Briefstellern mitgeteilten Beispielen findet sich das Datum in der Regel allerdings am Ende des Briefes (unten links mit Abstand vom Haupttext).
[11] Dok I, Nr. 1, 2, 4, 5, 8, 10–23, 25–28, 30–35, 37–44, 47, 48, 54.
[12] Dok I, Nr. 49 und 50.

Martius-Brief die Angabe des Orts und der Zeit weder mit Punkt noch mit Komma voneinander getrennt wurden. In seinen eigenhändigen Briefen hat Bach in der Regel einen Punkt verwendet,[13] seltener ein Komma.[14] Nur in wenigen Fällen wird überhaupt kein trennendes Zeichen verwendet.[15] In einigen Briefen werden Ort und Zeit auf verschiedenen Zeilen angegeben, was man an sich schon als trennendes Zeichen ansehen kann.[16]
Eine andere Besonderheit des Briefes an Herrn Martius ist das Fehlen des von Bach fast stets gebrauchten Artikels „den", „d." (oder einfach „d") oder „am" vor der Datumsangabe.[17] Schließlich ist das Fehlen des Punktes nach der Ordnungszahl bemerkenswert, da dies für Bach untypisch ist.[18]

– Allgemeiner Tonfall. Man legte damals großen Wert auf „den richtigen Ton" und „den guten Geschmack in Briefen". Gemeinsam mit dem Streben nach „Klarheit" und „Deutlichkeit" sollte der Autor eines Briefes sich einer gewissen „Gefälligkeit" und „Annehmlichkeit, die zum Lesen anregen konnte", befleißigen.[19] Es ist kein Zufall, daß 1751 ein Briefsteller mit dem kennzeichnenden Titel „Briefe, nebst einer Praktischen Abhandlung von dem guten Geschmacke in Briefen" erschien.[20]
Der Ton der Briefes an Herrn Martius aber zeichnet sich durch unverstellt ausgedrückten Ärger und sogar Grobheit aus – eine Freiheit, die sich Bach beim Schreiben seiner Briefe niemals erlaubte. Die Wahl der Wörter und Redewendungen im Martius-Brief entsprechen ganz offensichtlich nicht dem Stil der anderen erhaltenen Briefe Bachs (über den Stil der schriftlichen Sprache Bachs siehe weiter unten). Es ist bezeichnend, daß Bach sogar in seinen im Zusammenhang mit dem Präfektenstreit entstandenen Schreiben aus den Jahren 1736 und 1737 an den Rat der Stadt Leipzig, an das Leipziger

---

[13] Dok I, Nr. 1, 2, 4, 8, 10, 11, 13–17, 21, 25, 26, 31–35, 37, 38, 42, 43, 48–50.
[14] Dok I, Nr. 12, 18, 20, 22.
[15] Dok I, Nr. 5, 19, 28, 54. Außer Nr. 5 handelt es sich stets um fremdschriftliche Briefe.
[16] Dok I, Nr. 27, 30, 39–41, 44, 47; durchweg nicht eigenhändig.
[17] J. S. Bach benutzte in der Regel „den", „d." oder „d" (vgl. Dok I, Nr. 1, 2, 4, 5, 8, 10–23, 25–27, 30–35, 37–43, 47–50, 54), sehr selten „am" (vgl. Dok I, Nr. 28 und 44 – beide nicht eigenhändig).
[18] In der überwiegenden Mehrheit der Briefe Bachs steht ein Punkt (vgl. Dok I, Nr. 4, 5, 8, 10–12, 14–23, 25–28, 31–35, 37, 39–43, 47–50). Nur in wenigen Briefen wurde dieser ausgelassen (vgl. Dok I, Nr. 1, 2, 30, 38).
[19] „Man soll sich bei Verfassung eines Briefes bemühen, seine Gedanken leicht und angenehm, natürlich und herzlich vorzutragen, ihnen eine gute Wendung zu geben, sie mit Kraft und Wärme auszudrücken und sich des Gemeinen zu enthalten" (Gaal, S. 59).
[20] Gellert (wie Fußnote 4).

Konsistorium und an den Kurfürsten, in denen das Anwachsen seiner Verärgerung deutlich zu verfolgen ist, insgesamt einen höflichen und verbindlichen Ton beibehielt und dem allgemeinen „guten Geschmack in Briefen" die Treue bewahrte.[21]

Außerdem weicht der Martius-Brief von der Form her von den üblichen Normen ab. Es fehlen die Abschnitte Einleitung und Schluß. Der ganze Brief besteht aus einem einzigen Hauptteil, in dem das Anliegen des Verfassers ohne jegliche Vorrede unverblümt geäußert wird und sodann mit der groben Drohung, die Freundschaft aufzukündigen, schließt. Das alles befindet sich in klarem Widerspruch zu den Regeln des „guten Tons" und des „guten Geschmacks".

– Topographie. Große Aufmerksamkeit wurde im 18. Jahrhundert der richtigen Anordnung des Brieftexts auf dem Papier – also der Einhaltung von Rändern, der Gestaltung von Absätzen usw. – gewidmet. So werden in den deutschen Briefstellern alle Einzelheiten der für die Briefe des 18. Jahrhunderts typischen Topographie gründlich beschrieben: „In Hinsicht der Stellung und des Raumes beobachte man beim Schreiben des Briefes Folgendes: Im Allgemeinen bleibt auf jeder Seite des Briefbogens oben auf der linken Seite und unten ein zwei bis drei Finger breiter Rand unbeschrieben. In Briefen an Vornehme werden diese Ränder, besonders oben und unten, etwas breiter. Auf der ersten Seite fängt man zwei auch drei Finger breit unterhalb der Anrede an zu schreiben, fährt so fort, daß der eben erwähnte Rand zur Linken bleibt, daß eine Zeile gerade unter der andern steht und daß die Anfänge der Zeilen in gerader Linie unter einander, gleichweit vom Bruche des Briefbogens entfernt, stehen. Auf der rechten Seite wird ganz hinaus geschrieben und kein Raum gelassen. Man presse hier die Buchstaben nicht zu sehr zusammen, sondern theile die Wörter lieber ab."[22]

Beim Betrachten von authentischen Briefen J. S. Bachs ist unschwer zu bemerken, daß in ihnen die beschriebene Anordnung des Textes strikt beachtet wird. Bach ließ gewöhnlich oben und meist auch links einen sehr breiten Rand. Zudem ist zu beobachten, daß bei Bach die Zeilenanfänge im weiteren Verlauf häufig immer weiter nach rechts wandern, so daß der linke Rand zum Fuß der Seite hin noch breiter wird. Nach rechts hin nutzte Bach den zur Verfügung stehenden Raum hingegen meist voll aus, so daß häufige Silbentrennungen unvermeidlich waren. Außerdem beachtete Bach die nötigen Abstände nach der Anrede und vor dem eigentlichen Text des Briefes und gleichermaßen zwischen Brieftext und Unterschrift. Diese Abstände wurden je nach Adressat

---

[21] Dok I, Nr. 32–35 und 39–41. Vgl. auch F. Mund, *Lebenskrisen als Raum der Freiheit. Johann Sebastian Bach in seinen Briefen*, Kassel 1997.
[22] Gaal, S. 72.

variiert. So sind zum Beispiel im Brief an August Becker vom 14. Januar 1714, im Schreiben an den Rat der Stadt Erfurt vom 17. März 1722 und in den Briefen an Georg Erdmann aus den Jahren 1726 und 1730 die Absätze sehr groß, im Brief an Johann Elias Bach vom 6. Oktober 1748 sind sie hingegen kleiner.[23]

In dem hier untersuchten Brief an Herrn Martius erkennen wir eine ganz andere Topographie. Der Text füllt die gesamte Fläche des Blattes gleichmäßig aus. Nicht nur wird die Angabe des Datums nicht durch einen Abstand vom restlichen Text getrennt, die Buchstaben kommen sogar mit der Anrede in Berührung. Der obere Rand fehlt fast ganz. Zwischen der Anrede und dem Haupttext des Briefes ist der Abstand praktisch derselbe wie zwischen den einzelnen Textzeilen des Hauptteils. Zwar ist der linke Rand vorhanden, doch entspricht er nicht der in den Briefstellern geforderten Breite. Auch der Abstand zwischen Brieftext und Unterschrift fehlt. Außerdem ist der rechte Rand sehr unregelmäßig, bei manchen Zeilen ist er ebenso breit oder gar noch breiter als der linke Rand. Silbentrennungen kommen überhaupt nicht vor.

Zwar ist der Brief mit einer einzigen Seite sehr kurz, doch gibt es auch für solche Fälle in den deutschen Briefstellern konkrete Empfehlungen: „Ist der Brief nicht lang, so daß er vielleicht nur die erste Seite des Bogens einnimmt, so darf man nicht, um nur nicht umwenden zu müssen, den Schluß ganz an's Ende der Seite hinbringen. Unten muß ebenfalls der vorhin erwähnte Rand bleiben, und man muß darum lieber die letzteren Zeilen des Briefes nebst dem Schlusse auf die zweite Seite schreiben. Doch darf wieder hier nicht etwa blos der Schluß oder die Unterschrift stehen, was nicht gut in's Auge fallen würde. Man muß zu dem Ende schon im Voraus beim Schreiben auf das Räumliche Rücksicht nehmen und entweder etwas enger oder etwas weitläufiger schreiben, damit auch das Aeußere des Briefes nicht ungefällig werde."[24]

2. Kurrentschrift[25]

Ein auffälliges Merkmal des Martius-Briefes ist die ziemlich seltsame Kurrentschrift. Trotz der Kürze des Texts stößt man bei aufmerksamer Betrachtung auf eine große Vielfalt in der Gestalt der Buchstaben, häufig finden sich

---

[23] Vgl. auch die zahlreichen Faksimiles eigenhändiger Briefe Bachs, etwa in Dok I, nach S. 32 (Brief an A. Becker vom 14. Januar 1714), nach S. 48 (Brief an den Rat der Stadt Erfurt, 15. März 1722) und nach S. 176 (Eingabe an Kurfürst August I. von Sachsen vom 3. November 1725).

[24] Ebenda, S. 72–73.

[25] Unter „Kurrent" oder „Kurrentschrift" versteht man die sogenannte „deutsche Schreibschrift", die sich aus der mittelalterlichen Frakturschrift entwickelte.

Abweichungen von den Regeln. So entspricht zum Beispiel der Buchstabe „H" in dem auch orthographisch problematischen Wort „Her" nicht der üblichen Kurrentform. Die Schreibweise der Minuskel „h" weist häufig eine Mischung aus Kurrent und Kursiv auf (vergleiche etwa die Wörter „vergeth", „wohl", „Monathe", „thut").[26] Das „S" im Wort „Sie" ist ebenfalls nicht Kurrent; desgleichen entspricht „s" am Ende der Wörter „Es" und „das" nicht den Regeln. Die Form des „s" am Anfang und in der Mitte der Wörter zeigt eine große Vielfalt, entspricht aber in keinem einzigen Fall den allgemein gültigen Regeln. Die Form des Buchstabens „e" schwankt zwischen Kurrent und Kursiv, sogar innerhalb eines Wortes (zum Beispiel, „werden", „nehmlichen"). Der Buchstabe „u" – obwohl er neun Mal in dem hier diskutierten Brief vorkommt – wird kein einziges Mal mit dem in der Kurrentschrift geforderten Überstrich geschrieben.

3. Orthographie und Grammatik

Weitere auffällige Merkmale des Martius-Briefes sind seine „sprachliche Fehlerhaftigkeit" sowie die das übliche Maß sprengenden Abweichungen von der orthographischen Norm. Die Schwierigkeit bei der Diskussion dieses Aspekts besteht darin, daß zu Bachs Zeit Grammatik und Orthographie der deutschen Sprache sich noch in einem uneinheitlichen Zustand befanden. Die Arbeiten von Schottel, Bödiker, Freyer, Antesperg, Gottsched, Adelung und anderen haben eine große Rolle in der allmählichen Standardisierung der deutschen Orthographie gespielt.[27] Dennoch gilt Adolf Bachs Beobachtung: „Die sichere Kenntnis einer streng geregelten Rechtschreibung ist erst im 19. Jahrhundert Gemeinbesitz der Deutschen geworden. Noch im 18. Jahrhundert zeigen etwa die Briefe einer Liselotte von der Pfalz, einer Frau Rat

---

[26] Als „Kursiv" wird die Schrift bezeichnet, die aus der lateinischen Schrift (Antiqua) hervorgegangen ist.

[27] J. G. Schottel, *Teutsche Sprachkunst*, Braunschweig 1641 (2. Aufl. 1651); ders., *Ausführliche Arbeit Von der Teutschen HaubtSprache*, Braunschweig 1663 (Neuausgabe 1737); J. Bödiker, *Grund-Sätze Der Deutschen Sprachen im Reden und Schreiben*, Cölln a. d. Spree 1690 (weitere Auflagen 1698, 1701, 1709); H. Freyer, *Anweisung zur Teutschen Orthographie*, Halle 1722 (weitere Auflagen 1728, 1735, 1746); J. B. von Antesperg, *Das deutsche kayserliche Schul und Canzeley-Wörterbuch*, Wien 1738; ders., *Die Kayserliche Deutsche Grammatick*, Wien 1747 (2. Auflage 1749); J. C. Gottsched, *Grundlegung einer Deutschen Sprachkunst*, Leipzig 1748 (fünf weitere Auflagen zwischen 1749 und 1776); ders., *Kern der deutschen Sprachkunst*, Leipzig 1753; J. C. Adelung, *Deutsche Sprachlehre*, Berlin 1781; ders., *Umständliches Lehrgebäude der Deutschen Sprache*, 2 Bde., Leipzig 1782; ders., *Vollständige Anweisung zur Deutschen Orthographie*, Leipzig 1788.

Goethe oder der Mutter des Freiherrn vom Stein die ganze Willkür, die damals auch bei Gebildeten in orthographischen Dingen bestand."[28] In den Briefen der damaligen Zeit treten solche Abweichungen von der Norm ziemlich häufig auf. Zum Beispiel war die Schreibung der Substantive und auch des Personalpronomens „Sie" mit Großbuchstabe noch kein Teil der Regeln. Die Modalverben „kann", „müssen" konnten so geschrieben werden, wie wir sie im Martius-Brief finden („kan", „müsen"). Allerdings beobachten wir darüber hinaus Freiheiten, die höchstwahrscheinlich sogar aus der Sicht der Orthographie des 18. Jahrhunderts falsch waren.

Der erste auffallende Fehler ist die Bildung „das Geduld" schon im ersten Satz des Briefes. Das Wort „Geduld" („Gedult") ist seit althochdeutscher Zeit bekannt und findet sich vorwiegend als Femininum („die Geduld"), vergleichsweise selten als Maskulinum („der Geduld"); als Neutrum („das Geduld") ist es nirgends belegt.[29] Ein weiterer Fehler ist die Formulierung „Es thut mir Leid sie so zu schreiben". Bach verwendet das Verb „schreiben" meist in Ableitungen („Schreiben" als Substantiv,[30] „geschriebenen" als Partizip,[31] aber auch „beschrieben"[32] und „zuzuschreiben"[33]). Stets steht das Wort jedoch mit dem Dativ. So formuliert Bach im Brief an Johann Friedrich Klemm vom 24. Mai 1738 bezüglich seines Sohnes Johann Gottfried Bernhard: „daß er lerne erkennen, wie die Bekehrung einig und allein Göttlicher Güte zuzuschreiben."[34] Im Brief an Georg Erdmann vom 28. Oktober 1730 heißt es: „Da aber nun (1) finde, daß dieser Dienst bey weitem nicht so erklecklich als mann mir Ihn beschrieben …"[35]

---

[28] A. Bach, *Geschichte der Deutschen Sprache*, 5. überarbeitete Auflage, Heidelberg 1953, S. 216.

[29] Vgl. Freyer (wie Fußnote 27), 3. Auflage, Halle 1735, S. 318; J. C. Gottsched, *Handlexicon oder Kurzgefaßtes Wörterbuch der schönen Wissenschaften und freyen Künste*, Leipzig 1760, S. 747; J. C. Adelung, *Kleines Wörterbuch für die Aussprache, Orthographie, Biegung und Abteilung*, zweite vermehrte und verbesserte Auflage, Leipzig 1790, S. 127; und auch neuere Wörterbücher: J. C. Adelung, *Grammatisch-kritisches Wörterbuch der Hochdeutschen Mundart*, Zweiter Theil (F–L), Wien 1811, S. 467 f.; J. und W. Grimm, *Deutsches Wörterbuch*, Bd. 4/1, Leipzig 1878, S. 2042; O. Schade, *Altdeutsches Wörterbuch*, Erster Teil (A–O), 2., umgearbeitete und vermehrte Auflage, Hildesheim 1969, S. 285.

[30] Dok I, Nr. 14 (S. 46), Nr. 16 (S. 50), Nr. 19 (S. 55).

[31] Dok I, Nr. 12 (S. 38).

[32] Dok I, Nr. 23 (S. 67).

[33] Dok I, Nr. 42 (S. 107).

[34] Ebenda.

[35] Dok I, Nr. 23 (S. 67).

4. Stil

Eine Analyse des Stils der eigenhändigen Briefe J. S. Bachs läßt auch erkennen, daß der Martius-Brief eine Reihe von Wörtern und Wendungen enthält, die für die schriftliche Sprache Bachs nicht typisch sind. Zum Beispiel erscheinen die Wörter „Clavecin" und „Freunde" bei Bach äußerst selten.[36] Das Wort „Adieu" sowie auch die Wendungen „Es thut mir Leid", „sie so zu schreiben", „sonst werden wir nie Freunde" werden in den anderen bis heute bekannten schriftlichen Dokumenten Bachs überhaupt nicht verwendet.

Bachs Briefe weisen gewöhnlich einen äußerst höflichen, wortreichen, aus heutiger Sicht sogar etwas schwülstig wirkenden Stil auf, der sich stets in den von der Etikette geforderten Grenzen bewegt. Selbst in seinen Briefen an den nahen Verwandten Johann Elias Bach, der bei ihm einige Jahre als Haussekretär gedient hatte, behält Bach seinen charakteristischen Stil bei, der auch bei kritischen Bemerkungen nicht aufgegeben wird – etwa bei der Aufzählung der entstandenen Kosten für das aus Schweinfurt übersandte Faß Wein:

„Ohnerachtet der Herr Vetter sich geneigt *offeriren*, fernerhin mit dergleichen *liqueur* zu *assistiren*; So muß doch wegen übermäßiger hiesiger Abgaben es *depreciren*; denn da die Fracht 16 gr. der Überbringer 2 gr. der *Visitator* 2 gr. die Land*accise* 5 gr. 3 pf. u. *generalaccise* 3 gr. gekostet hat, als können der Herr Vetter selbsten ermeßen, daß mir jedes Maaß fast 5 gr. zu stehen kömt, welches denn vor ein Geschenke alzu kostbar ist. etc."[37]

Nach dem Zeugnis seines Sohns Carl Philipp Emanuel hatte Bach „bey seinen vielen Beschäftigungen ... kaum zu der nöthigsten Correspondenz Zeit", konnte also „weitläuftige schriftliche Unterhaltungen ... nicht abwarten".[38] Wie man aber sicht, scheute er, wenn er tatsächlich zur Feder griff, den Aufwand nicht, wortreiche und den Konventionen der Zeit entsprechende Briefe

---

[36] In den einschlägigen Briefen J. S. Bachs konnte das Wort *Clavecin* nicht gefunden werden (es findet sich im Zeugnis für Friedrich Gottlieb Wild vom 18. Mai 1727; in der überwiegenden Mehrzahl der Fälle zog Bach es vor, das Wort *Clavier* zu verwenden); das Wort Freunde, das wie *Freünde* geschrieben wurde, erscheint einmal im Brief an Johann Elias Bach vom 6. Oktober 1748: „Mit dem verlangten *exemplar* der Preußischen *Fuge* kan voritzo nicht dienen, indem *justement* der Verlag heüte *consumir*et worden; (sindemahlen nur 100 habe abdrucken laßen, wovon die meisten an gute Freünde *gratis* verthan worden)"; vgl. Dok I, Nr. 49 (S. 117). In den Briefen an seinen ehemaligen Schulfreund Georg Erdmann hat der Komponist die Wörter „Freund" oder „Freunde" nicht verwendet.

[37] Vgl. Dok I, Nr. 50 (S. 120).

[38] Vgl. Dok III, Nr. 803 (S. 289f.).

zu schreiben. Die zeittypische Vorliebe für lange Sätze und komplexe Formulierungen blieb dabei zeitlebens erhalten. Der Martius-Brief zeichnet sich hingegen durch knappe Formulierungen und kurze Sätze aus. Es ist eine häufig beobachtete Tatsache, daß ein an einfache, kurze Sätze gewohnter Mensch Schwierigkeiten bei der Formulierung von langen, komplexen Sätzen hat, und daß umgekehrt einem an lange, wortreiche Sätze gewohnten Menschen die Formulierung von kurzen, bündigen Sätzen schwerfällt.

II

Der intensiv betriebenen Suche nach Vera Nikolajewna Jelagina, der Vorbesitzerin des Martius-Briefs, war nur geringer Erfolg beschieden. Sie ist 1996 verstorben, und ihre gegenwärtig in Moskau lebenden Verwandten konnten (oder wollten) keine Auskunft darüber geben, wie der Brief in ihren Besitz gelangt sein könnte. Frau Jelagina war von Beruf Bibliothekarin und arbeitete in einer der Moskauer Volksschulen. Sie stammt nicht aus einem adligen Geschlecht, so daß eine familiäre Überlieferung unwahrscheinlich ist.[39] Allerdings stellte sich überraschenderweise heraus, daß Frau Jelagina 1968 dem Glinka-Museum gemeinsam mit dem Martius-Brief ein weiteres Schriftstück übergab, das heute unter der Signatur *F. 292, Nr. 477* aufbewahrt wird und mit dem Namen Georg Friedrich Händels unterzeichnet ist. Der Brief hat folgenden Wortlaut (siehe auch Abbildung 3):

Herr Wolfe
Ich danke so sehr für ihre mühe undt ich werde nie vergessen wie viel in Verbindung stehe. Heut aber wieder eine Bitte, so ich darf, nemlich wenn Sie wollen, sehen sie es ist ein gewisser Liebhaber der musik (Baronet Heritston) undt er will ein Verzeichniß aller newen musikalischen Werken haben haben [sic], die im Deutschland herausgekommen sind seit ein paar Jahren. Liefern Sie mir moglich eine solche Liste undt wenn es ihnen viele muhe macht so gedenken Sie ein Freundt der ihnen vom Herzen dankbar ist. Leben Sie wohl daß wünscht ewer
London 29 Febr. 1750.   Freundt
                                                                        Georg Fr. Handel[40]

---

[39] Es sei hier daran erinnert, daß das Autograph der Violino-I-Stimme zur Kantate BWV 199, das kürzlich im Puschkin-Haus in Sankt Petersburg aufgefunden wurde, im 19. Jahrhundert für die Sammlung der Fürstin Sinaida Jussupowa (1809–1893) erworben wurde, die aus einer der vornehmsten und berühmtesten Familien Rußlands stammt. Vgl. T. Schabalina, *Ein weiteres Autograph Johann Sebastian Bachs in Rußland: Neues zur Entstehungsgeschichte der verschiedenen Fassungen von BWV 199*, BJ 2004, S. 11–39, speziell S. 14.

[40] Es sei hier eingestanden, daß das Entziffern von Händels Brief eine ziemlich

Die Ähnlichkeit mit dem vorstehend diskutierten Brief ist nicht zu übersehen. Wir finden dieselbe Gestaltung, den charakteristischen Federstrich über dem Namen, dieselben Abweichungen von den stilistischen Normen der damaligen Zeit, dieselben Eigentümlichkeiten der Kurrentschrift. Besondere Aufmerksamkeit beansprucht das Datum 29. Februar, da das Jahr 1750 kein Schaltjahr war und folglich der Februar nur 28 Tage hatte. Bemerkenswert ist auch, daß der Brief in deutscher Sprache geschrieben wurde, obwohl Händel zu diesem Zeitpunkt bereits fast 40 Jahre lang in England gelebt hatte und seit langem seine Korrespondenz auf Englisch führte; wenn er sich an Landsleute wandte, schrieb er gewöhnlich auf Französisch (etwa in seinen Briefen an Telemann und Mattheson).

Es mag an dieser Stelle der Hinweis genügen, daß auch in diesem Fall Form und Stil drastisch von Händels Gepflogenheiten und Konventionen abweichen. Dies betrifft so zentrale Merkmale wie die Anrede (bei Händel meist „Sir" oder „Monsieur"), die Schlußformel, das Datum (speziell das für Briefe an Empfänger auf dem Kontinent übliche doppelte Tagesdatum nach Julianischem und Gregorianischem Kalender), die Topographie des Brieftexts und den Gebrauch der Kurrentschrift.

Das Papier des vorliegenden Briefes weist ein gut sichtbares Wasserzeichen auf: das Monogramm „AS". Die Stege verlaufen senkrecht mit einem Abstand von 24 mm, wobei einmal die Stegweite nur halb so groß ist. Das Monogramm „AS" findet sich in den einschlägigen papierkundlichen Standardwerken lediglich einmal, und zwar als Gegenzeichen des Holländischen Freiheitslöwen.[41] Es ist daher ohne weiteres möglich, daß das Papier für die Bach und Händel zugeschriebenen Briefe ursprünglich einen Bogen bildete.[42]

Der Brief Händels befindet sich in einem Umschlag aus blaugrauen Papier, in dem sich das Wasserzeichen „Pro Patria" und das Monogramm „J F V I B & H" ausmachen lassen. Auf der Vorderseite findet sich die Aufschrift „Musik Compositoren | Georg Fridrich Handel"; sie stammt von derselben Hand wie die Beschriftung des Umschlags für den Bach-Brief.

Es erhebt sich die Frage, ob die beiden Briefe von derselben Person geschrieben wurden. Zur Klärung dieses Problems wurde ein Schriftsachverstän-

---

schwierige Aufgabe war. Manche Wörter und auch der Name des Empfängers werden in der Form wiedergegeben, die nach Meinung der Autorin dieses Beitrags am plausibelsten erscheint. Die Möglichkeit einer anderen Deutung der Namen und einzelner Wörter ist nicht ausgeschlossen.

[41] Vgl. W. A. Churchill, *Watermarks in Paper in Holland, England, France etc. in the XVII and XVIII Centuries and their Interconnection*, Amsterdam 1935, S. 69 (Nr. 84). Nach den Angaben bei Churchill ist dieses Papier 1746 belegt.

[42] Die Formate der beiden Briefe stimmen nicht überein. Die Lage der Wasserzeichen zeigt allerdings, daß die Briefbogen stark beschnitten worden sind.

diger konsultiert. Die vom juristischen Institut „Quattro" in Sankt Petersburg durchgeführte Untersuchung (Gutachten vom 5. April 2005) hatte allerdings zum Ergebnis, daß die vorgelegten Briefe von verschiedenen Personen geschrieben wurden. Die übereinstimmenden Merkmale der beiden Handschriften sind durch die Nachahmung der für den Schreiber offenbar ungewohnten Kurrentschrift zu erklären. Dennoch ist es unwahrscheinlich, daß zwischen den beiden Briefen keine Verbindung besteht. Sollte es sich nicht einfach um Fälschungen handeln, wäre denkbar, daß zwei Originalbriefe zunächst von einem Redakteur exzerpiert und später von zwei Personen (Eheleute, Geschwister, Freunde) nochmals kopiert wurden. Offenbar war die Muttersprache des Bearbeiters und/oder der Abschreiber nicht Deutsch.

Im Fall des Händel-Briefes mit seinem „unmöglichen" Datum deutet manches auf eine Fälschung oder gar einen Scherz. Auch lassen sich die in diesem Brief genannten Personen nicht identifizieren. Im Falle Bachs hingegen erscheinen die Einzelheiten zu stimmig, um einfach erfunden worden zu sein. Nach Ermittlungen von Hans-Joachim Schulze bezieht sich das Mahnschreiben auf „den Gastwirt, Hochzeits- und Leichenbitter Johann Georg Martius oder – wahrscheinlicher – ... dessen Sohn Johann Heinrich, der schon 1732 als Adjunkt des Vaters nachweisbar ist und später dessen Amt übernahm. Mit dem ,Clavecin' könnte ein Instrument gemeint sein, das Bach vor Beginn der musiklosen Fastenzeit (3. 3. bis 7. 4.), möglicherweise für eine Haustrauung oder Hochzeitsfeier verliehen hätte; die Fristangabe von ,5 Tagen' deutet auf das Fest Mariä Verkündigung (25. 3.), an dem ausnahmsweise Figuralmusik aufgeführt wurde".[43]

Vielleicht können in Zukunft eine verfeinerte philologische Analyse sowie die Untersuchung der verwendeten Tinte und des Schreibwerkzeugs weitere Aufschlüsse geben. Bis dahin erscheint es jedoch ratsam, die Echtheit der beiden Dokumente anzuzweifeln. Vorsicht ist speziell im Falle Bachs angebracht, da – im Unterschied zum Brief Händels, der zum ersten Mal in diesem Artikel vorgestellt wird – der ihm zugewiesene Brief im biographischen Schrifttum bereits mehrfach und ohne Bedenken als authentisches Dokument zitiert wurde. Wie man aus der Geschichte der Bach-Forschung weiß, ist die Bezeichnung „Echtheit angezweifelt" allerdings sehr wichtig, denn sie vermag uns vor falschen Vorstellungen auf dem schwierigen Weg der Erkenntnis des Werkes dieses großen Komponisten zu schützen.

Tatjana Schabalina (St. Petersburg)
(Übersetzung: *Albina Bojarkina* und *Alejandro Contreras Koob*)

---

[43] Dok III, S. 627. – Falls das Datum – was wahrscheinlicher ist – als 26. März zu lesen ist, kann allerdings die Verbindung mit dem Fest Mariä Verkündigung (25. März) zutreffen; immerhin wäre dann an das bevorstehende Osterfest zu denken.

Die Verfasserin dankt allen, die diese Arbeit mit Ratschlägen und Hilfe unterstützt haben: Prof. Dr. Hans-Joachim Schulze (Leipzig), Dr. Edwin Werner (Halle), Dr. Lucinde Braun (Dresden), Bob Lüder (Berlin), Dr. Elena Petruschanskaja (Moskau), Prof. Dr. Mikhail Saponov (Moskau), Dr. Valerij Jerokhin (Moskau), Dr. Galina Fjodorowa (Sankt Petersburg), Albina Bojarkina (Sankt Petersburg) und Alexej Lebedev (Sankt Petersburg). Die Faksimilewiedergabe der Briefe erfolgt mit freundlicher Genehmigung des Glinka-Museums. Die Verfasserin dankt der Direktion und den Mitarbeitern des Museums für die Erlaubnis, die Originale einzusehen und abzubilden.

Abbildung 1. J. S. Bach (?), Brief an Herrn Martius, 20. (26.?) März 1748. Glinka-Museum Moskau, Signatur: *F. 292, Nr. 476*

Abbildung 2. J. S. Bach (?), Brief an Herrn Martius, Umschlag

Abbildung 3. G. F. Händel (?), Brief an Herrn Wolfe, 29. Februar 1750. Glinka-Museum Moskau, Signatur: *F. 292, Nr. 477*

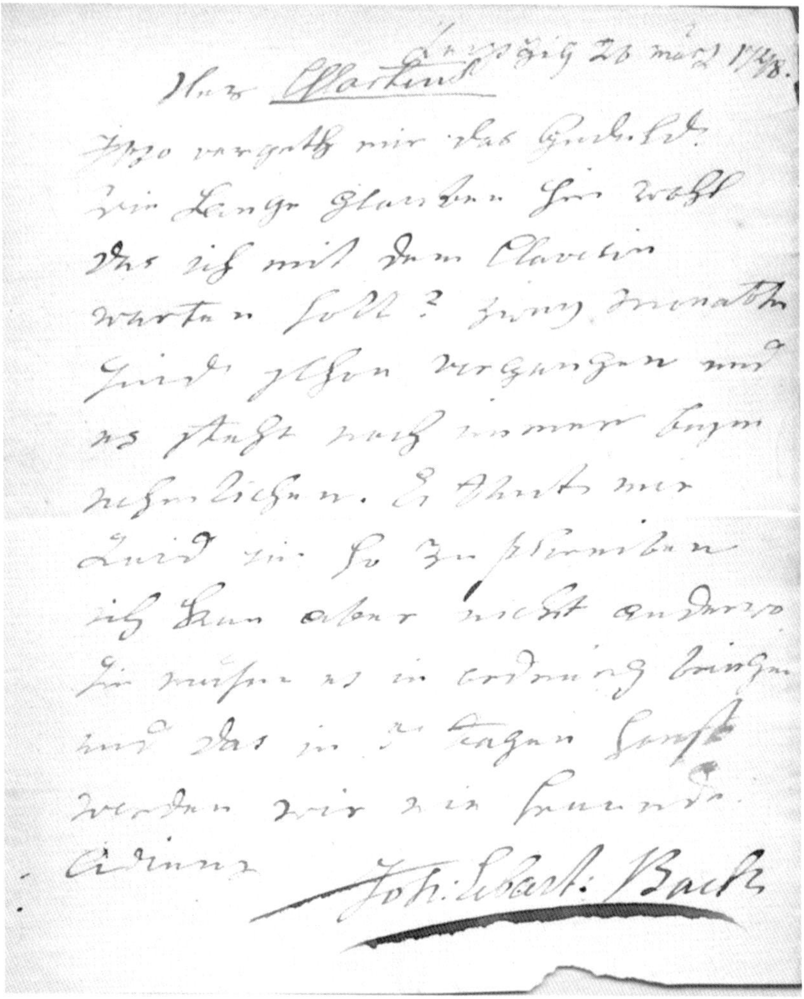
Leipzig 28 märz 1748.
Herr Martini
Itzo vergeht mir das Gedult.
Wie lange glauben Sie wohl
das ich mit dem Clavier
warten soll? Zwey Monathe
sind schon vergangen und
es steht noch immer beym
nehmlichen. Es thut mir
Leid Sie so zu schreiben
ich kann aber nicht anders.
Sie müssen es in ordnung bringen
und das in 5 tagen sonst
werden wir nie freunde.
Adieu Joh: Sebast: Bach

Abbildung 1

Abbildung 2

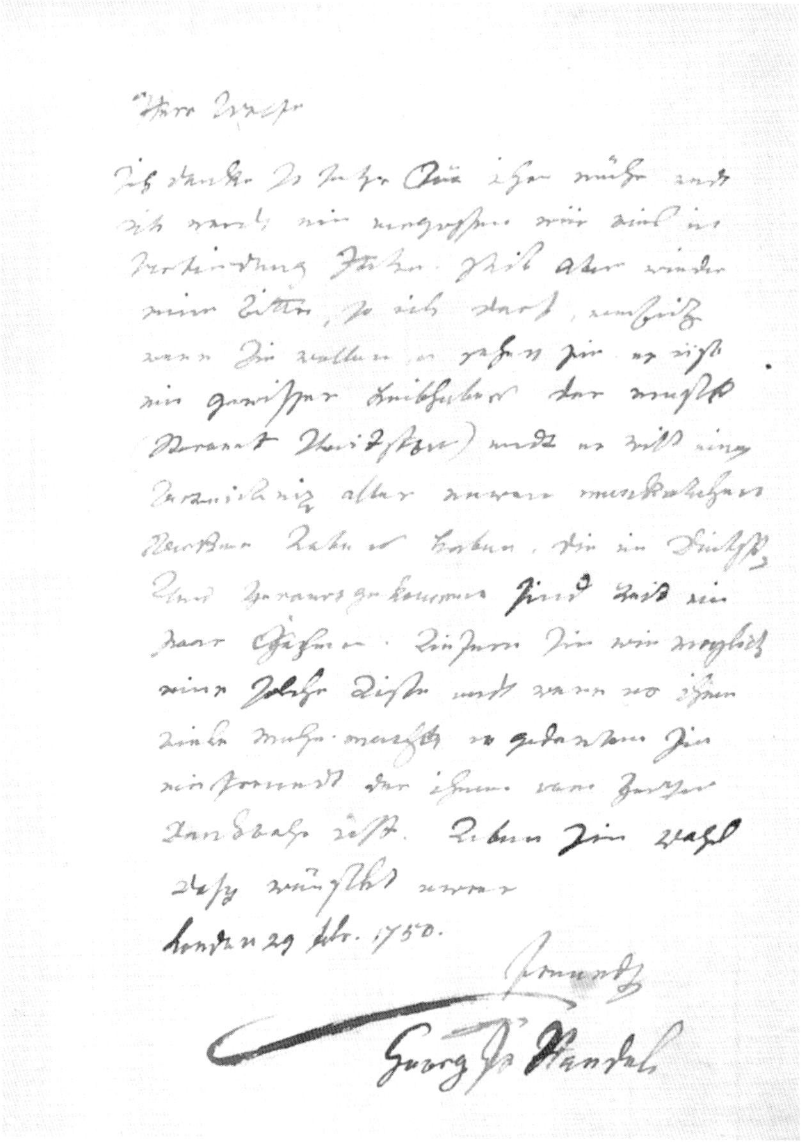

Abbildung 3

Couperin – Pisendel – Bach.
Überlegungen zur Echtheit und Datierung des Trios BWV 587 anhand eines Quellenfundes in der Sächsischen Landesbibliothek – Staats- und Universitätsbibliothek Dresden[1]

Die Authentizität des als „Aria" bezeichneten Orgeltrios BWV 587 ist seit jeher umstritten. Seit bekannt geworden ist, daß es sich bei diesem Werk um die Übertragung eines Triosonatensatzes von François Couperin handelt, beziehen sich die Zweifel nicht mehr auf den Komponisten, sondern auf den Bearbeiter der kammermusikalischen Vorlage. Eine auf philologische Argumente gestützte Entscheidung des Problems ist angesichts der überaus dürftigen Überlieferung des Werks nur schwer zu treffen. Denn die einzige greifbare handschriftliche Quelle stammt aus dem frühen 19. Jahrhundert, während eine möglicherweise ältere Handschrift aus dem Besitz Friedrich Konrad Griepenkerls, die Ferdinand August Roitzsch für seine Erstausgabe (1881) noch zur Verfügung stand, mittlerweile spurlos verschwunden ist.[2] Verdächtig erschien vor allem auch, daß Bachs Vorlage, ein Satz aus der Triosonate „L'Impériale", erst 1726 in Couperins Sammlung *Les Nations* im Druck erschien – zu einer Zeit also, als Bach sich mit der Übertragung fremder Werke auf die Orgel gar nicht mehr beschäftigte. Zudem scheint der Druck keine weite Verbreitung erlangt zu haben. Doch die wenigen und durchweg schwachen Argumente pro und contra sind schon lange vorgebracht; sie führten nicht zu einem eindeutigen Ergebnis, und so mußte der Fall bis auf weiteres zu den Akten gelegt werden. In die NBA wurde das Werk gemeinsam mit den Schwesterwerken BWV 585 und 586 schließlich mit Vorbehalten

---

[1] Auszug aus meinem Beitrag *Werke französischer Komponisten in Abschriften von Johann Georg Pisendel. Notizen zu drei Quellen der Sächsischen Landesbibliothek – Staats- und Universitätsbibliothek Dresden (SLUB)*, in: Komponist, Violinist, Orchestererzieher und Musikaliensammler der Dresdner Hofkapelle – Johann Georg Pisendels Dresdner Amt und seine europäische Ausstrahlung. Bericht über das Internationale Symposium vom 23. bis 25. Mai 2005 im Rahmen der Dresdner Musikfestspiele 2005, hrsg. von O. Landmann und H.-G. Ottenberg, Hildesheim 2007 (im Druck). – Ich danke Peter Wollny für seine Unterstützung bei der Erarbeitung des vorliegenden Beitrags.

[2] Vgl. die Darstellung der Quellenlage und Forschungsgeschichte in NBA IV/8 Krit. Bericht (K. Heller, 1980), S. 94–96. Der Echtheit von BWV 587 widmet sich – mit negativem Ergebnis – ausführlich U. Siegele in seiner Studie *Kompositionsweise und Bearbeitungstechnik in der Instrumentalmusik Johann Sebastian Bachs*, Neuhausen Stuttgart 1975, S. 74–76.

aufgenommen – vielleicht aufgrund des vorsichtig positiven Votums von Hans-Joachim Schulze.[3]

Ein unverhoffter Quellenfund erlaubt es nun, die Diskussion um die Aria BWV 587 wieder aufzugreifen und einen guten Schritt weiterzuführen. Im Musikalienbestand der Sächsischen Landesbibliothek – Staats- und Universitätsbibliothek Dresden konnte vor kurzem eine Abschrift der betreffenden Triosonate Couperins ermittelt werden, die von der Hand des Dresdner Konzertmeisters Johann Georg Pisendel stammt. Es handelt sich um eine Partitur, die folgenden Kopftitel trägt: „La Convalescente. | Sonnade. | Del S. Couprin" (siehe Abbildungen 1 und 2).[4] Die Partitur gehörte zum Bestand der Königlichen Privat-Musikaliensammlung. Die kleinen, auf engstem Raum zusammengedrängten Noten und der flüchtige Duktus zeugen von einer eiligen Niederschrift, die dennoch die für Pisendels Kopien typische Sorgfalt in der Setzung der Vortragsanweisungen aufweist; der Part des Basso continuo ist unbeziffert. Das Papier (ein Bogen und ein Einzelblatt mit den Maßen ca. 27,5 × 20,5 cm) ist dünner und kleinformatiger als das sonst von Pisendel benutzte. Kreuzförmig verlaufende Faltspuren deuten darauf hin, daß die Partitur zu einem nicht näher bestimmbaren Zeitpunkt zweimal (auf Briefgröße?) gefaltet wurde. Starke Gebrauchsspuren lassen auf wiederholte Aufführungen schließen.[5]

Um die Bedeutung der neu aufgefundenen Quelle recht einschätzen zu können, ist zunächst ein Blick auf die Entstehungsgeschichte von Couperins Triosonatendruck *Les Nations* zu werfen. Die in vier dieser Sammlung vereinigten und um ausgedehnte Suiten erweiterten Sonaten gehen nach dem Zeugnis des Komponisten auf sehr viel ältere Werke zurück, die vermutlich bereits zu Beginn der 1690er Jahre komponiert und aufgeführt worden sind. Für die Sonaten Nr. 1, 2 und 4 der Sammlung sind frühere Fassungen mit abweichenden Titeln in zwei handschriftlichen Quellen[6] erhalten:

---

[3] H.-J. Schulze, *Das c-Moll-Trio BWV 585 – Eine Orgeltranskription Johann Sebastian Bachs?* in: Deutsches Jahrbuch der Musikwissenschaft für 1971, hrsg. von R. Eller, Leipzig 1973, S. 150–155, speziell S. 154.

[4] Signatur: *Mus. 2162-Q-2* (olim *Cx 126*). Die Handschrift ist mit einem für Dresdner Handschriften typischen Umschlag des Kapellarchivs aus der Zeit um 1765 versehen; dessen Etikett ist von der Hand des Hofkopisten Carl Gottlob Uhle wie folgt beschriftet: *Schranck No: II. | 3. Fach 14. Lage | No: 1.) Trio. | co Violini e Basso | Partitura sola. | Del Sig.^{e} Couprin.*

[5] In enger Verbindung mit der Partitur steht ein handschriftlicher Stimmensatz (Violino I–II, Violoncello) aus der ersten Hälfte des 19. Jahrhunderts (Signatur: *Mus. 2162-P-500*). Ein Bleistiftvermerk auf der Titelseite der Violino-I-Stimme belegt, daß Pisendels Partitur als Kopiervorlage benutzt wurde: „Die Manuscript-Partitur befindet sich in der musikalischen Privat-Bibliothek S. Maj. des Königs von Sachsen."

[6] F-Pn, *Vm^7 1156*, und F-LYm, *MUS 129.949*. Die Autographe dieser Fassungen sind verschollen.

La Pucelle (1690/1691)[7]   = La Françoise (*Les Nations*, Nr. 1)
La Visionnaire (aufgeführt 1692) = L'Espagnole (*Les Nations*, Nr. 2)
L'Astrée (1691/1692?)   = La Piémontoise (*Les Nations*, Nr. 4)

Lediglich für die Sonate „L'Impériale", die in der Sammlung *Les Nations* an dritter Stelle steht, war bislang keine frühere Fassung greifbar, ja es wurde vielfach sogar angenommen, daß hier ein erst um die Mitte der 1720er Jahre komponiertes Spätwerk vorliegt.[8] Die Dresdner Abschrift zeigt hingegen, daß auch „L'Impériale" aus einem früheren Werk mit abweichendem Titel hervorgegangen ist, und es spricht nichts dagegen, für dieses ebenfalls eine Entstehungszeit um 1690–1692 anzunehmen.[9]

Eine genaue Datierung von Pisendels Abschrift anhand schrift- und papierkundlicher Untersuchungen steht zwar noch aus, doch dürfte es angesichts einer anderweitig nicht nachweisbaren Überlieferung von Couperins Sonatenschaffen in Deutschland als sicher gelten, daß Pisendel sie von seiner etwa fünfmonatigen Reise nach Paris, die er von Mai bis Oktober 1714 in Begleitung weiterer Mitglieder der Dresdner Hofkapelle durchführte, mit nach Deutschland brachte.[10] In unserem Zusammenhang erscheint der Hinweis bemerkenswert, daß die Musikergruppe auf ihrer Rückreise von Paris nach Dresden die traditionelle Postroute auf der alten Via Regia wählte, die auf dem Abschnitt von Erfurt nach Leipzig unmittelbar an Weimar vorbeiführte. Am 15. Oktober 1714 ist ein Aufenthalt in Buttelstedt nahe Weimar nachgewiesen.[11] Ob es bei dieser Gelegenheit zu einer Erneuerung der 1709 geschlossenen Bekanntschaft zwischen dem Dresdner Geigenvirtuosen und dem Weimarer Organisten kam, ist unbekannt. Im positiven Fall wäre anzunehmen, daß Bach die Gunst der Stunde nutzte und die musikalischen Trouvaillen[12] seiner Dresdner Kollegen aufmerksam zur Kenntnis nahm. Er

---

[7] Datierungen nach W. Mellers, *François Couperin and the French Classical Tradition*, New York 1968 (Nachdruck der Ausgabe London 1950), S. 375, und P. Citron, *Couperin*, Paris 1996 (erweiterte Auflage von 1956), S. 44ff.

[8] Vgl. New Grove 2001, Bd. 6, S. 587 (E. Higginbottom), sowie M. Cauchie, *Thematic Index of the Works of François Couperin*, Monaco 1949 (Reprint New York 1976), S. 102.

[9] Der Titel „La Convalescente" („Die Genesende") läßt sich derzeit nicht befriedigend deuten. Hingewiesen sei an dieser Stelle nur darauf, daß keine Verbindung zu dem gleichnamigen Stück aus dem *Quatrième Livre de pièces de Clavecin* (26ème Ordre) von 1730 besteht.

[10] Zu dieser Reise vgl. J. A. Hiller, *Lebensbeschreibungen berühmter Musikgelehrten und Tonkünstler neuerer Zeit*, Leipzig 1784 (Reprint Leipzig 1979), S. 187.

[11] Vgl. *Georg Philipp Telemann. Briefwechsel*, hrsg. von H. Große und H. R. Jung, Leipzig 1972, S. 309f. und 374.

[12] Pisendel brachte höchstwahrscheinlich auch die Orchestersuite „Les Caractères de

dürfte dann auch Couperins Triosonate kennengelernt haben. Eine weitere Möglichkeit wäre Bachs Aufenthalt in Dresden im Herbst 1717. Vielleicht gab es aber auch noch andere Gelegenheiten; außerdem wäre – nicht zuletzt wegen der Faltspuren der Partitur – an den Korrespondenzweg zu denken.[13] Diese biographischen Überlegungen werden durch den musikalischen Befund der Aria BWV 587 auf bemerkenswerte Weise gestützt. Die in Pisendels Abschrift überlieferte frühe Fassung von „L'Impériale" weist gegenüber der späteren Druckfassung eine Reihe von Unterschieden hinsichtlich der Bezeichnung und Abfolge der Sätze auf:

Pisendel-Abschrift	Druck (1726)
1. Gravement, C	Gravement, C
2. Vivement et ferme, C	Vivement, 4/8 [Basse d'archet: Vivement et marqué]
3. Lentement, 3/2 – „Seq. Air" [→ 4+5]	Gravement, et marqué, 3/2
6. Vivement, 4/8	
4. Air gracieusement, 3/8	Légèrement, 3/8 [Basse d'archet: Rondeau, légèrement]
5. Lentement, 3/2	Rondement, 3/2
	Vivement 4/8

Couperins Werkkonzeption sah zunächst offenbar die Satzfolge einer italienischen Sonata da chiesa vor (Satz 1–3, 6); in einem zweiten Schritt rückte er das Satzpaar 4–5 zwischen dem dritten und dem letzten Satz ein. Pisendels Partitur reflektiert dieses Umdisponieren durch die Abfolge der Sätze und den Vermerk „Seq. Air" am Schluß von Satz 3. Hinsichtlich der geänderten Satztitel ist in unserem Zusammenhang speziell Satz 4 – die Vorlage für BWV 587 – von Interesse. Denn die Bezeichnung „Air", die in den Quellen der Orgeltranskription zu „Aria" umgewandelt wurde, findet sich lediglich in der durch Pisendel überlieferten Frühfassung, nicht aber in der gedruckten Fassung von 1726. Daß bei einer Transkription nach Vorlage der Druckausgabe

---

la danse" von Jean-Féry Rebel aus Paris mit, nach deren Vorbild er später seine eigene „Imitation des Caractères de la Danse" schuf, sowie das von Rebel vielleicht als Einleitung zu dieser Suite gemeinte Double eines bäuerlichen und eines höfischen Tanzes „La petite Drôt". Dieses Manuskript konnte nun ebenfalls als ein Autograph Pisendels identifiziert werden (siehe Fußnote 1).

[13] Daß Bach und Pisendel Musikalien austauschten, belegt Bachs Abschrift eines Violinkonzerts von Georg Philipp Telemann im Bestand der Dresdner Hofkapelle. Siehe H.-J. Schulze, *Telemann – Pisendel – Bach. Zu einem unbekannten Bach-Autograph*, in: *Die Bedeutung Georg Philipp Telemanns für die Entwicklung der europäischen Musikkultur im 18. Jahrhundert. Konferenzbericht Magdeburg 1981*, Teil 2, Magdeburg 1983, S. 73–77.

der ursprüngliche Satztitel zufällig wieder rekonstruiert worden wäre, einscheint hingegen wenig plausibel.

Ein noch überzeugenderes Argument ist die musikalische Struktur des Satzes. Die vollkommen symmetrische Bogenform A 1 (T. 1–16) – A 2 (T. 17–32) – B (T. 33–74) – A 1 (T. 75–90) – A 2 (T. 91–106) der in der Dresdner Abschrift überlieferten Frühfassung hat Couperin in der späteren Version durch den Verzicht auf die Wiederholung des Formteils A 1 in der Reprise (T. 75–90) um 16 Takte gekürzt. BWV 587 bietet den Satz in seiner ursprünglichen Länge von 106 Takten. Auch hinsichtlich einiger Sonderlesarten stimmen die Quellen zu BWV 587 mit Pisendels Abschrift überein. Bemerkenswert ist hier speziell die – im Druck von 1726 geänderte – Führung des Basses in Takt 52, durch die sich Quintparallelen mit der Oberstimme ergeben.[14]

Da in BWV 587 die Verzierungen der Vorlage nur teilweise, Artikulation und Dynamik – zumindest in den erhaltenen Quellen – hingegen fast gar nicht übernommen wurden, kann die Beobachtung, daß die charakteristischen Pausen- oder Atemzeichen (Respiration oder *petit silence*) des Drucks von 1726 weder bei Pisendel noch in den Quellen zu BWV 587 vorkommen, nur bedingt als Argument gebraucht werden. Immerhin erscheint erwähnenswert, daß Couperin die *petit silence* erst ab 1722 verwendete.[15]

Die Entdeckung der von Pisendel kopierten Frühfassung von Couperins „L'Impériale" und ihre Identifizierung als Vorlage der Aria BWV 587 rückt die Frage der Zuschreibung dieses Werks in ein neues Licht. Zwar kann Bachs Autorschaft des Orgelsatzes auch weiterhin nicht zwingend bewiesen werden, doch ergibt sich mit der durch die biographischen Indizien nahegelegten Datierung in die Weimarer Zeit ein höchst plausibler musikalischer Kontext. Die Aria stünde somit zeitlich und stilistisch in enger Verbindung zu den Transkriptionen von Instrumentalkonzerten deutscher und italienischer Komponisten für Orgel und Cembalo (BWV 592–596 und 972–987).[16] Vielleicht gehören in diesen Zusammenhang auch die übrigen unter Bachs Namen überlieferten Triosätze BWV 583, 585 und 586.[17]

---

[14] Vgl. NBA IV/8 Krit. Bericht, S. 97.
[15] Ebenda, S. 95: „Da ungewiß ist, ob die Übertragung nach der vorliegenden Druckfassung oder nach einer verschollenen handschriftlichen Quelle angefertigt worden ist, muß durchaus mit der Möglichkeit gerechnet werden, daß die in der Übertragung zu beobachtenden Abweichungen bereits in der vom Bearbeiter benutzten Vorlage enthalten waren."
[16] Vgl. hierzu das Kapitel „Entstehung und Überlieferung der Konzerttranskriptionen für Orgel und Cembalo" in Schulze Bach-Überlieferung, S. 146–173.
[17] Zu diesen Werken siehe auch NBA IV/7 Krit. Bericht (D. Kilian, 1988), S. 113–121; NBA IV/8 Krit. Bericht, S. 78–93; Siegele (wie Fußnote 2), S. 76–77; und Schulze (wie Fußnote 3), passim.

Bachs mehrfach belegte hohe Wertschätzung der Musik Couperins[18] scheint ihre Wurzeln somit bereits in der Weimarer Zeit gehabt zu haben. Nach einer nicht völlig gesicherten Überlieferung soll es in der Folge sogar zu einem brieflichen Kontakt zwischen den beiden Komponisten gekommen sein.[19] Die Aria BWV 587 wäre damit das erste Zeugnis der lebenslangen künstlerischen Auseinandersetzung Bachs mit dem Schaffen des französischen Meisters.

Kerstin Delang (Dresden)

Abbildung 1. François Couperin, Triosonate *La Convalescente*.
Erste Notenseite der Abschrift von J. G. Pisendel. Sächsische Landesbibliothek – Staats- und Universitätsbibliothek Dresden, *Mus. 2162-Q-2*.

Abbildung 2. *Mus. 2162-Q-2*.
Vierte Notenseite mit dem Schluß von Satz 6 und dem Beginn von Satz 4.

---

[18] Vgl. Dok III, Nr. 732, 749 und 949. Siehe auch P. Wollny, *Zur Rezeption französischer Cembalo-Musik im Hause Bach in den 1730er Jahren*, in: Organo pleno. Festschrift für Jean-Claude Zehnder zum 65. Geburtstag, hrsg. von L. Collarile und A. Nigito, Bern 2007, S. 265–275.
[19] Vgl. Dok III, S. 639.

Abbildung 1

Abbildung 2

Ein wiederaufgefundener Textdruck zu Bachs Huldigungskantate „Blast Lärmen, ihr Feinde! Verstärket die Macht" (BWV 205a)

Im „Extract" der „Leipziger Zeitungen" findet sich am 19. Februar 1734 die folgende Mitteilung: „Auf das hohe Crönungs-Fest Ihro Königl. Majest. in Polen und Churfürst. Durchl. zu Sachsen, wird heute das Bachische *Collegium Musicum*, auf dem Zimmermannischen *Coffé*-Hause, eine solenne Music unterthänigst aufführen, von Nachmittag 5. bis 7. Uhr."[1] Allem Anschein nach bezieht sich diese Ankündigung auf die Huldigungskantate „Blast Lärmen, ihr Feinde! Verstärket die Macht" (BWV 205a), deren Darbietung Johann Sebastian Bach wohl zunächst für den Krönungstag (am 17. Januar 1734) geplant hatte, denn einem Eintrag in den Rechnungsbüchern Bernhard Christoph Breitkopfs zufolge war der Text zu einer „*Cantata* auf die Crönung" bereits am 16. Januar 1734 – also am Vortag der Krönungsfeier – in einer Auflagenhöhe von 150 Exemplaren gedruckt worden.[2]

Das einzig bekannt gewordene Exemplar jenes Originaltextdruckes gehörte noch bis zum Ende des Zweiten Weltkriegs zu den Beständen der Sächsischen Landesbibliothek Dresden und trug die Signatur *Hist. Polon.* 970,10 (alte Signatur *Hist. Polon.* 672,17).[3] Es befand sich zuletzt unter den rund 110.000 Bänden der Bibliothek, die im Verlaufe des Jahres 1944 an 18 Ausweichstandorte (in Schlössern und Rittergütern der Umgebung Dresdens und der Lausitz) verlagert worden waren und den verheerenden Luftangriffen auf die Elbmetropole am 13./14. Februar und 2. März 1945 somit weitgehend unversehrt entgingen. Hingegen verbrannten die noch in Dresden verbliebenen Restbestände zum überwiegenden Teil im Japanischen Palais.[4]

---

[1] Wiedergabe nach Dok II, Nr. 348. Zur Entstehungsgeschichte und Überlieferung des Werks siehe auch NBA I/37 Krit. Bericht (W. Neumann, 1961), S. 7–14.

[2] Vgl. Dok II, Nr. 345.

[3] Eine Abbildung des Titelblattes findet sich bei Hermann von Hase, *Breitkopfsche Textdrucke zu Leipziger Musikaufführungen zu Bachs Zeiten*, BJ 1913, S. 87. Das bei Werner Neumann, *Sämtliche von Johann Sebastian Bach vertonte Texte*, Leipzig 1974, auf S. 409–411 wiedergegebene Libretto ist kein Faksimile des Originaltextdruckes, sondern basiert auf dem in BG 34 (P. Graf Waldersee), S. LIV ff., enthaltenen Kantatentext. Dieser ist – abgesehen von ein paar marginalen Druckfehlern – nach dem originalen Textdruck korrekt wiedergegeben.

[4] H. Neubert, *Bericht über die Ereignisse in der Sächsischen Landesbibliothek bei den Fliegerangriffen in der Nacht vom 13./14. Februar und 2. März 1945 und über deren Folgen*, in: SLUB-Kurier 19 (2005), Heft 1, S. 8–10. Herrn Dr. Karl

Im April 1943 – bereits drei Monate nach dem Sieg über die deutschen Truppen in Stalingrad und der damit eingeleiteten Kriegswende – wurde in der damaligen Sowjetunion eine Sonderkommission unter der Bezeichnung „Gosudarstwennyj fond literatury"[5] (Staatlicher Literaturfonds) gegründet, deren künftige Aufgabe darin bestand, in Deutschland beschlagnahmte Bücher und Manuskripte zu sichten und zu erfassen, um sie dann auf die Bibliotheken, Hochschulen und sonstige Institutionen der gesamten UdSSR zu verteilen. Dies geschah 1945 und in den nachfolgenden Jahren. Die in Deutschland konfiszierten Bestände gelangten zunächst in die Moskauer Leninbibliothek (die nachmalige Russische Staatsbibliothek), wo russische Experten vor allem die besonders wertvollen Bücher herausfilterten, um sie sukzessiv katalogisieren zu lassen. Die als weniger bedeutend klassifizierten Bestände wurden in die Moskauer Papst-Clemens-Kirche[6] beziehungsweise nach Chimki in eine weitere Zweigstelle der Leninbibliothek verlagert. Die digitale Katalogisierung der 1945 und später beschlagnahmten Bestände[7] wird Mitte oder Ende 2008 abgeschlossen sein.

Die Bestände der Sächsischen Landesbibliothek und der Technischen Hochschule wurden von der Roten Armee bereits vom 6. Juni 1945 an auf Lastkraftwagen von ihren Auslagerungsorten nach Dresden zurückgebracht, wo sie zunächst im früheren Studentenhaus „Erato" in der Mommsenstraße wieder aufgestellt werden konnten. Eine sowjetische Freigabekommission hatte zu entscheiden, welche der Bücher als „Trophäen" zu behandeln und zu konfiszieren waren beziehungsweise welche zum Zwecke von Lehre und Forschung in der Bibliothek verbleiben sollten. Ohne die angeordnete Prüfung waren Ende März 1946[8] allerdings 988 Kisten mit Büchern der Sächsischen

---

Wilhelm Geck (Dresden) sei an dieser Stelle für seine hilfreichen Auskünfte herzlich gedankt.

[5] Die vollständige Bezeichnung lautet: „Gosudarstwennyj fond literatury pri Komitete po delam kulturno-proswetiljnych utschrezhdenij pri Sowete Narodnych Komissarow RSFSR (Rossijskoj Sowetskoj Federativnoj Socialistitscheskoj Respubliki)" = „Staatlicher Literaturfonds beim Komitee für Angelegenheiten der Kultur-Aufklärerischen Behörden beim Rat der Volkskommissare [Regierung] der RSFSR (Russischen Sowjetischen Föderativen Sozialistischen Republik)."

[6] Das Gotteshaus war bereits um 1933 geschlossen worden und diente der Leninbibliothek seitdem als Außenmagazin. Erst um 1990 konnte es die Russische Kirche wieder zurückerhalten. Einige Nebenräume der Kirche werden derzeit von der Russischen Staatsbibliothek (RGB) noch genutzt.

[7] Die Verfasser des vorliegenden Beitrags werden über diese Bestände demnächst weitere Einzelheiten publizieren.

[8] Bericht vom 28. März 1946, gezeichnet von Dr. Karl Assmann (Sächsische Landesbibliothek Dresden) und Dr. Hans Hofmann (Technische Hochschule Dresden), wiedergegeben in SLUB-Kurier 17 (2003), Heft 2, S. 6.

Landesbibliothek und der Technischen Hochschule Dresden von Schloß Seußlitz (bei Meißen) und dem Ausweichlager Malschwitz (bei Bautzen) durch die Rote Armee abtransportiert und im Güterschuppen des Bahnhofs Radeberg (bei Dresden)[9] vorübergehend deponiert worden. Davon in Kenntnis gesetzt und ausgerüstet mit einem Begleitschreiben des Kommandanten der Sowjetischen Militäradministration in Dresden, hatte der kommissarische Bibliotheksleiter der Technischen Hochschule, Dr. Hans Hofmann, die Freigabe der Bestände noch in allerletzter Minute zu erwirken versucht. Allerdings vergeblich: Auf Weisung des Kommandos der Beschlagnahme- und Trophäenkommission erfolgte der Abtransport jener 988 Kisten am Mittag des 7. Mai 1946 in einem dafür bereitgestellten Güterzug gen Osten.[10] Zu den in die Sowjetunion gebrachten „Trophäen" gehörte auch der Originaltextdruck zur Kantate „Blast Lärmen, ihr Feinde! Verstärket die Macht" (BWV 205a). Über dessen Verbleib hatte die Bach-Forschung bislang keinerlei Anhaltspunkte.

Begünstigt durch glückliche Umstände konnte der bislang verschollen geglaubte Originaltextdruck nach mühsamer Sucharbeit unlängst wieder aufgespürt werden. Er befindet sich heute in der Russischen Staatsbibliothek Moskau („Российская государственная библиотека"/„Rossijskaja gosudarstwennaja biblioteka" = RGB),[11] und wird daselbst in der Abteilung „Musej knigi" (Buchmuseum) unter der Signatur: *MK Drama / HEM. 4º* aufbewahrt.[12] Er umfaßt ein Titelblatt und sechs bedruckte Seiten. Die letzte Seite ist am oberen Blattrand durch Wassereinwirkung verblaßt. Der Druck läßt leichte Papierschäden durch Farbfraß (infolge der Einwirkung von Druckerschwärze und Feuchtigkeit) erkennen. Er ist in einen hellbraunen Umschlag eingebunden, auf dem sich ein Aufkleber mit der ehemaligen Dresdner Signatur: *H. Polon. | 970,10* befindet. Oben auf der Titelseite ist die Zahl *19.* zu erkennen, links unten ein Stück graues Papier angeklebt mit der Signatur *Hist. Polon. | 970,10*, daneben rechts (kaum noch lesbar) ist die getilgte, mit Bleistift geschriebene alte Signatur, noch erkennbar. Rechts darüber befindet sich der Stempel der Dresdner Landesbibliothek, „Regia Bibliotheca Dresden-

---

[9] Der Radeberger Güterbahnhof fungierte zu jener Zeit als zentrale Sammelstelle für konfiszierte und zum Abtransport in die UdSSR bestimmte Kunst- und Kulturgüter.
[10] Einzelheiten dazu im SLB-Kurier 4 (1990), Heft 3, S. 10f. Siehe hierzu auch F. Aurich, *Kriegsverluste und Verlagerungen der Sächsischen Landesbibliothek – Staats- und Universitätsbibliothek Dresden*, in: Kulturgüter im Zweiten Weltkrieg. Verlagerung, Auffindung, Rückführung, hrsg. von der Koordinierungsstelle für Kulturgutverluste Magdeburg, bearb. von U. Hartmann, Magdeburg 2007, S. 131–141.
[11] Bis zum Jahre 1992 Leninbibliothek.
[12] HEM ist die Abkürzung für „НЕМЕЦКИЕ КНИГИ" (NEMECKIJE KNIGI = deutsche Bücher).

sis", quer überstempelt mit dem Vermerk ПОГАШЕНО (pogascheno = gelöscht).

Bemerkenswert ist die Datumsangabe auf dem Titelblatt „Leipzig, den ... Jan. 1734". Offenbar war bei der Drucklegung des Textes der Tag der Aufführung noch nicht endgültig abzusehen, weswegen Breitkopf das genaue Aufführungsdatum vorsorglich ausgelassen hatte. In Leipzig wartete man offenbar noch auf gesicherte Nachrichten über die Krönung von Kurfürst Friedrich August II. von Sachsen zum König von Polen (August III.) in Krakau. Die Kantatenaufführung erfolgte allem Anschein nach erst am 19. Februar 1734 in der Gewißheit des vollzogenen Krönungsaktes.

Bekanntlich sind alle musikalischen Quellen der Kantate „Blast Lärmen, ihr Feinde! Verstärket die Macht" (BWV 205a) verschollen. Die Komposition ist jedoch fast vollständig aus der am 3. August 1725 zum Namenstag des Philosophiedozenten Dr. August Friedrich Müller aufgeführten Glückwunschkantate „Zerreißet, zersprenget, zertrümmert die Gruft" (BWV 205) hervorgegangen und somit in allen wesentlichen Sätzen erhalten; nur drei Rezitative scheint Bach 1734 neu komponiert zu haben.[13] Wie Hans-Joachim Schulze schon 1975 feststellte,[14] befanden sich beide Kantaten (BWV 205/205a) im Besitz von Wilhelm Friedemann Bach.[15] Dieser hatte die Kantate BWV 205a als Musikdirektor an der Halleschen Liebfrauenkirche – offenbar ohne aufwendige musikalische Eingriffe – zweimal (jeweils mit verändertem Text) wiederaufgeführt: am 21. November 1756 zum Amtsantritt des neuen Hallenser Oberpfarrers Friedrich Eberhard Rambach[16] – und im Jahr darauf, am 18. Dezember 1757, als Festmusik anläßlich des Sieges der Preußischen Armee unter Friedrich dem Großen am 5. Dezember 1757 bei Leuthen (Schlesien).[17]

Andreas Glöckner (Leipzig) und *Mikhail Saponov* (Moskau)

---

[13] Es sind die Sätze Nr. 8 „Der Kurhut wird vor heute abgelegt", Nr. 12 „Ihr Söhne, laßt doch künftig lesen" und Nr. 14 „Wohlan! wir wollen uns mit viel Ergötzen".

[14] H.-J. Schulze, *Ein „Drama per Musica" als Kirchenmusik. Zu Wilhelm Friedemann Bachs Aufführungen der Huldigungskantate BWV 205a*, BJ 1975, S. 133–140.

[15] Das Partiturautograph der Kantate BWV 205 gelangte aus Wilhelm Friedemann Bachs Notenbibliothek in den Besitz von Johann Nikolaus Forkel, aus dessen Nachlaß es von Georg Poelchau erworben wurde. Vgl. auch NBA I/38 Krit. Bericht (W. Neumann, 1960), S. 11.

[16] Dabei erklangen die Sätze 1 bis 4 und 11 sowie als Wiederholung nochmals Satz 1.

[17] Zu diesem Anlaß wurden am Vormittag die Sätze 1 bis 3, 10 und 5, am Nachmittag die Sätze 4, 11, 6, 12, 14 und 15 musiziert (siehe Fußnote 14).

19.

DRAMA PER MUSICA,

Welches
Bey dem Allerhöchsten

Crönungs-Feste

Des
Aller-Durchlauchtigsten und Groß-
mächtigsten

Augusti III.

Königs in Pohlen und Chur-
Fürsten zu Sachsen,

in unterthänigster Ehrfurcht aufgeführet wurde
in dem
COLLEGIO MUSICO
durch
J. S. Bach

Leipzig, den Jan. 1734.
Gedruckt bey Bernhard Christoph Breitkopf.

Tapferkeit, Gerechtigkeit, Gnade, Pallas,

TUTTI.

Laß lernen, ihr Feinde! verschärfet die Macht,
Mein Helden-Muth bleibt unbewegt,
Blitzt, donnert und kracht,
Zerschmettert die Mauren, verbrennet die Wälder,
Bewühlet aus Nachgier die Aecker und Felder,
Und kämpft biß Roß und Mann erlegt. D.C.

Tapferkeit.

Ja, ja!
Nunmehro sind die Zeiten da,
Daß ich den Wälschern kan entdecken,
Ich sey, wie in der alten Zeit,
Auch noch jetzt der Vermessenheit
Ein offenbares Schrecken.
Man kan ja sehn,
Was nur bißher durch meine Stärcke
Dort in Sarmatien geschehn,
Wie ich es frisch gewaget,
Und jenen frechen Feind,
Ob er es selbst vermeynt,
Mit Schande fort gejaget;
Ich habe mich, ob er gleich oft gedräuet,
Doch nie vor seinem Stolz gescheuet.
Jetzt seh ich auch dem Würdigsten der Teutschen Helden
Die Crone auf sein Fürstlich Haupt,
Und will, wofern es mir erlaubt,
Der Völcker Redlichkeit, der Länder Urtheil, melden.

Nun blühet das Vergnügen,
Nachdem August den Thron besteigt,
Da sich an Ihm nur Großmuth zeigt:
Die Feinde zu besiegen:
So blühet das Vergnügen.

Gerechtigkeit.

Und wie? Hat mein August,
Da er nach Pohlen kommen,
So Cron, alß Scepter, angenommen?
O! was vor seltne Lust
Erreget diß bey Jung- und Alten,
Weil ihnen längst bekandt,
Daß Er das Land
Durch meinen Beystand wird erhalten.

Herr! Dein Eifer vor die Rechte
Macht, daß jeder Deiner Knechte
Schutz und Hülfe finden kan.
Wird die Unschuld künfftig klagen,
Werd ich sagen:
Geh, such Deinen Schutz bey Gott an.

Der Unterthan ist nun erfreut,
Da ihn Dein hohes Krönungs-Fest
Ein frohes Vivat! ruffen läßt;
Sein Hertze brennt vor innigstem Verlangen,
Von Dir allein Gesetz und Rechte zu empfangen.
Da Capo.

Gnade.

Laßt uns zum Augusto fließen,
Jedes Hertz Sein eifriges Bemühen,
Dieses Hertz an Sich zu ziehen,
Gründet sich auf unser Wohl.
Kommt! laßt uns den Scepter küssen,
Hört ihr nicht? Er läßt uns wissen,
Daß wir sollen Schutz genießen,
Der beständig dauren soll.

Gnade und Pallas.
Gnade.

Der Chur-Hut wird vor heute abgelegt,
Und da mein Fürst auch Kron und Purpur trägt,
So können wir mit gutem Grunde hoffen,
Es steh uns nun der Weg zu größrer Gnade offen.

Pallas.

Wohlan! so will ich mich
Auch jetzt zu Deinem Throne wagen,
Und Dir in Unterthänigkeit,
Bey dieser höchst-beglückten Zeit,
Des Geistes freue Regung sagen;
Doch, ich will lieber schweigen.

Gnade und Pallas.

Nein, nein! } er wird sich gegen { dich,
Doch, nein! }   { mich,
Als wie ein Vater, zeigen.

Pallas.

Großer König unsrer Zeit!
Laß doch Deine Tapferkeit
Mich hinfort beschützen,
Und die Musen ruhig sitzen.

Unser Hertz bleibt Dir geweyht,
Großer König unsrer Zeit!
Drum laß Deine Tapferkeit
Mich hinfort beschützen,
Und die Musen ruhig sitzen.

Pallas und Tapferkeit.
Pallas.

Großmächtigster August!
Laß Dir diß Ehrfurchts-volle Bitten
Nur nicht zuwider seyn,
Die Musen, so die Musen lieben,
Hat mich hierzu vor dißmahl angetrieben.

Tapferkeit.

So höre an,
Was mir Dein Herr,
Dir zu berichten, kund gethan:
Er schützet Deine Ruh,
Und sagt Dir Friede zu,
Nur sollt du Ihm auch Seinen Willen
In allem suchen zu erfüllen.

Pallas.

Mein König! mein August!
Der Pierinnen Freud und Lust.

Tapferkeit.

Dein König, dein August.

Pallas.

Du Schutz-Herr meiner Ruh!

Tapferkeit.

Der Schutz-Herr deiner Ruh.

Pallas.

Du sollst in der noch späten Zeit,

Die Die Dein Nahme Prophezeyst ist,
Von mir verehret werden.
    Tapferkeit.
Dein König, dein August,
Der Pierinen Freund und Lust,
Der Schutz-Herr deiner Ruh,
Soll auch in der noch späten Zeit,
Die Ihm Sein Nahme prophezeyst,
Von dir verehret werden.
So lebe nunmehr ohne Schrecken,
Ich werde selbst den Helicon bedecken.

So lebet, ihr Musen! auf Helicons-Höhen,
In Seegen und Ruh,
Kommt! eilet herzu,
Seht, hier grünt eure Wohlergehen.
    Gerechtigkeit, Gnade und Pallas. Da Capo.

                a 3
Ihr Söhne, laßt doch anmuthig lesen,
Was euch Augustus Guts gethan,
Damit die Nachwelt sehen kann,
Sein Ruhm sey Cronen-werth gewesen.
    Gerechtigkeit.
Dein König wird, ohn Ansehn der Personen,
Fleiß und Geschicklichkeit belohnen.
    Gnade.
So viele Tropfen heilig Oel,
Bey Seiner Salbung heute fließen;
So viele Huld soll auch dein Musen Chor genießen.
    Pallas.
Nun trifft es ein,
Was ich schon längst gedacht:
Augustus kan mit Recht ein Gott der Erden seyn.

Gerechtigkeit und Gnade
Die haben heute bey dir Ihren,
Und wollen, gleichwie du, des Königs Ruhm erhöhen.
    Gerechtigkeit.
Schwartze Raben
Werden eher Schwäne haben,
Eh August die Rechte bricht:
    Gnade.
Und das helle Sonnen-Licht
Eher diese Welt verlassen,
Eh August die Sanftmuth hassen.
    Gerechtigkeit und Gnade.
Der Eifer zu strafen, beruhigt den Held,
Die Liebe zu seegnen,
Und macht Ihn zum Wunder der künftigen Welt.
    Pallas.
Wohlan! wir wollen uns mit viel Ergötzen
Auf weiches Moos-Gras setzen,
Ein jeder Musen-Sohn
Nimmt euch mit tausend Freuden auf.
Ihr Winde! fliegt euren Lauf,
Ihr sollt, was jetzt der Sachsen Musen singen,
Vor unsers Königs Throne bringen.
    T U T T I.
Vivat! August, August, August, Vivat!
Diß der Bau der Erden fällt.
Herr! Dein Königlich Erhöhen
Laß seyn Hohes Wohlergehen
In erwünschtem Wachsthum stehen,
Alsdenn ist wohl um Reich und Land bestellt. D. C.

Wann sind Johann Sebastian Bachs Choralfughetten (BWV 696–699 und 701–704) und die sogenannten „Arnstädter Gemeinde-Choräle" (BWV 726, 715, 722, 732, 729 und 738) entstanden?

Datierungsfragen bei frühen Instrumentalwerken Bachs finden deshalb unser Interesse, weil ihre annähernde Lösung erlauben würde, Bachs erstaunliche kompositorische Entwicklung besser zu erfassen. Viel ist auf diesem Gebiet schon geforscht worden, doch sind wir noch nicht in einer so komfortablen Lage wie bei den Orchesterwerken und Konzerten, deren Entstehungszeiten von Siegbert Rampe und Dominik Sackmann durch Vergleich mit Kantaten genauer als bisher bestimmt worden sind.[1] Denn für die Zeit bis etwa 1707 fehlen datierte Vokalwerke.

Sogar bei den Choralsätzen des Orgelbüchleins, deren Eintragung in die autographe Sammlung durch die Forschungen von Heinz-Harald Löhlein[2] aufs Jahr genau gesichert schien, sind Zweifel aufgetaucht. Christoph Wolff und Russell Stinson[3] vermuten mit guten Gründen, daß die ersten Kompositionen nicht erst vom Advent 1713 an erfolgt sind, sondern möglicherweise von 1708 an. Allerdings sind laut Sven Hiemke[4] die die Wasserzeichen betreffenden Zweifel beseitigt: Nach Auskünften der Papierhistorischen Sammlung im Deutschen Buch- und Schriftmuseum der Deutschen Bücherei Leipzig stammt das Papier, das für das Autograph des Orgelbüchleins verwendet wurde, aus derselben Produktion wie dasjenige der beiden Kantaten, die Bach im Dezember 1714 aufführte. Das bedeutet, daß Bach, wie Löhlein vermutete, das Orgelbüchlein frühestens 1713 angelegt hat. Allerdings ist ein Argument von Stinson und von Hiemke nicht stichhaltig: daß Bach kaum Orgelbüchlein-Choräle komponiert habe, während die Schloßkapelle in Weimar umgebaut und deren Orgel stillgelegt oder nur teilweise spielbar war, also von

---

[1] S. Rampe und D. Sackmann, *Bachs Orchestermusik*, Kassel 2000.
[2] H.-H. Löhlein, Vorwort zur Faksimile-Ausgabe des Orgelbüchleins, Kassel 1981 (Documenta Musicologica. II/11.) sowie NBA IV/1 Krit. Bericht (H.-H. Löhlein, 1987).
[3] C. Wolff, *Zur Problematik der Chronologie und der Stilentwicklung des Bachschen Frühwerkes, insbesondere zur musikalischen Vorgeschichte des Orgelbüchleins*, in: Bericht über die Wissenschaftliche Konferenz zum V. Internationalen Bachfest der DDR in Verbindung mit dem 60. Bachfest der Neuen Bachgesellschaft, Leipzig 1985, Leipzig 1988, S. 449–455; R. Stinson, *The Compositional History of Bach's Orgelbüchlein Reconsidered*, in: Bach Perspectives [I], hrsg. von R. Stinson, Lincoln und London 1995, S. 43–78; ders., *The Orgelbüchlein*, New York 1996.
[4] S. Hiemke, *Johann Sebastian Bach. Orgelbüchlein*, Kassel 2007, S. 43.

Ende Juni 1712 bis Ende Mai 1714. Bach benutzte das Orgelbüchlein wohl nur selten für sein eigenes Gottesdienst-Spiel – er improvisierte gewöhnlich –, sondern schrieb es für seine Schüler. Außerdem brauchte er zum Komponieren keine Orgel: Er konnte Kompositionen zuhause am Pedalclavichord ausprobieren, falls er das überhaupt nötig hatte. Wie dem auch sei: Bei den in Reinschrift eingetragenen Chorälen kann die Komposition Jahre vor der Eintragung erfolgt sein.

Wenn aber die frühesten Orgelbüchlein-Choräle möglicherweise schon in den ersten Weimarer Jahren 1708–1712 entstanden sind, so muß die Entstehungszeit der beiden oben im Titel genannten Gattungen von Orgelchorälen ebenfalls neu überdacht werden. Denn aus Gründen, die nachfolgend dargelegt werden, ist anzunehmen, daß sie vor dem Orgelbüchlein entstanden sind. Bei den Choralfughetten handelt es sich um erstaunlich ausgereifte Gebilde. Das hat zur Ansicht geführt, sie gehörten „nach allgemeinem Konsens in die frühe Weimarer Zeit".[5] Jean-Claude Zehnder, der profundeste Experte für Datierungsfragen in Bachs frühem Schaffen, übernimmt und bekräftigt also den „allgemeinen Konsens".

Weit neben dieser Vermutung steht diejenige der Werkliste in beiden Editionen des *New Grove Dictionnary*, die vermutlich auf Peter Williams fußt und neuerdings von Pieter Dirksen[6] vertreten wird: Sie seien aus stilistischen Gründen in Leipzig erst nach der *Clavier Übung III* (1739) entstanden. Überzeugend an Dirksens auf Quellenstudium basierenden akribischen Analysen und Beobachtungen sind die Thesen, daß es sich um eine zusammenhängende Sammlung für die vier Adventssonntage, die drei Weihnachtstage und Neujahr handle (also in der Reihenfolge BWV 704, 703, 698, 699, 701, 696, 697, 702) und daß die Fughetta „Das Jesulein soll doch mein Trost" BWV 702 (für Neujahr) dazugehöre, also echt sei und erst ab dem letzten Baß-Themeneinsatz in Takt 20 das Pedal erfordere, gleichsam als „Schlußstrich" (wie in der ältesten Quelle[7] eingetragen).

Nicht zu überzeugen vermag hingegen Dirksens stilkritische Einordnung: Kontrapunktischer Finessen war Bach schon gegen Ende der Arnstädter Jahre fähig; diejenigen der Fughetten in der Clavier-Übung III sind ihnen nicht

---

[5] J.-C. Zehnder, „*Des seeligen Unterricht in Ohrdruf mag wohl einen Organisten zum Vorwurf gehabt haben ...*". Zum musikalischen Umfeld Bachs in Ohrdruf, insbesondere auf dem Gebiete des Orgelchorals, in: Bach und die Stile. Bericht über das 2. Dortmunder Bach-Symposion, hrsg. von Martin Geck, Dortmund 1999, S. 169–195, insbesondere S. 185.

[6] P. Dirksen, Bachs „*Acht Choralfughetten*". Ein unbeachtetes Leipziger Sammelwerk?, in: Bach in Leipzig – Bach und Leipzig. Konferenz-Bericht Leipzig 2000, hrsg. von U. Leisinger, Hildesheim 2002 (LBzBF 5), S. 155–182.

[7] B-Br, *Ms. II. 3919/Fétis 2026 [II]*, Faszikel 2.

unterlegen, sondern übertreffen sie an natürlicher Einfügung in den musikalischen Fluß. Zwei Beispiele sollen zeigen, daß diese Einfügung in den acht Choralfughetten nicht überall gleich gut gelungen ist. „Gelobet seist du, Jesu Christ" BWV 697 bringt in 14 Takten 12 Themeneinsätze. Themenfrei ist nur der Takt 4 in der Exposition und ein halber Takt vor dem neunten Einsatz in Takt 10. Eine solche Anhäufung mit elf nur aus Tonleitern bestehenden Kontrasubjekten wirkt ermüdend. Die Choralmelodie „Vom Himmel hoch, da komm ich her" eignet sich ja besonders zu kontrapunktischer Kombinatorik, die dem späten Bach in unvergleichlicher, eben auch musikalisch vitaler und einprägsamer Weise in den Kanonischen Veränderungen BWV 769 gelungen ist. In der Fughetta BWV 701 ist das weniger der Fall, wie übrigens auch in der Fuge BWV 700, die aufgrund sporadischer Pedalverwendung nur beim je letzten Einsatz der vier Choralzeilen früh entstanden sein dürfte. Solche Werturteile, wie auch diejenigen Dirksens, sind analytisch schwer nachzuweisen: Bei der Kombination mit der dritten Choralzeile, beginnend in Takt 15, scheint zuviel des Guten vorzuliegen, wobei der zweite und dritte Einsatz der dritten Zeile bedeutend umgebogen sind. Daß dann in Takt 19 statt der seit einem Takt etablierten Tonart d-Moll eine halbtaktige Ausweichung nach F-Dur stattfindet, hätte sich korrigieren lassen durch Erhöhung der dritten und vierten Sechzehntelnote des Alts zu h^1 und cis^2. In Takt 21 muß der Engführung zuliebe das Ende des Baß-Einsatzes wie ein Dux statt eines Comes behandelt werden – solche Stellen wirken etwas gezwungen. Vollends aber den Halbtakt vor dem Schlußakkord mit für frühe Weimarer Werke typischen Achtelakkorden (vgl. zum Beispiel die Pastorella BWV 590, 4. Satz, und „Jesu meine Freude" BWV 713), die hier eher aufgesetzt wirken, hätte Bach später nicht mehr geschrieben. Es ist allgemein zu bemerken, daß Bach spätestens vom Wohltemperierten Klavier I an bei Fugen eine Anhäufung kontrapunktischer Kombinatorik als Selbstzweck und als Steigerungsmittel vermeidet, indem er Stellen größter kontrapunktischer Verdichtung gerne nicht ans Ende, sondern in die Mitte stellt und mit dem Weg in andere Tonarten, also der Harmonik als der wichtigsten formbildenden Kraft seiner Fugen, kombiniert.

Zu einzelnen Argumenten Dirksens ist zu bemerken: Gelegentlicher style brisé (bei BWV 699) sowie der $^3/_2$-Takt (bei BWV 704) sind im Gegenteil Indizien für eine Entstehung vor 1708; ihr Wiederauftauchen bei Bach nach jahrzehntelanger Abwesenheit im Wohltemperierten Klavier II mag zusammenhängen mit Bachs minimalen Revisionsarbeiten an den Choralfughetten von 1740 an.[8] Wo Bach in der Zwischenzeit den $^3/_2$-Takt verwendet, handelt es sich um den französischen Typus der Courante. Dirksens übrige Assozia-

---

[8] Vgl. NBA IV/3 Krit. Bericht (H. Klotz, 1962).

tionen von Details der Choralfughetten mit Spätwerken sind ebenfalls nicht beweiskräftig: der style brisé wie am Ende von „Nun komm, der Heiden Heiland" BWV 699 kommt auch in Bachs manualiter-Toccaten oft vor; das Motiv x (auftaktige Figur d g f | e) von „Christum wir sollen loben schon" BWV 696 ist auch in früherer Zeit bei Bach häufig, zum Beispiel im Orgelbüchlein („Da Jesus an dem Kreuze stund" BWV 621). Ob die Entstehung dieser Choralfughetten nun kurz vor dem Antritt der Weimarer Tätigkeit 1708 oder mit Zehnder kurz nachher anzusetzen ist, wird nach heutigem Wissensstand schwer zu entscheiden sein.

Wie steht es aber mit den sogenannten „Arnstädter Gemeinde-Chorälen", neuerdings „Passaggio-Choräle" genannt? Hans Klotz[9] versetzt sie in die ersten Weimarer Jahre. Peter Williams[10] kommt zu demselben Ergebnis, ebenfalls die Kleine Ausgabe von Schmieders BWV (BWV[2a], 1998). Dominik Sackmann[11] hält es aufgrund eines Vergleichs der beiden Vertonungen des Chorals „Vom Himmel hoch, da komm ich her" in den Passaggio-Chorälen BWV 738 und im Orgelbüchlein BWV 606 für möglich, daß ersterer sogar später als letzerer und demnach die Passaggio-Choräle eher nach der ersten Eintragungsschicht im Orgelbüchlein entstanden seien. Bei diesem ebenfalls „allgemeinen Konsens" müssen gewichtige Gründe vorliegen, die Sammlung noch weiter zurück als die Fughetten in die letzte Arnstädter Zeit, also spätestens 1707, zu datieren. Dabei spielt die These, die Passaggio-Choräle seien schriftliche Festlegungen, wie Bach seine Gemeinde in Arnstadt begleitet habe, keine Rolle. Diese These wurde letztmals von Matthias Schneider[12] vertreten, ist aber eigentlich schon seit 1948 obsolet, auch wenn sie in Organistenkreisen immer wieder vorgebracht wird. Denn Hermann Keller, der den Begriff „Arnstädter Gemeinde-Choräle" geprägt hat, schrieb: „Das Interessanteste an diesen Arbeiten ist, daß Bach sie als Ausgangspunkt für Choralarbeiten genommen hat, bei denen keine Rücksicht mehr auf eine singende Gemeinde genommen ist, die aber ihre Herkunft vom Gemeindechoral noch deutlich zeigen."[13]

---

[9] Laut NBA IV/3 Krit. Bericht, S. 11.
[10] P. Williams, *The Organ Music of J. S. Bach*, Bd. 2, Cambridge 1980, S. 255.
[11] D. Sackmann, *Bach und Corelli. Studien zu Bachs Rezeption von Corellis Violinsonaten op. 5 unter besonderer Berücksichtigung der „Passaggio-Choräle" und der langsamen Konzertsätze*, München und Salzburg 2000 (Musikwissenschaftliche Schriften. 36.), S. 33–95.
[12] M. Schneider, „*... daß die Gemeinde drüber confundiret worden". Zu Bachs „Arnstädter Chorälen" für Orgel*, in: Bach in Greifswald, Frankfurt/Main 1996 (Greifswalder Beiträge zur Musikwissenschaft. 3.), S. 111–125; ders., *„Bachs Arnstädter Choräle" – komponiert in Weimar?*, in: Bachs Musik für Tasteninstrumente. Bericht über das 4. Dortmunder Symposion 2002, hrsg. von M. Geck, Dortmund 2003, S. 287–308.
[13] H. Keller, *Die Orgelwerke Bachs*, Leipzig [1948], S. 141.

Zu unterscheiden ist der Zeitpunkt der Komposition und der Entstehung der Quellen. Bei den Choralfughetten gibt es nur Abschriften nach etwa 1740: eine unrevidierte Fassung, die in der sogenannten „Kirnberger"-Sammlung steht, und eine Fassung mit einigen leichten Revisionen Bachs in dessen letztem Lebensjahrzehnt.[14] Bei den Passaggio-Chorälen sind die Generalbaß-Frühfassungen der „Vier Weynachts-Chorale" BWV 722a, 732a, 729a und 738a von Johann Tobias Krebs nach Forschungen von Stephen Daw um 1712–1714 in die Sammelhandschrift *P 802* eingetragen worden.[15] Die Choräle ohne Frühfassungen, BWV 715 und 726, sind einzig von Johann Peter Kellner viel später (*P 804*) überliefert. Bei den ausgearbeiteten Fassungen der „Vier Weihnachts-Chorale" gilt laut Schulze[16] die Handschrift aus der Sammlung Mempell-Preller als früheste Quelle, angelegt zwischen frühestens 1730 und spätestens 1753. Das ergibt aber nur einen terminus ante quem.

Für die Entstehung der Passaggio-Choräle bereits in Arnstadt sprechen folgende vier Argumente:

1. Die Zeilenzwischenspiele sind das wichtigste Merkmal für die Datierung. Denn Bach hat später solche bei der Begleitung des Gemeindegesangs abgelehnt. Johann Friedrich Agricola schrieb 1770 in einer Rezension: „Für diese richtiger gesetzte Melodie, hätten wir dem V[erfasser] lieber alle Zwischensätze, die dem Organisten zur Anleitung mit beygesetzt sind, geschenket. Denn dies Zwischenspielen ist überhaupt nur bey den wenigsten Gelegenheiten schicklich. Johann Sebastian Bach, der größte Orgelspieler von ganz Europa, hielt nichts davon, sondern sagte vielmehr: ,Der Organist zeige seine eigentliche Kunst und Fertigkeit, wenn er welche besitzt im Vorspiele; bey dem Gesange aber, halte er die Gemeinde blos durch volle, aber reine, auf richtige Melodie gestützte, Harmonie in Ordnung. Hierinn schon kann er sich als einen geschickten Mann zeigen.'"[17] Die Orgelbüchlein-Choräle weisen, abgesehen von einer einzigen Ausnahme in der vorletzten Eintragungsschicht („In dir ist Freude" BWV 615), keine oder nur zweimal ganz kurze Zeilenzwischenspiele auf (lediglich in BWV 617 und 632) und auch da ohne Passaggio. Nun könnte man sagen, in Weimar seien parallel zum Orgelbüchlein ebenfalls viele Orgelchoräle mit Zwischenspielen entstanden. Jedoch handelt es sich dabei um umfangreiche Werke, nicht so knappe wie die Passaggio-Choräle. Bei den Neumeister-Chorälen und den übrigen frühen Orgelchorälen gibt es aber kaum Choräle ohne Zwischenspiele. Bei den Choralpartiten BWV 766, 767 und 768, die in dieser Reihenfolge entstanden

---

[14] Laut NBA IV/3, Krit. Bericht (H. Klotz), S. 13.
[15] Sackmann (wie Fußnote 11), S. 62f.
[16] Schulze Bach-Überlieferung, S. 87.
[17] Nicht in Dok III; zitiert nach Sackmann (wie Fußnote 11), S. 61.

sind, können wir bemerken, daß Zwischenspiele immer seltener werden. Die ersten beiden sind laut Zehnder und anderen Autoren um 1707/08, also wohl in Mühlhausen entstanden, BWV 768 etwas nachher. Alle Choralsätze in Kirchenkantaten und Passionen weisen keine Zwischenspiele auf. Nur hilft uns diese Beobachtung insofern nicht weiter, als die frühesten Kirchenkantaten keine Choralsätze aufweisen. Der Choralsatz für die 7. Strophe von „Christ lag in Todesbanden" in der Kantate BWV 4, wohl für die Kantoratsprobe in Mühlhausen an Ostern 1707 geschrieben, entstammt der Überarbeitung in Leipzig für den 9. April 1724, kann also hier nicht herangezogen werden. Und der wohl noch etwas frühere *Actus tragicus* BWV 106, dessen Schlußchoral mit Zwischenspielen in eine Fuge über die letzte Zeile mündet, ist aufgrund der Instrumentierung eher für eine häusliche Trauerfeier als für die Kirche geschrieben, also ein Spezialfall.

2. Die Passaggio-Choräle sind voller harmonischer und metrischer Experimente, wie sie in dieser Häufigkeit und Unausgegorenheit in der Weimarer Zeit nicht mehr anzutreffen sind. Einige Beispiele seien hier angeführt. BWV 726: Akkorde wie auf dem sechsten und achten Achtel von Takt 7 sind nur im Zusammenhang erklärbar; Ais ist harmoniefremd, ein chromatischer Durchgang, während der verminderte Dreiklang c^1 es^1 fis^1 dominantisch zu deuten ist. His – b (wäre eine doppelt verminderte Oktave!) und dis^1 sind alle drei harmoniefremd, zwei davon chromatische Durchgänge, b eine Vorausnahme. – In Takt 13f. von BWV 715 stehen nach einem Dominant-Sekundakkord auf g fünf verminderte Septakkorde auf cis, h, fis, gis und dis hintereinander, der dritte in Terzquart-Umkehrung, der fünfte ohne Septime c (falls diese, aus Stimmführungsgründen eigentlich erforderlich, nicht beim Abschreiben verloren gegangen ist), herausgehoben aus der Umgebung durch reine Viertelbewegung, also durch das Fehlen von Durchgangsnoten. Diese Häufung darf nicht verwechselt werden mit der chromatischen Verschiebung von verminderten Septakkorden, wie sie auch später vorkommen in der Revision des Präludiums in g-Moll BWV 535/1, ja selbst in der Toccata der 6. Partita BWV 830. – In BWV 732, Takte 2–4, könnte von E-Dur die Dominanttonart H-Dur einfacher erreicht werden als über cis-Moll, dessen Dominante aber zum Cis-Dur-Dreiklang mit Septime H im Baß (Sekundakkord) führt, der Doppeldominante der Zieltonart. Man kann nicht behaupten, Bach habe später keine solchen harmonischen Umwege gemacht, die ihren Selbstzweck in sich tragen; jedoch werden sie seltener. – BWV 729, Takt 3: Im Tenor des zweiten Akkords haben die Herausgeber von BG und NBA das in Quellen gut verbürgte gis in fis korrigiert. Ein Pedant wie der Abschreiber Johann Gottlieb Preller hatte an den Quintparallelen von Takt 3 a/e^1–gis/dis^1 Anstoß genommen. Der Bach-Schüler und Komponist Johann Christian Kittel und mit ihm Griepenkerl in der Peters-Ausgabe korrigierte jedoch nicht, denn die erste Umkehrung eines Dominant-Sept-Non-Akkordes

klingt zwar gewagt, aber gut und ist ohne weiteres möglich. – Ein metrisches Experiment sei noch gezeigt: Die Sechzehntel in „Vom Himmel hoch, da komm ich her" (BWV 738) sind abwechslungsweise in zwei Gruppen von drei Sechzehnteltriolen oder in drei Gruppen von zwei Sechzehnteln (bei Achteltriolen bzw. $^{12}/_8$ der doppelten Taktvorzeichnung) zu gliedern, was leicht an zwei oder drei Achteln pro Viertelschlag in den andern Stimmen zu erkennen ist. In Takt 12 nun treibt Bach das Spiel auf die Spitze, indem er beide metrischen Einteilungen gleichzeitig übereinander schiebt.

3. Als weiteren Grund möchte ich die noch nicht obligate, jedenfalls nicht ständige Pedalverwendung anführen. Man sehe sich daraufhin „In dulci jubilo" (BWV 729) an: Der Einsatz des Pedals ist möglich bei den langen Notenwerten und grifftechnisch erforderlich in Takt 10 und beim Schlußakkord, ausgeschlossen jedoch bei den passaggi, auch innerhalb der Choralzeilen (Takte 25–29). Die Pedalverwendung entspricht also, anders als im Orgelbüchlein, noch mitteldeutscher Tradition.

4. Schließlich ist das Fehlen von spezifischen Textbezügen, das heißt der Umsetzung in musikalisch-rhetorische Figuren, auffällig. Zwar ist deren Bedeutung im 20. Jahrhundert manchmal überschätzt worden. Übermäßige Berufung auf angeblich versteckte, mehr in die Musik hineingelesene als aus ihr abgeleitete Figuren haben dieses ganze Gebiet, wie auch die Zahlensymbolik, in Mißkredit gebracht. Auch Sackmann versieht die Textbezüge, die Matthias Schneider in Passaggio-Chorälen entdeckt zu haben glaubt, zu Recht mit Fragezeichen.[18] Das Orgelbüchlein, die weiteren in Weimar entstandenen Orgelchoräle und die drei soeben genannten Choralpartiten stecken jedoch in verschiedener Intensität voller Textbezüge, seien es der Ausdruck von Affekten, Stimmungen, oder spezifische Figuren. Auch wer heute ihre Bedeutung eher herunterspielt, kann ihr Vorhandensein nicht negieren. Beim jungen Bach finden wir, wie auch bei seinen Vorläufern und Zeitgenossen, in den Orgelchorälen nur selten Textbezüge in Form von Figuren, sondern höchstens den Ausdruck einer Grundstimmung.[19] Dies war in Orgelchorälen, im Gegensatz zur Vokalmusik seiner Zeit, nicht üblich. Von Breigs Beispielen aus den Chorälen der Neumeister-Sammlung nennen wir zwei: den „passus duriusculus" im Passionschoral „Herzliebster Jesu" BWV 1093 und die Seufzerfiguren im Schluß-Adagio von „Aus tiefer Not schrei ich zu dir" BWV 1099, eingeleitet durch den auffälligen Sextsprung aufwärts d–b (ex-

---

[18] Sackmann (wie Fußnote 11), S. 38–41; vgl. Schneider (wie Fußnote 12), S. 115 und 117.
[19] Vgl. dazu W. Breig, *Textbezug und Werkidee in Johann Sebastian Bachs frühen Orgelchorälen*, in: Musikkulturgeschichte. Festschrift für Constantin Floros zum 60. Geburtstag, hrsg. von P. Petersen, Wiesbaden 1990, S. 167–182.

clamatio), und fügen noch eine Hypotyposis-Figur hinzu, den Zweiunddreißigstel-„Lauf" am Schluß von „Herr Gott, nun schleuß den Himmel auf" BWV 1092, der Bezug nehmen könnte auf die Worte Simeons: „ich hab vollendet meinen Lauf, des sich mein Seel sehr freuet." Wir können vermuten, daß der eigentliche Umschwung zu figürlicher Textausdeutung bei Bach sich während seiner intensivierten Komposition von Vokalwerken und von Choralpartiten ab etwa 1707 vollzog und speziell mit der Vertonung von „Christ lag in Todesbanden" BWV 4 zusammenhing.

Bei den Choralfughetten, die ja in der Regel nur die erste Choralzeile behandeln, können wir uns nicht auf das erste Argument stützen, sondern nur auf die drei anderen. Zusätzlich können wir einen Parallelismus zwischen Choralfughetten und Passaggio-Chorälen geltend machen, auf den vor Jahrzehnten Anton Heiller den Schreibenden aufmerksam gemacht hat: Wie das Orgelbüchlein mit de-tempore-Chorälen, also Advents- und Weihnachtsliedern beginnt, so auch die beiden hier besprochenen Sammlungen. Es handelt sich also wohl um für Schüler angelegte Sammlungen, die Bach noch früher als das Orgelbüchlein abgebrochen hat. Es fällt ferner auf, daß Bach nur in frühen Jahren und dann erst wieder Jahrzehnte später in der Clavier-Übung III (1739) Choralfughetten geschrieben hat: In der Neumeister-Sammlung stehen zwei. Drei weitere (BWV 749, 750 und 756) dürften, auch wenn Hermann Keller dies für möglich hielt, wegen ihrer bescheidenen Qualität kaum von Johann Sebastian Bach stammen, sondern viel eher von seinem ältesten Bruder Johann Christoph. So ist die Vergleichsbasis schmal. Im Unterschied zu den Choralfughetten der Clavier-Übung III sind bei den frühen keine rhetorischen Figuren auszumachen, was ebenfalls für eine frühe Entstehung spricht.

Alle, auch diejenigen der Clavier-Übung III, sind manualiter zu spielen, wie es der Tradition von Johann Pachelbel, Johann Michael Bach und Friedrich Wilhelm Zachau entsprach, allerdings mit einer einzigen Ausnahme: „Das Jesulein soll doch mein Trost" (BWV 702) ist am Schluß von Takt 20 an nur mit Pedal realisierbar. Sollte diese Choralfughetta echt sein, wie Dirksen mit starken Argumenten vermutet, dann höchstens als letzte nach den anderen, aber auch noch vor dem Orgelbüchlein mit andauernd obligatem Pedal.

Wie verhält es sich aber mit der Entstehungsreihenfolge bei „Vom Himmel hoch, da komm ich her" in den Passaggio-Chorälen (BWV 738) und im Orgelbüchlein (BWV 606)? Es ist Sackmann beizustimmen, daß Bach in BWV 738 ein höheres kompositorisches Niveau erreicht hat als in BWV 606. Nur sagt das noch nichts aus über die Entstehungsreihenfolge: Auch bei einem erstrangigen Komponisten wie Bach steht nicht jedes Werk auf gleichem Niveau.

Wozu aber hat Bach diese sechs Choräle aufgeschrieben, vier davon in zwei Fassungen? Er selbst brauchte sie für seine Gottesdienstpflichten kaum. Alle Autoren, die sich mit ihnen beschäftigt haben, sehen als Hauptzweck einen pädagogischen an. Bach hat, wie Forkel berichtet,[20] von 1706 an einen Schüler unterrichtet: den damals erst zehnjährigen Johann Caspar Vogler. Von 1707 an trat daneben Johann Martin Schubart (1690–1721), der 1717 Bachs Nachfolger als Hoforganist in Weimar wurde.[21] In seinem Klavier- und Kompositionsunterricht führte er die Anfänger schon bald in das Generalbaß-Spiel ein. Als früheste Übung im Generalbaß spielte das Harmonisieren von Chorälen eine grundlegende Rolle. So dürfen wir, zusammengefaßt, die Passaggio-Choräle am ehesten auf die Jahre 1706/1707 datieren und die Choralfughetten auf die Jahre 1706 bis etwa 1709, also einschließlich der frühesten Zeit in Weimar. Wenn die frühesten Choräle des Orgelbüchleins, wie Christoph Wolff vermutet, von 1708 an entstanden sind, so haben wir zusammen mit den drei genannten Choralpartitenwerken, bei denen Bach sukzessive die Zeilenzwischenspiele reduziert und den Pedalanteil erhöht hat, eine plausible Reihenfolge und Entwicklung vor uns. Bei der hypothetischen Reihenfolge innerhalb der Passaggio-Choräle ist Sackmann beizupflichten.[22]

Bernhard Billeter (Zürich)

---

[20] *Ueber Johann Sebastian Bachs Leben, Kunst und Kunstwerke*, Leipzig 1802, S. 78.
[21] Vgl. J. G. Walther, *Musicalisches Lexicon*, Leipzig 1732, S. 557.
[22] Für mannigfaltige Anregungen möchte ich meinem Kollegen Jean-Caude Zehnder danken.

Weitere Überlegungen zur Datierung der Choralfughetten

Seit vielen Jahren betrachte ich die sieben Manualiter-Fughetten über Advents- und Weihnachtslieder als Zyklus, der sich sehr gut zum Vortrag auf einer Orgel ohne Pedal eignet. Anders als Pieter Dirksen habe ich dabei die Stücke nach dem Muster des Orgelbüchleins gereiht; die Quellen sind in dieser Hinsicht jedenfalls nicht verbindlich.[1] Den bis vor kurzem gültigen Konsens, die Fughetten seien in Weimar komponiert worden, hat Dirksen angefochten und sie als späten Zyklus der Leipziger Zeit bezeichnet. Die Lied-Konkordanz zum Orgelbüchlein stützt die These Weimar. Damit ist ein weiterer Diskussionspunkt angesprochen: als achte Fughette zählt Pieter Dirksen „Das Jesulein soll doch mein Trost" (BWV 702) als liturgischen Beitrag zum Neujahrstag dazu. Der Schluß von BWV 702 ist nur mit Pedal ausführbar, wodurch die Einheit des Zyklus der Manualiter-Fughetten verlorenginge. Zudem ist „Das Jesulein soll doch mein Trost" ein wenig bekanntes Lied, während die sieben Manualiter-Fughetten dem Kernbestand der lutherischen Choräle zugehören.[2] Auch durch Motivverwandtschaften läßt sich die These Weimar beleuchten; sie seien im folgenden als Diskussionsbeitrag zu Bernhard Billeter und zu Pieter Dirksen kurz skizziert.
„Nun komm, der Heiden Heiland" BWV 699 stellt ein „Rufmotiv" ins Zentrum, das im Schlußchoral der gleichnamigen Kantate BWV 61 (1714) zum Text „komm, komm, du schöne Freudenkrone" (Melodie „Wie schön leuchtet der Morgenstern") erklingt. In BWV 699 erhält es zweimal eine eigene Durchführung (T. 7 und 12), das zweite Mal wird es sogar enggeführt. Pieter Dirksen bezeichnet es als „verkleinerte und kolorierte Fassung des Themas selbst" (S. 163). In der Tat verwendet Bach das Motiv (ohne die zwei Sechzehntelpaare) auch im Trio über dasselbe Lied (BWV 660). Durch das Autograph im Anhang zu P 271 ist bei diesem Werk auch die Frühfassung (BWV 660a) für Weimar gesichert.[3]

---

[1] P. Dirksen, Bachs „Acht Choralfughetten". Ein unbeachtetes Leipziger Sammelwerk?, in: Bach in Leipzig – Bach und Leipzig. Konferenz-Bericht Leipzig 2000, hrsg. von U. Leisinger, Hildesheim 2002 (LBzBF 5), S. 155–182. Die Kenntnis von Dirksens Analysen wird als Basis der folgenden Diskussion vorausgesetzt.
[2] Auch bei den nicht ausgeführten Stücken des Orgelbüchleins ist der Titel nicht vertreten.
[3] *Die Achtzehn großen Orgelchoräle BWV 651–668 und Canonische Veränderungen*

Beispiel 1a: Fughette „Nun komm, der Heiden Heiland" (BWV 699), T. 4.

Beispiel 1b: Trio super „Nun komm, der Heiden Heiland" (BWV 660a), T. 9.

Die Fughette „Gottes Sohn ist kommen" BWV 703 ist geprägt durch die stete Präsenz eines Motivs: Die in Takt 5 erstmals auftretende Sechzehntelfigur fehlt danach – cum grano salis – in keinem Takt (die Takte 13 und 15 sind je im ersten Sechzehntelschwung variiert, schwenken dann aber ins Hauptmotiv ein). Sollten wir diese Technik nicht mit dem Orgelbüchlein assoziieren? Auch in anderen Gattungen ist Ähnliches zu beobachten, beispielsweise in der Frühfassung des C-Dur-Präludiums BWV 545a; die motivische Durchgestaltung von BWV 703 läßt sich von Bachs Weimarer Motivtechnik her ohne weiteres verstehen.[4]

„Herr Christ, der einig Gottes Sohn" BWV 698 exponiert gleichzeitig mit dem Choralthema ein weitgespanntes Achtelmotiv, das wörtlich in der F-Dur-Fuge BWV 540/2 (T. 7–9) wiederkehrt. Über die Datierung dieser Fuge kursieren viele Meinungen; sie für ein Weimarer Werk zu halten, ist jedoch communis opinio.[5] Pieter Dirksens Vergleich mit der Fuge h-Moll BWV 544/2 ist mehr allgemeiner Natur und wiegt die direkte Parallele des Kontrasubjekts meines Erachtens nicht auf.

Beispiel 2a: Fughette „Herr Christ, der einig Gottes Sohn" (BWV 698), T. 1.

über „*Vom Himmel hoch*" *BWV 769 – Faksimile der Originalhandschrift*, mit einem Vorwort hrsg. von P. Wollny, Laaber 1999 (Meisterwerke der Musik im Faksimile. 5.).

[4] J.-C. Zehnder, *Zur Motivtechnik in Bachs Weimarer Werken*, in: Festschrift zum 70. Geburtstag von Martin Geck (in Vorbereitung).

[5] Werner Breig hält – nicht als einziger Autor – die Fuge für ein Leipziger Stück. Eine konstruktive Schwäche besteht darin, daß das Kontrasubjekt bei der Wiederkehr des Hauptthemas (T. 128) ein einziges Mal wieder aufgenommen wird, danach aber völlig verschwindet.

Beispiel 2b: Fuge F-Dur (BWV 540/2), T. 7.

Die Fughette „Lob sei dem allmächtigen Gott" BWV 704 könnte als Hommage à Zachow aufgefaßt werden. Friedrich Wilhelm Zachow (1663–1712, Organist in Halle) setzt zu den Choralthemen seiner Fughetten (im Gegensatz zu Pachelbel und Johann Michael Bach) oft Kontrasubjekte. In „Wenn mein Stündlein vorhanden ist"[6] verläuft es mit charakteristischen Sprüngen. Dabei an Bachs Bewerbung in Halle zu denken, ist wohl allzu spekulativ.[7]

Beispiel 3a: F. W. Zachow „Wenn mein Stündlein vorhanden ist", T. 1.

Beispiel 3b: Fughette „Lob sei dem allmächtigen Gott" (BWV 704), T. 4.

Die am dichtesten mit Choralthemen ausgestattete Fughette ist „Gelobet seist du, Jesu Christ" BWV 697; nur Takt 4 und die erste Hälfte von Takt 10 sind themenfrei. Aber das skalenförmige Kontrasubjekt füllt auch diese Lücken. Sollen wir diese Stringenz „ermüdend" nennen?[8] Das „Pochen" der Choralthemen sowie der unablässige Sechzehntelstrom erinnern an den Orgelbüchlein-Choral „Dies sind die heilgen zehn Gebot" BWV 635; vielleicht sind beide Gestaltungen vom Text her zu verstehen.[9]

„Vom Himmel hoch, da komm ich her" BWV 701 wird aufgrund der kontrapunktischen Raffinessen gern mit den „Canonischen Veränderungen" über das gleiche Lied (BWV 769) verglichen. Bernhard Billeter macht auf die nicht ganz kohärente, rein akkordische Schlußformel aufmerksam. Gerade solche Kadenzfiguren können wertvolle chronologische Indizien darstel-

---

[6] Vgl. *Friedrich Wilhelm Zachow. Sämtliche Orgelwerke*, hrsg. von K. Beckmann, Meßstetten 1996, Nr. 47.
[7] Zum 3/2-Takt vergleiche man die Bemerkung von B. Billeter im vorliegenden Jahrgang, S. 215.
[8] Ebenda.
[9] Vgl. Dirksen (wie Fußnote 1), S.167.

len.[10] In den Neumeister-Chorälen und in den Choralpartiten BWV 766 und 767 fehlt ein solcher Knick zu einer rein akkordischen Schlußgestaltung. Wohl im Verlauf der Weimarer Periode hat Bach diese Formel in sein Vokabular aufgenommen: Man vergleiche „Christ lag in Todesbanden" BWV 695 (T. 143), „Jesu, meine Freude" BWV 713 (T. 102) oder den Schlußsatz der Pastorella (BWV 590/4).

Die kontrapunktischen Raffinessen beschreibt Pieter Dirksen detailliert. Zu wenig Gewicht geben freilich die bisherigen Kommentare der Tatsache, daß eigentlich nur die erste Choralzeile als Thema in Erscheinung tritt. Die Motive, die aus der zweiten und dritten Zeile abgeleitet sind (Takt 10 und 15), wirken durch die Verkleinerung als episodische Motive. Ähnliche kurze Episoden mit einer Reperkussionsfigur entdecke ich etwa in den Fugen G-Dur (BWV 541/2, T. 63) und g-Moll (BWV 542/2, T. 39). Man vergleiche damit die drei Takte „alla stretta" am Schluß der großen Variation von BWV 769: Hier sind alle vier Choralzeilen in gleichwertiger Mensur miteinander kombiniert.

Eine außerordentlich dichte Motivstrukturierung weist „Christum wir sollen loben schon" BWV 696 auf; mit Dirksen ist diese Miniatur als „eindrucksvolles Stück ‚essentiellen' Bachs" zu bezeichnen.[11] Sein Vergleichsbeispiel aus der Kunst der Fuge (BWV 1080/19) ist nicht nur auf den ersten Blick erstaunlich. Das Motiv an sich ist freilich schon um 1700 eine beliebte Sequenzfigur im Quintfall. Zentral scheint aber nicht das Motiv, sondern dessen harmonisch so reiche Verarbeitung. Im Orgelbüchlein gibt es einen Leipziger Nachtrag (BWV 613); und man sollte wohl nicht ausschließen, daß auch im Zyklus der Fughetten eine spätere Ergänzung im Bereich des Möglichen liegt.

Pieter Dirksens „Ehrenrettung" der Fughette „Das Jesulein soll doch mein Trost" BWV 702 ist überzeugend; fraglich ist für mich nur, ob sie als Bestandteil des Fughettenzyklus gesehen werden soll.

Wenn wir die Advents- und Weihnachtsfughetten der Weimarer Zeit zuordnen, so erübrigt sich Dirksens Bezeichnung „neo-modal". Auch im Orgelbüchlein sind die Melodien zu „Lob sei dem allmächtigen Gott" BWV 602 und „Christum wir sollen loben schon" BWV 611 so bearbeitet, daß die Stücke gleichsam in einer anderen Tonart schließen. Die Tradition der modal bestimmten Choralmelodien ist im thüringischen Umfeld Pachelbels und Johann Michael Bachs noch beinahe selbstverständlich. Erst Kirnberger muß darauf

---

[10] W. Emery, *Cadence and Chronology*, in: Studies in Renaissance and Baroque Music in Honor of Arthur Mendel, hrsg. von R. L. Marshall, Kassel 1974, S. 156 bis 164.

[11] Dirksen (wie Fußnote 1), S. 167.

hinweisen, daß Bach im dritten Teil der Clavier-Übung die Eigenheiten der phrygischen und mixolydischen Choräle respektiert hat.[12]

Mit solchen Überlegungen etwas zu „beweisen", scheint unmöglich. Die Argumente müssen zahlreicher sein. Für die Frühwerke bis um 1708 habe ich versucht, ein solches Netz von Indizien zu knüpfen.[13] Auch für den Weimarer Stil hoffe ich in absehbarer Zeit genügend Beobachtungen zu bündeln, um Bachs Musik und seiner Werkstatt etwas näherzukommen.

Jean-Claude Zehnder (Basel)

---

[12] Dok III, Nr. 812.
[13] J.-C. Zehnder, *Die frühen Werke Johann Sebastian Bachs, Stil – Chronologie – Satztechnik* (im Druck).

Zum Verhältnis Friedrich Nietzsches zu Johann Sebastian Bach – Nietzsches Urgroßvater: Alumnus der Thomasschule und Präfekt unter Bach*

1. Vorbemerkungen

Zufälle führen nicht selten zu weitreichenden Entdeckungen: Beim Suchen nach literarischen Gedanken zu Johann Sebastian Bach, die nicht von professionellen Interessenten an Bachs Werk – also von ausübenden Musikern, Musikwissenschaftlern oder Musikpublizisten – stammen, geriet ich vor Jahren auf die Spur von Nietzsche-Texten. Unter anderem traf ich auf eine Überlegung Nietzsches mit einer – bei ihm keineswegs überall anzutreffenden – Hochschätzung Bachs, jedoch verknüpft mit einer Seitenbemerkung zur eigenen genealogischen Herkunft, die sonst nur aus zweiter Hand bekannt ist, nämlich aus jenem lediglich kritisch zu benutzenden biographischen Versuch seiner Schwester „Der junge Nietzsche". Dort ist von Elisabeth Förster-Nietzsche zu vernehmen, ihr Bruder habe „oft seine polnische Abkunft erwähnt",

„für welche er auch in späteren Zeiten Nachforschungen mit guten Resultaten hat anstellen lassen. Ich selbst weiß nichts Bestimmtes darüber, weil Papiere meines Bruders nach seiner Erkrankung in Turin verloren gegangen sind. Die Familientradition erzählt, daß ein Schlachzize [polnischer Edelmann] Nicki (phonetisch Nietzky) sich August dem Starken als König von Polen besonders angeschlossen hat und von ihm den Grafentitel erhielt. Als dann der Pole Stanislaus Leszcynski König wurde, verwickelte sich unser mythischer Vorfahr in eine Verschwörung zu Gunsten des Sachsen und des Protestantismus. Er wurde zum Tode verurteilt, floh mit seiner Frau, die soeben einen Sohn geboren hatte und irrte mit ihr zwei oder drei Jahre flüchtend in den Kleinstaaten Deutschlands umher, während welcher die Ururgroßmutter den kleinen Sohn mit ihrer eigenen Milch nährte. So erzählt der Mythus, und unser Urgroßvater Nietzsche, der als Neunzigjähriger noch Galopp ritt, soll seine Rüstigkeit auf diesen Umstand zurückgeführt haben. Doch scheinen die Daten nicht ganz zu stimmen; jedenfalls ist nichts Bestimmtes zu sagen, da das erste sichere Datum über den Urgroßvater Nietzsche und seine Familie erst aus dem Jahr 1709 stammt."[1]

---

* Meinem Lehrer, Förderer und Freund Ernst-Heinz Amberg zum 80. Geburtstag im Juni 2007 von Herzen gewidmet.
[1] E. Förster-Nietzsche, *Der junge Nietzsche*, Leipzig 1925, S. 7.

Eigene Aussagen Friedrich Nietzsches zu dieser genealogischen Herkunft gibt es ebenfalls. Jedoch nur diese eine, die sich inmitten einer seiner immer wieder aufklingenden Auseinandersetzungen mit Richard Wagner befindet und zugleich eine Äußerung zu Bach enthält, darf besonderes Interesse beanspruchen; in „Ecce homo" (1888/89) schreibt er:

„Ich sage noch ein Wort für die ausgesuchtesten Ohren: was ich eigentlich von der Musik will. Dass sie heiter und tief ist, wie ein Nachmittag im Oktober, dass sie eigen, ausgelassen, zärtlich, ein kleines süsses Weib von Niedertracht und Anmuth ist … Ich werde nie zulassen, dass ein Deutscher wissen könne, was Musik ist. Was man deutsche Musiker nennt, die grössten voran, sind Ausländer, Slaven, Croaten, Italiäner, Niederländer – oder Juden; im andren Falle Deutsche der starken Rasse, ausgestorbene Deutsche, wie Heinrich Schütz, Bach und Händel. Ich selbst bin immer noch Pole genug, um gegen Chopin den Rest der Musik hinzugeben."[2]

Zwar sind die mit der Genealogie Nietzsches zusammenhängenden Fragen längst gestellt und auch einer Beantwortung zugeführt worden.[3] Doch läßt die Hochschätzung Bachs durch Nietzsche noch in anderer Richtung Fragen stellen, die ausgerechnet mit jenem Urgroßvater zusammenhängen, der – nach Mitteilung von Nietzsches Schwester – ein Sohn eines polnischen Schlachzizen gewesen sein soll.

Zunächst einmal kommt mit dem wiedergegebenen Zitat nicht nur im allgemeinen Nietzsches Hochschätzung des Bachschen Werkes zum Ausdruck, es zeigt vielmehr auch eine genauere Kenntnis desselben an. Dies soll mit wichtigeren Äußerungen belegt werden, bevor die Frage nach seinen Vorfahren weiter verfolgt werden muß. Insgesamt ist Nietzsches Verhältnis zum Werk Bachs einzuordnen in die aufblühende Bach-Renaissance des 19. Jahrhunderts, wenngleich sich darin auch eine kennenswerte, aber auch mehr-

---

[2] F. Nietzsche, *Sämtliche Werke, Kritische Studienausgabe*, hrsg. von G. Colli und M. Montinari, 15 Bde., München, Berlin, New York 1999 (im folgenden: KSA), Bd. 6: *Der Fall Wagner, Götzen-Dämmerung, Der Antichrist, Ecce homo, Dionysos-Dithyramben*, Nietzsche contra Wagner, S. 290–291. Der Text erscheint nochmals in Nietzsche contra Wagner, S. 420. Vgl. dazu auch KSA, Bd. 9: Nachgelassene Fragmente 1880–1882, S. 681–682.

[3] Genannt seien nur folgende Titel: H. von Müller, *Nietzsches Vorfahren*, in: Die Zukunft 6 (1898), Bd. 23, S. 403–404; M. Oehler, *Nietzsches angebliche polnische Herkunft*, in: Bericht über die zwölfte ordentliche Mitgliederversammlung der Gesellschaft der Freunde des Nietzsche-Archivs am 10. Dezember 1937 und Jahresbericht für 1937 der Stiftung Nietzsche-Archiv, Weimar [1938], S. 25–28; *Friedrich Nietzsches Ahnentafel*, Leipzig 2001, www.virtusens.de. Für aufwendige Recherchen und Bereitstellung von Materialien zur Nietzsche-Genealogie habe ich herzlich meiner Nichte Barbara Ellermeier (Weimar) zu danken.

deutige Facette dieser Bewegung widerspiegelt. In einzelnen Äußerungen und Einschätzungen scheint Nietzsche seiner Zeit und ihrer Ästhetik weit voraus zu sein.

2. Zu Nietzsches Urteil über Bach

Wir haben Nachweise, daß Nietzsche selbst entlegene Stellen der wenigen erhaltenen Bachschen Schriftstücke kannte, so zum Beispiel den Titel und das an den sächsischen Kurfürsten und polnischen König gerichtete Widmungsschreiben Bachs zur Dresdner Missa (später Kyrie und Gloria seiner H-Moll-Messe, BWV 232[1]); Nietzsche schreibt dazu von der „sklavischen Unterthänigkeit des Künstlers vor seinem Publikum (wie sie selbst Sebastian Bach in unsterblich beleidigenden Worten dem Widmungsschreiben seiner Hohen Messe anvertraut hat)", die „aus der Musik heraus vielleicht schwerer zu erkennen" sei, aber sie stecke „umso tiefer und gründlicher darin".[4]
Die Präludien des Wohltemperierten Klaviers, die ihm – offenbar aus dem eigenen Musikunterricht – vertraut waren,[5] schienen ihm in bestimmter Weise weiblich zu sein: „Das Weibliche erscheint bei Bach religiös befangen und fast nonnenhaft, ich denke z.B. an manche verschleierte schamhafte Klagen, wie die einer Nonne (Bachs Präludien)."[6] Ungeteilte Hochschätzung und Bewunderung der Freiheit Bachs klingt durch, wenn Nietzsche sagt, die christliche Kirche habe den Europäer-Geist zwar fein und geschmeidig gemacht, doch brauche man unter einem absoluten Regiment keineswegs beschränkt beziehungsweise eingeschränkt zu sein: „Wenn es Schranken gab, so waren sie um einen ungeheuren Raum gespannt, Dank Plato: und man

---

[4] KSA, Bd. 11: *Nachgelassene Fragmente 1884–1885*, S. 433. Bach hatte nicht nur auf der Titelseite vermerkt: „Gegen Sr Königlichen Hoheit und ChurFürstlichen Durchlaucht zu Sachßen bezeigte mit inliegender *Missa* ... seine unterthänigste *Devotion der Autor J. S. Bach*" (Dok I, Nr. 166), sondern auch in dem beigelegten Brief noch weitergehende Unterwürfigkeiten formuliert, wenn er dem Empfänger „in tieffster *Devotion* gegenwärtige geringe Arbeit von derjenigen Wißenschafft" überreiche, welche er – Bach – „in der *Musique* erlangt, mit ganz unterthänigster Bitte, Sie wollen dieselbe nicht nach der schlechten *Composition*, sonder nach Dero Welt berühmten *Clemenz* mit gnädigsten Augen" ansehen. Nachdem er um einen Titel gebeten hatte, versichert er seine „unendliche Verehrung", „unermüdeten Fleiß" und „unaufhörliche Treue" als „unterthänigst-gehorsamster Knecht" (Dok I, Nr. 27).
[5] F. Nietzsche, *Sämtliche Briefe, Kritische Studienausgabe*, hrsg. von G. Colli und M. Montinari, München und Berlin 1986 (im folgenden: KSB), Bd. 1, Nr. 155, S. 110.
[6] KSA, Bd. 9, S. 35.

konnte sich darin bewegen wie Bach in den Formen des Contrapunkts, sehr frei."[7] Noch uneingeschränkter und unvermittelter hört sich jener völlig unkommentierte Satz an: „Wirkliche Größe des Charakters bei einem Musiker hat nur S. Bach."[8]

Im Zusammenhang eines Aphorismus zu „deutschen Eigenschaften" – Friedrichs des Großen Gerechtigkeit, Goethes Vornehmheit und Neidlosigkeit, Beethovens edle Resignation – attestiert er Bach ein „dürftig verklärtes Innenleben";[9] Jahre später, 1886, nimmt er im Aphorismus 298 des zweiten Bandes von „Menschliches, Allzumenschliches" den Gedanken der Eigenschaften nochmals in erweiterter Form unter dem Obersatz „Die Tugend ist nicht von den Deutschen erfunden" auf: „Goethe's Vornehmheit und Neidlosigkeit, Beethoven's edle einsiedlerische Resignation, Mozart's Anmuth und Grazie des Herzens, Händel's unbeugsame Männlichkeit und Freiheit unter dem Gesetz, Bach's getrostes und verklärtes Innenleben, welches nicht einmal nöthig hat, auf Glanz und Erfolg zu verzichten, – sind denn diess deutsche Eigenschaften? – Wenn aber nicht, so zeigt es wenigstens, wonach Deutsche streben sollen und was sie erreichen können."[10]

Beim Nachdenken über die Funktion der Texte in der Musik – womöglich sogar aufgrund eigener Erfahrungen als Chorsänger formuliert – stellt Nietzsche folgende Überlegung an: „Sollte man hier nicht zur Einsicht in das kommen müssen, was der Lyriker ist, nämlich der künstlerische Mensch, der die Musik sich durch die Symbolik der Bilder und Affekte deuten muß, der aber dem Zuhörer nichts mitzuteilen hat: der sogar in völliger Entrücktheit, vergißt, wer gierig lauschend in seiner Nähe steht. Und wie der Lyriker seinen Hymnus, so singt das Volk das Volkslied, für sich, aus innerem Drange, unbekümmert ob das Wort einem Nichtmitsingenden verständlich ist. Denken wir an unsere eigenen Erfahrungen im Gebiete der höheren Kunstmusik: was verstanden wir vom Texte einer Messe Palestrina's, einer Kantate Bach's, eines Oratoriums Händels, wenn wir nicht etwa selbst mitsangen? Nur für den Mitsingenden giebt es eine Lyrik, giebt es Vokalmusik: der Zuhörer steht ihr gegenüber als einer absoluten Musik."[11]

An anderer Stelle meint man sogar ein Problembewußtsein der historischen Aufführungspraxis zu vernehmen, wenn zu lesen ist: „Soll man den modernen Musikern das Recht geben, ältere Werke mehr zu beseelen? – Ja; denn nur dadurch, daß wir ihnen unsere Seele geben, leben sie noch fort. Wer die drama-

---

[7] KSA, Bd. 11, S. 451.
[8] KSA, Bd. 9, S. 248.
[9] KSA, Bd. 8: *Nachlaß 1875–1879*, S. 548.
[10] KSA, Bd. 2: *Menschliches, Allzumenschliches*, S. 501.
[11] KSA, Bd. 7: *Nachgelassene Fragmente 1869–1874*, S. 369.

tische seelenvolle Musik kennt, wird Bach ganz anders vortragen, unwillkürlich. Hört er ihn anders vortragen, so versteht er ihn nicht mehr. Ist ein historischer Vortrag überhaupt möglich?"[12]
Im Aphorismus 219 seiner Schrift „Menschliches, Allzumenschliches. Ein Buch für freie Geister" (1878/1886) denkt er über „Religiöse Herkunft der neueren Musik" nach: „Die seelenvolle Musik entsteht in dem wiederhergestellten Katholicismus nach dem tridentinischen Concil, durch Palestrina, welcher dem neu erwachten innigen und tief bewegten Geiste zum Klange verhalf; später, mit Bach, auch im Protestantismus, soweit dieser durch die Pietisten vertieft und von seinem ursprünglich dogmatischen Grundcharakter losgebunden worden war. Voraussetzung und notwendige Vorstufe für beide Entstehungen ist die Befassung mit Musik, wie sie dem Zeitalter der Renaissance und Vor-Renaissance zu eigen war, namentlich jene gelehrte Beschäftigung mit Musik, jene im Grunde wissenschaftliche Lust an den Kunststücken der Harmonik und Stimmführung. Andererseits mußte auch die Oper vorhergegangen sein: in welcher der Laie seinen Protest gegen eine zu gelehrt gewordene kalte Musik zu erkennen gab und der Polyhymnia wieder eine Seele schenken wollte. – Ohne jene tief religiöse Umstimmung, ohne das Ausklingen des innerlichst-erregten Gemüthes wäre die Musik gelehrt oder opernhaft geblieben; der Geist der Gegenreformation ist der Geist der modernen Musik (denn jener Pietismus in Bach's Musik ist auch eine Art Gegenreformation). So tief sind wir dem religiösen Leben verschuldet."[13] Im zweiten Band der gleichen Aphorismensammlung von 1886 bespricht er nacheinander einzelne Musiker und musikalische Begriffe (Aphorismen 149–169), beginnend mit J. S. Bach: „Sofern man Bach's Musik nicht als vollkommener und gewitzigter Kenner des Contrapunctes und aller Arten des fugirten Stiles hört, und demgemäss des eigentlichen artistischen Genusses entraten muss, wird es uns als Hörern seiner Musik zu Muthe sein (um uns grandios mit Goethe auszudrücken), als ob wir dabei wären, wie Gott die Welt schuf. Das heisst: wir fühlen, dass hier etwas Grosses im Werden ist, aber noch nicht ist: unsere grosse moderne Musik. Sie hat schon die Welt überwunden, dadurch dass sie die Kirche, die Nationalitäten und den Contrapunct überwand. In Bach ist noch zu viel crude Christlichkeit, crudes Deutschthum, crude Scholastik; er steht an der Schwelle der europäischen (modernen) Musik, aber er schaut sich von hier nach dem Mittelalter um."[14] Hier überschneiden sich in Nietzsches Diktion die Kenntnis der zentraler Stellen über Bach aus dem Briefwechsel zwischen Goethe und Zelter.[15]

---

[12] KSA, Bd. 8, S. 453.
[13] KSA, Bd. 2, S. 179.
[14] KSA, Bd. 2, S. 614–615.
[15] *Der Briefwechsel zwischen Goethe und Zelter*, hrsg. von M. Hecker, 3 Bde.,

Gelegentliche Anmerkungen betreffen beispielsweise wiederum Wagner, der „Kein guter Beamter wie Bach" gewesen sei.[16] Aus verhältnismäßig früher Zeit stammt jene gut bekannte briefliche Mitteilung aus Basel an seinen Freund Erwin Rhode: „In dieser Woche [24.–30. April 1870] habe ich dreimal die Matthäus-Passion des göttlichen Bach gehört, jedesmal mit demselben Gefühl der unermeßlichen Verwunderung. Wer das Christenthum völlig verlernt hat, der hört es hier wirklich wie ein Evangelium; es ist diess die Musik der Verneinung des Willens, ohne die Erinnerung an die Askesis."[17]

Im Vergleich zu anderen Musikern erhalten Bach und seine Musik durch Nietzsche, den scharfen Kritiker der europäischen Kultur, des Christentums und der Kirche, erstaunlich positive Beurteilungen. Deshalb verwundert es um so mehr, daß er an keiner Stelle auf Tatsachen zu sprechen kommt, die ihm – zumindest im Blick auf seinen Großvater, dem späteren Superintendenten von Eilenburg Dr. Friedrich August Ludwig Nietzsche (1756–1826) – bekannt gewesen sein könnten, ja bekannt gewesen sein müßten, nämlich daß zwei seiner Vorfahren, eben jener „mythische Vorfahr" und dessen Sohn, also sein Urgroßvater und auch sein soeben genannter Großvater, Schüler der Thomasschule zu Leipzig gewesen sind. Es handelt sich um ein eigentümliches Nichtwissen, das nicht nur Nietzsche selbst umgibt, sondern bereits seine Familientradition. Dies ist um so erstaunlicher, als gerade der Großvater Nietzsches sonst durch eine uneingeschränkte Hochschätzung im Gedächtnis der Familie weiterlebte.

Etwas spekulativ darf nun durchaus die Frage gestellt werden, ob womöglich nicht noch eine intensivere Beschäftigung Nietzsches mit Bach zu erwarten gewesen wäre, wenn er gewußt hätte, daß Urgroßvater und Großvater nicht nur Schüler der Leipziger Thomana waren, sondern daß sein Urgroßvater Alumne der Thomasschule und Präfekt Bachs gewesen, also in unmittelbarer Nähe Bachs aufgewachsen und durch ihn gebildet worden ist.

3. Alumnus der Thomasschule und Präfekt unter Bach: Nietzsches Urgroßvater

Der früheste Niederschlag für die Anwesenheit des Urgroßvaters Nietzsches auf der Leipziger Thomasschule hat sich in der dortigen Matrikelliste erhalten.

Leipzig 1913–1918; Brief Goethes an Zelter vom 21. Juni 1827 und Brief Zelters an Goethe vom 8. April 1827, in: Band 2, Briefe Nr. 561 und 549. – Nietzsche konnte den Briefwechsel aus der frühesten Ausgabe kennen, die von Friedrich Wilhelm Riemer in sechs Bänden (Berlin 1833/34) herausgebracht wurde.

[16] KSA, Bd. 8, S. 553.
[17] KSB, Bd. 3, Nr. 76, S. 120.

Hier heißt es: „d. 26. Oct. [1729] Gotthelff Engelbert Nitzsche Biebrae – Thuringus prope Eckardsberga, d. Vat. H. Christoph Nitzsche, Accise Inspector, kömmt in Secundam. ist 16. Jahr."[18] Daraus geht hervor, daß der sechzehnjährige Gotthelf Engelbert Nitzsche aus Bibra in der Nähe von Eckartsberga – heute Bad Bibra – am 26. Oktober 1729 als Externer in die Sekunda der Thomasschule aufgenommen wurde. Wer sein Leipziger Wohltäter war, der ihn, den Externus, in sein Haus aufnahm, bleibt im Dunkeln. Es ist gerade die Zeit nach den Trauerfeierlichkeiten um den am 16. Oktober verstorbenen alten Thomasschulrektor Johann Heinrich Ernesti (1652–1729): Am 19. Oktober hatte man ihn, der zugleich Professor der Philosophischen Fakultät gewesen war, in der Universitätskirche St. Pauli beigesetzt; am 21. Oktober fand ein akademischer Trauergottesdienst statt, bei dem die Gedächtnispredigt zu Rm 8,26–27 durch Thomaspastor Dr. Christian Weise d. Ä. gehalten[19] worden war und Bach mit dem Schülerchor die Motette „Der Geist hilft unser Schwachheit auf" (BWV 226) aufgeführt hatte. Am 24. Oktober waren dann noch die Exequien für Ernesti abgehalten worden.[20]

Was die Aufnahme des sechzehnjährigen Gotthelf Engelbert Nitzsche in die Schule für Konsequenzen im Blick auf seine musikalische Betätigung hatte, kann nur umrißhaft erahnt werden, wenn ein reichliches Jahr später sein Vater – offenbar zum wiederholten Male – um seine Übernahme als Alumnus nachsucht: „Nachdem und dieweil nun wie ich vernehme anietzo abermahls eine Stelle auff der Thomas Schule *vacant* seyn soll, als habe … um *Conferir*ung selbiger frey und Gnaden Stelle wegen meines Sohns nochmahls unterthänig ansuchen wollen, zumal da mein Sohn in *Musicis* wie der Herr *Capell* Mstr *attestir*en wird, sehr wohl zu gebrauchen ist."[21] Der Verfasser des Schreibens ist Christoph Nitzsche (um 1670[22]–1739) aus Bibra,

---

[18] Herrn Dr. Stefan Altner sei für die Übermittlung der Matrikeleintragungen gedankt.
[19] Im Druck erhalten: *Die Hülffe des H. Geistes Bey dem Gebeth in unserer Todes-Bereitung* von *D. Christian Weiß*, Leipzig [1729].
[20] Das Datum der ersten Aufführung von BWV 226 wird seit C. E. Sicul, *Annales Lipsienses*, Bd. IV, Leipzig 1730, S. 920f., gewöhnlich mit dem 20. Oktober 1729 angegeben. Die inzwischen bekannt gewordene Leichenpredigt Christian Weises mit ihren Beilagen (vgl. Fußnote 19) wie auch der vorhandene Abkündigungszettel der Nikolaikirche geben aber berechtigten Anlaß, diese Überlieferung zu korrigieren; vgl. dazu meinen Beitrag: *Musikbeigaben in sächsischen Leichenpredigten unter frömmigkeitsgeschichtlich-theologischen Aspekten*, in: Leichenpredigten als Quelle historischer Wissenschaften, Bd. 4, hrsg. von R. Lenz, Stuttgart 2004, S. 105–147, besonders S. 119–128.
[21] Dok II, Nr. 284.
[22] *Friedrich Nietzsches Ahnentafel* (wie Fußnote 3) gibt als geschätztes Geburtsdatum „um 1660" an, was im Verhältnis zu anderen Jahresangaben kaum nachvollziehbar ist.

der Vater Gotthelf Engelbert Nitzsches, von dem wir wissen, daß er der Sohn des Häuslers und Fleischhauers gleichen Namens aus Burkau/Oberlausitz gewesen ist und zunächst als Chirurgus in Eckartsberga, später als Akziseeinnehmer in Bibra tätig war. Seine Mutter war Johanna Christiane geb. Büttner, die Tochter des fürstlich sächsischen Amtsschössers Johann Dietrich Büttner aus Eckartsberga. Die Eltern müssen knapp zwei Jahre nach ihrer Trauung (November 1707) im Jahr 1709 nach Bibra übergesiedelt sein; darauf weist die erstmalige Nennung der Tätigkeit des Vaters als Accis-Inspektor in Bibra im Oktober 1709 hin.[23] Dem Ehepaar wurden im Laufe ihrer Ehe elf Kinder geboren, von denen Gotthelf Engelbert das zweite war, geboren am 26. Februar 1714.[24]

Tatsächlich ist der Schülermatrikel zu entnehmen, daß Gotthelf Engelbert Nitzsche am 10. Dezember 1730 – nun bereits unter dem seit Juni 1730 im Amt befindlichen neuen Rektor Johann Matthias Gesner – als Alumnus aufgenommen wurde, weiterhin die Secunda der Schule besuchte und für fünf Jahre zu bleiben versprach. Abgesehen von regelmäßigen Teilnahmen zusammen mit anderen Alumni am heiligen Abendmahl bei Thomaspastor Weise[25] – zwei- bis dreimal pro Jahr galt als Regel – ist aus den nächsten Jahren von ihm nichts zu vernehmen.

Aus einer brieflichen Bemerkung des Rektors Johann August Ernesti im Zusammenhang mit dem Präfektenstreit wissen wir, daß Gotthelf Engelbert Nitzsche im Jahr 1735–1736 dritter Präfekt gewesen ist. Neben ihm waren erster Präfekt Maximilian Nagel (1712–1748) und Gottfried Theodor Krauß (1713–?) zweiter Präfekt. Der Streit drehte sich um die Ein- und Absetzung von Johann Gottlob Krause (1714–?) als erstem Präfekt. Die Briefstelle aus einer Eingabe Ernestis an den Rat der Stadt lautet: „Daß ich den Herrn *Cantorem* solte gebeten haben, dem *alumno* Krausen eine *praefectur* zu geben, ist grundfalsch. Die Sache verhält sich also: Als wir vor dem Jahr gegen *Advent* von Herrn *M. Kriegels* Hochzeit[26] miteinander nach Hause fuhren, fragte er

---

[23] Dieses war die einzige frühe Information, die der Familientradition bekannt war; vgl. den oben zitierten Text von E. Förster-Nietzsche (wie Fußnote 1).

[24] Vgl. Müller (wie Fußnote 3), der Namen und Daten aus dem Kirchenbuch zu Bibra nachweist, freilich noch einen unzutreffenden Namen der Mutter angibt.

[25] Den Kommunionbüchern der Thomaskirche sind folgende Daten zu entnehmen, bei denen es sich immer um die Abendmahlsfeier im Morgengottesdienst am Donnerstag handelt: 1. März 1732, 12. Juni 1732, 10. September 1733, 3. Dezember 1733, 11. März 1734, 8. Juli 1734, 4. November 1734, 21. Juli 1735, 10. November 1735.

[26] Abraham Kriegel (1691–1759), Tertius der Thomasschule, heiratete nach dem Tod seiner ersten Frau, Christiana Charlotte, geb. Hänisch, Anfang Juli 1732 (Nikolai-Archiv Leipzig, Leichenabkündigungen, Abkündigung vom 6. Juli 1732; Signatur *I F 23*), Ende November 1735 ein zweites Mal, und zwar die Pfarrers-

mich, ob dieser Krause mit *Praefectus* werden sollte, denn es wäre nun Zeit, daß die gewöhnlichen SingeStunden so vor dem neuen Jahr gehalten werden von den *Praefectis* angiengen, und müße also nun der *NB.* vierdte nicht dritte, wie Herr Bach schreibt gemacht werden, denn die ersten 3. *Praefecti* waren damals Nagel, Krauß und Nitsche (daß man sich doch im Lügen so leicht verräth!). Er habe das Bedencken, daß er sonst ein liederlicher Hund gewesen. Ich sagte darauff; das letzte wäre freylich wahr, und hätte er vor 2. Jahren 20 rthl. Schulden gehabt …; weil ihm aber Herr *Gesner* … wegen seines treflichen *ingenii pardonni*rt, und die Schulden nun mehrentheils bezahlt wären, könne man ihn wohl nicht praeterieren, wenn er anders tüchtig wäre einen *praefectum* abzugeben. Darauf antwortete er mir, wie Gott weiß, Ja tüchtig ist er wohl. und so ist er nachher dritter, anderer und erster *Praefectus* worden, und kann ich auf meine Ehre versichern, daß keine Klage über ihn kommen."[27]

Weil Gotthelf Engelbert Nitzsche – wie versprochen – fünf Jahre blieb und dann die Schule verließ, um zum Studium auf die Universität zu wechseln, entging er dem in den Briefstellen angesprochenen Präfektenstreit. Sein Abgang vollzog sich ehrenvoll, wie die Schulmatrikel mitteilen: „Gotthelfius Engelbertus Nitzschius, Bibrae n[atus]. 28/2.1714 p[ater]. Gener. Acc. Inspector. rec. 10. 12. 1730. cl. II. Honesta … [unleserlich] impetrata abiit m[ense]. Apr[ilis]. 1736. war vorher Extern[us] cl. II."

Wie lange Nitzsche in Leipzig die Universität besuchte, ist nur ungefähr einzugrenzen. Spätestens anläßlich des Todes seines Vater am 5. Januar 1739 wird er wieder in Bibra gewesen sein. Denn nun wird er in dessen Nachfolge als Accis-Inspektor berufen und angestellt. Im Jahr darauf, am 19. Juli 1740, heiratete er in Bibra die Pfarrerstochter Johanna Amalia Herold aus Reinsdorf bei Artern (1717–1770).[28] Im Laufe der folgenden 18 Jahre wurden dem

---

tochter Johanna Charlotta, geb. Wendt, aus Collmen bei Colditz. Bach war zu dieser Hochzeit zusammen mit Johann August Ernesti nach Collmen eingeladen.

[27] Dok II, Nr. 383, S. 275–276.

[28] Exakte Daten und Personennachweise zu Biographien von Pfarrern und deren Angehörigen aus dem Umkreis der Nietzsche-Familie verdanke ich der Einsicht in die Pfarrerkartei der Kirchenprovinz Sachsen, die für das Projekt Pfarrerbuch besteht, insbesondere Herrn Martin Heyn, Leipzig/Halle. Zur Herkunft der Urgroßmutter Friedrich Nietzsches, Johanna Amalia geb. Herold (*10. November 1717 Reinsdorf, †17. September 1770 Bibra) liefert die Kartei folgende Hinweise: Pfarrer Johann Christoph Herold in Reinsdorf (*27. November 1679 Hauteroda, †25. Februar 1725 Reinsdorf b. Artern), ∞ 1. Ehe 17. April 1714 mit Johanna Maria Stange (*Heldrungen, †20. Dezember 1722 Reinsdorf b. Artern); ∞ 2. Ehe Anna Magdalene N.N.; der ersten Ehe des Pfarrers Herold entstammen drei Kinder.

Ehepaar acht Kinder geboren.[29] Erst als siebentes Kind erblickte Friedrich August Ludwig Nietzsche am 29. Januar 1756 das Licht der Welt. Ihm, der ebenfalls Alumne der Thomasschule zu Leipzig werden wird, soll nachfolgend größere Aufmerksamkeit zugewandt werden. Doch zunächst hatte Gotthelf Engelbert Nitzsche am 17. September 1770 den Tod seiner Frau zu beklagen. Zwar heiratete er noch einmal, doch haben wir von seiner zweiten Frau keinerlei Kenntnisse.

Am 22. Juli 1789 beging Nitzsche im 76. Jahr seines Alters sein Amtsjubiläum als Accise-Inspektor, wozu ihm sein Sohn Friedrich August Ludwig, der sich dann bereits „Nietzsche" schrieb, eigens eine Schrift widmete mit dem Titel „Ueber Vorzüge, Beschwerden und Trost im Alter. Auf besondere Veranlassung zum weiteren Nachdenken und zur Beruhigung für gutgesinnte Greise geschrieben" (Leipzig, bey Carl Friedrich Schneidern 1789). Die Widmung lautet: „Seinem / Verehrungswürdigen Vater / dem / Hochedelgebohrnen und Hochgelahrten / Herrn Gotthelf Engelberdt / Nietzsche / Sr. Churf. Durchl. zu Sachsen / hochbestallter General-Accis-Inspector / zu Biebra und Freyburg / bey / Dessen / funfzigjährigen Amtsjubiläum / gewidmet." In der Widmungsvorrede begründet der Sohn seine Schrift damit, daß sein Vater ein „öffentliches Denkmal meiner kindlich-frohen Theilnehmung an Ihrem Glücke" erwarten dürfe und daß er selbst „wenigstens eine von den tausend und aber tausend Wohlthaten, die ich von Ihnen unter Gottes Beystande verdanke, einigermaßen vergolten zu haben". Darüber hinaus gehe der Dank an „Gott, der Ihnen, Theuerster Vater, heute ein Glück schenkt, das gewiß nur äußerst wenigen Menschen auf Erden zu Theil wird, der sey dafür von mir und von Ihnen herzlich gelobt! Er, der Sie durch alle Stufen Ihres irdischen Daseyns, als Kind, als Jüngling und als Mann so glücklich leitete, der sey auch jetzt noch in Ihrem hohen Alter Ihr Freund, Ihr Führer, Ihre Stütze und Ihr Trost!"

Gotthelf Engelbert Nitzsche muß sich auch während der folgenden 15 Jahre seines Lebens weiter guter Gesundheit erfreut haben, was die Familientradition nicht nur mit der Überlieferung in Erinnerung hielt, daß er „als Neunzigjähriger noch Galopp ritt",[30] sondern auch den Ausdruck der „Begeisterung", mit der „unsere alten Tanten, die ihn noch gekannt hatten, … nicht genug seine Schönheit und würdige Vornehmheit im hohen Greisenalter rühmen"[31] konnten. Am 21. September 1804 ist er im Alter von 90 Jahren und 7 Monaten in Bibra gestorben.

---

[29] Vgl. Müller (wie Fußnote 3).
[30] Vgl. Fußnote 1, S. 7.
[31] Wie Fußnote 1, S. 8.

4. Alumnus der Thomasschule unter Doles: Nietzsches Großvater

Aufgrund seiner späteren Tätigkeit als Superintendent von Eilenburg fließen die Quellen zu Nietzsches Großvater, Friedrich August Ludwig (1756–1826), etwas reichlicher. Geboren am 29. Januar 1756 in Bibra, besuchte er zunächst die dortige Stadtschule und wechselte am 15. Mai 1770 in die Quarta der Thomasschule zu Leipzig; dort lautet der Eintrag in die Schulmatrikel folgendermaßen: „Fried: Aug: Ludw: Nietzschius, Biebrae n[atus]. 29/1 1756. p[ater]. accisarum inspector. rec: 15/5 1770. c. IV. Decessit honesta a d 4 Apr 1777." Während dieser Zeit fungierten der Bach-Schüler Johann Friedrich Doles als Thomaskantor (1715/1756–1789/1797) und der Ernesti-Schüler Johann Friedrich Fischer (1726/1767–1799) als Rektor. Hier knüpfte Nietzsche verschiedene freundschaftliche Verbindungen an, unter anderem zu Johann Christian Victor Kindervater (1758–1804), dem späteren Generalsuperintendenten von Eisenach und Autor einer kenntnisreichen Schrift über den Thomasschulrektor Johann Friedrich Fischer[32] und die Thomasschule zu Leipzig in der zweiten Hälfte des 18. Jahrhunderts, sowie zu Carl Friedrich Lohdius (1748–1809), den später langjährigen Diaconus und Archidiaconus an der Kreuzkirche zu Dresden; diesem gratulierte Nietzsche zum Antritt seines Amtes in Grimma eigens mit einer Schriftauslegung des achten Psalms Davids.[33]

Aus dem Matrikeleintrag ist auch bekannt, daß er im April 1777 die Schulzeit beendete und an die Universität Leipzig wechselte. Hier waren die damaligen beachteten Theologen Johann August Ernesti (1707–1781), Johann Gottfried Körner (1726–1785) und Samuel Friedrich Nathanael Morus (1736–1792) seine Lehrer. Nach kurzer Zeit als Erzieher im Haus des Superintendenten Johann Victorin Facilides (1727–1788) in Grimma erwarb er 1783 den Magistertitel und wurde am 14. Oktober des gleichen Jahres durch Superintendent Körner in Leipzig ordiniert. Nun erhielt er unter dem Patronat der Familie von Witzleben die Substitutenstelle bei dem alten Pfarrer Montag in Wohlmirstedt bei Wiehe in der Nähe von Artern und im Folgejahr nach dem Tod des Seniors das Pastorat.[34] Dem Brauch der Zeit gemäß ver-

---

[32] *Johann Friedrich Fischer als Schulmann*, Leipzig 1801.

[33] *Viro maximo reverendo Carolo Frid. Lohdio, art. lib. Mag., S.S. theol. Baccal. et ad aed. Paul. conc. matut., munus Diaconi ecclesiae Grimmensis suo et caeterorum nomine, qui ipso moderatore exercitationes homileticas in aede Paulina instituerunt, gratulatur et simul Hymnum Davidis VIII explicare conatur F. A. L. Nietzsche, Bibra Thur. Lipsiae 1780.*

[34] [J. D. Vörckel], *Einige Nachrichten über das Leben des Hingeschiedenen*, in: Andenken an den am 16. März 1826 verstorbenen ... F. A. L. Nietzsche, Delitzsch [1826], S. 28.

band er den Erhalt der ersten festen Berufsstelle mit dem Eintritt in den Ehestand; am 6. Juli 1784 heiratete er Johanna Friederike Richter, die jüngste Tochter des Gerichtsaktuars Gottfried Salomon Richter aus Goseck. Dieser Ehe entstammten neun Kinder, deren ältestes der spätere Pfarrer von Nirmsdorf bei Apolda, Friedrich August Engelbert Nietzsche (1785–1858) war; an seine dort verbrachten Kindertage erinnerte sich der Philosoph Friedrich Nietzsche später mehrfach gern.[35]

Während seiner Zeit in Wohlmirstedt verfaßte Friedrich August Ludwig Nietzsche verschiedene Schriften, in denen er aktuelle Fragen seiner Zeit aufgriff.[36] Auch in jener Widmungsschrift zum fünfzigjährigen Berufsjubiläum seines Vaters behandelte er eine Thematik, von der er bekennt: „Vielleicht bietet sich mir in Zukunft eine solche Gelegenheit an, wo ich diese reichhaltige Materie, bey mehrerer Muse, und bey mehr gesammelter Erfahrung und Menschenkenntniß, weitläuftiger abhandeln kann."[37] Tatsächlich finden sich wesentliche Gedanken daraus in einer seiner letzten Predigten „über einige besondere Gnadenerweisungen, die wir als gute Menschen auch noch in Ansehung unsers Todes von Gott zu erwarten haben" wieder, die er am Fest Mariae Reinigung, 2. Februar 1826, zu Lk 2,22–37 in der Nikolaikirche zu Eilenburg hielt; sie wurde in der bereits genannten Gedenkschrift[38] nach seinem Tode veröffentlicht.

Im Jahr 1803 wurde Friedrich August Ludwig Nietzsche zum Oberpfarrer und Superintendenten nach Eilenburg an die St. Nikolaikirche berufen. Reichlich zwei Jahre später, am 14. Oktober 1805, starb seine Frau. Nach vier Jahren heiratete er ein zweites Mal; seine zweite Frau war die Witwe des Hofadvokaten Karl Christoph Heinrich Krüger in Weimar, Erdmuthe Dorothea, Tochter des ehemaligen Archidiaconus Christian Friedrich Krause[39] in Reichenbach. Die

---

[35] F. Nietzsche, *Aus meinem Leben* (autobiographische Jugendschrift, 1858), zitiert in: KSA, Bd. 14, S. 572, sowie Band 8, S. 194.

[36] Genannt seien nur folgende drei: 1. *Über die höchstnöthige Verbesserung der chursächsischen Dorfschulen. Ein freymüthiges Wort für alle diejenigen, die etwas zur Verbesserung dieser Dorfschulen beytragen wollen oder dürfen*, Leipzig, bey Göschen 1792; 2. *Gamaliel, oder über die immerwährende Dauer des Christenthums, zur Belehrung und Beruhigung bey der gegenwärtigen Gährung in der theologischen Welt*, Leipzig, bei Supprian 1796; 3. *Beyträge zur Beförderung einer vernünftigen Denkensart über Religion, Erziehung, Unterthanenpflicht und Menschenleben*, Weimar: Gädicke 1804.

[37] *Ueber Vorzüge, Beschwerden und Trost im Alter*, Widmunsgvorrede, fol. A5 recto.

[38] Vörckel, Andenken (wie Fußnote 34), S. 5–15.

[39] Ihr verstorbener erster Mann, Krüger in Weimar, war ein Vetter von August von Kotzebue (1761–1819), und sie selbst die Schwester des späteren Weimarischen Generalsuperintendenten Johann Friedrich Krause (1770/1810–1820), dem zweiten Nachfolger Herders. J. F. Krause war nach Schulbesuch in Meißen und Studium in

Trauung hielt ihr Lieblingsbruder, der damalige Domprediger Johann Friedrich Krause am 9. Oktober 1809 in der Wenzelskirche zu Naumburg. Aus dieser Ehe gingen nochmals drei Kinder hervor, deren jüngstes, Carl Ludwig Nietzsche (1813–1849), der Vater des Philosophen Friedrich Nietzsche war.
Ein eigenes Gebiet tut sich mit dieser zweiten Ehe Friedrich August Ludwig Nietzsches insofern auf, als durch seine Frau sowohl die Berührung mit dem klassischen Weimar Goethes in unmittelbare Nähe rückt, als auch der Bereich wirtschaftlicher Prosperität des frühen 19. Jahrhunderts durch einen ihrer Brüder, der als „Begründer der voigtländischen Nadelei- und Stickereiindustrie" und „Wohltäter des Voigtlandes"[40] gilt, erkennbar wird.
Im Jahr 1817 verlieh ihm die Theologische Fakultät der Universität Königsberg für seine theologischen und kirchlichen Leistungen die Doktorwürde der Theologie ehrenhalber. Auch wenn deutlich ist, daß der Initiator dieser Würdigung sein eigener Schwager gewesen ist, der weiterhin eine gute Verbindung zu der ihn einst berufenden Fakultät bewahrte, kommt durch diese Ehrung doch zum Ausdruck, welch hohes Ansehen sein theologisches und ephorales Wirken im allgemeinen genoß.
Kurz nach der letzten von ihm gehaltenen Predigt am 12. März 1826 erkrankte er schwer, so daß er selbst seinen nahen Tod ahnte. Er starb am 16. März und wurde am 20. unter großer Beteiligung seiner Gemeinde und verschiedener Gruppierungen in Eilenburg und inmitten der Pfarrerschaft und Lehrerschaft seiner Ephorie nach einer Predigt des Archidiakonus Johann Daniel Vörckel in der Nikolaikirche zu Eilenburg auf dem Friedhof begraben. Seine Witwe, die in Röcken und Naumburg zu den einflußreichen Frauen um den jungen Friedrich Nietzsche gehörte, überlebte ihn um 30 Jahre; sie starb am 3. April 1856 in Naumburg.
Der bereits genannte Archidiaconus Vörckel gab die Gedächtnisschrift für den verstorbenen Superintendenten im Druck heraus und bestimmte ihren Ertrag dem damals zwölfjährigen jüngsten Sohn, Carl Ludwig Nietzsche (1813–1849), eben dem späteren Vater Friedrich Nietzsches. Der Ertrag – so schreibt er im Vorwort – sei für „einen Knaben vortrefflicher Art, und zwar zu einem Andenken bestimmt, welches in einigen Büchern bestehen soll, die derselbe gewiß um so eifriger benutzen wird, je mehr sie ihn immer an die Verdienste seines vollendeten Vaters und an die Liebe und Achtung, die er genossen, erinnern werden."[41]

Wittenberg 1794 dort Privatdozent geworden. 1794 wurde er Diaconus in Reichenbach und 1801 Pfarrer in Naumburg. 1810 erhielt er einen Ruf als Professor an die Universität Königsberg, wurde im gleichen Jahr aber in Weimar zum Oberconsistorialrat und Generalsuperintendent ernannt.

[40] Vgl. Förster-Nietzsche (wie Fußnote 1), S. 5–6.
[41] Vorwort Vörckels, in: Andenken (Fußnote 34), S. IV.

Abschließend sei die genealogische Übersicht in vereinfachter Struktur wiedergegeben:

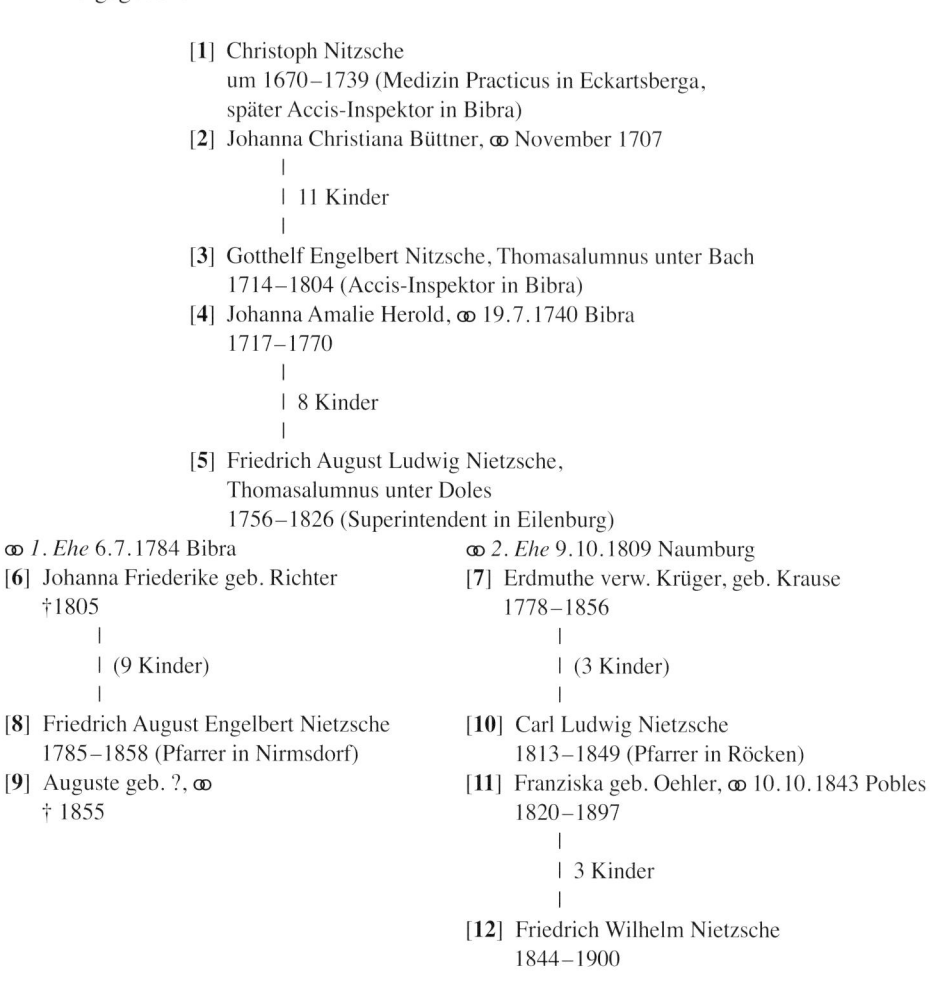

[1] Christoph Nitzsche
 um 1670–1739 (Medizin Practicus in Eckartsberga,
 später Accis-Inspektor in Bibra)
[2] Johanna Christiana Büttner, ∞ November 1707
 |
 | 11 Kinder
 |
[3] Gotthelf Engelbert Nitzsche, Thomasalumnus unter Bach
 1714–1804 (Accis-Inspektor in Bibra)
[4] Johanna Amalie Herold, ∞ 19.7.1740 Bibra
 1717–1770
 |
 | 8 Kinder
 |
[5] Friedrich August Ludwig Nietzsche,
 Thomasalumnus unter Doles
 1756–1826 (Superintendent in Eilenburg)

∞ *1. Ehe* 6.7.1784 Bibra   ∞ *2. Ehe* 9.10.1809 Naumburg
[6] Johanna Friederike geb. Richter   [7] Erdmuthe verw. Krüger, geb. Krause
 †1805   1778–1856
 | |
 | (9 Kinder) | (3 Kinder)
 | |
[8] Friedrich August Engelbert Nietzsche   [10] Carl Ludwig Nietzsche
 1785–1858 (Pfarrer in Nirmsdorf)   1813–1849 (Pfarrer in Röcken)
[9] Auguste geb. ?, ∞   [11] Franziska geb. Oehler, ∞ 10.10.1843 Pobles
 † 1855   1820–1897
     |
     | 3 Kinder
     |
     [12] Friedrich Wilhelm Nietzsche
     1844–1900

Martin Petzoldt (Leipzig)

Ein Brief von Carl Philipp Emanuel Bach an Adam Friedrich Oeser

Die Verbindungen Carl Philipp Emanuel Bachs nach Leipzig sind weitgehend dokumentiert worden, und bekanntermaßen nehmen die freundschaftlichen Beziehungen zu seinem Verleger Johann Gottlob Immanuel Breitkopf eine zentrale Stellung ein.[1] Ein jüngst aufgefundener, verschollen geglaubter Brief C. P. E. Bachs vom 13. November 1778 an den Direktor der Leipziger Kunstakademie Adam Friedrich Oeser (1717–1799) gibt Anlaß, dessen Rolle im Umfeld von Bach und Breitkopf zu beleuchten. Wann es zu ersten Berührungspunkten zwischen dem Hamburger Bach und Oeser kam, ist nicht ganz geklärt. Doch gewiß spielte Bachs jüngster Sohn Johann Sebastian (1748–1778) eine Schlüsselrolle.

Adam Friedrich Oeser – der Lehrer Johann Sebastian Bachs d. J.

J. S. Bach d. J. studierte ab 1770 bei Oeser in Leipzig, zuvor hatte er Zeichenunterricht in Berlin und Potsdam bei Andreas Ludwig Krüger (1743–um 1805) erhalten. Den 55jährigen Oeser schilderte ein Zeitgenosse 1772: „Ich habe nie einen so liebenswürdigen Alten gesehen, so leutselig, so gesprächig, so gefällig, daß man ihn lieben muß … Sein munteres, heiteres Aussehen, die Stirne, worauf Weisheit geprägt ist, sein nackter Scheitel und das herunterfließende Silberhaar …"[2] Eine erste Unterkunft erhielt Bach d. J. im Hause Breitkopfs, dem Verlagshaus zum „Silbernen Bären", wofür aus Hamburg regelmäßig Unterhaltszahlungen eintrafen.[3] 1773 setzte Bach d. J. seine Studien in Dresden fort. Nach einem halbjährigen Zwischenaufenthalt in Hamburg reiste er schließlich 1776 wie viele seiner Zeitgenossen nach Rom, um seine künstlerische Entwicklung zu vervollkommnen. Noch nicht dreißigjährig starb er dort am 11. September 1778.[4]

---

[1] Siehe CPEB-Dok.

[2] Der Schauspieler Großmann über Oeser (28. Dezember 1772), zitiert nach: K. Benyovszky, *Adam Friedrich Oeser. Der Zeichenlehrer Goethes*, Leipzig 1930, S. 30.

[3] CPEB-Dok, Nr. 107, 110, 118 und öfter.

[4] M. Hübner, *Johann Sebastian Bach d. J. – Ein biographischer Essay*, in: A. Fröhlich, *Zwischen Empfindsamkeit und Klassizismus. Der Zeichner und Landschaftsmaler*

Nach der Überlieferung von Johann Friedrich Rochlitz soll Oeser bereits Einfluß auf die Entscheidung C. P. E. Bachs genommen haben, seinen Sohn zur Ausbildung nach Leipzig zu schicken. Denn der Vater sei ziemlich verstimmt gewesen, als er von der Absicht Johann Sebastians, sich der bildenden Kunst zu widmen, erfuhr. Bach d. J. „lernte endlich verzichten: er schlich aber ganz muth- und freudelos dahin. Selbst seine Gesundheit fing an zu leiden". Die Einwilligung C. P. E. Bachs in die beruflichen Pläne seines Sohnes sei schließlich auf den Einfluß seiner Hausfreunde und im besonderen auf Adam Friedrich Oeser zurückzuführen. Inwieweit diese Sichtweise von Rochlitz den tatsächlichen Vorgängen entspricht, sei dahingestellt,[5] denn C. P. E. Bach interessierte sich durchaus für die bildende Kunst, wovon seine große Bildersammlung zeugt.[6] Die ersten Kontakte C. P. E. Bachs zu Oeser sind für August 1777 nachweisbar, eine Zeit, in der Johann Sebastian d. J. in Rom bereits schwer erkrankt war. Schon im Juni 1777 hatte C. P. E. Bach Johann Nikolaus Forkel in Göttingen über den dramatischen Verlauf der Krankheit informiert,[7] einige Wochen später auch Breitkopf in Leipzig. Beide Berichte stehen allerdings im Zusammenhang mit geschäftlichen Vorgängen und den finanziellen Belastungen Bachs, die durch die unvorhergesehenen Zahlungen nach Rom zustandegekommen waren: „Mein armer Beutel blutet gewaltig; an Aerzte, Chirurgos, Medicamente …"[8] Oeser hatte im Frühjahr 1777 einen Brief seines ehemaligen Schülers mit detaillierten Berichten über die Reise und die Ankunft in Rom erhalten,[9] jedoch ohne jegliche Andeutung einer Krankheit. Er muß sehr überrascht gewesen sein, als er über Breitkopf vom Zustand Bachs d. J. erfuhr. „Mich wundert, daß Herr Oeser noch nichts gewußt hat", vermerkte C. P. E. Bach am 9. August 1777.[10] Zwei Tage später holte er das Versäumnis nach schrieb an Oeser:

„Lieber, liebster Freund und verehrungswürdiger Herr Professor, ist Alles wahr, was man Ihnen von meinem armen Hans erzählt hat. Doch gottlob! jetzt (so schreibt man) ist meist alles Vorbey und er hat an seiner Gesundheit nichts verlohren. Ich kann

---

Johann Sebastian Bach der Jüngere, Leipzig 2007, S. 13–32; siehe auch Hübner, *Der Zeichner Johann Sebastian Bach d. J. (1748–1778). Zu seinem 250. Geburtstag*, BJ 1998, S. 187–200.

[5] J. F. Rochlitz, *Für Freunde der Tonkunst*, Bd. 4, Leipzig 1832 (3. Auflage 1868), S. 191–194.
[6] Vgl. NV, S. 92–128.
[7] CPEB-Dok, Nr. 290.
[8] CPEB-Dok, Nr. 292 (S. 641).
[9] J. S. Bach d. J. an A. F. Oeser, 2. März 1777; siehe Hübner, Essay (wie Fußnote 4), S. 25 ff.
[10] CPEB-Dok, Nr. 295 (S. 647).

Ihnen unser Wehklagen nicht genug beschreiben, als wir eine ausführliche Nachricht von seinen Umständen kriegten. Sie war so, dass es einen Stein in der Erde erbarmen musste. Denken Sie, in 5 Monaten 3 der erschrecklichsten Operationen auf Tod und Leben. Mein Medicus hier, der seine gute Seele kannte, weinte wie ein Kind und staunte darüber, was er ausgestanden hat. Selbst in Rom schreibt man seine Genesung, nächst Gott, lediglich seiner eisernen Natur, seinem gesunden Blute und seiner Folgsamkeit bey. Der ehrliche Reifenstein hat wie ein Vater an ihm gehandelt. Das Schlimmste für sein Studium sind 5 verlohrne Monate, und für meinen Beutel bezahlte 30 Ducaten und für diese verlohrne 5 Monate a part Pension. Ich danke nebst den Meinigen von Herzen für das bezeigte Mitleiden. Gott erhalte Sie nebst den geehrten Ihrigen. Nebst 1000 Complimenten beharre ich auf ewig und von Herzen ganz der Ihrige
Bach."[11]

Im folgenden Jahr unternahm Oeser eine Reise nach Niedersachsen, die Route führte nach Braunschweig, Hannover, Hamburg und Lübeck. Aus einem Brief von Oesers Tochter Friederike an ihren Vater vom 12. September 1778 geht hervor, daß sich Oeser – zum Zeitpunkt des Todes von Bach d. J. in Rom – wohl in Hamburg aufhielt.[12] Er besuchte dort die Gemäldesammlung „der Wittwe des vor zwey Jahren verstorbenen Herrn Schwalbe, Handelsmann in Hamburg".[13] Zu der Firma Schwalbe pflegte auch C. P. E. Bach gute Kontakte, häufig übernahm deren Mitinhaber Heckmann (siehe unten) Transporte von Leipzig nach Hamburg. Ob es zu einem Treffen von Oeser und C. P. E. Bach in Hamburg kam, ist allerdings fraglich. Da keinerlei Hinweise über eine Begegnung der beiden existieren und auch die Dauer des Aufenthaltes von Oeser in Hamburg ungewiß ist, bleibt offen, ob dieser die Nachricht vom Tod seines Schülers vielleicht schon dort, direkt von C. P. E. Bach, erhalten haben könnte.[14]

Vier Wochen nach dem Tod von J. S. Bach d. J. (9. 10. 1778) schrieb C. P. E. Bach an Breitkopf: „Liebster Herr Landsmann, Noch ganz betäubt von der traurigen Nachricht wegen des Absterbens meines lieben Sohns in Rom kan ich kaum folgendes zu Papiere bringen. Ich weiß, Sie haben Mitleyden mit mir, u. Gott behüte Sie für dergleichen Schmerz ..." Am linken Rand des

---

[11] CPEB-Dok, Nr. 296 (Original verschollen). Zu Reiffenstein siehe unten.
[12] A. Dürr, *Adam Friedrich Oeser. Ein Beitrag zur Kunstgeschichte des 18. Jahrhunderts*, Leipzig 1879, S. 161.
[13] A. F. Oeser, *Schreiben an Herrn Hagedorn, Churfürstlich Sächsischen geheimen Legationsrath und General-Director der Academien der bildenden Künste*, Leipzig 1779, S. 5 f.; vgl. Dürr (wie Fußnote 12), S. 162.
[14] Wann C. P. E. Bach vom Tod seines Sohnes erfuhr, ist nicht bekannt. Doch bereits am 9. Oktober 1778 wurde darüber in der Hamburger Presse berichtet. Siehe Wiermann, S. 91 f.

Briefes ist vermerkt: „Um baldige Weiterbeförderung inliegender Brief[e?] bitte ich ergebenst."[15] An wen der oder die Briefe adressiert waren, ist nicht bekannt – möglicherweise war ein Brief an Oeser dabei. Aus Rom trafen indessen weitere Rechnungen für Medikamente und die ärztlichen Behandlungen ein, so daß Carl Philipp Emanuel offenbar in ernsthafte finanzielle Schwierigkeiten geriet. Am 13. November 1778 bat er Breitkopf, von der bisherigen Gewohnheit, manche Einnahmen verrechnen zu lassen, abzuweichen: „Liebster Freund, wenn ich jetzo nicht an 70 Ducaten annoch nach Rom schicken müßte, so könnten Sie die Kreuchauffschen 40 rh. auf Abschlag behalten: Allein, Gott weiß, jetzt muß ich alles zusammen raffen. Trauriges Schiksaal! Lauter Schmerzen Geld für Doctor u. Barbier! Genug hievon!"[16] Das Schreiben enthält noch einen Vermerk von fremder Hand: „Beyschlüße: An H. P. Oeser. / Stud. Schulze / Fr. Altnickol."[17]

Der neue Brief

Während von der am 13. November 1778 beigelegten Post an den nicht näher identifizierbaren Studenten Schulze und an C. P. E. Bachs Schwester Elisabeth Juliana Friederica Altnickol keine Spuren erhalten sind, war aus dem Brief an „H. [Herrn] P. [Professor] Oeser" bisher zumindest ein Textfragment bekannt, mitgeteilt in einem Versteigerungskatalog aus dem Jahr 1926.[18] Der Brief befand sich zuvor im Besitz des Kölner Papierfabrikanten Wilhelm Heyer (1849–1913), der die Handschrift offenbar bei einer Auktion

---

[15] CPEB-Dok, Nr. 317.
[16] CPEB-Dok, Nr. 320 (S. 705).
[17] Ebenda (S. 706).
[18] G. Kinsky, *Versteigerung von Musiker-Autographen aus dem Nachlaß des Herrn Kommerzienrates Wilhelm Heyer in Köln …, Montag, den 6. und Dienstag, den 7. Dezember 1926 … durch Karl Ernst Henrici & Leo Liepmannssohn*, Berlin 1926, S. 3 (Los-Nr. 16): „Eigh. Brief m. U.: ‚Bach'. Hamburg, 13. November 1778. 1 Seite kl. 4°. An einen ‚besten u. theuersten Gönner und Freund', d. i. der Maler A. Fr. Oeser in Leipzig, der sich zum Erwerb oder Weiterverkauf von Zeichnungen des verstorbenen Sohnes B.s, des Malers Johann Sebastian Bach, erboten hatte. ‚In Rom liegen noch 6 Arbeiten von dem seeligen Verfertiger … Meine Schwester, die Frau Altnicoln hat auch etwas von meinem Sohne bey sich …'" Siehe auch CPEB-Dok, Nr. 321. Hier wird vermutet, daß der Brief mit dem 1859 im Auktionskatalog XXXIX der Firma Stargardt unter der Los-Nr. 176 genannten Schreiben identisch sein könnte. Dies ist jedoch unwahrscheinlich, da der bei Stargardt angezeigte Brief Oesers Adresse und zudem den Hinweis auf ein nicht näher beschriebenes beigefügtes Porträt enthielt; er war außerdem nicht datiert; siehe auch S. L. Clark, *The Letters of C. P. E. Bach*, Oxford 1997, Nr. 140.

„der von Herrn Bürgermeister G. E. Hofmeister hinterlassenen Autographen-Sammlung" der Firma List & Francke 1893 in Leipzig erworben hatte.[19] Ob jener Hofmeister aus der Familie der berühmten Leipziger Verlagsinhaber stammte, konnte bislang nicht geklärt werden. Unbekannt ist zudem, wo er das Bürgermeisteramt ausübte, in Leipzig gab es im 19. Jahrhundert jedenfalls keinen Amtsträger mit diesem Namen. Nach der Versteigerung 1926 verwischten sich die Spuren des Briefes, schließlich galt er als verschollen. Im September 2005 tauchte er bei einer Versteigerung des New Yorker Antiquariats Lion Heart Autographs wieder auf und befindet sich nun im Besitz der Yale University Library in New Haven (USA).[20] Hier die vollständige Textwiedergabe:

„Bester und Theuerster Gönner und Freund,
Der Herr Kreuchauff, deßen Charakter mir unbekannt ist, weswegen Sie mich bey Ihm gütigst zu entschuldigen belieben, hat das Geld für beyde Zeichnungen durch H. Breitkopfen an mich assignirt, von dem ich es richtig erhalten werde. In Rom liegen noch 6 Arbeiten von dem seeligen Verfertiger, welche ich her kommen laßen und Ihnen die Disposition darüber überlaßen werde. Meine Schwester, die Frau Altnicoln hat auch noch etwas von meinem Sohne bey sich. Was es ist, weiß ich nicht; wenn es auf die Neujahrsmeße durch H. Schwalbens Compagnon hergebracht werden kann, so wärs mir lieb. Auch hierein überlaße ich mich Ihrer gütigen Vorsorge. Gott erhalte, liebster Freund, Sie und Ihre geehrteste Familie bis in die spätesten Jahre! Ich beharre nebst 1000 Empfelungen von Herzen lebenslang
Ihr ergebenster Freund und Diener Bach.
Hamburg, d. 13 Nov. 78

Was soll ich dem guten Herrn Dr. Becker antworten? Seinen Brief bitte ich mir wieder zurück zu schicken, weil ich doch antworten muß. Außer diesem Vorschlag, wünschte ich mir doch ein Portrait von meinem Sohne, wenn es möglich wäre."

Nachdem der Brief in Oesers Hände gelangt war, vermerkte dieser auf der Rückseite: „älterer H. Bach, den 14. Nov: 1778" (anstatt 13. hatte er wohl versehentlich 14. gelesen). Mit der Anrede „Bester und Theuerster Gönner und Freund" bezog sich C. P. E. Bach sicher auf das Entgegenkommen Oesers, der Johann Sebastian d. J. wie ein Familienmitglied behandelt und ihm in seinem Haus auch Unterkunft gewährt hatte. So wurde in der zeitgenössischen Litera-

---

[19] Für diesen Hinweis danke ich Hans-Joachim Schulze.
[20] Der Brief wurde im Catalogue 43 der Firma Lion Heart unter der Los-Nr. 4 angezeigt. Für die Mitteilung dieser Informationen sei dem Leiter der Music Library der Yale University, Herrn Kendall Crilly, herzlich gedankt. Dank gebührt außerdem Dr. Stephen L. Clark (Yale University), der uns auf den Brief aufmerksam machte. – Links unten enthält der Brief einen wohl aus dem 19. Jahrhundert stammenden Vermerk „22 Bach, Ph. Em.". Bislang ergaben sich aus dieser Notiz keine Erkenntnisse zur Provenienz des Briefes.

tur berichtet: „Er [Bach d. J.] wohnte drey Jahr lang bey Oesern, genoß seinen Unterricht und die Rechte seiner Kinder. Des Lehrers kleiner Landsitz bey Leipzig ward der erste Sammelplatz Landschaftlicher Studien für den jungen Nachahmer der Natur …"[21] Zu den wesentlichen Aussagen des Briefes gehört die Information, daß C. P. E. Bach ein Porträt von seinem Sohn Johann Sebastian, und zwar erst nach dessen Tod, bei Oeser bestellte. Wahrscheinlich handelt es sich dabei um eine heute im Goethe-Nationalmuseum befindliche Zeichnung.[22] Bach d. J. ist halbseitlich, an einem Fenster mit Weinranke stehend und in einem Buch lesend dargestellt. Auf welchem Weg die Zeichnung in Goethes Sammlung gelangte, liegt im Dunkeln. Goethe kannte Oeser seit seiner Studienzeit und hatte ab 1766 bei ihm Zeichenunterricht genommen. Bach d. J. befand sich zu dieser Zeit noch nicht in Leipzig. Der Kontakt zwischen Goethe und Oeser blieb viele Jahre erhalten, letztmals trafen sie sich Neujahr 1797 in Leipzig. Die Zeichnung mit dem Porträt J. S. Bachs d. J. wird weder im Nachlaßverzeichnis von C. P. E. Bach aus dem Jahr 1790 noch in Oesers 1800 versteigertem Nachlaß aufgeführt.[23] Erst in dem 1848 von Christian Schuchardt verfaßten Katalog zu Goethes Kunstsammlungen ist sie wieder nachweisbar.[24]

Ein weiteres Porträt von Bach d. J. – es wird Oeser oder seiner Schule zugeordnet – befindet sich im Goethe-Museum Düsseldorf.[25] Diese Zeichnung in einem medaillonartigen Rahmen zeigt zwar manche Ähnlichkeit mit dem in Weimar befindlichen Blatt, die Profillinien weisen jedoch eher Übereinstimmungen mit einem Schattenriß auf, der vor Bachs Reise nach Rom 1776 in Hamburg von Jacob von Döhren angefertigt wurde.[26] Wie aus dem Brief C. P. E. Bachs an Breitkopf vom 19. Dezember 1778 hervorgeht, kannte Oeser

---

[21] *Neue Bibliothek der schönen Wissenschaften und der freyen Künste*, 20. Bd., Leipzig 1777, 2. Stück, S. 312–313. Zu Bachs Bekanntschaft mit Oesers Tochter Friederike siehe Hübner, Essay (wie Fußnote 4).

[22] Klassik Stiftung Weimar, Goethe-Nationalmuseum. Carl Wilhelm Grießmann fertigte nach dieser Zeichnung einen Kupferstich, der 1791 als Titelbild zum 1. Stück des 43. Bandes der *Neuen Bibliothek der schönen Wissenschaften und der freyen Künste* erschien.

[23] Versteigerung am 3. Februar 1800 in der Rost'schen Kunsthandlung in Leipzig; siehe Dürr (wie Fußnote 12), S. 233 ff.

[24] Vgl. C. Schuchardt, *Goethes Kunstsammlungen*, Jena 1848/49, 1. Teil: „Brustbild J. S. Bachs, lesend in einer Fensteröffnung. Braun get. Zeichnung. kl. 4. (491)."; zitiert nach Dürr (wie Fußnote 12), S. 239. Auf der Zeichnung befindet sich neben der „No. 491" noch die „No. 84", deren Herkunft unbekannt ist.

[25] Das Aquarell kam 1963 an das Goethe-Museum Düsseldorf; zuvor befand es sich im Privatbesitz von Friedrich Schnapp.

[26] J. von Döhren schuf von allen Mitgliedern der Familie Bach in Hamburg Schattenrisse; sie befinden sich heute im Museum für Hamburgische Geschichte.

diese Silhouette: „Sie werden durch den Herrn Profeßor Oeser einen Schattenriß von meinem lieben seeligen Sohn erhalten. Ich weiß, Sie haben ihn auch geliebt. Er ist sehr gut getroffen. Ein junger Künstler hier hat diese Art sehr hoch gebracht … Verwahren Sie dies Bild mir zum Andenken. Superflua non nocent."[27] Ob Oeser den Schattenriß an Breitkopf weitergeben sollte oder ob Bach für beide ein Exemplar geschickt hatte, ist nicht ersichtlich. Es ist jedenfalls denkbar, daß der Schattenriß als Vorlage für das heute in Düsseldorf befindliche Blatt genutzt wurde. In diesem Zusammenhang sei erwähnt, daß wahrscheinlich noch eine weitere Darstellung Bachs d. J. existierte, die von dem Oeser-Schüler Friedrich Rehberg (1758–1835) stammt und nur noch als Reproduktion nachweisbar ist.[28]

Die Passage „Meine Schwester, die Frau Altnicoln hat auch noch etwas von meinem Sohne bey sich …" war bisher nur aus den knappen Mitteilungen des Versteigerungskataloges von 1926 bekannt.[29] Der vollständige Wortlaut des Briefes zeigt nun, daß C. P. E. Bach nicht wußte, um welche Bilder es sich handelte: „Was es ist, weiß ich nicht; wenn es auf die Neujahrsmeße … hergebracht werden kann, so wärs mir lieb. Auch hierin überlaße ich mich Ihrer gütigen Vorsorge." Die Zeichnungen dürften demnach direkt von Bach d. J. an die Tante Elisabeth Juliana Friederica Altnickol gelangt sein. Als Witwe – sie war die Ehefrau des Bach-Schülers Johann Christoph Altnickol (1719–1759) gewesen – stellte sie gewissermaßen die Vertretung einer Wohngemeinschaft dar, zu der ihre beiden Kinder, ihre unverheirateten Schwestern Johanna Carolina (1737–1781) und Regina Susanna (1742–1809) sowie ihre Halbschwester Catharina Dorothea (1708–1774) gehörten. Sie alle wohnten in einer Wohnung am Neukirchhof.[30] So ist es sehr wahrscheinlich, daß Bach d. J. auch den anderen Tanten sowie seinen beiden fast gleichaltrigen Cousinen (Augusta Magdalena Altnickol, geb. 1751, und Juliana Wilhelmina Altnickol, geb. 1754) persönlich begegnete. Vielleicht hätten die Leipziger Schwestern die Bilder ihres Neffen gern selbst behalten, doch gewiß fühlten sie sich ihrem Bruder gegenüber verpflichtet, zumal dieser sie seit spätestens 1772 regelmäßig finanziell unterstützte.[31]

---

[27] CPEB-Dok, Nr. 326.
[28] Vgl. Dok IV, Nr. 593. Die Zeichnung wurde erst nach 1900 als Repoduktion bekannt. Es besteht eine auffallende Ähnlichkeit mit den anderen Darstellungen von J. S. Bach d. J.; ein dem Bild später hinzugefügter Vermerk, es handele sich um ein Porträt von Johann Christoph Friedrich Bach, ist zweifelhaft.
[29] Im Versteigerungskatalog Heyer (wie Fußnote 18) mit leicht verändertem Text.
[30] Zu den Lebensumständen der Bach-Töchter siehe *Anna Magdalena Bach. Ein Leben in Dokumenten und Bildern*, zusammengestellt und erläutert von M. Hübner, mit einem biographischen Essay von H.-J. Schulze, Leipzig 2004.
[31] CPEB-Dok, Nr. 107 und weitere.

Den Transport der Zeichnung(en) aus dem Besitz von E. J. F. Altnickol übernahm auf Vorschlag C. P. E. Bachs hin der „Compagnon" der Hamburger Firma Schwalbe, Herr Heckmann, welcher bey dem H. Profeßor Oeser sich oft aufhält"[32] und somit die geeignete Person für die Beförderung der Bilder war (nur wenige Wochen zuvor hatte Oeser sich die Schwalbesche Gemäldesammlung angesehen). In Hamburg gelangten die Zeichnungen Bachs d. J. in die Bildnissammlung Carl Philipp Emanuel Bachs. Dessen 1790 veröffentlichtes Nachlaßverzeichnis enthält über einhundert Arbeiten seines Sohnes. Einige der dort genannten Bilder sind noch erhalten, der größere Teil ist jedoch verschollen oder nicht mehr eindeutig identifizierbar.[33] Auf die Bemühungen C. P. E. Bachs um die Zusammenführung der Arbeiten seines Sohnes deutet eine weitere Passage aus dem Brief vom 13. November 1778 an Oeser: „In Rom liegen noch 6 Arbeiten von den seeligen Verfertiger, welche ich her kommen laßen und Ihnen die Disposition darüber überlaßen werde." Wahrscheinlich gelangten die Bilder von Rom zuerst nach Leipzig, wo Oeser die Begutachtung vorgenommen haben wird. Es ist zwar anzunehmen, daß alle diese Arbeiten in die Sammlung C. P. E. Bachs kamen – im Nachlaßverzeichnis C. P. E. Bachs werden insgesamt nicht weniger als 17 Zeichnungen seines Sohnes genannt, deren Entstehung in Rom ausdrücklich vermerkt ist –, doch könnten manche der Bilder auch einen anderen Weg genommen haben. Denn einige Arbeiten Bachs d. J. wurden wohl über die Vermittlung Oesers verkauft, worauf C. P. E. Bach am Anfang des Briefes Bezug nimmt: „Der Herr Kreuchauff, deßen Charakter mir unbekannt ist, weswegen Sie mich bey Ihm gütigst zu entschuldigen belieben, hat das Geld für beyde Zeichnungen durch H. Breitkopfen an mich assignirt, von dem ich es richtig erhalten werde." Es ist zwar nicht ausdrücklich vermerkt, daß es sich um Bilder des verstorbenen Sohnes handelt, doch der weitere Textverlauf spricht dafür. Franz Wilhelm Kreuchauff war ein Freund von Oeser und spielte in Leipzig als Kunstsachverständiger und Kaufmann eine wichtige Rolle;[34] von ihm erhielt C. P. E. Bach 40 Taler.[35] An wen, welche und wie viele Zeichnungen

---

[32] CPEB-Dok, Nr. 338 (S. 748).
[33] NV 1790; darin gesondert aufgeführt das „Verzeichniß verschiedener vorhandenen Zeichnungen des Ao. 1778 in Rom verstorbenen Joh. Seb. Bach", S. 131–137, 139–142 sowie einige Musikerporträts in der „Bildniß-Sammlung", S. 92–126; siehe auch Fröhlich (wie Fußnote 4).
[34] Von Kreuchauff stammt zum Beispiel die Schrift *Historische Erklærungen der Gemælde, welche Herr Gottfried Winkler in Leipzig gesammelt*, Leipzig 1768, sowie die Beschreibung des von Oeser geschaffenen Deckengemäldes im Gewandhaussaal (siehe unten).
[35] Notiz von J. G. I. Breitkopf auf dem an ihn gerichteten Brief C. P. E. Bachs vom 9. Oktober 1778: „H. Kreuchauf will 40 rt. an ihn durch mich bezahlen laßen das durch Herolds geschehen soll"; vgl. CPEB-Dok, Nr. 317 (S. 699). Siehe auch CPEB-

über Oeser, wohl auch schon zu Lebzeiten Bachs d. J., verkauft wurden, ist nicht bekannt. Wahrscheinlich kamen über diesen Weg manche Bilder in die Sammlung Herzog Alberts von Sachsen-Teschen. Der Sohn des Sächsischen Kurfürsten Friedrich August II. lebte für einige Jahre (bis 1780) als Statthalter von Ungarn in Preßburg (Bratislava), dem Geburtsort Oesers. Für die dort neu erbaute evangelische Kirche schuf Oeser 1777 ein Altarbild, das die Aufmerksamkeit des Herzogs weckte.[36] Zu dessen Kunstsammlung, heute zum großen Teil in der Albertina Wien, gehören nicht nur einige Zeichnungen Oesers, sondern auch 23 Zeichnungen von J. S. Bach d. J. aus der Leipziger, Dresdner und der römischen Zeit.[37] Bei diesem Bestand handelt es sich nicht nur um die größte zusammenhängende erhaltene Sammlung von Werken Bachs d. J., sondern auch um seine wertvollsten Arbeiten.

Im Nachsatz des Briefes von C. P. E. Bach an Oeser wird ein „Dr. Becker" erwähnt. Ob es sich hierbei um jenen Dr. Becker aus Rostock handelt, der in den von Bach vertonten „Psalmen mit Melodien" Wq 196 (Leipzig 1774) als Pränumerant genannt wird oder ob eine andere, vielleicht in Leipzig lebende Person gemeint war, ist schwer zu sagen. Ersichtlich ist nur, daß C. P. E. Bach bei der Beantwortung eines Briefes von Dr. Becker Oeser um Hilfe gebeten hatte; demnach wird es sich um Angelegenheiten der bildenden Kunst, möglicherweise im Zusammenhang mit Zeichnungen von Bach d. J., gehandelt haben.

Weitere Kontakte zwischen C. P. E. Bach und Oeser

Die Verbindung zwischen C. P. E. Bach und Oeser bestand noch über das Jahr 1778 hinaus, wovon einige Bemerkungen in Briefen an Breitkopf vom April 1779 zeugen: „In ein Paar Tagen werden Sie durch H. P. Oeser von mir einen Brief, die Pränumeranten-Listen … erhalten."[38] Drei Tage später schrieb Bach: „Der Compagnon vom seel. Schwalbe, Herr Heckmann, welcher bey dem H. Profeßor Oeser sich oft aufhält, wird gerne, und kan auch, an mich Sachen mitnehmen."[39] Dieses Mal waren jedoch keine Zeichnungen zu transportieren, sondern jeweils 50 Exemplare des gerade gedruckten doppelchörigen „Heilig" Wq 217 und der ersten Sammlung von Werken „für Kenner und Liebhaber" Wq 55.

Dok, Nr. 320 (S. 705): „… so könnten Sie die Kreuchauffschen 40 rh. auf Abschlag behalten."
[36] Dürr (wie Fußnote 12), S. 160.
[37] Fröhlich (wie Fußnote 4).
[38] CPEB-Dok, Nr. 337 (S. 740).
[39] Wie Fußnote 32.

Neben dem wiedergefundenen Brief vom 13. November 1777 und dem nur in der Literatur nachgewiesenen Schreiben vom 11. August 1777 existieren Spuren von einem oder zwei weiteren, heute verschollenen Briefen C. P. E. Bachs an Oeser. In dem Berliner Auktionskatalog XXXIX der Firma Stargardt wird 1859 angezeigt: „Karl Phil. Eman., der ‚Hamburger Bach' …, L. a. s. [Lettre autographe signée] 1 p. 4. mit Adr. An Oeser. (Selten.) Portr. 4 th. [Taler]."[40] Das Datum des Briefes wird nicht mitgeteilt. In einem Auktionskatalog der Leipziger Firma List & Francke aus dem Jahr 1887 ist vermerkt: „Bach, K. Ph. Em., L. a. s. 1 p. 4. Adr. 1779. Portr. Geschätzt. Gebot: 3 Mark, Zuschlag bei 21 Mark."[41] Ob sich beide Mitteilungen auf denselben Brief beziehen und ob das in beiden Anzeigen erwähnte Porträt J. S. Bach d. J., C. P. E. Bach oder eine andere Person darstellte, ist ungewiß.

Eine eher merkwürdige Erinnerung Oesers an C. P. E. Bach ist im Originaldruck des ersten Teils seiner Vertonungen der Lieddichtungen von Christoph Christian Sturm Wq 197 (Hamburg 1780) erhalten geblieben. In einer zeitgenössischen Besprechung heißt es: „Der Titel ist mit einem niedlichen Kupfer gezieret, das Oeser erfunden, und Geyser gezeichnet hat. Schade, daß die beyden Köpfe, welche den Dichter und den Componisten vorstellen sollen, nicht mehr Aehnlichkeit haben!"[42] Da die Porträts als mißlungen angesehen wurden und öffentlicher Kritik ausgesetzt waren, wurden sie für die „Zweite Sammlung" der Sturm-Lieder Wq 198 (Hamburg 1781) von dem Hamburger Zeichner und Stecher Andreas Stöttrup überarbeitet.[43] Die Tatsache, daß die Porträts mit den Dargestellten keine Ähnlichkeit besitzen, könnte ein Indiz dafür sein, daß ihnen Oeser in Hamburg nicht oder nur sehr flüchtig begegnet war.

Angeblich soll Oeser ein Pastellbild von C. P. E. Bach gemalt haben. Möglicherweise handelt es sich jedoch um die Arbeit von Johann Friedrich Reiffenstein (1719–1793), der C. P. E. Bach 1754 in Kassel malte.[44] Später lebte Reiffenstein viele Jahre in Rom, wo er zum väterlichen Freund von J. S. Bach d. J. wurde und ihn während seiner Krankheit pflegte (siehe Brief von C. P. E. Bach an Oeser, 11. August 1777).

---

[40] CPEB-Dok, Nr. 321.

[41] Autographen-Katalog der Firma List & Francke (Versteigerung am 7. Dezember 1887), Nr. 63. Siehe CPEB-Dok, Nr. 364 (hier irrtümlich auch ein Hinweis auf den Stargardt-Katalog von 1859).

[42] Vgl. Wiermann (wie Fußnote 14), S. 253. Der Kupferstecher Christian Gottlieb Geyser war Schüler von Oeser und lehrte an der Leipziger Akademie.

[43] Wiermann, S. 257 und 267.

[44] Vgl. C. P. E. Bachs Brief an J. N. Forkel vom 20. April 1774 (CPEB-Dok, Nr. 163): „H. Reifenstein, welcher mich anno 1754 in Caßel mit trockenen Farben abmahlte." Eine Abbildung dieses Gemäldes findet sich bei H.-G. Ottenberg, *Carl Philipp Emanuel Bach*, Leipzig 1982, S. 89.

Als 1781 in Leipzig der erste Konzertsaal – das Gewandhaus – eingerichtet wurde, übernahm Oeser die Ausmalung der Decke. Jener F. W. Kreuchauff, den C. P. E. Bach in seinem Brief vom 13. November 1778 erwähnt hatte, verfaßte eine Beschreibung des Gemäldes, aus der folgende Passage stammt: „Unter ihren [Götterknaben] umherschwebenden Brüdern empfiehlt einer dem andern, der ihm himmelan begleitet, mit Lorbeeren in der Hand, ein offenes Buch, das mit dem Namen der Virtuosen-Familie Bach bezeichnet ist, deren Stamm durch seine aus Leipzigs Schooße verbreiteten vielen Zweige, in und ausser Deutschlands Gränzen, Früchte trägt."[45] C. P. E. Bach wurde von dieser Ehrung der „Virtuosen-Familie Bach", als dessen prominentester Vertreter er seinerzeit galt, offensichtlich überrascht. Am 16. Januar 1782 konnte er in einer Hamburger Zeitung über das Deckengemälde in dem neuen Leipziger Konzertsaal lesen: „Unter der letzten Darstellung hält ein Genius ein fliegend Blatt, mit der Inschrift: Bach. Dies vortreffliche Denkmaal ist wirklich für … Bach eine der größten Lobreden."[46] Wenige Tage später erkundigte sich C. P. E. Bach bei Breitkopf: „Ist die Geschichte, die in unsern Zeitungen gestandet hat, von Ihrem neuen Concertsaal wahr? Wo ist dieser neue Saal?"[47] Die Verbindung zwischen C. P. E. Bach und Oeser hatte sich zu dieser Zeit offenbar bereits wieder gelockert.

Maria Hübner (Leipzig)

Abbildung 1. C. P. E. Bach, Brief an Adam Oeser vom 13. November 1778. Yale University, Beinecke Rare Books Library.

---

[45] *Magazin des Buch- und Kunst-Handels, welches zum Besten der Wissenschaften und Künste von den dahin gehörigen Neuigkeiten Nachricht giebt*, 11. Stück, Leipzig 1781; zitiert nach A. Dörffel, *Die Gewandhauskonzerte zu Leipzig*, Leipzig 1884 (Reprint Leipzig 1980), S. 20.
[46] Vgl. Wiermann (wie Fußnote 14), S. 512f.
[47] CPEB-Dok, Nr. 419.

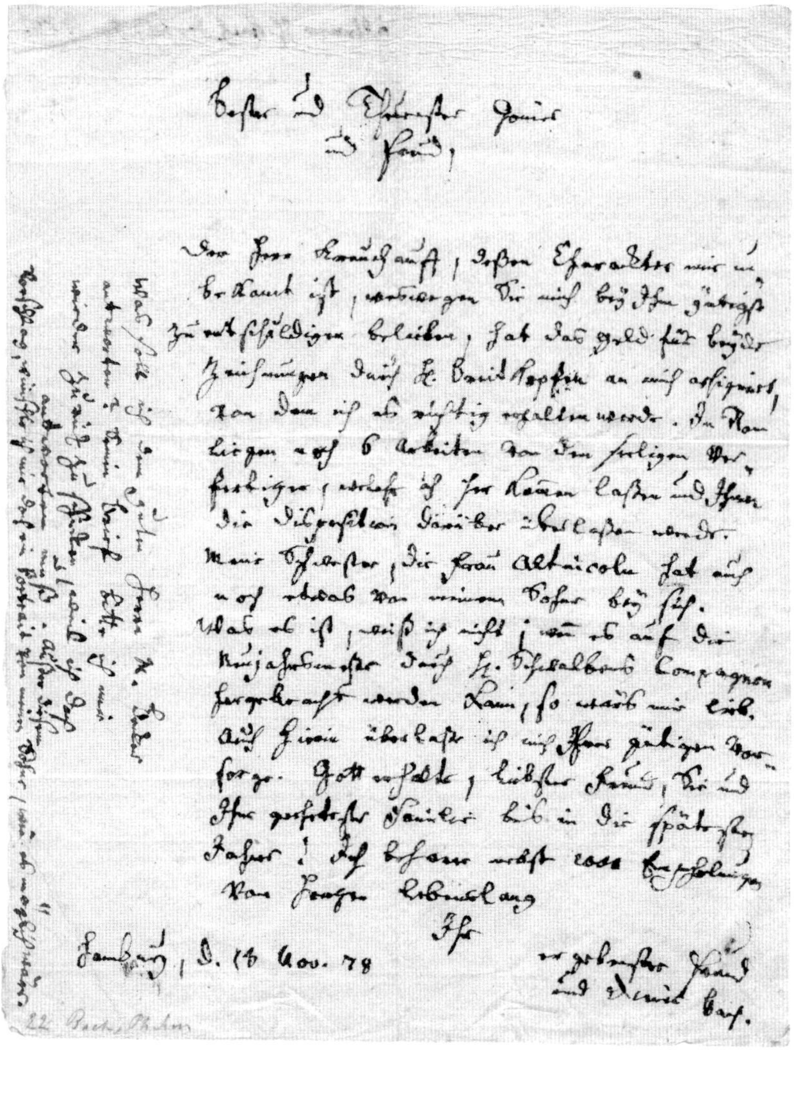

Abbildung 1

„Oh portento! Oh stupor!" – Ein unbekanntes Autograph von Johann Christian Bach in der British Library

Angeregt von den Erfolgen der „Expedition Bach", einem vom Bach-Archiv Leipzig durchgeführten Forschungsprojekt mit dem Ziel, neue Bach-Quellen in den rund 400 Städten Mitteldeutschlands aufzufinden,[1] und überzeugt von der Möglichkeit, auch in britischen Bibliotheken dem Vergessen anheim gefallene Autographe mehr oder weniger bedeutender Komponisten des 18. Jahrhunderts wieder ans Licht zu holen, begann ich im Juni 2007 eine systematische Durchsicht der „anonymen" Handschriften innerhalb des in der British Library verwahrten Bestands der Royal Music Library. Bei der Auswahl der zu prüfenden Quellen fiel mir auf S. 243 des Handschriftenkatalogs der Royal Music Library die folgende Beschreibung eines anonymen Werks auf:

[ANON.] Oh portento, oh stupor. Chorus for 4 voices, in score, with symphonies and accompaniment for oboes, horns and strings. Ascribed in a later hand in pencil to 'G.C. Bach.' ff. 10. Paper, late 18th century.[2]

Die Komposition befindet sich mit fünf weiteren vierstimmigen Chor- beziehungsweise Vokalwerken in dem Konvolut *R.M.24.a.8.*, einem querformatigen Quartband mit roten halbledernen Deckeln und einem blauen Maroquinschild auf dem Rücken, das in Goldprägung die Worte „MUSICA SACRA" enthält; unterhalb des Schildes befindet sich die Ziffer „8". Der Schreiber des Chorsatzes erschien mir vertraut und keineswegs „anonym" – es handelte sich zweifellos um die eleganten Schriftzüge von Johann Christian Bach.

Der Band *R.M.24.a.8.* hat folgenden Inhalt:

(1) S. 1–18: Carlo Meli, *Coro a 4:⁰ con Vvni, Viola, Basso, Trombe, e Corni* [„Parta l'estinto Abelle"]; Schreiber 1

(2) S. 19–31: Carlo Meli, *Coro a 4:⁰ con Vvni, Viola, Basso, e Corni* [„Oh di superbia Figlia"]; Schreiber 1; S. 32 leer

---

[1] Siehe hierzu speziell *Expedition Bach. Katalog zur Sonderausstellung im Bach-Museum Leipzig vom 21. September 2006 bis 17. Januar 2007*, bearbeitet von M. Maul, Leipzig 2006.

[2] *Catalogue of the King's Music Library. Part II. The Miscellaneous Manuscripts*, bearbeitet von H. Andrews, London 1929. Die gleiche Beschreibung findet sich – in etwas anderer Anordnung – auf S. 392 des „Catalogue of the manuscripts in the Royal Music Collection" der British Library (2001).

(3) S. 33–111: Bartolomeo Felici, *Motetto a 4 Voci Con Violini Corni Trombe e Timpani* [„Cantate coelestes"]; Schreiber 2; S. 112 leer

(4) S. 113–156: Anonym, *Coro a Quattro voci* [„Ad sonus ad cantus"]; Schreiber 3

(5) S. 157–176: [J. C. Bach], „Oh portento[!] oh stupor[!]" für vierstimmigen Chor (Sopran, Alt, Tenor, Baß), 2 Oboen, 2 Hörner und Streicher; autographe Partitur; S. 177–178 leer[3]

(6) S. 179–187: Giovanni Pierluigi da Palestrina, Motette „Dies Sanctificatus" für vier Singstimmen; Schreiber 4; S. 180 und 188 leer.

Abbildung 1 zeigt die erste Seite von Bachs Chor; am oberen Rand ist in der Mitte der Seite von fremder Hand der spätere Bleistifteintrag „di G. C. Bach" zu erkennen. Am Rande sei hier vermerkt, daß sich ein ähnlicher Eintrag auch im Inhaltsverzeichnis eines weiteren Bandes mit geistlicher Musik aus dem Bestand der Royal Music Library (*R.M.24.a.6.*) neben dem Textincipit eines „Domine ad adjuvandum" findet.[4] Als Schreiber des Eintrags kommt möglicherweise Bachs Freund und Kollege Frederick Nicolay in Frage. Da Nicolay neben seiner Tätigkeit als Kammermusikus von Königin Charlotte zugleich de facto auch deren Musiksammlung verwaltete, hatte er sicherlich Zugang zu diesem Band.[5] Seine mögliche Mitwirkung an der Entstehung von *R.M.24.a.8.* wird uns weiter unten noch beschäftigen. Die Faszikel wurden beim Einbinden recht stark beschnitten, wobei stellenweise in den äußeren Systemen auch leichte Textverluste auftraten. Aus diesem Grund ging in Faszikel 5 möglicherweise auch ein originaler Titel verloren. Jedenfalls läßt sich in dem Autograph oberhalb der ersten Schlüsselvorzeichnung im System der ersten Violine ein winziges Fragment eines Schriftzugs ausmachen, das sich vermutlich auf die Tempoangabe des Werks bezieht; ein etwas größerer Rest ähnlich beschnittener Schriftzüge (die allerdings bisher nicht gedeutet werden können) ist in der rechten unteren Ecke der letzten beschriebenen Seite erkennbar (siehe Abbildung 2).

---

[3] Ein handschriftliches Inhaltsverzeichnis auf dem zweiten Vorsatzblatt (möglicherweise von derselben Hand wie die fortlaufende Seitenzählung des Bandes) läßt dieses Werk aus und springt von dem auf S. 113 beginnenden „Coro" zum „Dies Sanctificatus", das auf S. 179 beginnt.

[4] Siehe *The Collected Works of Johann Christian Bach 1735–1782*, hrsg. von E. Warburton, Bd. 48/1: *Thematic Catalogue*, New York 1999, S. 576 (YE 4). Warburton ist der Ansicht, daß diese Komposition in C-Dur J. C. Bach fälschlich zugewiesen wurde.

[5] Nützliche Informationen zu diesem einflußreichen, doch noch kaum erforschten Musiker finden sich bei A. Hyatt King, *Some British Collectors of Music c. 1600–1960*, Cambridge 1963, S. 115–129.

Der Handschriftenkatalog der Royal Music Library gibt den Umfang des Chors mit insgesamt 10 Blättern (S. 157–176) an,[6] doch dies beschreibt die tatsächlichen Gegebenheiten nicht ganz exakt. Eine Untersuchung der Lagenstruktur zeigt nämlich, daß die Handschrift eigentlich aus sechs ineinandergelegten Doppelblättern besteht. Auf die letzte beschriebene Seite (Bl. 10v) folgen noch zwei weitere Blätter – ein völlig unbeschriebenes elftes (S. 177–178) und ein ursprünglich ebenfalls leeres zwölftes Blatt, dessen Vorderseite (S. 179) später als Titelblatt des sich in dem Band anschließenden Stücks von Palestrina dienen mußte (die Musik beginnt auf S. 181; siehe hierzu Abbildung 3). Hieraus folgt, daß der Schreiber von Faszikel 6 – im Gegensatz zu den übrigen in *R.M.24.a.8.* vertretenen Schreibern – die vorangehenden fünf Faszikel (mindestens aber Faszikel 5) vor sich hatte. Somit wäre zu fragen, ob der Schreiber der Palestrina-Motette möglicherweise für das Zusammentragen und Einbinden der sechs Einzelhandschriften verantwortlich war. Auch hier ist an Frederick Nicolay zu denken, dessen offensichtlich vielgestaltige Notenschrift bisher nur in einigen wenigen, auf den ersten Blick nicht wirklich ähnlich aussehenden Handschriften festgemacht werden konnte.[7] Fest steht jedenfalls, daß der Schreiber der Palestrina-Motette auch in einer Reihe weiterer Bände in der Royal Music Library vertreten ist, zum Beispiel in *R.M.24.c.3.* (ein Band mit geistlicher Vokalmusik von Palestrina, Allegri und anderen) sowie in *R.M.24.e.2.* (ein „Dixit Dominus" von Pergolesi mit englischem Text enthaltend). Ganz gleich, ob dies nun die Handschrift Nicolays ist oder nicht – in jedem Fall verdient sie, näher untersucht zu werden. Es scheint jedenfalls, daß Nicolay für das Einbinden zahlreicher Handschriften im Bestand der Royal Library verantwortlich war.

Kehren wir nun zu J. C. Bach zurück. Die Musik des Chors ist durchweg mit dunkelbrauner Tinte geschrieben. Bach notierte am Ende der Handschrift die Gesamttaktzahl „127" – eine Gepflogenheit, die sich in vielen seiner Autographe findet (siehe Abbildung 2), und zierte das Ende des Notentextes mit einem auffälligen geschwungenen, an eine Doppelhelix erinnernden Schlußschnörkel. Die Musik ist großenteils sehr sauber geschrieben, nur die letzten sechs Seiten zeigen Anzeichen von Eile. Größere Eingriffe sind nicht vorhanden und auch kleinere Korrekturen finden sich nur spärlich (etwa

---

[6] Neben der alten Paginierung verfügt die Handschrift auch über eine moderne Foliierung (1–10), die mit Bleistift eingetragen wurde.

[7] Zum Beispiel die Partiturabschrift von Bachs *Orione* (Oxford, Bodleian Library, *Tenbury MS 348*), von der Auszüge in Bd. 4 der *Collected Works*, New York 1989, abgebildet sind, sowie die Abschrift eines Marsches, der am 28. Mai 1993 bei Sotheby's in London versteigert wurde (siehe Los-Nr. 131; der Marsch ist auf S. 124 des Auktionskataloges abgebildet).

in den Partien Violino II und Oboe II in T. 32 sowie in Oboe II in T. 102–103). Bei dem verwendeten Papier handelt es sich um ein zehnzeilig rastriertes Papier mit dem Wasserzeichen Fleur-de-lis und einer Zeilenlänge von 19,75 cm.

*

Es erscheint ratsam, die Überlegungen zur Bedeutung dieses unbekannten, 127 Takte umfassenden großbesetzten Werks mit einer Betrachtung des Textes zu beginnen; der Wortlaut ist folgender (die meisten Wiederholungen wurden ausgelassen):

Oh Portento Oh stupor Privata assume
delle publiche cure
Donna imbelle il pensier
A' rischi esposta
Imprudente non sembra
Nulla promette
e fa tutto sperar
Oh che stupor
Qual fra viventi
può l'autore ignorar di tai portenti
oh stupor oh portento oh stupor

Wer mit den Dichtungen des Wiener Hofdichters Metastasio vertraut ist, wird sogleich erkennen, daß es sich hier im wesentlichen um den Text des Chors handelt, mit dem der erste Teil des Oratoriums *Betulia liberata* endet. Diese *azione sacra* entstand im Auftrag Kaiser Karls VI. und wurde in der Karwoche 1734 in einer Vertonung von Georg Reutter dem Jüngeren (1708–1772) uraufgeführt. Das Libretto, das die apokryphe Geschichte von Judith und Holofernes behandelt, wurde später noch häufig vertont, unter anderem 1771 von Mozart. Allerdings hat Bach nicht den gesamten Text von Metastasio übernommen, sondern drei Zeilen ausgelassen. Zum Zwecke des Vergleichs sei hier auch der originale Text des Oratorienchors zitiert, in dem die Bewohner der belagerten Stadt Bethulia ihrem Erstaunen darüber Ausdruck verleihen, daß Judith sich in das feindliche assyrische Lager begeben will (wo sie später den trunkenen Holofernes erschlagen wird):

Oh prodigio! Oh stupor! Privata assume	O Wunder! O Erstaunen! Daß eine friedliche Frau
Delle pubbliche cure	wie sie die öffentliche Verantwortung
Donna imbelle il pensier! Con chi governa	auf sich nimmt, ohne sich mit dem Herrscher
Non divide i consigli! A' rischi esposta	zu beraten, daß sie sich der Gefahr aussetzt,
Imprudente non sembra! Orna con tanto	ohne unklug zu wirken! Sie schmückt sich
Studio se stessa; e non risveglia un solo	mit großer Sorgfalt, und doch gibt es
Dubbio di sua virtù! Nulla promette;	keinen Zweifel an ihrer Tugend!

E fa tutto sperar! Qual fra' viventi Può l'autore ignorar di tai portenti?[8]	Sie verspricht nichts und gibt uns doch Hoffnung! Wie könnte der Urheber dieses Wunders solch ein Wesen mißachten?[9]

Auch wenn Bachs Chor unbekannt ist, kann das Stück nicht eigentlich als völlig „neue" Komposition angesehen werden. Tatsächlich handelt es sich um eine Parodie, die weitgehend auf dem „Domine Deus, Agnus Dei" aus Bachs 1758 entstandenem Gloria basiert.[10] Dieser Satz hat nur einen recht kurzen Text („Domine Deus, Agnus Dei, Filius Patris"), während die Dichtung Metastasios viel ausgedehnter ist. Zweifellos griff Bach in Metastasios Vorlage also deshalb ein, weil er die deutlich umfangreichere Dichtung in ein bereits existierendes Gefüge integrieren mußte, das ursprünglich auf einen viel kürzeren Text hin entworfen worden war. Bemerkenswerterweise sind Bachs offensichtlich erste Versuche, den neuen Text der vorhandenen Komposition anzupassen, erhalten geblieben: Wie Stephen Roe herausfand, hat Bach den Text von Metastasios Chor in winziger Schrift (und in einer Form,[11] die den Text in seiner letztlich verwendeten Gestalt recht genau vorwegnimmt) in sein Autograph des „Domine Deus, Agnus Dei" eingetragen (dieser Satz findet sich innerhalb der Originalpartitur des Gloria in der Staats- und Universitätsbibliothek Hamburg).[12]

Bachs im Grunde genommen freudige Dur-Vertonung der „neutralen" Worte des „Domine Deus, Agnus Dei" – mit ihrer modifizierten Da-Capo-Form (A – B – A', einschließlich zweier prächtiger Orchesterritornelle, von denen das zweite am Ende des A-Teils in der Dominante steht) und einer weitgehend homophonen Behandlung des Chors – bot einen keineswegs unpassenden musikalischen Rahmen für Metastasios Dichtung. Gewiß könnte man sich eine „ehrfurchtsvollere" Vertonung vorstellen, doch ist die freudige Stimmung ausgesprochen passend, da sie den glücklichen Ausgang der Geschehnisse für die Einwohner von Bethulia vorwegnimmt.

---

[8] *Opere del Signor Abate Pietro Metastasio Poeta Cesareo Giusta le ultime Correzioni, ed Aggiunte dell'Autore … Tomo Sesto*, Venedig 1784, S. 26.

[9] Für die Übersetzung dieses Texts bin ich Geneviève Geffray zu Dank verpflichtet.

[10] Siehe Warburton, *Thematic Catalogue* (wie Fußnote 4), S. 164 – 165 (E 3).

[11] „Oh Prodigio oh stupor | privata assume dalle publiche cure | donna imbelle il pensier | A rischi espo[sta] | Imprudente no non sembra | nulla promette | e fa tutto sperar | oh Stupor Chi fra viventi | qual fra viventi | puo l'autore ignorar di tai portenti". Es ist unklar, warum Bach später in der ersten Zeile das Wort „prodigio" durch „portento" ersetzte.

[12] Vgl. S. Roe, *Wiederaufgefundene Autographe von Johann Christian Bachs Mailänder Kirchenmusik in der Staats- und Universitätsbibliothek Hamburg (ND VI 540, Bd. 1–4)*, BJ 2002, S. 153 ff. Für den Hinweis auf den Chor „Domine Deus, Agnus Dei" bin ich Dr. Roe zu Dank verpflichtet. Das „Domine Deus, Agnus Dei" befindet sich in *ND. VI. 540*, Bd. 1, Bll. 70r–78r.

„Oh portento! Oh stupor!" folgt der harmonischen Disposition des „Domine Deus, Agnus Dei" weitgehend und behält auch das musikalische Material der Instrumentalritornelle und die Besetzung bei.[13] Der größte Unterschied zwischen den beiden Sätzen liegt in dem radikal umgeschriebenen Schlußteil (A') der weltlichen Fassung. Hier folgt auf eine verkürzte „Reprise" eine ausgedehnte 20 Takte umfassende Coda, die weitgehend neues Material verwendet, darunter eine eindrucksvolle Passage mit Vorhalten über einem Orgelpunkt auf der Dominante (siehe Abbildung 4). Diese Coda liefert mit ihrer Wiederholung der zu Beginn erklungenen Worte einen passenden Höhepunkt; die einfache, dem kirchlichen Stil entsprechende plagale Kadenz, die im „Domine Deus, Agnus Dei" als Miniatur-Coda dient, mußte hier offensichtlich ersetzt werden.

An anderer Stelle (in den Abschnitten des Werks, die den ursprünglichen harmonischen Plan beibehalten) kann man Bachs geschicktes Umarbeiten – oder besser Nachkomponieren – der Vokalstimmen nur bewundern. Auch die Orchesterbegleitung wurde hier und da in überraschender Weise revidiert, so etwa in T. 23 ff., wo in den Violinen neues musikalisches Material eingeführt wird, die Oboen mit anderen Partien bedacht sind und die Bratschen und Violoncelli eine exquisite neue Baßstimme beisteuern. Gewisse übertrieben wirkende Details in der Begleitung des „Domine Deus, Agnus Dei" (wie etwa der lombardische Rhythmus in den Oboen in T. 20 und in den Violinen in T. 51–52) werden in „Oh portento! Oh stupor!" nicht übernommen. Andererseits wurde hier das Satzgewebe in der Begleitung belebt und in seiner Struktur mittels einer ausgedehnten Verwendung einer aus der ersten Zählzeit von Takt 2 übernommenen rhythmischen Figur kohärenter gestaltet (siehe zum Beispiel T. 30–35, 39, 62, 72, 76 und 78). Insgesamt ist zu kon-

---

[13] In beiden Sätzen folgen die Takte 1–30 dem gleichen harmonischen Plan. In T. 30 beginnt „Oh portento! Oh stupor!" von dem im „Domine Deus, Agnus Dei" verwendeten Harmonieschema abzuweichen, und bei der ersten Kadenz auf der Dominante (T. 37 in „Oh portento! Oh stupor!") ist es bereits drei Takte länger als „Domine Deus, Agnus Dei". Zwischen dieser Stelle und der strukturell wichtigen Kadenz auf der Dominante vor dem zweiten Ritornell (T. 50 in „Oh portento! Oh stupor!") gibt es einige neu komponierte Passagen, und „Oh portento! Oh stupor!" gewinnt gegenüber der geistlichen Vorlage einen weiteren Takt. Der harmonische Plan (und auch weitere Eigenheiten) des zweiten Ritornells und des B-Teils sind in beiden Sätzen identisch mit der Ausnahme, daß „Oh portento! Oh stupor!" nach der ersten Zählzeit von T. 79 einen Takt verliert. Die A'-Teile folgen in den ersten 11 Takten einem ähnlichen Plan, danach weichen die beiden Sätze deutlich voneinander ab (siehe die nachfolgenden Bemerkungen im Haupttext). Es sei noch angemerkt, daß insgesamt das „Domine Deus, Agnus Dei" mit seinen 107 Takten 20 Takte kürzer ist als „Oh portento! Oh stupor!".

statieren, daß „Oh portento! Oh stupor!" ein größeres Maß an Klarheit und Einheitlichkeit – und damit in gewissem Sinne eine klassische Balance – erreicht, die man in der früheren, geistlichen Komposition vergeblich sucht. Besonders bemerkenswert ist in dieser Hinsicht die Neufassung der Vokal- und Instrumentalstimmen in den Takten 30–50 sowie die emphatische Verlangsamung des harmonischen Rhythmus an den beiden Kadenzstellen dieses Abschnitts.

*

Am Schluß dieser knappen Bemerkungen ist nach dem Zweck dieser Neufassung zu fragen. Hier zeichnen sich einige Möglichkeiten ab. Auch wenn nicht völlig ausgeschlossen werden kann, daß der Chor für die Königin bestimmt war, erscheint diese Möglichkeit doch wegen des italienischen Textes wenig wahrscheinlich. Eine Aufführung als unabhängiges Werk im Rahmen einer außerhöfischen Veranstaltung – etwa in der Serie der Bach-Abel-Konzerte – wäre weitaus plausibler. Oder könnte Bach zeitweilig den – und mit diesem einen Stück auch ansatzweise realisierten – Plan gefaßt haben, das Libretto *Betulia liberata* in Musik zu setzen? Allerdings sind keine weiteren Spuren für die Vertonung dieser *azione sacra* greifbar.[14] Es wäre auch denkbar, daß der Chor als Austauschsatz für eine fremde Vertonung des *Betulia*-Librettos oder gar als Einschub in ein völlig anderes Werk bestimmt war.

Zu berücksichtigen ist auch der Umstand, daß Bach ein vollständiges Oratorium komponierte – *Gioas, rè di Giuda*, erstmals aufgeführt am 22. März 1770 im Londoner King's Theatre. Könnte es eine Verbindung zwischen diesem Werk und dem Chor „Oh portento! Oh stupor!" geben? Bemerkenswerterweise sind nicht weniger als vier Chorsätze des *Gioas* (Nr. 2, 10, 11 und 23) Parodien nach Kirchenkompositionen aus Bachs italienischer Periode; unter den Vorlagen findet sich auch das Gloria von 1758, das einen anderen seiner Sätze an den hier vorgestellten Betulia-Chor abtreten mußte.[15] Sollte der Chor „Oh portento! Oh stupor!" zeitweilig in *Gioas* integriert werden, dann ließe er sich am ehesten am Ende des ersten Teils und auf Gioas' Mutter Sebia bezogen denken. Diese Hypothese zieht jedoch weitere Probleme nach sich und soll hier nicht weiter verfolgt werden.

---

[14] In Anbetracht der Verstümmelung von Metastasios Text wäre allerdings zu fragen, ob „Oh portento! Oh stupor!" wirklich als eine „angemessene" Vertonung angesehen werden kann – auch wenn der Inhalt praktisch unverändert bleibt.

[15] Auf das Gloria geht der letzte Abschnitt von Satz 23 zurück. Siehe *Collected Works*, Bd. 17, S. X. Diese Übernahmen erinnern an Mozarts Kantate *Davide penitente* KV 469, die acht ihrer zehn Sätze aus der C-Moll-Messe KV 427 entlehnt.

Zukünftigen Forschungen mag es überlassen bleiben, Licht in dieses zum jetzigen Zeitpunkt undurchdringliche Dunkel zu bringen. Nach dem hier vorgestellten Fund dürfen wir jedoch zuversichtlich hoffen, daß die fortgesetzte intensiv betriebene Suche nach anonymen Handschriften in der British Library und anderswo noch weitere Schätze ans Tageslicht zu bringen vermag, die – um ein denkwürdiges Wort von Terry zu gebrauchen – die „Bibliothek der vergessenen Dinge füllen".[16]

John Arthur (London)
(Übersetzung: *Stephanie Wollny*)

Abbildung 1. J. C. Bach, „Oh portento! Oh stupor!", T. 1–6, GB-Lbl, *R.M.24.a.8.*, S. 157

Abbildung 2. J. C. Bach, „Oh portento! Oh stupor!", T. 122–127, GB-Lbl, *R.M.24.a.8.*, S. 176

Abbildung 3. G. P. da Palestrina, Motette „Dies Sanctificatus", T. 1–12, GB-Lbl, *R.M.24.a.8.*, S. 181, Übertragung eines unbekannten Schreibers (Frederick Nicolay?)

Abbildung 4. J. C. Bach, „Oh portento! Oh stupor!", T. 110–115, GB-Lbl, *R.M.24.a.8.*, S. 174

---

[16] C. S. Terry, *John Christian Bach*, 2. Auflage, London 1967, S. 168.

Abbildung 1

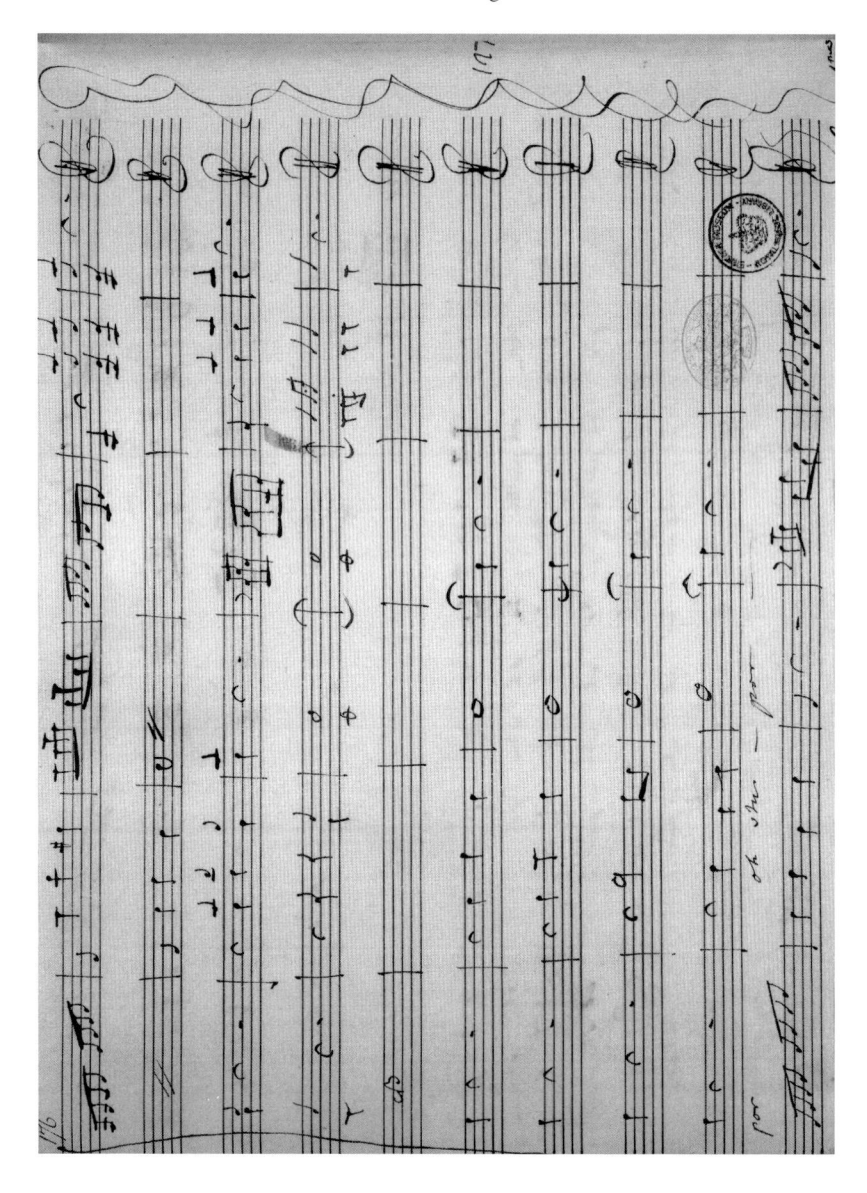

Abbildung 2

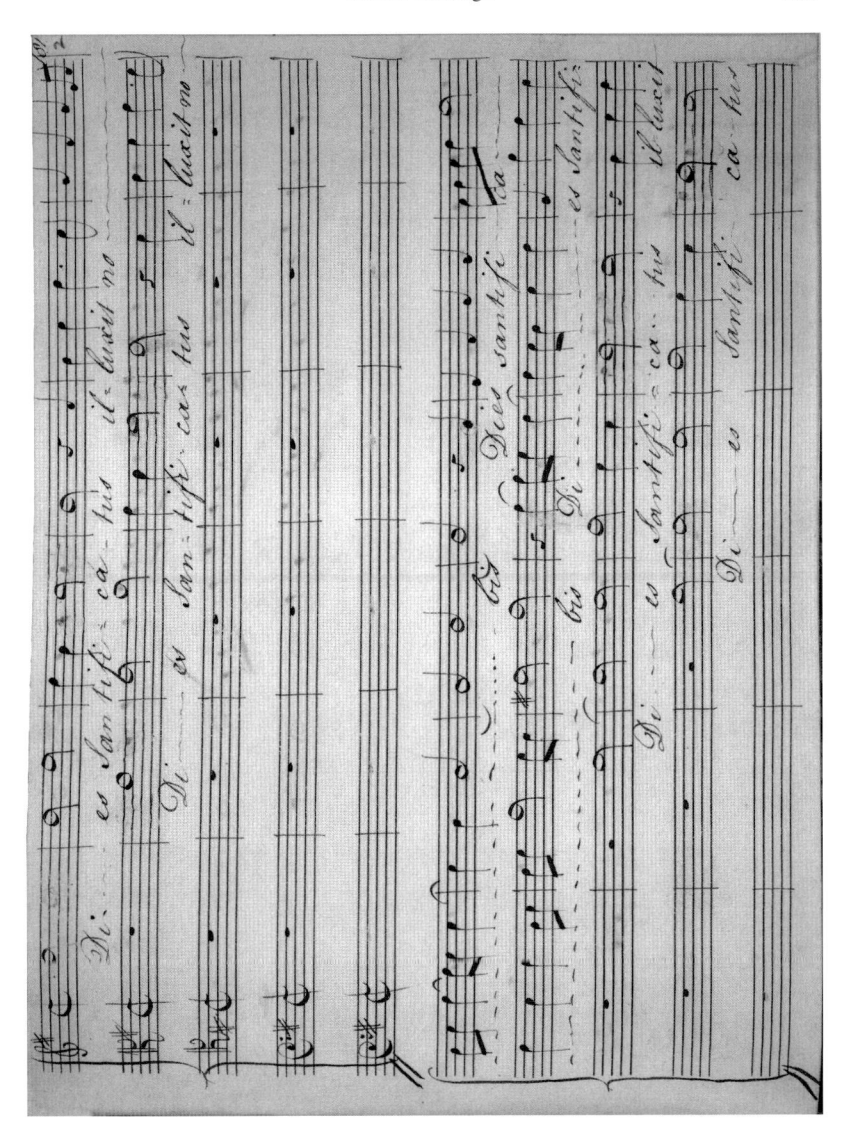

Abbildung 3

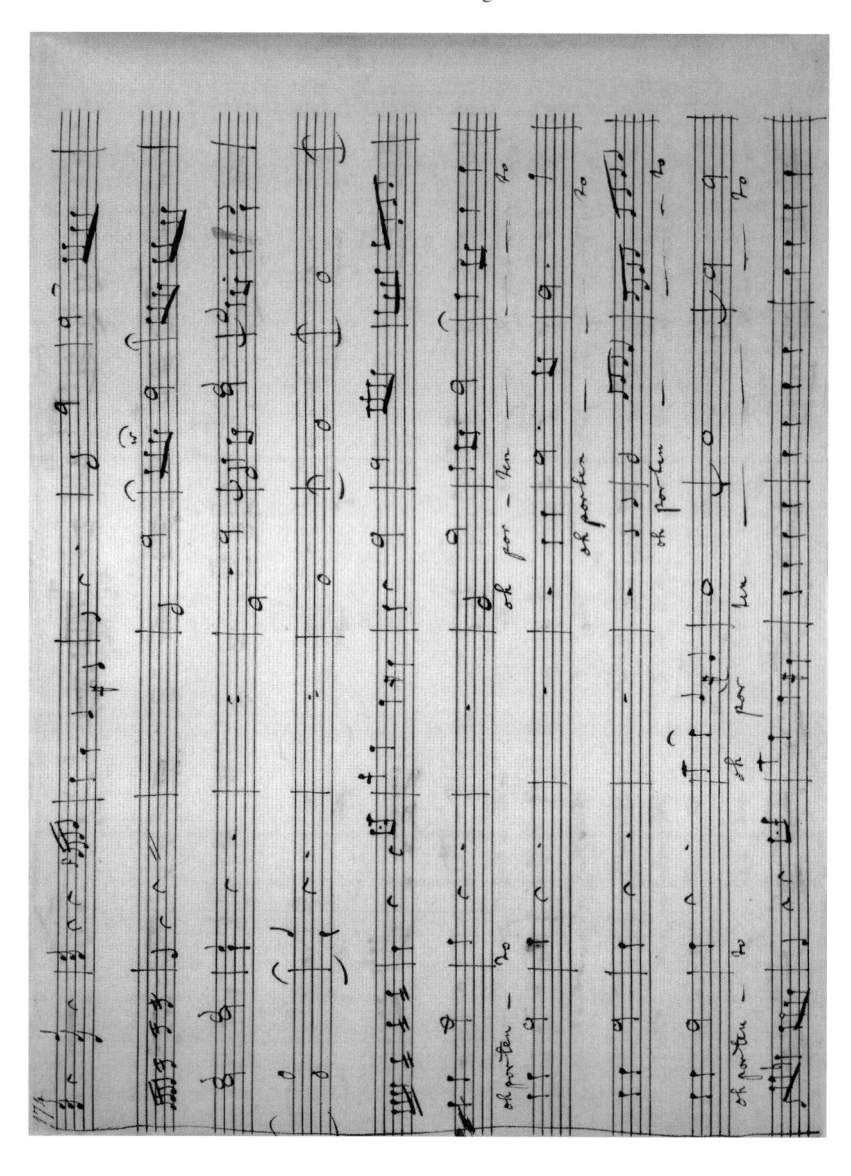

Abbildung 4

BESPRECHUNGEN

Bach-Interpretationen. Eine Zürcher Ringvorlesung zum Bach-Jahr 2000, hrsg. von Hans-Joachim Hinrichsen und Dominik Sackmann, Bern und Berlin: Peter Lang, 2003 (Zürcher Musikstudien, Forschung und Entwicklung an der HMT Zürich. 3.) 221 S.

Bachs 250. Todestag im Jahr 2000 hat seinerzeit nicht nur die verschiedensten Konzert-, Buch-, Festival-, Schallplatten- und Museumsprojekte stimuliert; im Zusammenhang mit dem Abschluß der *Neuen Bach-Ausgabe* und wohl auch einem Generationswechsel unter den ausübenden Musikern ist seither auch ein wachsendes Bedürfnis wahrzunehmen, sich einerseits über die Geschichte der Bach-Interpretation Rechenschaft abzulegen und andererseits über die Perspektiven des gegenwärtigen und künftigen Umgangs mit Bachs Musik nachzudenken. Dieser doppelten Zielstellung ist auch ein Sammelband verpflichtet, der auf eine im „Bach-Jahr" 2000 in Koproduktion mit der Hochschule für Musik und Theater Zürich an der dortigen Universität gehaltene Ringvorlesung zurückgeht. Wie die Herausgeber Hans-Joachim Hinrichsen und Dominik Sackmann in ihrer Vorbemerkung betonen, wird der Begriff der „Interpretation" darin sowohl im Sinne der musikalischen Umsetzung als auch der sprachlich-analytischen Beschreibung verstanden. Es ist dieses weitherzig ausgelegte und dabei kritisch reflektierte Begriffsverständnis, das die recht unterschiedlichen Zugänge der einzelnen Autoren verbindet und das trotz einer gewissen Heterogenität der Beiträge dem Band seinen Wert verleiht.

Grundsätzlichen Fragen, aber auch verschiedenen Details der Aufführungspraxis Bachs widmen sich die einleitenden Beiträge von Siegbert Rampe und Dominik Sackmann. Beide setzen sich dabei kritisch mit gegenwärtigen Erscheinungen innerhalb der Interpretationslandschaft auseinander. Rampe versucht sich dabei zunächst an einer begriffsgeschichtlichen Herleitung des Vorgangs der Interpretation, den er als einen Übertragungs- und Vermittlungsvorgang vom Werk hin zum Publikum auffaßt. Aus dieser Verantwortung gegenüber dem Text leitet er eine Kritik an den Zwängen und Mechanismen des kommerziellen Musikbetriebs ab, deren vom Vorrang des Außergewöhnlichen gegenüber dem unspektakulären Werkverständnis geprägte Ausrichtung Folgerungen bis in die wissenschaftliche Aufbereitung und Thesenbildung nach sich ziehe. Trotz der etwas mechanisch anmutenden Fassung des

Interpretationsbegriffes ist dieser energischen Einrede ebenso zuzustimmen wie dem damit verbundenen Aufruf zur Selbstreflexion auch der Aufführenden.

Im zweiten Teil seines ausgedehnten Beitrages wendet Rampe die zuvor entwickelten Kategorien zur Bewertung interpretatorischer Fähigkeiten auf Bach selbst an und bemüht sich mithilfe der spärlichen historischen Zeugnisse zu Bachs Konzertätigkeit sowie anhand von Informationen aus den originalen musikalischen Quellen um ein Profil des Musikers Bach und damit um Antworten auf die Frage, was Bach selbst unter einer gültigen Interpretation seiner Werke verstanden haben könnte. Im Ergebnis dieser Überlegungen formuliert Rampe die These einer von der relativ flexibel behandelten interpretatorischen „Oberfläche" weitgehend getrennten kompositorischen Substanz und gelangt damit unversehens für Bach zu einem durchaus traditionellen Werkbegriff. In drei abschließenden Betrachtungen, die sich stark an die Ergebnisse und Deutungen des Sammelbandes *Bachs Orchestermusik* anlehnen, beschäftigt sich Rampe mit Einzelfragen der Bach-Interpretation (Alla breve-Notation, Besetzungsstärken, Werkchronologie der Konzerte) und markiert damit mögliche Ansatzpunkte für eine aus den Bedürfnissen der unmittelbaren musikalischen Praxis hervorgehende werkgeschichtliche Interpretation.

Dominik Sackmanns Beitrag beginnt zunächst als Plädoyer gegen eine mittlerweile bedenklich zunehmende Haltung des „anything goes" in der Interpretation und Aufführungskultur Bachs und der Alten Musik überhaupt. Das „Projekt Aufführungspraxis" erscheint ihm hingegen als noch keineswegs abgeschlossen, vielmehr bedürfe es nach wie vor der Auseinandersetzung mit den grundlegenden Quellen der Aufführungspraxis und mit allen im Einzelfall erreichbaren Informationen, um der musikalischen Interpretation zumindest ein Gerüst an historischer Evidenz vorzugeben. Wie eine solche Analyse der historisch allenfalls verbürgten interpretatorischen Möglichkeiten aussehen könnte und wie die auf dem Markt befindlichen Einspielungen daran zu messen sind, exerziert der Autor am Beispiel von Präludium und Fuge f-Moll BWV 881, für das bereits seit dem 18. Jahrhundert eine Rezeptionstradition vorliegt, mit allem Geschick vor. In einer mehrstufigen Fallstudie zur Ornamentik in Bachs Orchesterwerken wendet Sackmann seine – gelegentlich allerdings etwas demonstrativ „kritische" und daher hin und wieder polemische – Methode nochmals mit Gewinn an. Besonders hervorhebenswert ist die zu Recht mehrfach aufgeworfene Frage nach dem Informationswert von Quellen aus dem späteren 18. Jahrhundert für die Aufführungspraxis Bachs; Sackmanns Plädoyer gegen einen bequemen Relativismus schließt also auch den sorgfältigeren Umgang mit Quellen ein, die es nicht nur zu zitieren, sondern selbst zu interpretieren gälte.

Meinrad Walters Beitrag „J. S. Bachs geistliche Musik als ‚Sprache des Glaubens' – Was bedeutet das für die Aufführungspraxis?" wendet sich der bisher allzu oft vernachlässigten Verbindung zwischen einer am Text und vor allem am Kontext orientierten theologischen Interpretation und der eigentlichen musikalischen Realisierung Bachscher Kompositionen zu. Walters Versuch, über praxisferne und in sich geschlossene Interpretationsmodelle hinauszukommen und nach Wegen zu suchen, auch die symbolische Ebene der Musik zum Klingen zu bringen, ohne die Interpretation mit augenmusikalischen Deutungen zu überladen, nimmt ihren Ausgang von Überlegungen zur Natur der Sprache und ist eingebettet in ein kluges und wohltuend offenes Nachdenken über mögliche Verständnisebenen der Bachschen Musik. Indem er diese bewußt nicht hierarchisch behandelten oder kontrovers gegeneinander ausgespielten Zugänge mit Hilfe des Begriffspaares „Ästhetik und Symbolik" als miteinander verbundene, in der Rezeption und Analyse jedoch differenziert zu behandelnde Ebenen des Bachschen Schaffens selbst ausmacht, gelangt er nicht zu einem dreistufigen Modell der hörenden, verstehenden und religiösen Aneignung der Bachschen Musik, sondern liefert auch eine werkimmanente Theorie von einigem Erklärungswert für den Umgang mit ihren ganz unterschiedlichen Realisierungen. Walters Vorschläge für eine praktische Umsetzung symbolischer und theologischer Gehalte nehmen dem Musiker die Entscheidung nicht ab, sie schärfen jedoch zumindest das Bewußtsein für die Angemessenheit von Aufführungskontexten.

Mit der Frage nach dem Verhältnis von „Takt und Metrik in Bachs Fugen" begibt sich Hermann Gottschewski weit in den Bereich der praktischen Realisierung hinein und liefert damit ein Stück Entzauberung des noch immer allzuoft mystifizierten Bereiches der subjektiven Interpretation. Seine Untersuchungen des Verhältnisses „äußerer" und „innerer" metrischer Verläufe und seine Frage nach taktübergreifenden Einheiten innerhalb ausgewählter Fugen des Wohltemperierten Klaviers bilden nicht nur einen durchaus erfrischenden Beitrag zum analytischen Verständnis der Musik Bachs, die sich unter diesem Blickwinkel teilweise als kalkuliertes Spiel mit der auf periodische Wiederholungen setzenden Hörerwartung erweist. Gottschewskis Fragestellungen bieten auch den Interpreten in verblüffend schlüssiger Form Hilfsmittel zur Vorbereitung einer differenzierten und den musikalischen Verläufen gerecht werdenden Interpretation.

Johann Sonnleitners Auseinandersetzung mit den womöglich mißverstandenen Bach-Tempi Czernys läuft frühzeitig erkennbar auf eine Rehabilitierung des seinerzeit berühmten Klavierpädagogen hinaus. Dabei gelingt es dem Autor mittels einer scharfsinnigen, gelegentlich allerdings etwas zu „beispielversessenen" Beweisführung, Czernys Bach-Ausgaben durch eine Rückübersetzung der eigentlich gemeinten Tempovorschriften wieder stärker in die musikalische Vorstellungswelt der Klassik und Romantik einzuordnen. Daß Sonnleitners Argumentation trotz der zahlreich beigegebenen Noten und Abbildungen nicht immer leicht nachzuvollziehen ist, mußte bei der im Rahmen des Bandes notwendigen Verwandlung einer lebendigen Demonstration in eine Schriftfassung sicher in Kauf genommen werden. Mit der Aufdeckung verlorengegangener Selbstverständlichkeiten des Metronomgebrauchs und der musikalischen Zeitzählung lädt die Studie generell zur skeptischen Hinterfragung von Interpretationsgewohnheiten ein – und zwar gerade für das durch seine Druckausgaben vermeintlich so textsichere 19. Jahrhundert.

Hans-Joachim Hinrichsens abschließender Beitrag vermittelt anhand einer Untersuchung der Aufführungs- und Editionsgrundsätze Moritz Hauptmanns und Wilhelm Rusts einen konzentrierten Einblick in die Werkstatt gelehrter Praktiker des 19. Jahrhunderts, deren Bach-Interpretation in einem deutlichen Spannungsfeld zwischen den Erfordernissen des musikalischen Alltags und dem auf absolute Texttreue setzenden Credo der Herausgeber stand. Ein wichtiges Ergebnis der kleinen Studie besteht darin, das noch immer vorherrschende Bild einer geschlossenen „Bach-Aufführungspraxis" der Romantik aufzubrechen und neben den vielen Gemeinsamkeiten auch die Spannungen und die dynamische Entwicklung des Bach-Verständnisses deutlich zu machen, die auch die Herausgebergenerationen der BG immer wieder zur Modifikation ihrer Grundsätze zwang. Die beigebenen Faksimiles geben dem Leser (und Aufführenden) dankenswerter Weise die Möglichkeit, sich auch einmal bis ins Detail hinein ein eigenes und unbefangenes Bild von verschiedenen aufführungspraktischen Bemühungen und Lösungen des 19. Jahrhunderts zu machen.

Der Band enthält im einzelnen nicht überall Neues und er kann mit seinen sechs Einzelbeiträgen auch sicherlich nicht als repräsentatives Spektrum der gegenwärtig möglichen Bach-Interpretationen angesehen werden. Dafür liefert er jedoch zahlreiche Ansätze zum Weiterdenken und ist geeignet, aktuelle und historisch gewachsene Problemstellungen und Fronten innerhalb der Bach-Interpretation auf verbesserter Argumentationsbasis zu diskutieren. Wertvoll ist der Band auch deshalb, weil er in sich selbst das methodologische Dilemma austrägt, das zu einer Begleiterscheinung der Interpretationsgeschichte gerade eines so vielgespielten und diskutierten Komponisten wie Bach geworden ist. Siegbert Rampes nicht ganz unberechtigte Kritik an einer bisher gegenüber der Untersuchung der Aufführungspraxis und der musikalischen Analyse überwiegenden Quellenfixierung der Bach-Forschung könnte insofern zwar durchaus einen nach Abschluß der NBA anstehenden Paradigmenwechsel andeuten, der durch die ganz andere Ausrichtung des vorliegenden Bandes gegenüber den vor mehr als dreißig Jahren von Martin Geck herausgegebenen „Bach-Interpretationen" bereits deutlich Gestalt gewonnen hat. Andererseits ist es aber genau diese Vermischung der strengen und (wenn auch nur in der Theorie) gänzlich wertfreien Philologie mit aufführungspraktischen und -pädagogischen Intentionen und noch so wohlmeinenden, dabei aber unvermeidlich subjektiven Interpretationen, die den

Umgang mit Bach in der Tradition des 19. Jahrhundert so belastet hat. Mehrere Beiträge des Bandes sind insofern über die darin behandelte Thematik hinaus und trotz des von der Zürcher Ringvorlesung beispielhaft angebotenen Dialoges von Wissenschaftlern und Praktikern in Wahrheit implizite Plädoyers für eine intelligente Arbeitsteilung zwischen zwei Berufsgruppen und Interpretationsmodi. Eine definitive Auflösung des Spannungsverhältnisses von Theorie und Praxis ist nicht nur unrealistisch, sie läge vermutlich auch nicht im Sinne der beiden Parteien – das gemeinsame Gespräch hingegen kann im Sinne der geforderten und von den Beiträgen überwiegend auch eingelösten kritischen Selbstreflexion manche offene Frage klären helfen.

Der methodische „Zirkel" der Interpretation läßt sich somit zwar nicht auflösen oder verlassen, doch bleibt das Insistieren auf dem Text oder auch den Texten im Sinne der unablässigen Suche nach Dokumenten und innermusikalischen Informationen zur Aufführungspraxis mitsamt der methodisch skrupulösen Entwicklung von Kriterien ihrer angemessenen Interpretation und Entschlüsselung eine vordringliche Aufgabe auch der Bach-Forschung. Daß die historisch orientierte Musikwissenschaft aus dieser methodenbewußten Hinwendung zur Praxis in Zukunft mehr als nur einen kleinen Teil ihrer Daseinsberechtigung beziehen wird, daß sie vielmehr als – gegebenenfalls auch skeptischer – Partner interessierter Praktiker ein nötiges Korrektiv zu den Zwängen des Marktes und einer gewissen modischen Beliebigkeit der Interpretationen und Deutungen darstellen kann, dafür legen Vorhaben wie dieser Sammelband ein ermutigendes Zeugnis ab.

Anselm Hartinger (Basel)

Irmgard Scheitler, *Deutschsprachige Oratorienlibretti. Von den Anfängen bis 1730*. Paderborn · München · Wien · Zürich: Ferdinand Schöningh, 2005 (Beiträge zur Geschichte der Kirchenmusik. 12.) 429 S.

Mit Fug und Recht gilt das Libretto als eine „literarische Leitgattung am Ende des 17. Jahrhunderts". Um so mehr muß es verwundern, daß Musikwissenschaft wie Germanistik das deutschsprachige Oratorienlibretto gegenüber dem Operntext viel zu lange zwar nicht gerade sträflich vernachlässigt, aber doch merklich zurückgesetzt haben. Hier für Abhilfe zu sorgen, ist das erklärte Ziel der von der Würzburger Germanistin Irmgard Scheitler vorgelegten eingehenden Untersuchung. Dabei geht es ihr keinesfalls lediglich um „Oratorische Passion und Passions-Oratorium aus germanistischer Sicht"; ausgestattet mit allem erdenklichen Rüstzeug in Hinsicht auf Neuere deutsche Literatur, auch Theologie sowie auf Beziehungen zwischen Musik und Literatur, vermag sie sich der durchaus nicht immer dankbaren, vielmehr zuweilen recht spröden und sperrigen Materie ständig von unterschiedlichen Seiten her zu nähern und ihr durch den Wechsel der Perspektive bemerkenswert neue und nicht selten unerwartete Facetten abzugewinnen.

Eine konzentrierte Einleitung handelt von Weg und Ziel der Arbeit, von Begriffsgeschichte und Überlieferungsfragen, begründet die Wahl des Jahres 1730 als zeitlicher Obergrenze und schildert den Forschungsstand: „Die vorliegenden umfassenden Gattungsdarstellungen zum Oratorium stammen alle aus [sic; gemeint: von] der Hand von Musikwissenschaftlern: Schering, Massenkeil, Smither. Daß sich solche Darstellungen nicht mit komplizierten Herkunftsrecherchen, metrischen Analysen und intertextuellen Vergleichen aufhalten können, ja dies berechtigterweise auch nicht als ihre Aufgabe ansehen, versteht sich. Umso mehr ist hervorzuheben, daß sich die mehrbändige Darstellung von Smither immer wieder mit viel Sachverstand den Texten zuwendet. Smithers wissenschaftliche Gründlichkeit ist zudem vorbildlich. Ein vergleichbares Werk existiert im deutschen Sprachraum nicht." Scharf ins Gericht geht Irmgard Scheitler mit Arnold Scherings *Geschichte des Oratoriums* (1911), einem einstigen „Pionierwerk". Ihr gilt es als veraltet, durch neuere Funde überholt, mit seiner „Neigung zu vorschneller Überschau über geistesgeschichtliche Zusammenhänge", der „selbstsicheren Konstruktion von Zusammenhängen, der scheinbaren Plausibilität von nicht immer begründbaren Urteilen" leicht in die Irre führend. Unverzichtbar seien dagegen „jene alten lokalgeschichtlichen Untersuchungen", die „in der Zeit des philologischen Positivismus zur Theater-, Musik- und Kulturgeschichte vieler größerer Kommunen abgefaßt wurden" und vieles festgehalten hätten, was anderenfalls der Ungunst der Zeitläufte zum Opfer gefallen und unwiederbringlich verloren wäre.

„Ein wesentlicher Teil der vorliegenden Arbeit bestand in der Relektüre von Texten, die wissenschaftlich schon erfaßt und bekannt, jedoch nicht literaturwissenschaftlich untersucht und literarhistorisch gewürdigt sind. Gleichwohl sind auch neue Textquellen erschlossen worden." Die letzte Bemerkung ist deutlich untertrieben; in Wirklichkeit handelt es sich um eine Vielzahl solcher Quellen. Jedes neu ermittelte Textexemplar kann gar nicht hoch genug bewertet werden; schließlich sind diese – gedruckten – Texte oftmals die einzigen und letzten Zeugen für verlorengegangene – zumeist handschriftliche – Musikwerke.

Ausdrücklich hingewiesen wird in der Einleitung auf die Unmöglichkeit, das vorhandene Material zum gegenwärtigen Zeitpunkt auch nur annähernd vollständig heranzuziehen oder wenigstens zu verzeichnen: „Nur einzelne Orte (vor allem Hamburg, Lübeck, Gotha, Rudolstadt, Breslau, Wien, Nürnberg), Komponisten (vor allem Telemann, Mattheson, Stölzel, Schmelzer, Reutter) und Dichterœuvres (zum Beispiel Klaj, Dedekind, König) konnten näher betrachtet, nur einzelne Bibliotheken gründlicher erforscht werden." Feldarbeit wird auch in Zukunft unerläßlich sein: Kleinere Bibliotheken und Archive, Werkausgaben auch wenig bekannter Dichter, Einzeldrucke von Gedichten und Strophen, Zeitungsnotizen mit Aufführungsnachweisen sowie andere Materialien dürften noch so manchen bislang vermißten Beleg liefern. Insoweit redet der Buchtitel vorausschauend lediglich von „Deutschsprachigen Oratorienlibretti" anstelle des zu erwartenden „Die deutschsprachigen Oratorienlibretti".

Ungeachtet dieser selbstgewählten Einschränkung gilt es einen überbordenden Stoff zu bewältigen, eine Aufgabe, deren Lösung sieben Kapiteln unterschiedlicher Ausdehnung und Gewichtigkeit obliegt. Während Kapitel 1 das vielfarbige Panorama zwischen den frühen, vor allem protestantischen Dialogkompositionen und etwa Buxtehudes Abendmusiken unter „Werke des 17. Jahrhunderts im Umfeld des Oratoriums" subsumiert, nähert sich Kapitel 2 über „Historia und Passion mit ‚Arien'" historisch sowie weitgehend geographisch einem Untersuchungsfeld – Herkunft und Funktion von Einlagesätzen –, dem mit anderer Zielstellung auch Werner Brauns noch immer unübertroffene Arbeit über *Die mitteldeutsche Choralpassion im achtzehnten Jahrhundert* (1960) verbunden ist. Als Zwischenstation erscheint in der Folge Kapitel 3 über „Die neue Kantate", in dessen Zentrum erwartungsgemäß die madrigalische Kantate nebst Vor- und Wirkungsgeschichte und ihre Kulmination in den Beiträgen Erdmann Neumeisters stehen. Kapitel 4 erreicht endlich „Die Anfänge des poetischen Oratoriums" mit der an Neuerungen Neumeisters sowie an (nicht näher beschriebene) kirchenmusikalische Entwicklungen in Italien anknüpfenden „ersten uns bekannten ganz poetischen Passion" aus der Feder von Christian Friedrich Hunold, der von Kontroversen begleiteten Aufnahme eines solchen „geistlichen Schauspiels" in Hamburg und dessen Rolle als „Stammvater einer Gattung" und als „Muster einer Reihe von Nachahmern". Hieran schließt sich ein ausführlicher Exkurs über das bislang weitgehend unterbelichtete „Oratorium in katholischen Gebieten" (Kapitel 5), ehe abschließend „Das Oratorium als etablierte Form" geschildert wird (Kapitel 6). Eine Nachbetrachtung (Kapitel 7) würdigt „Begriff und Poetik des Oratoriums" und akzentuiert damit gebührend den genuin germanistischen Forschungsansatz.

Daß das in den vorstehend charakterisierten Kapiteln dargelegte, bald mittels subtiler Einzelanalysen und ausführlicher Textzitate ausgebreitete, bald lediglich mit einer kurzen Fußnote bedachte, im ganzen zumeist überaus heterogene Material sich gleichsam durch seine eigene Schwerkraft zu einem leicht überschaubaren Gesamtbild vereinigen könnte, wird niemand erwarten dürfen. Individuelle Stärken und Schwächen der Poeten des 17. und 18. Jahrhunderts, lokale und regionale Besonderheiten, aber auch die häufigen Überlieferungsdefizite lassen sich anbietende Entwicklungsstränge immer wieder pausieren oder auch gänzlich abreißen. Der in Irmgard Scheitlers bahnbrechenden Untersuchungen sich abzeichnende Geschichtsverlauf bleibt gleichwohl nachvollziehbar und wird für künftige Einzeluntersuchungen als festes Fundament verfügbar sein.

Daß die vorab bestimmte Zeitgrenze 1730, die die endgültige Etablierung des deutschsprachigen Oratoriums markieren soll, in der Darstellung nicht allenthalben streng beachtet wird, läßt sich von Fall zu Fall rechtfertigen und gestattet weitergehende Ausblicke auf die Passionsmusiken Telemanns, auf die Entwicklung der Lübecker Abendmusiken, aber auch auf die Poetik und Stilistik des Oratoriums im späteren 18. Jahrhundert. Der mit Rücksicht auf die reichhaltig vorhandene Literatur beschlossene Verzicht auf eine genauere Untersuchung der Texte zu den von Johann Sebastian Bach selbst komponierten beziehungsweise den von ihm aufgeführten fremden Passionsmusiken bleibt dagegen zu bedauern. Bis auf weiteres als Desideratum zu führen ist daher ein kompetentes literaturwissenschaftliches Urteil über Bachs Passionstexte – die von mir gelegentlich als „Florilegium" bezeichnete, in der Nähe des Typus' „Passionsmusik mit fakultativen Einlagen" angesiedelte bunte Zusammenstellung der Johannes-Passion, die durch das intendierte Parodieverfahren vorgeprägten Ariensätze der verschollenen Markus-Passion und insbesondere die als Kunstwerk konzipierte, an Passionspredigten des Rostocker Theologen Heinrich Müller angelehnte Picander-Dichtung für die Matthäus-Passion nebst der bis heute nicht abschließend beantworteten Frage nach der Priorität der freien Dichtung für diese Passion beziehungsweise für die mit ihr verknüpfte Köthener Trauermusik. Auch hinsichtlich der noch immer ungeklärten Herkunft der für Leipziger Aufführungszwecke abgeschriebenen Lukas-Passion BWV 246 wären aus einer Textanalyse gewonnene zweckdienliche Hinweise zu erhoffen.

Angesichts der Fülle des von Irmgard Scheitler vorgelegten Materials und ihrer präzisen Arbeitsweise bei dessen Durchdringung hält die Zahl möglicher Verbesserungswünsche sich begreiflicherweise in Grenzen. Angenehm berühren das Festhalten an der traditionellen Rechtschreibung sowie die klare, dem Gegenstand angemessene Sprache, die nur an ganz wenigen Stellen in den Alltagsjargon („fällt flach", S. 349, „Machart", S. 15) oder in bemühte Modernismen abgleitet („Fenster", „Patchwork-Technik", „Cross-over", „Schnittstellen", S. 18, 202, 217, 225). Einige wenige Satzversehen, die bei der Korrektur überlesen worden sind, fallen ebenfalls kaum ins Gewicht. Einzelne sachliche Corrigenda lassen sich auf Unzulänglichkeiten der benutzten Sekundärliteratur zurückführen. So sollten dem Gothaer Hofkapellmeister Christian Friedrich Witt (S. 190) die von Andreas Glöckner ermittelten korrekten Lebensdaten (1665–1717, vgl. LBB 1, 1995, S. 33) zugeordnet werden. Daß Gottfried Heinrich Stölzel auf Texte seines – bereits 1709 verstorbenen – Schwiegervaters Johann Knauer zurückgegriffen habe (S. 340), konnte ich schon vor längerer Zeit in einer redaktionellen Fußnote zu einem Beitrag aus der Feder von Helmut K. Krausse als wenig wahrscheinlich bezeichnen (BJ 1981, S. 17f.). Mit M[agister] Knauer dürfte vielmehr der 1690 geborene Sohn Johann Oswald Knauer (Stölzels Schwager) gemeint sein.

Inwieweit Picanders Passionstext „Erbauliche Gedancken" aus dem Jahre 1725 „nicht als Libretto einer Aufführung" gelten sollte (S. 345f.), wäre zumindest zu überlegen. Primär ließe sich hier wohl an die Leipziger Neukirche und ihren Musikdirektor Georg Balthasar Schott denken. Auf eine spätere – zweifellos erst nach 1730 anzusetzende – Komposition durch den an der Dresdner Annenkirche tätigen Organisten Christoph Ludwig Fehre habe ich gelegentlich hingewiesen (*Bach-Studien 10*, Leipzig 1991, S. 209, 214) und eine in Halle angefertigte Magisterarbeit (Cordula Timm-Hartmann) angeregt. Zwei bisher unbekannte Aufführungsbelege aus Nürnberg (1729 sowie später) gehören zu den von Irmgard Scheitler erschlossenen „neuen Textquellen". Vielleicht liefert diese nach Süden weisende Wirkung des Picander-Textes den Schlüssel für die 1788 belegte Bemerkung, daß der nachmalige Augsburger Musikdirektor Johann Gottfried Seyfert (1731–1772) bereits als Fünfzehnjähriger die „Leiden des Heilandes" nach Picander in Musik gesetzt haben soll.

In Erdmann Neumeister den Schöpfer des „gemischten Kantaten-Typus" zu sehen (S. 149 u. ö.), ist zwar üblich, verkennt aber die Tatsache, daß die Zusammenstellung von Rezitativ und Arie sowie Bibelwort und Choralstrophe bereits für einen mehrfach nachgedruckten, erstmals 1704 in Meiningen belegten anonymen Textjahrgang gilt. Erst sieben Jahre später setzte Neumeister auf ausdrücklichen Wunsch Georg Philipp Telemanns ein gleichartiges Unternehmen in Gang und wurde damit seinem Prinzip der „Geistlichen Cantaten statt einer Kirchenmusik" von 1702 untreu (BJ 2002, S. 195, mit Hinweisen auf ältere Literatur). Daß es gerade Neumeister war, der dieser gemischten Textform zum endgültigen Durchbruch verhelfen sollte, bleibt hiervon unberührt.

Ob die seit dem Zweiten Weltkrieg in größerer Zahl vermißten Hamburger Oratorienlibretti aus dem Bestand der dortigen Staats- und Universitätsbibliothek (S. 312) als zerstört und endgültig verloren gelten müssen, läßt sich derzeit nicht beurteilen; dergleichen Materialien könnten durchaus noch als „Trophäen" beziehungsweise „Beutekunst" über kurz oder lang in Moskau wieder auftauchen (vgl. den Beitrag von Andreas Glöckner im vorliegenden Jahrgang) und so die Kenntnis des Hamburger Repertoires präzisieren helfen. In diesen Zusammenhang gehört wahrscheinlich auch ein 1729 datiertes „Oratorium Passionale", das mit dem Choral „Jesu Leiden, Pein und Tod" beginnt und sich mit einem Tutti „Unendlich preist das Herz" fortsetzt. Dieses Werk, dessen Partitur die damalige Preußische Staatsbibliothek im Juni 1929 bei der Versteigerung der Musikbibliothek Werner Wolffheims erworben und unter der Signatur *Mus.ms.anon. 1569* ihrer Musiksammlung zugeordnet hat, weist nach der Beschreibung im Auktionskatalog gereimten Text und allegorische Figuren (Tochter Zion, Die Christliche Kirche) auf und ist „mit großen Mitteln gearbeitet". Nach noch unveröffentlichen Untersuchungen von Christine Blanken (Leipzig), denen hier nicht vorgegriffen werden soll, handelt es sich augenscheinlich um das Autograph eines der großen Oratorienmeister der Zeit.

Als Beitrag zu der noch zu leistenden Feldforschung sei hier auf die Texte zu einer Folge von acht Passionskantaten hingewiesen, die von Estomihi bis Karfreitag 1719 – mithin in der Zeit des Gothaer Interregnums zwischen dem Tod Christian Friedrich Witts und dem Dienstantritt Gottfried Heinrich Stölzels – in Meiningen aufgeführt worden sind. Die mit der Choralstrophe „Seht, wie Gott die Welt geliebt" einsetzende Kantatenreihe findet sich unter dem Titel „*Geschichte | Des Leydens unsers | HErrn und Heilandes | JEsu Christi | Nach den vier Evangelisten/ | Nebst beygefügten | Betrachtungen | Nach Ordnung | der hierüber gepre- | digten Texte | In der | Hoch-Fürstl. Sachsen-Coburg- | Meinungischen | Hoff-Capelle | abgesungen. | Gedruckt im Jahr 1719.*" auf S. 191–275 in jenem Textband, den ich im Herbst 2001 bei der Versteigerung von Resten der ehemaligen Herzoglichen Bibliothek Meiningen erwerben und im Bach-Jahrbuch 2002 (S. 193 ff.) vorstellen konnte und den ich Anfang Dezember 2004 der Bibliothek des Bach-Archivs Leipzig als Geschenk übergeben habe. In unbekannten Besitz gelangte 2001 ein ebenfalls mitversteigertes fragmentarisches Textbuch zu einer Passionsmusik von 1713, als deren Komponist Johann Ludwig Bach (1677–1731) genannt wird. Ob dieser auch die Passionskantaten von 1719 in Musik gesetzt hat, steht dahin.

Den Abschluß unserer Tour d'horizon mag der Hinweis auf ein kleines bibliographisches Dilemma bilden. Sigmund von Birkens Nürnberger Veröffentlichung aus dem Jahre 1679 erscheint (S. 373 u. ö.) unter dem korrekt wiedergegebenen, jedoch sinnentstellenden Titel *Teutsche Rede-bind und Dicht-Kunst*. Gemeint sein dürfte hier eine *… bind- und Dicht-Kunst*; das Fehlen eines Bindestrichs im Originaltitel resultiert aus dem Usus von Schriftsetzern und -gestaltern, aus optischen Gründen Satzzeichen an Zeilenenden ohne Rücksicht auf den Sinnzusammenhang wegzulassen. Wie man dieser Willkür begegnen und trotzdem bibliographisch korrekt zitieren kann, wäre weiterer Überlegungen wert. Ein prominentes Opfer solcher Titelgestaltung ist auch Johann Heinrich Buttstedts *Musicalische Clavier-Kunst und Vorraths-Cammer* von 1713, die recht eigentlich keine „Clavier-Kunst" sein will, sondern eine *Kunst- und Vorraths-Cammer* für das Clavier.

Irmgard Scheitlers bemerkenswertes Buch schließt eine Lücke, von der kaum zu glauben ist, daß sie noch zu Beginn des 21. Jahrhunderts bestanden hat.

Hans-Joachim Schulze (Leipzig)

Wilhelm Friedemann Bach. Der streitbare Sohn, hrsg. von Michael Heinemann und Jörg Strodthoff, Dresden 2005 (Schriftenreihe der Hochschule für Musik „Carl Maria von Weber" Dresden) 120 S.

Der vorliegende Band vereinigt die Vorträge eines von der Hochschule für Musik „Carl Maria von Weber" Dresden im Januar 2003 veranstalteten Symposiums, erweitert um zwei Beiträge von Michael Heinemann und Thomas Synofzik. Wenn ein Prospekt der Dresdner Schriftenreihe für das schmale Bändchen mit dem Hinweis wirbt, hier liege die erste selbständige Veröffentlichung zu Wilhelm Friedemann Bach seit fast hundert Jahren vor und damit den Vergleich mit der 1913 erschienenen Monographie von Martin Falck heraufbeschwört, so ist die Meßlatte hoch angelegt. Denn Falck hatte seinerzeit fast aus dem Nichts heraus die wissenschaftliche Erkundung von Leben und Werk des ältesten Bach-Sohns als eigenständigen Zweig der Bach-Forschung begründet und ihr mit seiner konzentriert und umsichtig formulierten Studie eine Solidität verliehen, die das – in der Folge mehrfach wieder aufgelegte – Buch bis heute zu einem Standardwerk macht.

Diesem hohen Niveau können nur wenige der Dresdner Beiträge gerecht werden. Zunächst ist festzuhalten, daß im vorliegenden Band letztlich nur eine Fuge, ein Sonatensatz und ein Kantatenchor näher besprochen werden, während ganze Werkbereiche – Kammermusik, Konzerte – gänzlich unerwähnt bleiben. Die meisten Aufsätze bewegen sich gleichsam in luftleerem Raum, unbelastet von einer eingehenden Beschäftigung mit der Materie und weitgehend unberührt von den biographischen und musikalischen Quellen. So tummeln sich denn die von Stefan Gies beigesteuerten knappen Bemerkungen zur Biographie W. F. Bachs meist auf den sattsam bekannten psychologisierenden Gemeinplätzen, die das von ihm entworfene Bild entsprechend schablonenhaft und konturenlos wirken lassen. Merkwürdig schieflastig erscheint der Beitrag vor allem auch dadurch, daß der größte Teil der Ausführungen sich allein mit dem jungen W. F. Bach und seinem vermuteten schwierigen Verhältnis zum Vater beschäftigt, während schon die Zeit der ersten Berufserfahrungen in Dresden und auch die mittleren Lebensjahre in Halle übersprungen werden und das sorgenerfüllte Alter des Komponisten nur kurz gestreift wird. Ob man mit einem derart bedenkenlos hingeworfenen Text eine auch nur annähernd gerechte Beurteilung der Persönlichkeit W. F. Bachs erreichen kann, sei dahingestellt.

Dem Thema „W. F. Bach und die Orgel" widmet sich der Beitrag von Jörg Strodthoff. Die kenntnisreiche Diskussion der bereits veröffentlichten Dokumente und Werke steht in einem merkwürdigen Mißverhältnis zu den überaus dürftigen Mitteilungen über die musikalischen Quellen. Wenn aber über Fragen der Authentizität nachgedacht wird, so darf dies nicht auf der Basis der pauschalen und in jeder Hinsicht unzureichenden Quellenbeschreibungen in der Ausgabe von Traugott Fedtke geschehen. Etwas eigenwillig mutet auch der Hinweis auf den Berliner Organisten „Darsow" an, hinter dem sich der Kirnberger-Schüler Johann Samuel Harson verbirgt.

Eine wohltuend gründliche und scharfsinnige analytische Studie liegt in Ludwig Holtmeiers Beitrag „Überlegungen zur Kompositionstechnik Wilhelm Friedemann Bachs" vor. Gegenstand der Betrachtung ist die Fuge in C-Dur Fk 32/1, das Eröffnungsstück eines im Jahr 1778 Prinzessin Anna Amalia von Preußen zugeeigneten kleinen Fugenzyklus. Die detaillierte Besprechung dieses kurzen Werks vermittelt wertvolle Einblicke in W. F. Bachs Prinzipien der harmonischen, rhythmischen und formalen Gestaltung sowie in das bewußte Umdeuten und Unterlaufen barocker Modelle und Hörerwartungen. Die von Holtmeier hervorgehobene Individualisierung der Linien durch Vorhalte und melodische Chromatik wie auch die Tendenz zu einem eher flächigen Klangverständnis korrespondieren mit einer der wenigen Äußerungen des Komponisten zum eigenen Schaffen, derzufolge die Fugensammlung sich durch einen „gustosen und sangbaren" Stil auszeichnet. Hier ergibt sich eine Verbindung zu der von Thomas Synofzik mit großem Sachverstand behandelten Sonate in Es-Dur Fk 5, deren Drucklegung 1748 mit dem Hinweis angezeigt wurde, der Komponist habe sich in diesem Stück eines „leichtern Styli" beflissen als in dem Vorgängerwerk (Fk 3). Synofzik sucht nach dem von Johann Adolph Scheibe geforderten „Zusammenhang", den „jedwedes musicalische Stück" haben müsse und findet ihn unter der diskontinuierlichen Oberfläche in einem planvoll entworfenen dichten Gewebe motivischer Beziehungen.

Problematisch erscheint dagegen Michael Heinemanns Versuch, die typischen Merkmale von W. F. Bachs geistlichem Kantatenschaffen zu definieren. Mit wortreicher, ja überbordender Argumentation plädiert der Autor für ein neues Verständnis dieses Schaffensbereichs, nicht ohne herbe, doch weitgehend unbegründete Kritik an den von Martin Falck formulierten angeblich pauschalen Bewertungen der einzelnen Werke zu üben. Zu Falcks Verteidigung sei entgegnet, daß er – wie sich nicht zuletzt auch an seinen im Bach-Archiv Leipzig verwahrten handschriftlichen Aufzeichnungen und Exzerpten erkennen läßt – sich seinerzeit in akribischer Detailarbeit mit dem noch völlig unerschlossenen Gebiet der Nach-Bachschen Kirchenkantate auseinandergesetzt hat, in seiner Dissertation jedoch lediglich die prägnant formulierte Essenz dieser Studien festhielt. Auch wer Falcks Wertungen nicht in jedem Falle teilt, muß ihm trotzdem zugestehen, daß er nicht nur in philologischer Hinsicht wußte, wovon er sprach. Der den theoretisierenden Gedankengängen Heinemanns aufmerksam folgende Leser fragt sich schließlich, worin denn das wesentlich „Neue" der eingeforderten neuen Sichtweise bestehen solle. Hatte Falck in W. F. Bachs Kantaten einen an das Schaffen des Vaters anknüpfenden, zugleich aber auch modernere und individuelle Züge aufgreifenden Stil gesehen, so lautet das Fazit von Heinemanns Zugang, der älteste Bach-Sohn habe „sich zumal in einem traditionsreichen Genre dem Herkommen verpflichtet" gefühlt, „ohne doch schon prinzipiell … auf neue Gestaltungsmittel verzichten" zu müssen. Nachdenklich stimmt dabei, daß der von Heinemann als (einziges) Beispiel herangezogene Kopfsatz der Himmelfahrtskantate „Gott fähret auf mit Jauchzen" Fk 75 nur in ganz groben Zügen beschrieben und auch nur andeutungsweise mit drei Chorsätzen J. S. Bachs verglichen wird. Kein Wort fällt zum Beispiel über den hier vertonten Text. Doch W. F. Bachs Verhältnis zur Tradition wäre nicht unwesentlich durch den Hinweis charakterisiert, daß die Himmelfahrtskantate auf einer Dichtung des Hallenser Theologen Johann Jacob Rambach beruht, die offenbar bereits um 1718/19 für Johann Gotthilf Ziegler geschrieben, 1720 veröffentlicht und in der Folge von zahlreichen Komponisten vertont wurde. Setzt man die Entstehung von Fk 75 auf die späten 1750er Jahre an, so ergibt sich mithin der merkwürdige Befund, daß der Komponist hier auf einen vier Jahrzehnte alten Text zurückgriff. Unbeantwortet bleibt auch die Frage, ob W. F. Bachs Generationsgenossen die Kantatenform grundsätzlich anders umsetzten und ob W. F. Bach neben seinem Vater auch noch andere Vorbilder gehabt haben könnte.

Das Verhältnis zum Vater als Vorbild und Lehrmeister bestimmt auch die Ausführungen von Wolfgang Lessing, die um das berühmte „Clavier-Büchlein vor Wilhelm Friedemann Bach" kreisen, dessen Titel aber nicht ein einziges Mal korrekt zitieren. Angezweifelt werden vor allem die auf Mitteilungen der Bach-Söhne beruhenden Äußerungen Forkels über Bachs Unterrichtsmethoden, die dem Autor nur schlecht zu dem im Klavierbüchlein vereinigten Repertoire zu passen scheinen. Welche der einzelnen Einwände zu Recht bestehen mögen, bleibt zu diskutieren; jede Auseinandersetzung mit diesem schwierigen Thema sollte allerdings mit einer umfassenden Bestandsaufnahme der überlieferten Dokumente beginnen und nicht zuletzt auch die bereits vorhandene kritische Literatur berücksichtigen (in der eine ganze Reihe entlegenerer historischer Zeugnisse zu Bachs Unterrichtsmethoden bereits aufgearbeitet wurden). Keinesfalls fehlen dürften hier aber die Äußerungen von Ernst Ludwig Gerber über die Unterrichtszeit seines Vaters bei Bach und die Briefe Carl Philipp Emanuel Bachs an Forkel. Ob Bach seinen ältesten Sohn wirklich grundsätzlich anders erzog als die nachfolgenden Kinder und Schüler, steht dahin. Noch fragwürdiger ist allerdings, ob der junge Friedemann das väterliche Vorbild wirklich in dem Maße absorbierte, wie es uns am Schluß des Beitrags nahegelegt wird. Denn wer behauptet, daß die Handschrift des sechzehnjährigen Sohnes kaum noch von der des Vaters zu unterscheiden ist, hat niemals auch nur einen Blick in das – durch eine Faksimileausgabe bequem zugängliche – Original geworfen.

Fern vom Protagonisten des Buches bewegen sich auch die Randthemen der der Friedemann-Bach-Rezeption gewidmeten Beiträge über W. F. Bach in der fiktionalen Literatur (Stefan Weiss) und den 1940/41 entstandenen Film „Friedemann Bach" (Manuel Gervink). Der problematischste Beitrag liegt allerdings in Clemens Kühns „Elf Thesen zur Harmonik Wilhelm Friedemann Bachs" vor. Auch den Herausgebern war offenbar nicht ganz wohl dabei, diese Ausführungen in ihren Band aufzunehmen, der ja doch so etwas wie eine Ehrenrettung für den oft mißachteten Komponisten darstellen soll. Kühn geht es um eine Generalabrechnung, deren Ergebnis von Anfang an feststeht: Die Musik Friedemann Bachs „steht unentschlossen zwischen den Zeiten. Weder beherrscht sie die eine – die barocke Vergangenheit –, noch bewältigt sie die andere – die klassische Zukunft –, noch prägt sie einen eigenen, unverwechselbaren Ton aus." Den „Beweis" tritt der Autor anhand von einzelnen, aus dem jeweiligen Kontext gerissenen Stellen an, die er den einschlägigen modernen Ausgaben der Klaviermusik W. F. Bachs entnimmt. Niemand wird bestreiten, daß es in W. F. Bachs Œuvre stärkere und schwächere Stücke gibt, doch ein kontextbezogener Blick auf einen Satz wie das Grave aus der Sonate in C-Dur Fk 2, das von Kühn immerhin für drei seiner Beispiele bemüht wird (davon einmal mit nachträglich manipuliertem Notentext!), zeigt die Fragwürdigkeit seiner Methode. Denn der Satz ist in seinem Wechsel von zusammenhängenden und aufeinander bezogenen Phrasen einerseits und dem planvoll eingesetzten Abbrechen von Gedanken andererseits durchaus gelungen; die fantasiehaft frei gehandhabten Gestaltungsmittel fügen sich hier zu einem für W. F. Bachs Tastenmusik typischen Stimmungsbild grüblerischer Melancholie zusammen, dem sich der ernsthafte Hörer kaum entziehen kann. Kühn erläutert seine Bewertungskriterien nicht näher; sie ergäben sich – wie es lapidar heißt – aus „(handwerklich wie ästhetisch) harmonischen Standards". Ohne Rücksicht auf gattungs- oder zeitspezifische Konventionen wird hier nach vermeintlichen oder tatsächlichen Schwächen gefahndet, die den Bach-Sohn als eine „verquere kompositorische Erscheinung" entlarven sollen. (Die harsch gerügte harmonische Simplizität im Finale der Sonate in F-Dur Fk 6 etwa steht in der Tradition der Dresdner Klaviermusik um 1740 und bedürfte eines Vergleichs mit verwandtem Repertoire, das in diesem Fall in dem Sammelband *Mus. 1-T-16* der Sächsischen Landesbibliothek – Hauptquelle der frühen Fassung des Werks – leicht greifbar wäre.) Kühns an sich durchaus scharfsinniges exercitium analyticum ist gepaart mit einer unerbittlichen, durch keinerlei Selbstzweifel getrübten Sicherheit des Urteils; die damit einhergehende grobe Diktion ist allerdings spätestens seit Zelter obsolet.

Peter Wollny (Leipzig)

NEUE BACHGESELLSCHAFT e.V., SITZ LEIPZIG
Mitglieder der leitenden Gremien

VORSTAND

Prof. Dr. Martin Petzoldt – Leipzig
Vorsitzender

Dr. Dirk Hewig – München
Stellvertretender Vorsitzender

Eberhard Lorenz – Leipzig
Geschäftsführendes Vorstandsmitglied

RA Franz O. Hansen – Eisenach
Stellvertretendes Geschäftsführendes Vorstandsmitglied

Prof. Dr. Johann Trummer – Graz
Beisitzer

DIREKTORIUM

Thomaskantor Prof. Georg Christoph Biller – Leipzig
Reimar Bluth – Berlin
KMD Prof. Dr. Dr. h. c. Christfried Brödel – Dresden
Prof. Dr. Daniel Chorzempa – Florenz
Ingeborg Danz – Frechen
Jörg Hansen M. A. – Eisenach
Prof. Dr. Hans Hirsch – Hamburg
Rudolf Klemm – Saint-Cloud
Prof. Edgar Krapp – München
Kreuzkantor KMD Roderich Kreile – Dresden
Anca-Monica Pandelea – Mainz
KMD Prof. D. Dr. h. c. mult. Helmuth Rilling – Stuttgart
Dipl. phil. Michael Rosenthal – Leipzig
Sibylla Rubens – Tübingen
Dr. Lotte Thaler – Baden-Baden
Rosemarie Trautmann – Stuttgart
Prof. Gerhard Weinberger – Detmold
Doz. Jens Philipp Wilhelm – Mannheim
Pfarrer Christian Wolff – Leipzig
Prof. Dr. Dr. h. c. mult. Christoph Wolff – Cambridge, MA
Dr. Peter Wollny – Leipzig

EHRENMITGLIEDER

Prof. Dr. Georg von Dadelsen † – Tübingen
Dr. Dr. h. c. mult. Alfred Dürr – Göttingen
Prof. Dr. Wolfgang Rehm – Hallein (Salzburg)
Prof. Zuzana Růžičková – Prag
Dr. h. c. William H. Scheide – Princeton, NJ
Prof. Dr. Hans-Joachim Schulze – Leipzig
Prof. Adele Stolte – Potsdam

GESCHÄFTSFÜHRUNG

Wolfgang Schmidt M. A. – Leipzig

Mitglieder der Neuen Bachgesellschaft e.V. erhalten neben anderen Vergünstigungen das Bach-Jahrbuch als regelmäßige Mitgliedsgabe. Der jährliche Mitgliedsbeitrag beträgt nach dem Stand vom 1. Januar 2007:

    Einzelmitglieder   € 40,–
    Ehepaare   € 50,–
    Schüler/Studenten   € 20,–
    Korporativmitglieder   € 50,–

Beitrittserklärungen – formlos mit Angaben zur Person oder auf einer Kopie des untenstehenden Formulars – richten Sie bitte an die Geschäftsstelle der Neuen Bachgesellschaft, Postfach 100727, D-04007 Leipzig (Hausadresse: Thomaskirchhof 16, D-04109 Leipzig, Telefon bzw. Telefax 0341-9601463 bzw. -2248182).

Mitglieder der Neuen Bachgesellschaft können zurückliegende Jahrgänge des Bach-Jahrbuchs (soweit vorrätig) zu einem Sonderpreis erwerben. Anfragen richten Sie bitte an die Geschäftsstelle.

Beitrittserklärung:

Ich/Wir möchte/n Mitglied/er der NBG werden:

Vor- und Zuname: _____

Geburtsdatum: _____

Beruf: _____

Straße: _____

PLZ – Ort: _____

Telefon/Telefax: _____

Gleichzeitig zahle/n ich/wir € _____

als ersten Jahresbeitrag sowie € _____

als Spende auf das Konto Nr. 67227-908 bei der Postbank Leipzig (BLZ 86010090) ein.

Einzugsermächtigung

Ich/Wir erkläre/n mich/uns damit einverstanden, daß mein/unser Mitgliedsbeitrag von meinem/unserem

Konto Nr. _____

bei der _____
     (Bank/Sparkasse)

BLZ _____

bis zum schriftlichen Widerruf abgebucht wird.

_____ _____   _____
Ort, Datum   Unterschrift   Datum/Unterschrift